Kompakt-Lexikon
Wirtschaftsinformatik

Lizenz zum Wissen.

Sichern Sie sich umfassendes Wirtschaftswissen mit Sofortzugriff auf tausende Fachbücher und Fachzeitschriften aus den Bereichen: Management, Finance & Controlling, Business IT, Marketing, Public Relations, Vertrieb und Banking.

Exklusiv für Leser von Springer-Fachbüchern: Testen Sie Springer für Professionals 30 Tage unverbindlich. Nutzen Sie dazu im Bestellverlauf Ihren persönlichen Aktionscode C0005407 auf *www.springerprofessional.de/buchkunden/*

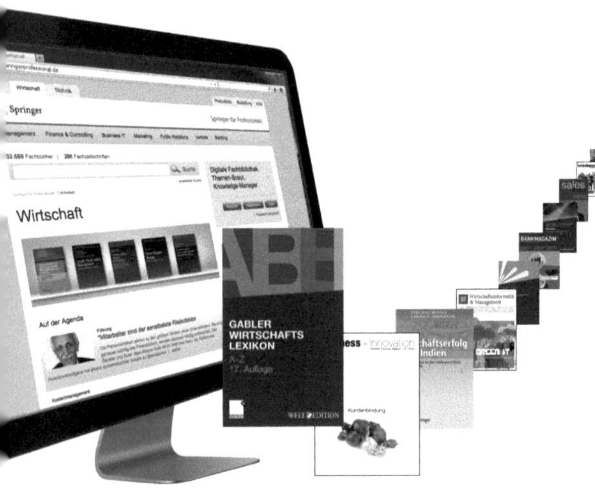

Jetzt 30 Tage testen!

Springer für Professionals.
Digitale Fachbibliothek. Themen-Scout. Knowledge-Manager.

- 🔍 Zugriff auf tausende von Fachbüchern und Fachzeitschriften
- ☺ Selektion, Komprimierung und Verknüpfung relevanter Themen durch Fachredaktionen
- ✎ Tools zur persönlichen Wissensorganisation und Vernetzung

www.entschieden-intelligenter.de

Springer für Professionals

Springer Fachmedien Wiesbaden (Hrsg.)

Kompakt-Lexikon Wirtschaftsinformatik

1.500 Begriffe nachschlagen, verstehen, anwenden

ISBN 978-3-658-03028-5

Die Deutsche Nationalbibliothek verzeichnet diese Publikation in der Deutschen Nationalbibliografie; detaillierte bibliografische Daten sind im Internet über http://dnb.d-nb.de abrufbar.

Springer Gabler
© Springer Fachmedien Wiesbaden 2013
Das Werk einschließlich aller seiner Teile ist urheberrechtlich geschützt. Jede Verwertung, die nicht ausdrücklich vom Urheberrechtsgesetz zugelassen ist, bedarf der vorherigen Zustimmung des Verlags. Das gilt insbesondere für Vervielfältigungen, Bearbeitungen, Übersetzungen, Mikroverfilmungen und die Einspeicherung und Verarbeitung in elektronischen Systemen.

Die Wiedergabe von Gebrauchsnamen, Handelsnamen, Warenbezeichnungen usw. in diesem Werk berechtigt auch ohne besondere Kennzeichnung nicht zu der Annahme, dass solche Namen im Sinne der Warenzeichen und Markenschutz-Gesetzgebung als frei zu betrachten wären und daher von jedermann benutzt werden dürften.

Redaktion: Stefanie Brich, Claudia Hasenbalg
Layout und Satz: workformedia | Frankfurt am Main | München

Gedruckt auf säurefreiem und chlorfrei gebleichtem Papier

Springer Gabler ist eine Marke von Springer DE.
Springer DE ist Teil der Fachverlagsgruppe Springer Science+Business Media
www.springer-gabler.de

Autorenverzeichnis

Christoph Fehling, Universität Stuttgart, Stuttgart
Sachgebiet: Cloud Computing

Professor Dr. Tobias Kollmann, Universität Duisburg-Essen, Essen
Sachgebiet: Internetökonomie

Professor Dr. Richard Lackes, Technische Universität Dortmund, Dortmund
Sachgebiet: Grundlagen der Wirtschaftsinformatik

Professor Dr. Frank Leymann, Universität Stuttgart, Stuttgart
Sachgebiet: Cloud Computing, Prozessmanagement

Dr. Markus Siepermann, Technische Universität Dortmund, Dortmund
Sachgebiet: Grundlagen der Wirtschaftsinformatik

Abkürzungsverzeichnis

a.	– anno (Jahr)
Abb.	– Abbildung
Abk.	– Abkürzung
ABl	– Amtsblatt
Abschn.	– Abschnitt
Abt.	– Abteilung
a.F.	– alte Fassung
AG	– Aktiengesellschaft; Amtsgericht; Ausführungsgesetz
AGB	– Allgemeine Geschäftsbedingungen
allg.	– allgemein
amerik.	– amerikanisch
AO	– Abgabenordnung
AR	– Aufsichtsrat
Art.	– Artikel
Aufl.	– Auflage
AZ	– Aktenzeichen
b.a.w.	– bis auf weiteres
bes.	– besonders(-e, -es, -er)
bez.	– bezüglich
BGB	– Bürgerliches Gesetzbuch
BGBl	– Bundesgesetzblatt (I = Teil I, II = Teil II, III = Teil III)
BGH	– Bundesgerichtshof
BM	– Bundesminister(ium)
BPatG	– Bundespatentgericht
BSG	– Bundessozialgericht
bspw.	– beispielsweise
BStBl	– Bundessteuerblatt
BVerfG	– Bundesverfassungsgericht
BVerfGE richts	– Amtliche Sammlungen von Entscheidungen des Bundesverfassungsgerichts
BVerwG	– Bundesverwaltungsgericht
bzw.	– beziehungsweise
ca.	– circa
DepotG	– Depotgesetz

d.h.	– das heißt
DVO	– Durchführungsverordnung
engl.	– englisch
etc.	– et cetera
EU	– Europäische Union
EuGH	– Europäischer Gerichtshof
EUV	– Vertrag über die Europäische Union
e.V.	– eingetragener Verein
evtl.	– eventuell
f.	– folgende(-r/-s)
ff.	– folgende
FG	– Finanzgericht
franz.	– französisch
GbR	– Gesellschaft bürgerlichen Rechts
geb.	– geboren
ggf.	– gegebenenfalls
GmbH	– Gesellschaft mit beschränkter Haftung
griech.	– griechisch
GwG	– Geldwäschegesetz
H.	– Heft
HGB	– Handelsgesetzbuch
h.M.	– herrschende Meinung
Hrsg.	– Herausgeber
i.Allg.	– im Allgemeinen
i.d.F.	– in der Fassung
i.d.R.	– in der Regel
i.e.S.	– im engeren Sinn
inkl.	– inklusive
i.V.	– in Verbindung
i.w.S.	– im weiteren Sinn

Abkürzungsverzeichnis

Jg.	– Jahrgang
Jh.	– Jahrhundert
KG	– Kommanditgesellschaft
KGaA	– Kommanditgesellschaft auf Aktien
KMU	– klein- und mittelständische Unternehmen
KStG	– Körperschaftsteuergesetz
lat.	– lateinisch
MEZ	– Mitteleuropäische Zeit
mind.	– mindestens
Mio.	– Millionen
Mrd.	– Milliarden
m.spät.Änd.	– mit späteren Änderungen
n.Chr.	– nach Christus
n.F.	– neue Fassung
Nr.	– Nummer
o.Ä.	– oder Ähnliches
OHG	– offene Handelsgesellschaft
OLG	– Oberlandesgericht
p.a.	– per anno (pro Jahr)
RfStV	– Rundfunkstaatsvertrag
s.	– siehe
S.	– Seite
SchG, ScheckG	– Scheckgesetz
SGB	– Sozialgesetzbuch
SGG	– Sozialgerichtsgesetz
SigG	– Signaturgesetz
sog.	– sogenannte(-r, -s)
Sp.	– Spalte(-n)

Std.	– Stunde(-n)
StGB	– Strafgesetzbuch
TDG	– Teledienstgesetz
TKG	– Telekommunikationsgesetz
u.a.	– und andere; unter anderem
u.Ä	– und Ähnliche(-s)
UrhRG	– Urheberrechtsgesetz
usw.	– und so weiter
u.U.	– unter Umständen
v.a.	– vor allem
VG	– Verwaltungsgericht
vgl.	– vergleiche
VO	– Verordnung
vs.	– versus

Abfragesprache – *Datenbankabfragesprache, Query Language.* Eine meist im Dialogbetrieb benutzbare Sprache, in der → Datenbankabfragen formuliert sowie Berichte generiert werden können; sie wird dem Benutzer vom → Datenbankmanagementsystem (DBMS) zur Verfügung gestellt. Abfragesprachen wie → SQL (Structured Query Language) sollen Endbenutzern ohne Programmierkenntnisse das Arbeiten mit Datenbanken erleichtern.

Ablaufdiagramm → Programmablaufplan.

Abnahmetest → Testen.

abstrakte Datenstruktur – *höhere Datenstruktur; abtrakter Datentyp;* im → Software Engineering eine → Datenstruktur, die nicht vordefiniert (etwa in einer → Programmiersprache) zur Verfügung steht, sondern bei der die Entwicklung eines Programms vom Programmierer noch spezifiziert (→ Spezifikation) und implementiert (→ Implementierung) werden muss. – Sie besteht zum einen aus dem Wertebereich der Datenstruktur, also wie die Daten aufgebaut und abgespeichert werden, als auch aus → Funktionen, die auf der Datenstruktur operieren und den Nutzern der Datenstruktur als → Schnittstelle zur Verfügung gestellt werden. Durch die Bereitstellung der Schnittstellenfunktionen bleibt die tatsächliche Realisierung der Datenstruktur für ihre Nutzer verborgen, sodass unter Beibehaltung der Schnittstelle die Implementierung einer abstrakten Datenstruktur problemlos verändert werden kann. – Typische abstrakte Datentypen sind z.B. → lineare Liste, → Stack und → Queue.

abstrakter Datentyp → abstrakte Datenstruktur.

Abwärtskompatibilität → Aufwärtskompatibilität.

Account – 1. *Informatik:* Konto eines Users für ein Dienstleistungsangebot in einem Computernetzwerk, z.B. bei einem → Internet Service Provider oder einem → Application Service Provider. Der Zugang erfolgt mithilfe einer Zugangs-ID und eines Passworts im Rahmen eines Authentifizierungsprozesses. – Vgl. auch → Login. – 2. *Buchführung:* Konten.

Active Server Page – proprietäre Skriptsprache der Firma Microsoft zur serverseitigen Erzeugung dynamischer Inhalte im → World Wide Web. – Vgl. auch → Java Server Page (JSP), PHP Hypertext Preprocessor.

Ad – Kurzbezeichnung für Werbebanner (→ Banner).

AdClick – *Clickthrough;* Abk. für *Advertisement-Click.* Zahl der Mausklicks eines Internetnutzers auf ein bestimmtes grafisches werbetragendes Objekt (Werbungs-Klick) wie Werbebanner oder -button (→ Banner), das über → Hyperlinks direkt zu dahinter liegenden Informationen (→ Websites) eines Werbetreibenden führt. Über die Zählung der AdClicks lässt sich die Akzeptanz von Internetangeboten bei den Internetnutzern feststellen. Die Kennzahl erfasst die Reaktion des Nutzers auf → Onlinewerbung und dient dem Werbetreibenden als Responsegröße zur Beurteilung seiner Werbeeffizienz.

Add-on – Funktionserweiterung bestehender → Hard- oder → Software, ohne die die Basishard- oder -software problemlos verwendet werden kann. Im Gegensatz zu einem → Plug-in kann ein Add-on jedoch nicht allein verwendet werden.

Administrationssystem – in der → betrieblichen Datenverarbeitung ein → Softwaresystem, dessen Aufgaben v.a. die Verwaltung und Verarbeitung von Massendaten (→ Daten) und die rationelle Erledigung von

Routineaufgaben sind; typische Einsatzgebiete z.B. im Rechnungswesen (Finanzbuchhaltung, Fakturierung etc.), Materialwirtschaft (Lagerbestandführung etc.).

Adresse – numerische, u.U. auch alphanumerische Kennzeichnung eines Speicherplatzes im → Arbeitsspeicher eines Computers.

Adressraum – Menge der von einem → Prozessor ansprechbaren → Adressen; die Größe des Adressraums ist abhängig vom Prozessortyp und von dem → Betriebssystem (BS).

ADSL – Abk. für *Asymetrical Digital Subscriber Line;* Übertragungstechnologie für Daten, die eine hohe Übertragungsgeschwindigkeit über das Telefonnetz ermöglicht, ohne dass der Telefondienst eines Anschlusses beeinträchtigt wird.

AdView – Anzahl der Sichtkontakte mit einem werbetragenden Objekt (z.B. Werbebanner) auf einer Webpage.

Affiliate – Als Affiliate-Partnerprogramme bezeichnet man → Online-Portale, bei denen ein Online-Händler (Merchant) innerhalb einer Vermarktungskooperation über die → Websites vieler Partner (Affiliates) einen neuen Vertriebskanal öffnet und diese Partner durch Erfolgsprovisionen an seinem Umsatz beteiligt. – I.d.R.unterstützen Merchants ihre Affiliates mit Werbemitteln zur Verkaufsförderung. Diese Werbemittel können häufig neben Produktabbildungen und zur Verfügung gestellten Shop-Systemen auch Suchmaschinen-Marketing (Keyword-Advertising auf den Suchergebnisseiten wie bei Google AdWords) oder E-Mail-Marketing sein. – Affiliate-Programme sind gedacht für Partner-Webseiten, die ergänzende Produkte und Dienstleistungen anbieten oder um eine ähnliche Zielgruppe wie die des Händlers anzusprechen. So könnte z.B. ein Online-Reisebüro als Affiliate-Partner auf seinen Webseiten günstige Reiseführer oder Versicherungen anbieten.

Agent – 1. *Informatik:* auch Software-Agent, Programm, das als Bestandteil eines verteilten Systems selbstständig handelt und mit anderen Agenten des Systems kommuniziert. Eine Software wird als Agent bezeichnet, wenn sie die folgenden fünf Eigenschaften besitzt: (a) autonomes Handeln, d.h. der Agent handelt ohne oder nur mit sehr geringem Benutzereingriff; (b) Proaktivität, d.h. der Agent führt initiativ eigene Aktionen aus; (c) Reaktivität, d.h. der Agent reagiert selbstständig auf Änderungen der Umwelt; (d) soziales Handeln, d.h. der Agent kann mit anderen Agenten kommunizieren; (e) Lernfähigkeit, d.h. der Agent baut im Laufe der Zeit ein eigenes Wissen auf, das er für spätere Entscheidungen heranzieht. – 2. *Handel:* Handelsvertreter. – 3. *Wirtschaftstheorie:* Agency-Theorie, Prinzipal-Agent-Theorie.

Aggregation – I. Wirtschaftstheorie: Zusammenfassung mehrerer Einzelgrößen hinsichtlich eines gleichartigen Merkmals, um Zusammenhänge zu gewinnen, z.B. Zusammenfassung der Nachfrage der einzelnen Haushalte zur Gesamtnachfrage des betreffenden Marktes. – Die Höhe des Aggregationsniveaus wird durch die jeweilige Fragestellung bestimmt. Häufig werden makroökonomische Gesetzmäßigkeiten im Wege der Analogieannahme unter Umgehung der Aggregationsproblematik aus entsprechenden mikroökonomischen Verhaltensgleichungen entwickelt. Dabei wird typischerweise von rational handelnden Wirtschaftssubjekten (nutzenmaximierende Haushalte, gewinnmaximierende Unternehmen) ausgegangen. Die makroökonomischen Verhaltenshypothesen besitzen dann eine mikroökonomische Fundierung. Dies ist kennzeichnend für die Neukeynesianische Makroökonomik. – Auf der höchsten Aggregationsstufe stehen die Größen der Makroökonomik, z.B. die gesamte Güternachfrage einer Volkswirtschaft.

II. Statistik: Übergang von enger definierten zu umfassender definierten → Variablen *(Variablenaggregation)* oder Übergang von Kenngrößen für enger abgegrenzte (Teil-)

Gesamtheiten zu Kenngrößen, die sich auf umfassende Gesamtheiten beziehen *(Sektorenaggregation)*. – Beispiele für Variablenaggregation: Der Übergang von einzelnen Einkommensarten zum Gesamteinkommen oder der Übergang von Vierteljahreswerten zu Jahreswerten (zeitliche Aggregation); für Sektorenaggregation: Übergang von den Durchschnittseinkommen in den Bundesländern zum Durchschnittseinkommen in Deutschland.

III. **Ökonometrie:** Zur Schätzung makroökonomischer Relationen wird das Durchschnittsverhalten von Gruppen von Wirtschaftssubjekten zugrunde gelegt. Das setzt eine Zusammenfassung mikroökonomischer Sachverhalte über Haushalte und Unternehmen voraus. Eine konsistente Aggregation als logisch-deduktive Ableitung eines Makrosystems aus dem entsprechenden Mikrosystem ist nur unter sehr speziellen Bedingungen möglich. In → Spezifikationen ökonometrischer Modelle werden deshalb i.d.R. mikroökonomische Verhaltenshypothesen in analoger Weise auf die Beziehungen zwischen den makroökonomischen Größen übertragen.

IV. **Informatik:** Verdichtung von Daten. In der Datenmodellierung bedeutet Aggregation, verschiedene miteinander in Beziehung stehende Objekttypen zu einem höheren Objekttyp zusammenzufassen, damit im Folgenden auf den höheren Objekttyp im Ganzen verwiesen werden kann. Dieses Vorgehen hat die Vorteile einer höheren Konsistenz und geringerer → Redundanz.

Aggregation Marketing → Viral Marketing.

Agile Softwareentwicklung – Agile Softwareentwicklung bezeichnet Ansätze im Softwareentwicklungsprozess, die die Transparenz und Flexibilität erhöhen und zu einem schnelleren Einsatz der entwickelten Systeme führen sollen, um so Risiken im Entwicklungsprozess zu minimieren. Die Kernidee besteht darin, Teilprozesse möglichst einfach und somit beweglich (=agil) zu halten.

In 2001 entstand das sogenannte Manifest für agile Softwareentwicklung, das aus vier Werten und zwölf Prinzipien besteht. Die vier Werte „Individuen und Interaktionen mehr als Prozesse und WerkzeugeFunktionierende Software mehr als umfassende DokumentationZusammenarbeit mit dem Kunden mehr als VertragsverhandlungReagieren auf Veränderung mehr als das Befolgen eines Plans" besagen, dass für eine erfolgreiche Entwicklung von Programmen zwar formale Grundlagen wie standardisierte Prozesse, Dokumentation sowie vorgegebene Rahmen und Handlungsanweisungen durch Verträge notwendig sind, weiche Kriterien wie Kommunikation, Rücksichtnahme auf Beteiligte und flexibles Agieren jedoch mindestens ebenso wichtig sind. Um diese Werte zu berücksichtigen, wurden deshalb die zwölf Prinzipien formuliert, die bei der agilen Softwareentwicklung befolgt werden sollen: „Unsere höchste Priorität ist es, den Kunden durch frühe und kontinuierliche Auslieferung wertvoller Software zufrieden zu stellen.Heiße Anforderungsänderungen selbst spät in der Entwicklung willkommen. Agile Prozesse nutzen Veränderungen zum Wettbewerbsvorteil des Kunden.Liefere funktionierende Software regelmäßig innerhalb weniger Wochen oder Monate und bevorzuge dabei die kürzere Zeitspanne.Fachexperten und Entwickler müssen während des Projektes täglich zusammenarbeiten.Errichte Projekte rund um motivierte Individuen. Gib ihnen das Umfeld und die Unterstützung, die sie benötigen und vertraue darauf, dass sie die Aufgabe erledigen.Die effizienteste und effektivste Methode, Informationen an und innerhalb eines Entwicklungsteam zu übermitteln, ist im Gespräch von Angesicht zu Angesicht.Funktionierende Software ist das wichtigste Fortschrittsmaß. Agile Prozesse fördern nachhaltige Entwicklung. Die Auftraggeber, Entwickler und Benutzer sollten ein gleichmäßiges Tempo auf unbegrenzte Zeit halten können.Ständiges Augenmerk auf technische Exzellenz und gutes Design fördert Agilität. Einfachheit – die Kunst, die Menge nicht getaner Arbeit zu maximieren – ist essenziell. Die besten Architekturen, Anforderungen und Entwürfe entstehen durch selbstorganisierte Teams. In regelmäßigen Abständen reflektiert das Team, wie es effektiver werden kann und passt sein Verhalten entsprechend an." Beispiele für agile Methoden in der → Softwareentwicklung sind → Crystal, → eXtreme Programming, → Scrum, oder → Feature Driven Development.

Ajax – Kunstwort für *Asynchronous JavaScript and XML*. Auf → JavaScript basierende Technik, die die asynchrone Übertragung von Daten zwischen Client und Server betrifft. Durch eine zusätzliche Softwareschicht zwischen der → Benutzeroberfläche im → Browser und dem Server werden Anfragen an den Server von den Benutzereingaben entkoppelt. Abhängig von der Nutzlast werden Teile einer → HTML-Seite am Bedarf orientiert nachgeladen, indem Benutzereingaben asynchron an den Server weitergereicht werden und dessen Antworten wiederum asynchron zu einer partiellen Aktualisierung der Benutzeroberfläche führen. Durch diese Vorgehensweise muss nicht bei jeder Benutzereingabe wiederholt der gesamte Oberflächeninhalt übertragen werden, sondern lediglich die wirklich benötigten Daten. Viele Anwendungen des Web 2.0 wurden erst durch Ajax ermöglicht, da hiermit die → Benutzerfreundlichkeit von Internetanwendungen an die klassischer Desktopanwendungen angeglichen werden konnte und Nutzer nicht mehr nach jedem Klick auf einen Neuaufbau des Bildschirms warten müssen.

aktionsorientierte Datenverarbeitung – in der → betrieblichen Datenverarbeitung eine Verarbeitungsform, bei der die einzelnen Schritte eines Vorgangs als → Transaktionen vom → Benutzer im → Dialogbetrieb durchgeführt werden; häufig in Verbindung mit einem → Triggerkonzept. – Vgl. auch → Vorgangsketten, → Funktionsintegration.

Akzeptanz – 1. *Begriff:* Bereitschaft, einen Sachverhalt billigend hinzunehmen. Akzeptanz gegenüber einem Gegenstand wird als Teilaspekt der Konformität im Spektrum zwischen Gehorsam, Anpassung und Verinnerlichung gesehen. Neben der zeitpunktbezogenen Akzeptanz interessiert die Veränderung im Zeitablauf durch Lernen. – 2. *Grundlagen:* Anhaltspunkte für die Erklärung von Akzeptanz gibt die Diffusionstheorie, die sich der Akzeptanz von Innovationen widmet. Die Diffusionstheorie unterscheidet Neuerer, frühe Annehmer, frühe Mehrheit, späte Mehrheit und Nachzügler. Das Akzeptanzverhalten wird durch Verhaltensmerkmale (z.B. Risikobereitschaft, Neugierde) geprägt. – 3. *Merkmale:* Hohe Nützlichkeit, hohe Übereinstimmung mit bestehenden Strukturen und Wertvorstellungen (Kompatibilität), die Möglichkeit, das Neue sukzessiv einzuführen (Teilbarkeit), gute Durchschaubarkeit der Innovation sowie einfache Mitteilbarkeit fördern die Akzeptanz. Starke Brüche mit bisher Gewohntem erschweren die Akzeptanz. Die Bruchstärke kann sich in der Intensität des Andersartigen und der Menge des Neuen ausdrücken. Eine große Bruchstärke erhöht den Lernaufwand, sie bewirkt Marktwiderstand. Bei gegebenem Beeinflussungsaufwand (z.B. durch Werbung) erhöht die Bruchstärke die Akzeptanzzeit. Eine Verkürzung ist durch eine Steigerung des Marketingaufwandes möglich. – Vgl. auch Diffusion, Diffusionsprozess, Akzeptanztheorie.

Akzeptanztest – 1. *Marktforschung:* Teil eines jeden Produkttests und Konzepttests, der darüber Aufschluss geben soll, ob und ggf. in welchem Ausmaß bei Testpersonen eine rein qualitätsdeterminierte bzw. eine preis-qualitätsdeterminierte, aktuelle oder potenzielle Kauf- bzw. Ge- oder Verbrauchsabsicht besteht. Dabei ist zu beachten, dass die ermittelten Werte i.d.R. positiv verzerrt sind. Die Information ist der Vergleich der Akzeptanzwerte des zu testenden Produkts mit anderen bekannten Produkten. – 2. *Datenverarbeitung:* → Testen.

Algorithmus – 1. Eine präzise, d.h. in einer festgelegten Sprache abgefasste, endliche Beschreibung eines allgemeinen Verfahrens unter Verwendung elementarer Verarbeitungsschritte zur Lösung einer gegebenen Aufgabe. – 2. Lösungsverfahren in Form einer Verfahrensanweisung, die in einer wohldefinierten Abfolge von Schritten zur Problemlösung führt.

Allgemeinheit → Universalität.

alphanumerische Daten → Daten, die aus Buchstaben und Ziffern zusammengesetzt sind. – *Gegensatz:* → Numerische Daten.

Ambient Assisted Living – bezeichnet die Unterstützung meist älterer oder benachteiligter Menschen im täglichen Leben durch intelligente Technik. Die Anwendungsgebiete reichen dabei von reinen Bequemlichkeitsfunktionen wie z.B. automatisch abschaltende Küchengeräte oder Beleuchtungen über die Unterstützung im Alltag, um Menschen ein selbstständiges Leben im eigenen Wohnraum zu ermöglichen, bis hin zur Überwachung von Vitalfunktionen und der automatischen Benachrichtigung von Hilfskräften im Notfall.

American National Standards Institute → ANSI.

American Standard Code of Information Interchange → ASCII(-Code).

analoge Darstellung – Darstellungsweise, bei der Daten durch kontinuierliche Funktionen repräsentiert werden, die sich entsprechend den abzubildenden Sachverhalten stufenlos ändern. – *Anders:* → digitale Darstellung.

Analogrechner – *Analogcomputer;* bes. in der → Prozesssteuerung eingesetzter Rechner (→ Prozessrechner). Die Daten werden nicht in „zählenden" Bauteilen dargestellt, sondern als (analoge) physikalische Größen (z.B. Ströme, Spannungen). Analoge Informationen können mithilfe von z.B. → Modems in digitale Daten umgewandelt werden. – *Gegensatz:* → Digitalrechner.

Android – von Google entwickeltes, auf → Linux basierendes → Betriebssystem für Smartphones.

Anforderungsdefinition – 1. *Begriff aus dem* → Software Engineering: Phase im → Softwarelebenszyklus, die unmittelbar auf die → Problemanalyse folgt. Die Aktivitäten in dieser Phase werden auch als → Requirements Engineering bezeichnet. – 2. *Aufgabe:* Ermitteln der detaillierten Anforderungen an das Softwareprodukt (u.a. Funktionsumfang, → Benutzerschnittstelle, Datenmaterial) auf der Grundlage des Rahmenvorschlags aus der Problemanalysephase. – 3. *Ergebnis:* ein oder mehrere Dokumente, in denen die Anforderungen schriftlich fixiert werden (→ Pflichtenheft); u.a. Vertragsgrundlage bei externem Auftraggeber. Das Anforderungsdokument wird auch als Anforderungsdefinition bezeichnet.

Angewandte Informatik → Informatik.

Animated Gif – Folge von Bildern im Datenformat Gif, die auf HTML-Seiten (→ HTML) im → World Wide Web hintereinander abgespielt werden können, wodurch ein Animationseffekt entsteht. Animated Gif werden v.a. für → Banner verwendet.

ANSI – Abk. für *American National Standards Institute;* Sitz in New York City, nationale Standardisierungsorganisation der USA; Nachfolgerin der ASA (American Standards Association). Bekannt u.a. durch Standardisierung von → Programmiersprachen; die meisten auch international akzeptierten Programmiersprachenstandards sind ANSI-Standards oder ISO-Standards (ISO), die vom ANSI übernommen wurden.

Antwortzeit – bei einem Dialogsystem die Zeit, die ein Endbenutzer nach Eingabe von Daten bzw. eines Kommandos auf Erledigung des Arbeitsschritts oder auf eine andere Reaktion des Systems warten muss. Kurze Antwortzeiten sind eine wichtige Voraussetzung für → Benutzerfreundlichkeit und → Akzeptanz.

Anwendung – *Applikation;* in der Wirtschaftsinformatik weit gefasster Oberbegriff für Problemlösungen mithilfe eines Softwaresystems; der Begriff wird im Sinn von „Anwendung der EDV" für spezielle betriebliche Probleme, bes. für Probleme der Fachabteilungen verwendet.

Anwendungsprogramm → Programm, das eine Aufgabe aus einem Anwendungsgebiet der Informationsverarbeitung (z.B. Lagerbestandsführung, Flugreservierung, → Simulation) zu lösen hat. – Anwendungsprogramme können vom Anwender selbst erstellt oder von Softwareherstellern (→ Softwarehaus) bezogen werden. – *Gegensatz:* → Systemprogramm.

Anwendungsprogrammierer – 1. *Begriff:* Berufsbild in der → betrieblichen Datenverarbeitung; der Anwendungsprogrammierer entwickelt oder ändert Programme für Anwendungsprobleme (→ Anwendungsprogramm) nach Vorgaben, die von einem → Systemanalytiker im Rahmen der → Systemanalyse erarbeitet wurden. – 2. *Aufgaben:* → Programmentwicklung (je nach Vorgaben manchmal nur → Codierung; vgl. → Programmierung), → Testen, → Dokumentation; ferner Programmoptimierung (z.B. in Hinblick auf → Antwortzeit, → Performance) und Zusammenarbeit mit den → Systemprogrammierern. – 3. *Anforderungen:* Sehr gute Kenntnisse einer oder mehrerer → Programmiersprachen sowie des → Betriebssystems (BS) und gewisse Kenntnisse der → Hardware des vorliegenden → Computersystems; z.T. wird ein Fachstudium verlangt.

Anwendungssoftware → Anwendungsprogramm.

Anwendungssystem → Softwaresystem, das Aufgaben aus einem Anwendungsgebiet der elektronischen Datenverarbeitung zu lösen hat. – Vgl. auch → Anwendungsprogramm. – In der betrieblichen Datenverarbeitung manchmal Oberbegriff für computergestützte → Administrationssysteme, computergestützte → Dispositionssysteme, Informationssysteme (Führungsinformationssystem) und Planungssysteme.

Applet – kleines Programm, das für eine spezielle Aufgabe zuständig ist und im Rahmen eines anderen Programms läuft. Meist synonym für → Java-Applet verwendet.

Application Service Provider – Dienstleistungsanbieter im → E-Commerce, bei denen Anwendungsprogramme über das Internet durch die Anwender für eine bestimmte Zeit gemietet werden können. Die Anwendungen werden vom Server des Application Service Provider aus gestartet (→ Client-/Server-Architektur). Einnahmen generiert der Application Service Provider durch zeitabhängige Gebühren, die für den Zugriff auf die Software berechnet werden.

Applikation → Anwendung.

Arbeitsblatt – *Spreadsheet;* in einem → Tabellenkalkulationssystem das grundlegende Objekt, in dem Eintragungen, Rechenoperationen etc. durchgeführt werden und das gespeichert werden kann.

Arbeitsgang – in der Produktionsplanung und -steuerung ein Fertigungsschritt bei der Bearbeitung eines → Fertigungsauftrags für ein Teil, z.B. Anbringen einer Bohrung in einem Werkstück. – Mehrere Arbeitsgänge werden zu Arbeitsplänen zusammengefasst.

Arbeitsplatzrechner – *Arbeitsplatzcomputer;* → Rechner (i.d.R. PC) für den professionellen Einsatz an einem Arbeitsplatz. Wird funktional an die Erfordernisse dieses Arbeitsplatzes (Aufgabe) angepasst. Arbeitsplatzrechner tragen zur Dezentralisierung der elektronischen Datenverarbeitung bei.

Arbeitsspeicher – *Hauptspeicher;* → Zentralspeicher, in dem die laufenden Programme und die von diesen bearbeiteten Daten gehalten werden. Aus dem Arbeitsspeicher entnimmt der → Zentralprozessor während des Programmablaufs (→ Programm) den nächsten auszuführenden → Maschinenbefehl sowie die von diesem benötigten Daten aufgrund der explizit oder implizit angegebenen → Adressen; nach Ausführung des Befehls werden die Ergebnisse im Arbeitsspeicher abgelegt. – Vgl. auch → virtueller Speicher.

Architektur integrierter Informationssysteme – *ARIS;* Konzept zur Beschreibung verschiedener Sichten auf ein Informationssystem. Die Beschreibungsmethodik orientiert sich an den → Geschäftsprozessen, die durch das Informationssystem unterstützt werden. Die einzelnen Sichten werden im Rahmen des → Software Engineering, ausgehend von der Ebene des Problems in der Fachabteilung (Fachkonzept), immer weiter im Hinblick auf die DV-technische Umsetzung (DV-Konzept) bis hin zur Implementierung konkretisiert. – Zu den einzelnen Sichten: (1) *Datensicht:* Die Datensicht wird konstituiert aus Zuständen und Ereignissen. In der → Datenverarbeitung werden Ereignisdaten als → Bewegungsdaten bezeichnet, während die Zustandsdaten als → Stammdaten beschrieben werden. (2) *Funktionssicht:* Die Funktionssicht enthält neben der Beschreibung der Funktion selbst die Aufzählung von Teilfunktionen sowie die zwischen den Funktionen bestehenden Anordnungsbeziehungen. (3) *Organisationssicht:* Die Organisationssicht beinhaltet sowohl die Struktur als auch die Beziehungen von Bearbeitern und Organisationseinheiten. (4) *Steuerungssicht:* Die Steuerungssicht beschreibt die Zusammenhänge zwischen den Sichten.

Archivierung – kontrollierte und systematische langfristige Speicherung von Dokumenten und Daten. – Vgl. auch → Dump.

ARIS – Abk. für → Architektur integrierter Informationssysteme.

ARPA-Netz – von der ARPA (*Advanced Research Project Agency*), einer zivilen Forschungsförderungsgemeinschaft in den USA, seit 1970 aufgebautes → Netz, das Vorläufer des → Internets war. Bei dem Aufbau des Netzes wurden grundlegende Ideen und Konzepte für die → Paketvermittlung entwickelt und verwirklicht.

Array – 1. *Begriff:* → Datenstruktur, in der → Datenelemente des *gleichen* → Datentyps unter einem gemeinsamen *Namen* zusammengefasst werden (homogene Struktur). Die Elemente des Array werden durch *Indizierung* des Arraynamens angesprochen. – 2. *Arten:* Array kann mehrere *Dimensionen* aufweisen. Sprechweise in Analogie zur linearen Algebra: (1) *Vektor* für eindimensionalen Array; (2) *Matrix* für zweidimensionalen Array

Artificial Intelligence → Künstliche Intelligenz (KI).

ASCII(-Code) – *American Standard Code of Information Interchange;* international genormter → Binärcode für die Darstellung und Übertragung von Daten. Zunächst für die Datenübertragung als 7-Bit-Code konzipiert (d.h. ein Zeichen wird durch eine 7-stellige Binärzahl dargestellt, → binäre Darstellung); Erweiterung auf 8 Bit.

ASP – 1. Abk. für → Application Service Provider. – 2. Abk. für → Active Server Page.

Assembler – 1. Bezeichnung für *maschinenorientierte* → Programmiersprachen (eigentlich Assemblersprache); enge Bindung an einen bestimmten Computertyp, d.h. jeder Computertyp hat seinen eigenen Assembler. → Befehle und → Daten eines → Programms werden in einer der maschineninternen Darstellung nachgebildeten Form notiert. Anstelle von → Binärcode werden mnemonische Bezeichnungen verwendet, z.B. SUB für Subtraktion. – *Nachteil:* Assembler-Programme sind für den Menschen schlecht verständlich. – *Vorteil:* Assembler-Programme können sehr effizient gestaltet werden. Ein Assembler wird deshalb v.a. in effizienzkritischen Bereichen eingesetzt. – 2. Bezeichnung für das *Übersetzungsprogramm*, das ein in einer Assemblersprache geschriebenes Quellprogramm (→ Programm) in die Maschinensprache (→ Programmiersprache) überführt (→ Übersetzer).

Assemblersprache → Assembler, → Programmiersprache.

assoziatives Netz → semantisches Netz.

Asymetrical Digital Subscriber Line → ADSL.

asynchrone Datenübertragung – Form der Datenübertragung, bei der eine Nachricht in separaten Blöcken übertragen wird. Sender und Empfänger müssen durch eine vereinbarte Bitfolge (→ Bit) synchronisiert werden. – *Gegensatz:* → synchrone Datenübertragung.

ATM – Abk. für *Asynchronous Transfer Mode*; universelles, asynchrones Verfahren zur schnellen Übertragung von Daten in Computernetzwerken. Die Daten werden in Pakete aufgeteilt, wodurch eine optimale Ausnutzung der Netzkapazitäten erreicht wird.

Audit Trail – 1. *Begriff*: Ein Audit (lat. *audire*: hören) bezeichnet die Prüfung von Prozessen, Aktivitäten, Ergebnissen oder eines internen Kontrollsystems (IKS) hinsichtlich des Grads der Erfüllung bzw. Einhaltung von definierten Anforderungen, Normen oder Standards. Ein Audit Trail (= Prüfpfad; vom engl. *trail*: Pfad, Spur) ist ein Verfahren, bei dem Personen und ihre tatsächlichen bzw. versuchten Handlungen während eines bestimmten Zeitraums überwacht und (elektronisch oder manuell bzw. auf Papier) dokumentiert bzw. protokolliert werden. – 2. *Bedeutung*: Ein Prüfpfad (Synonym: *Belegbestand*) ist eine chronologische Abfolge von Handlungen, Ereignissen oder Systemzuständen, die durch Spuren, z.B. durch Buchungen bzw. Belege, dokumentiert und damit zurück zu verfolgen ist. Der Begriff spielt eine wichtige Rolle im Prüfwesen, in der internen Kontrolle bzw. Revision und bei der Computersicherheit. Für Abschlussprüfer ist es schwierig, Positionen bzw. Handlungen nachzuvollziehen, die in keinem Belegbestand enthalten sind. – 3. *Einsatz*: Ein Audit Trail dient einerseits der Prüfung bzw. Überwachung der Handelnden und ihrer Aktivitäten, andererseits kann dadurch im Schadensfall bzw. zwecks Aufdeckung doloser Handlungen die Handlungsfolge rückverfolgt und auch eine System- bzw. Datenwiederherstellung vereinfacht werden. So sind gezielte Prüf- und Korrekturmöglichkeiten von fehlerhaften bzw. inkriminierten Benutzereingaben möglich. Ein Audit Trail kann auch EDV-gestützt sein; dabei handelt es sich um ein softwarebasiertes Verfahren in Betriebssystemen, Datenbanksystemen oder auch Verwaltungssoftware zum genannten Zweck. Begriffstypisch für einen intakten Audit Trail ist die progressive, d.h. vom Ursprung zum Ergebnis (Wirkung), wie auch die retrograde, d.h. von der Wirkung zurück zum Ausgangspunkt, Möglichkeit der Vorgehensweise. Der Prozess eines Audit Trails bzw. dazu gehörige Daten sollte(n) nur bestimmten Berechtigten bzw. Systemnutzern zugänglich sein.

Auflösung – I. Allgemein: Trennung vertraglich begründeter Beziehungen.

II. Arbeitsrecht: Auflösung eines Arbeitsverhältnisses: (1) durch ordentliche Kündigung; (2) durch außerordentliche Kündigung; (3) im beiderseitigen Einvernehmen (Aufhebungsvertrag); (4) durch Zeitablauf (befristeter Arbeitsvertrag). – Vgl. auch Beendigung des Arbeitsverhältnisses. (5) Durch Urteil des Arbeitsgerichts auf Antrag des Arbeitgebers oder -nehmers gemäß § 9 KSchG, wenn die Fortsetzung des Arbeitsverhältnisses nicht zumutbar ist unter gleichzeitiger Verurteilung des Arbeitgebers auf Zahlung einer Abfindung. Ist eine außerordentliche Kündigung vorausgegangen, kann der Antrag auf Auflösung nur durch den Arbeitnehmer gestellt werden (§ 13 KSchG).

III. Handelsrecht: Auflösung einer Handelsgesellschaft. – 1. *Grund*: Ablauf der im Gesellschaftsvertrag vorgesehenen Zeit, durch Beschluss der Gesellschafter, Eröffnung der Insolvenz über das Vermögen der Gesellschaft bzw. Abweisung mangels Masse, z.T. auch gerichtliche Entscheidung nach Auflösungsklage. Bei Personengesellschaften noch zusätzlich denkbar: Löschung wegen

Vermögenslosigkeit (§§ 131 II Nr. 2 HGB, 394 FamFG). – 2. *Wirkung:* Die Gesellschaft hört nicht auf zu bestehen, lediglich der bisherige Gesellschaftszweck fällt weg (Abwicklungsgesellschaft). An die Stelle der geschäftsführenden und vertretungsberechtigten Gesellschafter treten die Abwickler bis zur Vollbeendigung (Vollbeendigung einer Gesellschaft). I. d. R. ist eine Anmeldung der Auflösung beim Handelsregister erforderlich (z. B. § 143 HGB). – Die steuerliche Rechtsfähigkeit erlischt erst mit vollständiger Ausschüttung des Vermögens an die Gesellschafter, frühestens mit Ablauf des gesetzlich vorgeschriebenen Sperrjahres. Bei Ermittlung des gemeinen Wertes von Anteilen an Gesellschaften, die sich in Liquidation befinden, ist nur vom Vermögenswert auszugehen; Ertragsaussichten sind außer Acht zu lassen (Bewertung). – Vgl. auch Abwicklung, Liquidation.

IV. Buchführung/Bilanzierung: Berichtigung von stillen Rücklagen. – 1. Die *Bildung* von stillen Reserven kann geschehen a) durch Unterbewertung von Aktiven (bes. im Anlage- und Vorratsvermögen) oder b) durch Überbewertung von Passiven (bes. Rückstellungen). – 2. Die *Auflösung* kann erfolgen a) durch Umwandlung in offene Rücklagen, z.B. durch Höherbewertung der unterbewerteten Aktiven mithilfe von Zuschreibungen, z.B. bei Ausscheiden eines Gesellschafters (Aktivum an Kapital NN); b) durch Veräußerung der Aktiven an Aktivum. Die Differenz zwischen Buch- und Veräußerungswert ist die aufgelöste stille Rücklage, die als außerordentlicher oder sonstiger betrieblicher Ertrag ergebniserhöhend zu erfassen ist. – Die Auflösung der stillen Rücklage erfolgt still, wenn sich der tatsächliche Wert des Aktivums dem Buchwert angeglichen hat.

V. Wirtschaftsinformatik: Anzahl der für die Darstellung zur Verfügung stehenden Bildpunkte eines Bildschirms oder einer gedruckten Grafik; i.Allg. ausgewiesen durch „Anzahl horizontaler · Anzahl vertikaler Bildpunkte" (→ Pixel) pro Raumeinheit.

Aufnahmekapazität – Umfang der Daten und Texte, die maximal auf einem → Datenträger unterzubringen sind, gemessen in Zeichen (Byte). – *Anders:* → Aufzeichnungsdichte.

Auftrag – **I. Bürgerliches Recht:** Vertrag nach §§ 662–674 BGB, durch den sich eine Partei (der Beauftragte) verpflichtet, ein ihr von der anderen Partei (dem Auftraggeber) übertragenes Geschäft für diese unentgeltlich sorgfältig auszuführen. – 1. *Annahme:* Wer zur Besorgung gewisser Geschäfte öffentlich bestellt ist oder sich erboten hat, muss, wenn er einen Auftrag nicht annimmt, Ablehnung unverzüglich dem Auftraggeber anzeigen (§ 663 BGB). – 2. *Pflichten:* a) Der *Beauftragte* ist verpflichtet, dem Auftraggeber die erforderlichen Auskünfte zu geben, über den Stand des Geschäfts zu geben und nach Beendigung des Auftrags Rechenschaft abzulegen (Rechenschaftslegung, § 666 BGB). Er hat dem Auftraggeber alles, was er zur Ausführung des Auftrags erhält und aus der Geschäftsbesorgung erlangt, herauszugeben (§ 667 BGB). – b) Der *Auftraggeber* muss dem Beauftragten die Aufwendungen, die er zum Zwecke der Ausführung des Auftrags gemacht hat und für erforderlich halten durfte, ersetzen (§ 670 BGB) bzw. auf Verlangen dem Beauftragten hierüber einen Vorschuss leisten (§ 669 BGB). – 3. *Beendigung:* Der Auftrag kann von dem Auftraggeber jederzeit widerrufen werden. Der Beauftragte kann jederzeit kündigen (§ 671 BGB). – Vgl. auch Geschäftsbesorgungsvertrag, Bankauftrag. – 4. *Sonderfall:* Der dem Handelsvertreter erteilte Auftrag ist kein Auftrag im Sinn des BGB, sondern Annahme eines Angebots, wenn der Handelsvertreter ein Abschlussvertreter, oder Angebot zum Vertragsschluss, wenn er Vermittlungsvertreter ist.

II. Organisation: Organisatorisches Hilfsmittel der Betriebssteuerung: Die beauftragte Stelle wird zur Ausführung einer Leistung verpflichtet. – Bestimmte Funktionsstellen (Instanzen) haben dabei das Recht, Aufträge zu erteilen. Die Auftragserteilung kann sowohl schriftlich als auch mündlich erfolgen.

III. Wirtschaftsinformatik: → Job.

Aufwärtskompatibilität – Begriff für die → Kompatibilität einer älteren Version eines Softwareprodukts mit einer neueren Version oder mit einer neueren Softwareumgebung (→ Software); im Gegensatz zu „Abwärts"-Kompatibilität häufig gewährleistet. – *Beispiel:* Eine neue Version eines Betriebssystems ist aufwärts kompatibel mit der früheren, wenn alle Programme, die unter der früheren Version betrieben werden konnten, auch unter der neuen ablauffähig sind.

Aufzeichnungsdichte – *Speicherungsdichte;* Kenngröße für die Speicherdichte auf den Oberflächen magnetischer → Datenträger, gemessen (i.d.R.) in bit per inch (bpi; Speicherung hintereinander) bzw. track per inch (tpi; Speicherung nebeneinander). – Vgl. auch → Aufnahmekapazität.

Ausgabegerät – technisches Gerät, das als (eine) Ausgabeeinheit eines → Computers dient, d.h. durch die die verarbeiteten Daten nach außen ausgegeben werden können, z.B. → Bildschirm, → Drucker, → Plotter und Sprachausgabegeräte. – *Gegensatz:* → Eingabegerät.

Auszeichnungssprache → SGML.

Automatentheorie → Informatik.

Avatar – Bezeichnung für eine fiktive, softwarebasierte Bildschirmgestalt eines Nutzers in virtuellen Welten und Begegnungen (z.B. Onlinerollenspiele oder → Chat

B

B2B – Abk. für *Business-to-Business*. – Vgl. auch → Business-to-Business-Markt, Business-to-Business-Marketing.

B2C – Abk. für *Business-to-Consumer*. – Vgl. auch → Business-to-Consumer-Markt.

Backbone – Netzwerk mit hoher Bandbreite, welches einzelne Subnetze miteinander verbindet. Der Backbone ist i.d.R. sehr viel schneller ausgelegt als die restlichen Netzverbindungen, um einen möglichst hohen Durchsatz zwischen den verschiedenen Subnetzen zu gewährleisten. – Vgl. auch → Internet.

Backdoor – 1. *Begriff*: Eine *Backdoor* (engl. *Hintertür*, auch *Trapdoor*) bezeichnet einen (oft vom Entwickler eingebauten) Teil einer → Software, der es dem User ermöglicht, unter Umgehung der normalen Zugriffssicherung Zugang zum Computer oder einer sonst geschützten Funktion eines Programms zu bekommen. Ein Beispiel ist eine (meist durch einen → Trojaner heimlich installierte) Software, die einen entsprechenden Fernzugriff auf das → Computersystem ermöglicht. Backdoor ist eine Hacking-Technik. – 2. *Eigenschaft*: Bei einem Backdoorprogramm, das sich selbst als nützliche Anwendung tarnt (bspw. als Desktopuhr, die heimlich einen Fernzugriff auf den Computer ermöglicht), handelt es sich um eine Mischform zwischen Backdoor und Trojaner. Wird ein solches Programm (der Backdoor-Trojaner) beendet oder gar gelöscht, steht auch die heimliche Backdoorfunktion nicht mehr zur Verfügung. – 3. *Unterscheidung zum Trojaner*: Eine Backdoor ermöglicht einen alternativen Zugang zu einer Anwendung oder zum Computersystem und ist von einem Trojaner zu unterscheiden. Letzteres ist ein Programm, das sich als nützliche Anwendung tarnt, im Hintergrund aber ohne Wissen des Anwenders eine andere Funktion erfüllt. Trojaner können Backdoorprogramme installieren oder beinhalten. Ein Trojaner kann heimlich ein eigenständiges Backdoorprogramm als Anhang enthalten und installieren, das einen Remotezugriff auf den Computer ermöglicht. Ein Eindringling greift auf das installierte Backdoorprogramm zu, nicht aber auf den Trojaner, der in diesem Fall nur als Hilfsprogramm für die heimliche Installation fungiert. Der Trojaner kann gelöscht werden, ohne dass dies einen Einfluss auf die weitere Funktion des Backdoorprogramms hat. Solche Hilfsprogramme sind definitionsgemäß Trojanische Pferde, weil sie sich als nützliche Anwendung tarnen (z.B. als Spiel oder als Bildschirmschoner), aber dem Anwender nicht bekannte Funktionen ausführen, wie eben die heimliche Installation einer Backdoor. – 4. *Schutz vor Backdoor*: Eine geschickt konzipierte Hintertür ist selbst mit fundierten Fachkenntnissen oft nur schwer zu erkennen. Und der Zeitaufwand für die Analyse ist bes. bei komplexen Programmen beträchtlich. – Vgl. auch Hacking.

Backtracking – *Suchmethode*. 1. *Prinzip*: An denjenigen Punkten des Suchvorgangs, an denen zur Fortsetzung der Suche eine Auswahlentscheidung zwischen mehreren Möglichkeiten getroffen werden muss, wird zunächst der aktuelle Zustand festgehalten, bevor man die verschiedenen Möglichkeiten verfolgt. Durch das Festhalten des Zustands ist gewährleistet, dass ein Rücksprung möglich und von den richtigen Vorbedingungen ausgegangen werden kann. – 2. *Verwendung* in der → Künstlichen Intelligenz (KI) und bei → rekursiver Programmierung.

Back-up System – 1. *Begriff*: Sicherungssystem, das es beim Betrieb eines → Computersystems (→ Systembetrieb) erlaubt, nach dem Ausfall einer Systemkomponente oder des Gesamtsystems schnell wieder einen ordnungsgemäßen Zustand zu erreichen (Wiederanlauf). – 2. *Maßnahmen:* (1) *hardwareorientiert:* Betrieb eines Parallelsystems, das beim Ausfall einer Komponente die Funktion des anderen Computersystems übernimmt; (2) *softwareorientiert:* Wiederanlaufpunkte in → Anwendungsprogrammen und → Systemprogrammen, → Programme zur Rekonstruktion verloren gegangener Daten; (3) *organisatorisch:* regelmäßige → Datensicherung (→ Dump).

Backus-Naur-Form – Beschreibungsmittel zur Definition der → Syntax einer Programmiersprache.

Balkencode → Barcode.

Bandbreite – 1. *Devisengeschäft:* i.d.R. im Zusammenhang mit flexiblen (managed floating; begrenzt flexiblen) Wechselkursen verwendeter Begriff, z.B. im früheren *Europäischen Währungssystem* – dem heutigen EWS II, an dem alle Länder mit Ausnahmegenehmigung mind. zwei Jahre vor der Prüfung teilzunehmen haben (vgl. Stabilitäts- und Konvergenzkriterien von Maastricht). Die Bandbreite bezeichnet die zulässige Abweichung der Devisenkassakurse (Marktkurse) von einem vertraglich vereinbarten Leitkurs. Bei drohender Überschreitung der Bandbreite sind die beteiligten Notenbanken zu Interventionen verpflichtet (Interventionspflicht). – Vgl. auch Zielzonen-System. – 2. *Informatik:* max. Datenübermittlungsrate zwischen Teilen eines Computernetzwerkes gemessen in „Bits per Second" (bps).

Banken-Informationssystem – 1. *Begriff:* Computergestütztes System (→ Computersystem) zur Automatisierung des Massengeschäfts, zur dezentralen Informationsversorgung und zur Abwicklung komplexer interner (z.B. Investitionskredite) und externer Aufgaben (Wertpapiergeschäft, Devisenhandel) eines Bankbetriebs. – 2. *Ziele:* Kostensenkung, Reduktion der Bearbeitungsdauer von Vorgängen, Verbesserung des Kundenservice. – 3. *Anwendungsbereiche:* Im nationalen und internationalen Zahlungsverkehr (z.B. Scheck-, Devisenverkehr), Abrechnung von Geschäftsvorfällen, Schalterservice, POS-Banking.

Banner – *Werbebanner;* rechteckige Werbeformen, die auf einer → Website geschaltet werden und per → Hyperlink mit dem Internetangebot des Werbetreibenden verknüpft sind. Banner können anhand ihrer Größe sowie ihres Interaktions- und Funktionalitätspotenzials unterschieden werden.

Barcode – *Balkencode, Strichcode;* ein optischer → Datenträger zur Kennzeichnung von Objekten. Nach einer standardisierten Codiervorschrift wird eine ein- oder mehrdimensionale Sequenz von parallelen dunklen und hellen Strichen gedruckt, die von optischen Lesegeräten gelesen und anschließend dekodiert werden können. – *Beispiel:* → EAN.

Basic – *Beginners All Purpose Symbolic Instruction Code;* prozedurale → Programmiersprache. Aufgrund einfacher Handhabung und Erlernbarkeit ist Basic im Personal- und Hobbycomputerbereich relativ weit verbreitet. – *Moderne Variante:* → Visual Basic (VB).

Batch-Verarbeitung → Stapelbetrieb.

Baud – Maßeinheit für die Geschwindigkeit der → Datenübertragung über ein Übertragungsmedium; benannt nach dem franz. Physiker Baudot. Entspricht → Bps (Bits per Second).

Baum – I. Wirtschaftsinformatik: 1. *Begriff:* Bei der → Programmentwicklung verwendete → abstrakte Datenstruktur. – *Rekursive Definition:* Ein Baum ist entweder leer oder er besteht aus einer Wurzel, die mit endlich vielen (Teil-)Bäumen verknüpft ist. – 2. *Verwendung:* Sehr allg., in der betrieblichen Datenverarbeitung häufig benutzte Datenstruktur, z.B. für die Speicherung von Stücklisten; auch generell zur grafischen Darstellung hierarchischer Zusammenhänge eingesetzt.

II. Netzplantechnik: Zusammenhängender, ungerichteter oder gerichteter Graph, der keine geschlossene Folge von Kanten bzw. Pfeilen (Kette) enthält.

Befehl – Anweisung in einem → Algorithmus oder in einem → Programm, mit der ein Verarbeitungsschritt veranlasst wird. – Befehl in der Maschinensprache: → Maschinenbefehl.

Befehlsprozessor → Zentralprozessor.

belastungsorientierte Auftragsfreigabe (BOA) – Konzeption für die Produktionssteuerung in einem → PPS-System. Die anstehenden → Fertigungsaufträge werden jeweils in Abhängigkeit von der augenblicklichen Kapazitätsbelastung einer Werkstatt freigegeben und innerhalb der Werkstatt den Arbeitsplätzen bzw. Fertigungsanlagen ebenfalls nach Belastungswerten zugeteilt. Kriterium für die Einlastung eines Fertigungsauftrages ist die Belastungsschranke, die durch den Einlastungsprozentsatz definiert wird. Zielsetzung der belastungsorientierten Auftragsfreigabe ist das Durchbrechen des Fehlerkreises der Fertigungssteuerung. – *Voraussetzungen:* funktionierende Primärbedarfs- und Kapazitätsplanung, realistische Durchlaufterminierung, aktuelle → Betriebsdatenerfassung.

Belegleser → Eingabegerät, das Belege weitgehend automatisch liest. – *Arten:* Klarschriftleser, Markierungsleser, Strichcode-Leser.

Benchmark-Test – Test des Leistungsverhaltens von Datenverarbeitungssystemen (→ Testen). Vergleichskriterium ist i.d.R. die Laufzeit eines Programmpakets, das eine bestimmte Kapazitätsbelastung des Systems erzeugt und aus → Anwendungsprogrammen oder eigens geschriebenen Testprogrammen besteht. Der Benchmark-Test wird häufig bei der Auswahl eines → Computers eingesetzt.

Benutzer – 1. *Begriff:* Ungenauer, selten definierter Begriff aus der → Informatik; häufig verwendet im → Software Engineering. Allg. derjenige, der von einem Softwareprodukt oder auch nur von einer Softwarekomponente Gebrauch macht; muss nicht zwingend ein menschlicher Benutzer sein (menschliche Benutzer werden deshalb auch als → Endbenutzer bezeichnet). Der Begriff wird auch auf andere Softwarekomponenten ausgedehnt, z.B. der Benutzer eines → Moduls (i.Allg. ein anderes Modul). – 2. *Benutzertypen* (nach der Fähigkeit und Übung, mit einem Softwareprodukt umzugehen): (1) *Gelegentliche Benutzer (naive Benutzer);* (2) *Experten (Expert Users).* Aus Sicht der → Benutzerfreundlichkeit resultieren daraus unterschiedliche Anforderungen an die → Benutzerschnittstelle.

Benutzerfreundlichkeit – auch Usability genannt. Merkmal der → Softwarequalität. Die Eigenschaft eines Softwareprodukts, bes. eines Dialogsystems, auf die Anforderung eines → Endbenutzers zugeschnitten zu sein. Das Softwareprodukt soll sich den Bedürfnissen der jeweiligen Benutzerkategorie entsprechend verhalten, der Vorbildung und Intention der Benutzer angemessene Ausdrucks- und Interaktionsformen vorsehen und leicht handhabbar sein. Die Benutzerfreundlichkeit wird intensiv innerhalb der → Software-Ergonomie untersucht.

Benutzerhandbuch → Dokumentation eines → Softwaresystems für den → Endbenutzer.

Benutzeroberfläche – Begriff aus dem → Software Engineering. – 1. Synonym für → Benutzerschnittstelle. – 2. Sichtbarer Teil der Benutzerschnittstelle, z.B. Menüs (→ Menütechnik), Bildschirmmasken (→ Maske), Fenster (→ Fenstertechnik), Struktur der → Kommandos, Grafik (grafische Darstellung).

Benutzerschnittstelle – die → Schnittstelle zwischen einem Softwareprodukt und dem → Endbenutzer, d.h. die vonseiten des Softwareprodukts vorgegebene Art und Weise der *Interaktion* (z.B. Führung des Benutzers, Möglichkeiten des Benutzers, selbst initiativ zu werden, → Menütechnik, → Maske). – Vgl. auch → Software-Ergonomie.

Berichtsgenerator – Computerprogramm (→ Programm), das die Ergebnisse der Anwendung eines anderen Computerprogramms oder Daten aus Dateien in verständlicher Form aufbereitet. – Vgl. auch → Reportgenerator.

berührungssensitiver Bildschirm → Touch Screen.

betriebliche Datenverarbeitung – Sammelbezeichnung für den Einsatz von → Computersystemen zur Bearbeitung betriebswirtschaftlicher Problemstellungen; früher auch als Synonym für Betriebsinformatik verwendet. Im Vordergrund steht die Verarbeitung, Speicherung und Erzeugung von → Daten, bes. von großen Datenmengen. – Computer- und Anwendungssysteme im Betrieb, die sich auf technische Probleme erstrecken (z.B. Prozesssteuerung), werden traditionell nicht zur betrieblichen Datenverarbeitung gerechnet. – *Organisationsform der betrieblichen Datenverarbeitung:* → individuelle Datenverarbeitung (IDV).

betriebliches Informationssystem – 1. Sammelbegriff für alle betriebswirtschaftlichen → Softwaresysteme. – 2. Oberbegriff für computergestützte → Administrationssysteme, computergestützte → Dispositionssysteme, computergestützte → Führungsinformationssysteme (FIS) und → computergestützte Planungssysteme. – 3. Bestandteile moderner betrieblicher Informationssysteme sind → Datenbanken mit auf betriebswirtschaftliche Sachverhalte ausgerichteten → Datenstrukturen, Methoden in Form von Programmalgorithmen (→ Algorithmus) und → Benutzerschnittstellen zur Gestaltung der → Benutzeroberfläche.

Betriebsdatenerfassung – Erfassung von → Daten, die beim betrieblichen Wertschöpfungsprozess anfallen, i.d.R. mithilfe der Informationsverarbeitung. – *Wichtige Betriebsdaten:* Maschinendaten (Belegungszeiten, Störungen etc.), Fertigungsauftragsdaten (Anfang, Ende von → Arbeitsgängen, Freigabe, Fertigstellung von → Fertigungsaufträgen; Mengen-, Qualitätsangaben u.a.); Lagerdaten (Zugänge, Abgänge, Reservierungen), Personaldaten (Anwesenheit, Akkord- u.a. Entlohnungsdaten). – Die Betriebsdatenerfassung stellt wichtige Rückmeldungen für die *Produktionsplanung und -steuerung* zur Verfügung, z.B. für die Auftragsfortschrittskontrolle (→ PPS-System). Betriebsdatenerfassungssysteme haben meist eigene → Hardware und → Software.

Betriebssystem (BS) – Sammelbegriff für Programme (→ Systemprogramme), die den Betrieb eines Computers erst möglich machen; auch als *Operating System (OS)* bezeichnet. Sie steuern und überwachen das Zusammenspiel der Hardwarekomponenten im Rahmen der Auftrags-, Daten-, Arbeitsspeicher- und Programmverwaltung (bes. die Abwicklung einzelner → Anwendungsprogramme, den Zugriff von Prozessen auf bestimmte Ressourcen) sowie der Systemsicherung (Fehlererkennung und -behebung). Das Betriebssystem macht ein → Datenverarbeitungssystem erst bedienbar und beherrschbar. – *Bekannte Betriebssysteme:* → Unix, → Linux, → Windows für Personal Computer.

Betriebssystemkommando → Kommando.

Bewegungsdaten – in der betrieblichen Datenverarbeitung → Daten, die Veränderungen von Zuständen beschreiben und dazu herangezogen werden, → Stammdaten zu aktualisieren.

Bewusstsein – 1. *Begriff:* Bewusstsein (lat. *conscientia*: Mitwissen, bei Sinnen sein, denken) ist i.w.S. die erfahrbare Existenz geistiger Zustände und Prozesse. Der Begriff „Bewusstsein" hat im Sprachgebrauch sehr unterschiedliche Bedeutungen, die sich teilweise mit den Bedeutungen von Psyche, Seele und Geist deckt. – 2. *Arten und Aspekte:* Man unterscheidet heute in den Sozial- und Wirtschaftswissenschaften verschiedene Aspekte: a) *Bewusstsein als gedankliches Bewusstsein:* Der Mensch hat die Fähigkeit zum Denken.

Wer also denkt, sich erinnert, plant oder etwas erwartet, hat ein gedankliches Bewusstsein. Der größere Teil des betrieblichen Alltags wird vom Unterbewusstsein als dem anderen Teil des menschlichen Geistes bestimmt; es regelt jene Vorgänge und Ereignisse, die unbewusst ablaufen. Viele Routinetätigkeiten, z.b. das Bedienen eines Programms, gehen quasi automatisch von der Hand. Es funktioniert, weil das menschliche Unterbewusstsein die Führung übernommen hat. Die Routinetätigkeiten wurden schon so oft wiederholt, dass das menschliche Bewusstsein die Leitung an das Unterbewusstsein abgegeben hat. – b) *Bewusstsein des Selbst und seiner mentalen Zustände*: Bewusstsein von sich selbst (Selbstbewusstsein) haben Personen, die nicht nur Denkvermögen haben, sondern sich auch darüber im Klaren sind. – c) *Individualitätsbewusstsein* besitzt, wer sich seiner Einzigartigkeit als Mensch bzw. Konsument bewusst ist und die Andersartigkeit auch wahrnimmt. – d) *Problembewusstsein*: Bewusstsein (als gedankliches Phänomen) für vorhandene Probleme; meist wird es in wirtschaftlichen oder strafrechtlichen Zusammenhängen mit dem Adjektiv „fehlend" verwendet, seltener mit „gesundes" oder „wachsendes" Problembewusstsein, z.B. für Korruption oder Schattenwirtschaft. Erst wenn bei jedem Einzelnen ein Bewusstsein für Probleme – oft verbunden mit einem Leidensdruck – besteht, kann über Lösungsmöglichkeiten nachgedacht bzw. diskutiert werden. – e) *Unrechtsbewusstsein*: Es beschreibt die mangelnde Einsicht, bes. von Straftätern, in die Unrechtmäßigkeit ihres Verhaltens. – f) *Risikobewusstsein*: Die Einsicht bzw. das Überlegen vor jeder Handlung bzw. Entscheidung, welche Risiken damit möglicherweise verbunden sein könnten. Das Wecken dieses (praktisch sehr wichtigen) Bewusstseins erfolgt durch Sensibilisieren von Personen für eine mögliche Gefährdung von Personen, Sachen, Umwelt, Vermögen oder Gewinn als Folge ihres Verhaltens oder Entscheidens.

Ein Mindestmaß an Risikobewusstsein ist die Grundlage jeder Risikobewältigung.

Bildschirm – *Monitor*; → Ausgabegerät (Datensichtgerät), das dem → Benutzer → Daten für das Auge sichtbar macht.

Bildschirmmaske → Maske.

Binärcode → Code, der zur Darstellung nur über die beiden Zeichen 0 und 1 verfügt. Alle Zeichen müssen als Folge mit einer festen Anzahl von Nullen und Einsen binär dargestellt werden (→ binäre Darstellung). - Vgl. auch → ASCII(-Code), → EBCDIC.

binäre Darstellung – *Binärdarstellung*; Form der → digitalen Darstellung, bei der der benutzte Zeichenvorrat nur zwei Zeichen umfasst, meist als 0 und 1 dargestellt. – Vgl. auch → Binärcode.

binäre Suche – 1. *Begriff*: bekannter → Algorithmus für das → Suchen. – 2. *Voraussetzung*: Der zu durchsuchende Datenbestand ist nach dem → Suchbegriff geordnet, d.h. aufsteigend (oder absteigend) sortiert. – 3. *Prinzip*: fortgesetzte Intervallhalbierung; der Datenbestand wird zunächst in der Mitte überprüft. Wenn die mittlere Komponente nicht zufällig die gesuchte ist, muss die gesuchte Komponente entweder im „linken" Teil liegen (nämlich dann, wenn bei aufsteigender Sortierung der Suchbegriff kleiner als der → Ordnungsbegriff der mittleren Komponente ist) oder im „rechten" Teil (im umgekehrten Fall). Auf das entsprechende Teilintervall wird die gleiche Vorgehensweise analog angewendet etc. – 4. *Umsetzung*: für die binäre Suche existiert eine elegante Lösung mit → rekursiver Programmierung.

Binary Digit → Bit.

Binärzeichen → Bit.

Bit – *Binärzeichen, Binary Digit*; kleinste Informationseinheit zur Darstellung (bes. zur Speicherung) von → Daten in einem → Binärcode. Kann entweder den Wert „binäre Null" oder „binäre Eins" haben. – *Anders*: → Byte.

Black-Box-Test → Testen.

Blended Learning – 1. *Begriff*: Unter Blended Learning („blended": „gemixt, zusammengemischt") versteht man die Kombination von unterschiedlichen Methoden und Medien, etwa aus Präsenzunterricht und → E-Learning. Im wissenschaftlichen Kontext spricht man auch vom Lernen im Medienverbund oder von hybriden Lernarrangements. Die Mischung aus formellem und informellem Lernen fällt nach verbreiteter Auffassung ebenfalls unter den Begriff. Zudem gibt es Experten, die die Anreicherung von Printmedien mit 2D-Codes (v.a. QR-Codes) als Blended Learning bezeichnen. – 2. *Vorgehen*: Mittels einer geeigneten Zusammenstellung soll das Lehrziel einer Bildungsmaßnahme möglichst effizient und effektiv erreicht werden. Z.B. bauen einzelne Module bzw. verschiedene Methoden und Medien aus Präsenz- und E-Learning-Maßnahmen aufeinander auf und ergänzen sich. So findet häufig am Beginn eines Kurses eine Präsenzveranstaltung statt, bei der sich die Teilnehmerinnen und Teilnehmer kennenlernen, wodurch man eine wichtige Voraussetzung für das gemeinschaftliche Lernen und Arbeiten schafft. Alternativ werden Web-based-Trainings (WBTs) und virtuelle Klassenzimmer eingesetzt, wenn man Lernende in Vorbereitung auf den Präsenzunterricht auf einen einheitlichen Wissensstand bringen will. Durch die Stärkung des informellen Lernens kann im Arbeitsprozess und im Selbststudium in flexibler Weise gelernt werden, und das formelle Lernen wird „entlastet", z.B. von begrifflicher Arbeit zugunsten von (vor Ort oder über das Netz geführten) Dialogen und Diskussionen. Mithilfe von QR-Codes werden physische und virtuelle Medien und Materialien miteinander verbunden. Man liest ein Buch bzw. einen Artikel, und wenn man will, „springt" man mithilfe des Smartphones oder eines Tablets über den 2D-Code zu einer online verfügbaren Ressource, einem Glossareintrag, einem Lehrvideo oder einem webbasierten Test (Mobile Tagging). Kurze Texte lassen sich direkt im Code vorhalten, sodass man offline bleiben kann. – 3. *Verbreitung*: Blended Learning ist die übliche Lehr- und Lernform an modernen Hochschulen und in großen Unternehmen. Über Lernplattformen und Lern- und Wissensportale werden nicht nur Informationen und Materialien bereitgestellt und verwaltet, sondern auch die im Regelfall komplexen Blended-Learning-Kurse organisiert. Über Smartphones und Tablets werden Studierende benachrichtigt und versorgt und Außendienstmitarbeiter angebunden (Mobile Learning). Sogar Schulen setzen mehr und mehr auf Blended Learning. Der Einsatz von Open-Source-Lernplattformen und von sozialen Medien (Social Media) ist in vielen Gymnasien und Berufsschulen selbstverständlich. Während sich reines E-Learning nur im Ausnahmefall durchgesetzt hat, ist Blended Learning in den Industriestaaten und Informationsgesellschaften zum Normalfall geworden. Der digitale Graben zwischen und in den Staaten und Gesellschaften ist ein Thema der Informationsethik.

Blog – Abk. für *Web Log*, ein Blog ist ein elektronisches Tagebuch im → Internet. Typische Anwendung des Web 2.0. Im Gegensatz zu einer persönlichen → Homepage, die eine Art Visitenkarte des Betreibers darstellt, handelt es sich bei einem Blog um ständig aktualisierte und kommentierte Tagebuchbeiträge, die mittels der RSS-Technologie (→ RSS) abonniert werden können. Über → Permalinks und → Trackbacks können Verweise auf spezielle Beiträge anderer Seiten gesetzt und somit intensive Diskussionen geführt werden. Durch die weite Verbreitung und Fokussierung von Blogs auf unterschiedlichste Themengebiete sowie die Tendenz zu einer starken Vernetzung der Blogs untereinander lassen sich über den Vernetzungsgrad von Suchmaschinen schnell die Allgemeinheit interessierende Themen herausfinden und so Suchergebnisse verbessern.

Blu-ray Disc – optisches Speichermedium, das als Nachfolger der → DVD gilt. Im Vergleich zur DVD nochmals deutlich höhere Speicherkapazität von 25 GB auf einlagigen und 50 GB auf zweilagigen Medien. Durch ständige Weiterentwicklung sind weitaus höhere Kapazitäten möglich, aber de facto am Markt nicht verfügbar.

Booten – Vorgang des Ladens des → Betriebssystems (BS) eines Personal Computers von einem → externen Speicher (→ CD, → Diskette oder → Festplatte). Gesteuert wird dieser Prozess durch den *Bootstrap Loader*, ein → Systemprogramm, das in dem → Festwertspeicher des Rechners gespeichert ist.

Bottom-up-Entwurf – Entwurfsreihenfolge bei der → Systemanalyse und dem → Software Engineering nach dem → Bottom-up-Prinzip.

Bottom-up-Prinzip – Prinzip zur Vorgehensweise bei der Problemlösung. – 1. *Grundidee:* Zunächst werden abgegrenzte, detaillierte Teilprobleme gelöst, mit deren Hilfe dann größere, darüber liegende Probleme etc. Die einzelnen Teillösungen werden von „unten" nach „oben" zusammengesetzt, bis das Gesamtproblem gelöst ist. – 2. *Anwendung:* a) Beim Entwurf von → Softwaresystemen, indem mit dem Entwurf elementarer Operationen und Funktionen zur Verwaltung der benötigten → Daten begonnen wird, diese dann auf einer höheren Abstraktionsebene für komplexere Probleme bzw. → abstrakte Datenstrukturen benutzt werden etc.; häufig in Kombination mit dem Top-Down-Prinzip angewendet. – b) Als Vorgehensweise beim *Integrationstest* (→ Testen). – c) Als Vorgehensweise bei der Unternehmensplanung.

BPM – Abk. für Business Process Management. Siehe auch → Geschäftsprozessmanagement

Bps – je nach Definition Abk. für *Bytes per Second* oder *Bits per Second* (dann i.d.R. *bps*); Maß für die Geschwindigkeit der Übertragung binär dargestellter → Daten (→ binäre Darstellung). Gibt die Anzahl der in einer Sekunde übertragenen Bytes bzw. Bits an.

Branchensoftware – Softwareprodukte in der betrieblichen Datenverarbeitung, die auf den Einsatz in speziellen Branchen ausgerichtet sind, z.B. Banksoftware etc.

Breadth-First-Suche – *Breitensuche;* Suchstrategie (→ Suchen) beim Durchlaufen einer Hierarchie von Objekten oder → Regeln, bei der alle Objekte bzw. Regeln einer Hierarchiestufe untersucht werden, bevor irgendein Objekt bzw. irgendeine Regel einer tieferen Stufe überprüft wird. In der → Künstlichen Intelligenz (KI) ist die Breadth-First-Suche eine mögliche Strategie für eine → Inferenzmaschine. – *Gegensatz:* → Depth-First-Suche.

Breitband – Begriff der Nachrichtentechnik. Bezeichnet i.d.R. Übertragungskanäle mit einer hohen Übertragungsgeschwindigkeit. Als → Datenübertragung im Breitband bezeichnet man die gleichzeitige und unabhängige Übertragung mehrerer Nachrichten über ein Medium. – Vgl. auch Breitbandkabelverteilnetz.

Breitband-Internet – Internetzugang mit hoher Datentransferkapazität.

Breitbandnetz – Fernmeldenetz (→ Netz), das die kabelgebundene Versorgung mit Fernseh- und Hörfunkprogrammen sowie sonstigen Daten (z.B. aus dem → Internet) ermöglicht.

Breitensuche → Breadth-First-Suche.

Bridge – Als Bridge bezeichnet man in der Informatik die Anpassungsschaltung, die die Kopplung zweier gleichartiger → lokaler Netze und damit die Kommunikation eines Teilnehmers des einen → Netzes mit Teilnehmern des anderen ermöglicht.

Bridge-Programm – Als Bridge-Programm bezeichnet man ein → Programm für die Überbrückung zwischen inkompatiblen Softwareprodukten; in der betrieblichen

Datenverarbeitung werden häufig viele verschiedene → Softwaresysteme für einzelne Funktionsbereiche eingesetzt (z.b. ein PPS-System, computergestützte Finanzbuchhaltung, Personalinformationssystem). Mangels eines integrierten Gesamtkonzepts können → Daten, die von einem Softwaresystem verwaltet werden, von einem anderen System, das sie ebenfalls benötigt, meist nicht unmittelbar benutzt werden. Ein Bridge-Programm dient dazu, Daten eines Systems so in eine Form umzusetzen, dass sie von einem anderen System verarbeitet werden können.

Browser – 1. *Allgemein:* Der Browser ist ein Programm zur grafischen Darstellung der Inhalte des → World Wide Web (WWW), welches neben → HTTP noch andere Dienste wie → FTP unterstützt. – 2. *Merkmale:* Bezeichnung für (Hilfs-)Programme, die eine Recherche von Dateien und deren Platzierung in einer elektronisch verfügbaren Verzeichnishierarchie ermöglichen. Die Visualisierung erfolgt i.d.R. über Baumstrukturen. Wird ein Browser darüber hinaus zur audiovisuellen Darstellung von HTML-Seiten (Hypertext Markup Language, → HTML) im World Wide Web (WWW) verwendet, so spricht man von einem Webbrowser (z.B. Internet Explorer, Firefox oder Safari). Ein Webbrowser erleichtert die Navigation im World Wide Web durch bestimmte Funktionalitäten, wie z.B. Bookmarks bzw. Favoriten, Navigationsbuttons oder eine Navigationshistorie.

Bulletin Board → Schwarzes Brett.

Bundesbeauftragter für den Datenschutz und die Informationsfreiheit (BfDI) – Bundesbehörde im Geschäftsbereich des Bundesministeriums des Innern (BMI), die die Einhaltung des → Datenschutzes und der Informationsfreiheit bei öffentlichen Stellen des Bundes kontrolliert; gesetzlich geregelt im Bundesdatenschutzgesetz (§§ 22 ff). Bei den Landesbehörden übernimmt diese Aufgabe der Landesdatenschutzbeauftragte bzw. eine Datenschutzkommission; in der Privatwirtschaft werden → Datenschutzbeauftragte bestellt, die wiederum von staatlichen Aufsichtsbehörden überwacht werden. Der Bundesbeauftragte für den Datenschutz und die Informationsfreiheit wird vom Bundestag auf Vorschlag der Bundesregierung für fünf Jahre gewählt; Wiederwahl ist einmal zulässig; er ist unabhängig und keinen Weisungen unterworfen. Er berät und kontrolliert Bundesbehörden, andere öffentliche Stellen des Bundes, Telekommunikations- und Postdienstunternehmen sowie private Unternehmen, die unter das Sicherheitsüberprüfungsgesetz (SÜG) fallen. Der Bundesbeauftragte für den Datenschutz und die Informationsfreiheit gibt jährlich einen Bericht über seine Aktivitäten und allg. Entwicklungen auf dem Gebiet des Datenschutzes heraus; Vorlage eines Tätigkeitsberichts beim Deutschen Bundestag alle zwei Jahre.

Bürgerinformationssystem – Unter Bürgerinformationssystem wird das über Telekommunikationsnetze und -dienste (→ Internet) erreichbare → Informationssystem einer Stadtverwaltung verstanden, das dem Ziel dient, die Zufriedenheit der Bürger mit ihrer Stadt zu erhöhen. Inhaltlich können in dem Bürgerinformationssystem aufgeführt werden: Politikinformationen (z.B. Stadtratsbeschlüsse, Verordnungen, Sitzungsprotokolle etc.), Wirtschaftsinformationen (z.B. Daten zur regionalen Wirtschaftsentwicklung, zum Leistungsangebot örtlicher Unternehmen und Gewerbebetriebe), Sozialinformationen (z.B. zu Beratungsstellen, Voraussetzungen für bestimmte soziale Leistungen, Vereine etc.), Kulturinformationen (z.B. zu Kulturveranstaltungen, Initiativen, VHS-Kursen) etc.

Büroarbeit – Tätigkeiten im Bürobereich, die größtenteils durch Handhabung von Informationen (Erzeugung, Bearbeitung, Übermittlung u.a.) gekennzeichnet sind. Büroarbeit besteht vorwiegend (etwa zu zwei Dritteln) aus Kommunikationsvorgängen. – In der → Bürokommunikation werden

Typen der Büroarbeit z.b. nach einzelfallorientierter, sachfallorientierter und routinefallorientierter Büroarbeit unterschieden.

Büroautomation → Bürokommunikation.

Bürokommunikation – 1. *Bürokommunikation i.e.S.*: Kommunikationsvorgänge (→ Kommunikation) im Bürobereich. – 2. *Bürokommunikation i.w.S.*: Forschungsgebiet, das sich mit der effizienteren Gestaltung von Büro und Verwaltungstätigkeiten durch Einsatz neuer Informations- und Kommunikationstechniken beschäftigt.

Bus – *Datenbus;* Verbindungssystem zur Übertragung von Informationen zwischen digitalen (→ digitale Darstellung) Schaltwerken, das von allen angeschlossenen Einheiten genutzt werden kann. – *Gliederung:* a) nach der *Art der übertragenen Informationen:* (1) Daten-Bus (→ Daten), (2) Adress-Bus (→ Adresse), (3) Steuer-Bus; b) nach der *Art der verbundenen Einheiten* (→ Prozessor): (1) interner Bus und (2) externer Bus. – Vgl. auch Bus-Netzwerk (→ Netzwerktopologie).

Business Intelligence – Sammelbegriff für den IT-gestützten Zugriff auf → Informationen, sowie die IT-gestützte Analyse und Aufbereitung dieser Informationen. Ziel dieses Prozesses ist es, aus dem im Unternehmen vorhandenen Wissen, neues Wissen zu generieren. Bei diesem neu gewonnenen Wissen soll es sich um relevantes, handlungsorientiertes Wissen handeln, welches Managemententscheidungen zur Steuerung des Unternehmens unterstützt.

Business Process as a Service (BPaaS) – bedarfsorientiere Bereitstellung einer nutzerspezifischen Zusammenstellung von → IT-Ressourcen und nicht IT-unterstützten Funktionalitäten nach dem Everything as a Service (EaaS) Konzept. Diese Zusammenstellung unterstützt einen kompletten → Geschäftsprozess eines Kunden.

Business Process Execution Language (BPEL) – 1. *Begriff:* Die Business Process Execution Language (BPEL) ist ein Industriestandard zur Automatisierung von → Geschäftsprozessen auf Basis von → Web Services. Der Standard wurde von der Organization for the Advancement of Structured Information Standards (OASIS) entwickelt. – 2. *Merkmale:* Die Funktionalität von Software-Komponenten kann auf Basis von Web Services auf standardisierte Weise als Dienst (*engl.: service*) zur Verfügung gestellt werden. In Service-orientierten Architekturen (→ SOA) werden diese Dienste zu größeren Systemen verbunden, man spricht in diesem Zusammenhang auch von Anwendungsintegration und von loser Kopplung. Mit BPEL können Dienste, die eine Web Service-Schnittstelle anbieten, zu einem automatisierten Geschäftsprozess zusammengefasst werden (auch: Service Orchestration). Der so automatisierte Geschäftsprozess wird wiederum als Dienst zur Verfügung gestellt und kann somit in andere Prozesse oder Dienste integriert werden. – 3. *Unterscheidung von ähnlichen Begriffen:* Im Gegensatz zur → Business Process Model and Notation (BPMN) wird in BPEL keine grafische Darstellung von Prozessen definiert. BPEL-Prozesse werden in der Extensible Markup Language (→ XML) beschrieben. – Vgl. auch Geschäftsprozesstechnologie.

Business Process Management → Geschäftsprozessmanagement.

Business Process Model and Notation (BPMN) – 1. *Begriff:* Die Business Process Model and Notation (BPMN) ist ein Industriestandard der Object Management Group (OMG) und dient der grafischen Darstellung und Modellierung von → Geschäftsprozessen. – 2. *Merkmale:* Die einzelnen Aufgaben, die in einem Geschäftsprozess zu erledigen sind, werden durch „Tasks" dargestellt. Deren Abfolge wird durch Entscheidungspunkte („Gateways") und Kontrollverbindungen („Sequence Flow") festgelegt. Mit diesen Elementen lassen sich auch parallele Abläufe erzeugen und synchronisieren. Die Zuständigkeitsbereiche der Personen, die an einem Prozess beteiligt sind, lassen sich mit „Swimlanes" (bildlich vorzustellen wie eine Bahn im Schwimmbad) darstellen. Bei unternehmensübergreifenden Prozessen werden sog. „Pools" zur Darstellung einzelner Geschäftspartner verwendet. Der notwendige Informationsaustausch zwischen den Partnern kann mit „Message Flow"-Verbindungen modelliert werden. Eine Reaktion auf bes. Ereignisse kann mit „Events" definiert werden. Außerdem können zusätzliche Daten in ein Prozessdiagramm integriert werden, so können „Annotations" zu Dokumentationszwecken verwendet werden. – 3. *Ziele:* BPMN bezweckt eine Vereinheitlichung der verschiedenen Darstellungsformen, die heutzutage für die Prozessmodellierung Verwendung finden. Ein einheitlicher und akzeptierter Standard erlaubt die Portabilität und Interoperabilität in der Darstellung, Ausführung und Kommunikation von Geschäftsprozessen. BPMN bietet zahlreiche Möglichkeiten, einen Geschäftsprozess zu beschreiben. – 4. *Aktuelle Entwicklungen:* In Zusammenarbeit mit namhaften Unternehmen arbeitet die OMG an der Weiterentwicklung des Standards. In BPMN Version 1.0 und 1.1 (genannt „Business Process Modeling Notation,) sind die grundlegenden Sprachelemente und deren Bedeutung definiert. In BPMN Version 2.0 (genannt „Business Process Model and Notation") werden diese Sprachelemente erweitert und präzisiert. Außerdem wird die Automatisierbarkeit von Geschäftsprozessen mit ausführungsnahen Sprachen, wie die → Business Process Execution Language (BPEL), in dieser Version stärker berücksichtigt. – Vgl. auch Geschäftsprozesstechnologie.

Business Rule – Beschreibung von Geschäftspolitiken, Geschäftsregeln, Usancen und grundsätzlichen Prinzipien, die unternehmensspezifisch oder branchenspezifisch ausgelegt sein können und die in betrieblichen → Informationssystemen abgelegt und überwacht werden. Hiermit wird die semantische Konsistenz der → Daten sichergestellt. Die Umsetzung in eine → Datenbank erfolgt durch Trigger, Formulare, Stored Procedures und Reports.

Business-to-Business-Markt – *B2B*; übliche Form des Marktes, bei der das Angebot und die Leistungserstellung von Unternehmen an Unternehmen erfolgen. Der Begriff Business-to-Business-Markt dient zur Abgrenzung derjenigen Marktbereiche, in die häufig der → E-Commerce eingeteilt wird, um die jeweils spezifischen Gestaltungsparameter zu identifizieren. – Vgl. auch Business-to-Business-Marketing.

Business-to-Consumer-Markt – *B2C*; übliche Form des Marktes, bei der das Angebot von Unternehmen an Konsumenten erfolgt. Der Begriff Business-to-Consumer-Markt dient zur Abgrenzung derjenigen Marktbereiche, in die der → E-Commerce häufig eingeteilt wird, um die spezifischen Gestaltungsparameter zu erkennen. – Vgl. auch → Business-to-Business-Markt, → Consumer-to-Consumer-Markt.

Business Tool → ERP.

Business Warehouse – Synonym für → Data Warehouse.

Bus-Netzwerk → Netzwerktopologie.

Byte – Folge von acht Datenbits (→ Bit) und evtl. einem zusätzlichen → Parity Bit. Rein binär kann damit eines von 256 (2^8) Zeichen dargestellt werden (→ Binärcode). Bildet häufig die kleinste direkte adressierbare Informationseinheit eines Computers (→ Adresse).

C

C – Prozedurale → Programmiersprache, mit der aufgrund ihrer Nähe zur → Hardware (→ Assembler) sehr schnelle Programme geschrieben werden können. Universell einsetzbar, v.a. in Zusammenhang mit dem in C geschriebenen → Betriebssystem (BS) → Unix. Durch die im ANSI-Standard C X3.159–1989 vom 31.10.1988 erfolgte Standardisierung besitzt C eine hohe Portabilität, weshalb sie eine der am weitesten verbreiteten Programmiersprachen darstellt. – Vgl. auch → C++.

C++ – objektorientierte Weiterentwicklung der Programmiersprache → C.

C2C – Abk. für *Consumer-to-Consumer*. – Vgl. auch → Consumer-to-Consumer-Markt.

Cache – Datenspeicher (→ Speicher) zwischen zwei unterschiedlich schnellen Datenverarbeitungselementen (→ Datenverarbeitungssystem) zur optimalen Nutzung der Leistungsfähigkeit beider Elemente. Caches bilden z.B. die Brücke zwischen den schnellen → Prozessoren und den langsameren → Arbeitsspeichern. Caches befinden sich z.B. in Peripheriegeräten wie Druckern (→ Drucker), damit der schnellere Rechner nicht auf das langsamere Peripheriegerät warten muss und somit Rechenzeit nicht genutzt werden kann, oder z.B. in Bildschirmen zur Zeichenwiederholung auf dem Bildschirm.

CAD – I. Wirtschaftsinformatik/Industriebetriebslehre: Abk. für *Computer Aided Design*. 1. *Begriff:* Computergestütztes Konstruieren, d.h. Entwurf von Produkten mit computerunterstützter Grafikerstellung. – 2. *Ziele:* (1) Kosten- und Zeitersparnis durch Automatisierung der Konstruktion und Zugriff auf genormte und bereits vorhandene Teile; (2) Erleichterung von Konstruktionsänderungen. – 3. *Prinzip:* CAD läuft in drei Phasen ab. (1) *Konzipierung* (Anforderungsanalyse, Erarbeitung von Lösungsvarianten, Bewertung von Lösungen), (2) *Gestaltung* (Konkretisierung der Lösungen, maßstablicher Entwurf, Aufstellung von Modellen), (3) *Detaillierung* (Darstellung der verwendeten Einzelteile, Detailentwurf). Der Detailentwurf mit den zugehörigen Stücklisten und Fertigungsunterlagen kann anschließend von der Arbeitsplanung (→ CAP) übernommen werden. – 4. *Arten:* (1) *2D-Geometrie-System:* zweidimensionale Darstellung in Ebenen; (2) *3D-Geometrie-System:* dreidimensionale Darstellung mithilfe von Kanten-, Flächen-, Volumenmodellen.

II. Zahlungsbedingungen: 1. *Cash Against Delivery:* Zahlungsbedingung im Sinne von Nachnahme: Die Auslieferung der Ware beim Käufer durch den Frachtführer erfolgt nur gegen sofortige Bezahlung, ggf. (wenn vereinbart) gegen zahlungsnahe Instrumente (Scheck, Wechsel). Der Käufer kann dabei i.d.R. die Ware nicht vorher prüfen. Im Gegensatz zu Cash Against Documents sind dabei zur Übernahme der Ware keine Dokumente erforderlich. – Neben Cash Against Delivery wird gleichbedeutend auch die Bezeichnung COD (*Cash On Delivery*) verwendet. – 2. *Cash Against Documents* (gleichbedeutend: Documents Against Payment (d/p)/ Payment Against Documents (p/d): a) Zahlungsbedingung, bei welcher der Käufer Dokumente „bezahlen" (kaufen) muss, die er für die Übernahme der Ware benötigt, wie z.B. ein Seekonossement oder ein Orderlagerschein). – b) Zahlungsbedingung, bei welcher der Verkäufer gegen Vorlage bestimmter Dokumente (welche den Käufer absichern, z.B. Liefernachweis, Qualitätszeugnisse) Zahlung erhält, wie z.B. beim Dokumentenakkreditiv. – Bei d/a (documents against acceptance: Dokumente gegen Akzept-Inkassi) muss der Käufer für den Erhalt der Dokumente einen auf ihn gezogenen Wechsel akzeptieren bzw. einen Solawechsel ausstellen.

CAE – Abk. für *Computer Aided Engineering;* computergestützte Ingenieurtätigkeiten, bes. beim Produktentwurf.

CAM – Abk. für *Computer Aided Manufacturing.* Computergestützte Produktion, d.h. automatisierte und rechnergesteuerte Fertigung durch Steuerung von → NC-Anlage, → CNC-Anlage, → DNC-Anlage, computergestützten Transportsystemen, flexiblen Fertigungssystemen, → Industrierobotern u.a.

CAP – I. Produktion: Abk. für *Computer Aided Planning, Computergestützte Arbeitsplanung.* – 1. *Aufgaben:* Erstellung von Arbeitsplänen zur Produktion eines Erzeugnisses auf der Basis geometrischer Daten von → CAD (Konstruktionszeichnungen und Stücklisten) sowie weiterer technologischer Informationen über Eigenschaften von Materialien und Baugruppen. – 2. *Ergebnisse:* Festlegung der Reihenfolge der Bearbeitungsoperationen, Zuordnung der Bearbeitungsoperationen zu Maschinen, Auswahl der Fertigungshilfsmittel, Ermittlung der Vorgabezeit für die einzelnen Bearbeitungsoperationen.

II. Internationales Rechnungswesen: Abk. für *Committee on Accounting Procedure.*

CAQ – Abk. für *Computer Aided Quality Ensurance.* 1. *Begriff:* Computerunterstützte Qualitätssicherung und -kontrolle. – 2. *Aufgaben:* Mengen-, Termin- und Qualitätsprüfungen; Ursachenermittlung bei Abweichungen durch Auswertung von Basisdaten und Gegensteuerung. Dazu ist eine *Integration* der CAQ mit anderen Computersystemen im Fertigungsbereich, z.B. zum → PPS-System erforderlich.

Carrier – Anbieter und Koordinatoren von Telekommunikationsdiensten, die als Vermittler zwischen den Anbietern spezieller Telekommunikationsdienstleistungen (z.B. Reisebuchungen per → Internet) und → Providern mit einem Angebot von Telekommunikationsdiensten am Markt auftreten.

Cascading Style Sheets – *CSS;* der Teil von Dokumenten im → World Wide Web, der das Layout definiert. CSS können sowohl innerhalb eines HTML-Dokuments (→ HTML) definiert werden als auch in einer separaten Datei. Die Grundidee von CSS besteht darin, das Layout von Webseiten vom Inhalt bzw. der Strukturdefinition per HTML oder → XML strikt zu trennen.

CASE – Abk. für *Computer Aided Software Engineering;* über den gesamten Entwicklungsprozess von Software bereitgestellte Computerunterstützung bez. Methoden und Werkzeugen. Die Unterstützung erfolgt über sog. CASE-Tools, die meist folgende Eigenschaften besitzen: Einheitliches → Data Dictionary (DD) als Grundlage, grafische Entwicklungsoberfläche, automatische Generierung von Programmcodes und Unterstützung der Dokumentation und des Projektmanagements. Unter einer einheitlichen Oberfläche werden für jede Phase des Entwicklungsprozesses unterschiedliche Werkzeuge angeboten, die die Entwickler in ihrer Teamarbeit unterstützen. Eine wichtige Anforderung an CASE-Tools besteht aufgrund der enormen Dynamik des IT-Bereichs in der Erweiterbarkeit um weitere Methoden und der Unterstützung mehrerer grundlegender Systeme.

CBT – Abk. für *Computer Based Training;* Lernprogramm, mit dessen Hilfe dem Anwender Sachverhalte in multimedialer Form aufbereitet verständlich gemacht werden sollen.

CDD – Abk. für → Customer Due Diligence.

CD-ROM – Abk. für *Compact Disc Read Only Memory;* Nur-Lese-Speicher (Musik, Daten, Texte, Bilder, grafische Darstellungen; → Speicher). Daten werden nach dem von Compact Disc (CD) bekannten Verfahren auf optische Speicherplatten im Format 4,75 Zoll digital aufgezeichnet. Sie dienen zur Speicherung großer Datenmengen (z.B. Datenbankinhalte, Kataloge, Softwareprogramme etc.). Heutzutage reicht die Speicherkapazität der CD-ROM vielfach nicht mehr aus, sodass

→ DVD oder → Blu-ray Disc verwendet werden.

Central Processing Unit (CPU) → Zentraleinheit.

Centronics-Schnittstelle – als Standard anerkannte parallele → Schnittstelle. Parallel bedeutet, dass mehrere → Bits gleichzeitig übertragen werden; bei der Centronics-Schnittstelle werden die Daten byteweise (→ Byte) übertragen.

CGI – Abk. für *Common Gateway Interface*; → Schnittstelle zwischen Webserver und Backend-System, mit deren Hilfe Programme, die in → HTML-Websites eingebunden sind, auf dem → Server aufgerufen werden können (z.B. Voting-Engine oder Diskussionsforum).

Channel Encryption – Verschlüsselung von Daten, die im Internet transferiert werden. – Vgl. auch → Secure Socket Layer (SSL), → Secure Electronic Transaction (SET).

chaotische Lagerung – *freie Lagerordnung;* Prinzip der Lagerordnung, bei dem den Lagergütern keine festen Lagerplätze zugeordnet sind, sondern beliebige, zum Zeitpunkt der Einlagerung freie Plätze. Das IT-gestützte Lagerverwaltungssystem verwaltet dazu die Belegung der Lagerplätze.

Chat – Möglichkeit der synchronen, textorientierten Kommunikation mehrerer Teilnehmer über das → Internet. Für einen Chat wird ein spezielles Programm benötigt, das meist bereits in einem → Browser integriert ist. Ein Chat findet in sog. → Chatrooms statt, die unabhängig voneinander existieren.

Chatroom – virtueller Ort für Chats (→ Chat), in dem sich Teilnehmer unterhalten können. Chatrooms sind meist thematisch organisiert, sodass sich an den gleichen Themen Interessierte dort treffen und untereinander austauschen können. Die Orte können wie reale Räume von den Chatteilnehmern betreten und wieder verlassen werden.

Chip – Halbleiterbaustein, dessen Schaltung auf einem Halbleiterkristallplättchen (i.Allg. Silizium) aufgebracht ist; ursprünglich nur das im Bausteingehäuse eingebaute Siliziumplättchen. – Vgl. auch → Chipkarte.

Chipkarte – Die Chipkarte ist eine spezielle Plastikkarte in die ein → Chip integriert ist, der unterschiedliche Funktionen übernehmen kann. Bei reinen Speicherkarten fungiert der Chip lediglich als Speicher, der beschrieben und ausgelesen wird, so z.B. bei Telefonkarten oder Zugangskarten. – Demgegenüber kann der Chip auf Prozessorkarten selbstständig Daten verarbeiten und verwalten, sodass es möglich ist, Programme auf dem Chip selbst ausführen zu lassen. Diese Karten erlauben das Auslesen der auf dem Chip gespeicherten Daten zumeist nicht direkt, sondern nur über das vom Prozessor des Chips laufende kryptographische Verfahren. Somit ist die Prozessorkarte vor dem unberechtigten Zugriff auf die gespeicherten Daten relativ geschützt. Diese Technologie findet z.B. seit den 1980er-Jahren bei Zahlungskarten Verwendung, da die Chips einen höheren Sicherheitsstandard bieten können als reine Magnetstreifenkarten, häufig werden auch Hybridkarten mit beiden Technologien ausgegeben. Bedeutende Anwendungsfelder von Chipkarten mit integriertem Prozessor sind daneben auch Ausweisdokumente, wie z.B. der neue Personalausweis in Deutschland, und SIM-Karten in Mobiltelefonen. – *Anders:* → Magnetstreifenkarte. Insbesondere im Euroraum werden mit Magnetstreifen ausgerüstete Zahlungskarten aus Sicherheitsgründen zunehmend durch Chipkarten abgelöst, dabei werden im Übergang i.d.R. mit beiden Elementen versehene Hybridkarten ausgegeben. – *Anwendung:* derzeit v.a. im bargeldlosen Zahlungsverkehr z.B. zur Kontrolle der Zugriffsberechtigung und Autorisierung von Zahlungen oder als Geldkarte sowie als Karte mit Zusatzfunktionalitäten (z.B. elektronischer Fahrschein, elektronische Signatur, Jugendschutzmerkmal). – Vgl. auch Debitkarte, → Electronic Cash.

CIM – Abk. für *Computer Integrated Manufacturing.* 1. *Begriff:* Integrationskonzept für die

Informationsverarbeitung in Produktionsunternehmen. Gemeint ist die computergestützte (→ Computersystem) Integration der betriebswirtschaftlich orientierten Planungs- und Steuerungsfunktionen mit den primär IV-technischen Funktionen in einem Fertigungsunternehmen, um so die Konsistenz, Aktualität und Qualität der Prozesse und Daten zur Auftragsplanung und -durchführung zu verbessern. – 2. *Inhalte:* CIM vereinigt die Produktionsplanung und -steuerung (→ PPS-Systeme) mit → CAD, → CAM und → CAQ. – 3. *Voraussetzung* für die konzeptionelle Integration ist die informationstechnische Integration der heterogenen → Computersysteme für die einzelnen CIM-Teilgebiete in einem übergreifenden Gesamtsystem auf der Grundlage eines → Netzes.

CISC – Abk. für *Complex Instruction Set Computer;* → Computer mit einem großen Satz von → Maschinenbefehlen. – Vgl. auch → RISC.

Click-Fraud – *Klickbetrug.* 1. *Begriff.* Click-Fraud bezeichnet das manuelle oder automatisierte manipulative Anklicken von → Werbebannern oder Textanzeigen. Das bedeutet, dass ein Klick auf ein Werbebanner erfolgt, ohne dass hinter diesem Klick eine Informations- oder Kaufabsicht steckt. Das Anklicken der Anzeige erfolgt nur, um die Klickzahlen zu steigern. – 2. *Gründe für Klickbetrug:* – a) Bereicherung: Da beim Pay-per-click-Modell jeder Klick auf ein Werbebanner oder eine AdSense-Werbung bares Geld in die Kassen der Webseitenbetreiber spült, liegt die Versuchung für Seitenbetreiber nahe, die Klickzahlen durch eigenes Anklicken der Banner oder AdSense-Anzeigen in die Höhe zu treiben. – b) Schädigung: Diese Form des Klickbetrugs zielt nicht auf die eigene Bereicherung ab, sondern auf die Schädigung der Mitbewerber. Da bei AdWords-Kampagnen der Werbetreibende für jeden Klick eines Nutzers auf seine Anzeige zahlen muss, können Konkurrenten die Kosten für den Werbetreibenden erhöhen, indem sie diese Anzeigen oft anklicken. Außerdem reduziert sich mit jedem Klick das vom Werbetreibenden eingestellte Tagesbudget für die jeweilige Anzeige. Ist dieses Budget durch das ständige Klicken der Konkurrenz aufgebraucht, erscheint die Anzeige nicht mehr – ein Vorteil für die Mitbewerber. – 3. *Arten von Klickbetrug:* –a) Manueller Klickbetrug: Hier klickt der Betrüger oder Personen in dessen Auftrag eigenhändig auf die jeweiligen Anzeigen.–b) Automatischer Klickbetrug: Das Klicken der Anzeige übernimmt hier nicht ein Mensch, sondern ein spezielles → Programm (Script), ein sogenannter Clickbot. Dieser versucht das Nutzungsverhalten eines Menschen zu imitieren, damit der Betrug nicht so leicht auffällt. Dazu werden z.B. automatisch die → IP-Adressen, die Browserkennung oder sogar das → Betriebssystem gewechselt. – 4. *Folgen des Klickbetrugs*: Neben dem wirtschaftlichen Schaden führt Klickbetrug zu einem Vertrauensverlust in das Pay-per-click-Modell und damit in das Geschäftsmodell von Webseiten- und Suchmaschinenbetreibern, da sich die Werbetreibenden darauf verlassen müssen, dass die Klickzahlen auch wirklich stimmen. – 5. *Gegenmaßnahmen*: Um sich gegen Klickbetrüger zu schützen, setzen Suchmaschinen- und Webseitenbetreiber Trackingsoftware ein. Das sind Programme, die das Nutzerverhalten auf der Seite bzw. bei den Anzeigen analysieren. So können Unregelmäßigkeiten festgestellt werden, die auf einen Klickbetrug hindeuten.

Clickstream – Folge von Seitenaufrufen eines Nutzers während eines → Visits auf einer → Website. Clickstreams können zur Analyse des Verhaltens des Nutzers herangezogen werden.

Clickthrough Rate → AdClick.

Client/Server-Architektur – Konzept, nach dem in einem → Netzwerk Dienste angefordert und erbracht werden. Ein Client-Programm fordert bei einem üblicherweise entfernt installierten Server-Programm einen Telekommunikationsdienst an und wartet solange, bis der → Server den Dienst erfüllt oder (wegen Verletzung von Zugriffsrechten oder Überschreitung von Kapazitätsgrenzen) eine Absage erteilt. „Client" und „Server" bezeichnen sowohl das Programm, das einen Dienst anfordert bzw. erbringt, als auch den Rechner, auf dem das Programm installiert ist.

Cloud Computing – beinhaltet Technologien und Geschäftsmodelle um IT-Ressourcen dynamisch zur Verfügung zu stellen und ihre Nutzung nach flexiblen Bezahlmodellen abzurechnen. Anstelle IT-Ressourcen, beispielsweise Server oder Anwendungen, in unternehmenseigenen Rechenzentren zu betreiben, sind diese bedarfsorientiert und flexibel in Form eines dienstleistungsbasierten Geschäftsmodells über das Internet oder ein Intranet verfügbar. Diese Art der Bereitstellung führt zu einer Industrialisierung von IT-Ressourcen, ähnlich wie es bei der Bereitstellung von Elektrizität der Fall war. Firmen können durch den Einsatz von Cloud Computing langfristige Investitionsausgaben (CAPEX) für den Nutzen von Informationstechnologie (IT) vermindern, da für IT-Ressourcen, die von einer Cloud bereitgestellt werden, oft hauptsächlich operationale Kosten (OPEX) anfallen.

CNC-Anlage – CNC, Abk. für *Computerized Numerical Control*, frei programmierbare (→ Programmierung), rechnergesteuerte Werkzeugmaschine. Die Steuerung der Anlage wird direkt von einem → Computersystem (meist Mikrorechner) vorgenommen. – *Anders:* → NC-Anlage. Die Konturen des zu erzeugenden Werkstücks, die Achsen und die Werkzeuge der Anlage können im Programm beliebig festgelegt werden. – *Vorteile:* höhere Flexibilität gegenüber NC-Anlagen, z.B. bei Wiederholung von Arbeitsabläufen; höhere Verarbeitungsgeschwindigkeit.

CobiT → Control Objectives for Information and Related Technology.

Cobol – Abk. für *Common Business Oriented Language*. 1. *Begriff:* von → CODASYL entwickelte, prozedurale → Programmiersprache, unterstützt die Bearbeitung großer Datenmengen, die Erstellung von Listen und die → Dateiorganisation; nicht geeignet für umfangreichere mathematische Berechnungen. – 2. *Einsatzgebiete/Verbreitung:* in der betrieblichen Datenverarbeitung und in der Verwaltung weltweit stark verbreitete → Programmiersprache; wird für die Entwicklung aktueller Softwareprodukte jedoch schon länger nicht mehr angewendet.

CODASYL – Abk. für *Conference on Data Systems Languages;* ehemalige amerikanische Organisation von Computerherstellern und -anwendern, die bekannt wurde v.a. durch Federführung bei der Entwicklung der Programmiersprache → Cobol und durch Arbeiten über → Datenbanksysteme (z.B. → Netzwerkmodell, → Datenbeschreibungssprache, → Datenmanipulationssprache).

Code – 1. *Allgemein:* Vorschrift für die eindeutige Zuordnung der Zeichen eines Zeichenvorrats zu denjenigen eines anderen. – 2. *Datenverarbeitung:* Vorschrift für die Darstellung von Informationen in einem Computer. – Vgl. auch → Binärcode. – 3. *Zahlungsverkehr:* Persönliche Identifikationsnummer (→ PIN), → Kryptographie, Verschlüsselung.

Codierung – *Kodierung;* Begriff der elektronischen Datenverarbeitung. Bei der → Programmentwicklung Vorgang der Überführung des → Algorithmus und der Datenvereinbarungen (→ Programm) in die → Programmiersprache. Es wird ein Quellprogramm (→ Programm) erzeugt, das dem → Computer ermöglichen soll, das zugrunde liegende Problem zu lösen.

Collaborative Filtering – Art der personalisierten Darstellung von Webinhalten. Aufbauend auf die Bildung von Kundengruppen auf Basis persönlicher Daten wie Shopping-Transaktionen werden Webinhalte oder Produktempfehlungen, die von Kunden der gleichen Kundengruppe konsumiert bzw. gekauft wurden, auf der → Website angezeigt. – Vgl. auch → Personalisierung.

Common Gateway Interface → CGI.

Community Cloud – Rechenzentrum, das einer bestimmten Gruppe von Unternehmen oder Privatpersonen zur Verfügung steht. Dieses Rechenzentrum stellt → IT-Ressourcen dynamisch bereit (→ Elastizität), rechnet diese bedarfsorientiert ab und vereinheitlicht IT-Ressourcen durch den Einsatz von → Virtualisierung. – Vgl. auch Cloud Computing.

Compiler → Systemprogramm, das ein in einer höheren → Programmiersprache formuliertes Quellprogramm (→ Programm) in ein Maschinenprogramm übersetzt (→ Übersetzer). – Vgl. auch → Interpreter.

Complex Instruction Set Computer → CISC.

Component – engl. für *Komponente*. – Vgl. auch → Modul.

Component Design – von bestimmten Prinzipien geleiteter Prozess im Rahmen der Erstellung von → Component Ware, der zur Generierung von Komponenten (→ Modul) führt. – *Prinzipien:* (1) *Design for Component* führt zur Entwicklung einzelner atomarer Komponenten mit dem Ziel der Bereitstellung spezifischer, gekapselter Dienste zur späteren Integration in neuen → Anwendungen. (2) *Design from Component* meint die inkrementelle Entwicklung von komplexeren Komponenten und Anwendungssystemen unter Nutzung vorhandener und noch zu erstellender Bausteine. (3) *Design to Component* bezeichnet die Anwendung von Methoden zur Transformation konventionell erstellter Anwendungssysteme in eine flexible komponentenbasierte Umgebung.

Component Ware – Realisierung von → Software gemäß dem Baukastenprinzip (Baukastensystem) mit der Bestrebung, die bisweilen vorherschende monolithische Bauweise von Software abzulösen. So tritt gerade hinsichtlich der zunehmenden Vernetzung das Bedürfnis zur weitgehenden → Modularisierung und Vereinheitlichung von → Schnittstellen in den Vordergrund. Bestrebungen richten sich damit auf die Generierung von → Modulen, die wiederum zu größeren Komponenten oder Systemen zusammengefügt werden können (→ Component Design). Motiv dieser Vorgehensweise ist es, den Vorteil der → Wiederverwendbarkeit auszunutzen, um letztendlich Zeit- und Kostenvorteile generieren zu können.

Computational Intelligence – Methoden der → Künstlichen Intelligenz (KI), die dem Paradigma der subsymbolischen Wissensverarbeitung folgen und nicht wie die klassische Künstliche Intelligenz der Symbolverarbeitung. Ein Vertreter des Symbolverarbeitungsansatzes sind z.B. → Expertensysteme. Subsymbolische Wissensverarbeitung findet z.B. bei → neuronalen Netzen, Fuzzy-Technologien (→ Fuzzy Set) und Evolutionären Algorithmen statt. Im Zusammenhang mit Computational Intelligence wird auch der Begriff → Soft Computing verwendet, der Methoden der Künstlichen Intelligenz umfasst, die robust sind gegenüber Phänomenen wie Unsicherheit.

Computer – aus dem Englischen übernommene Bezeichnung (*to compute* = rechnen), die in der DIN-Norm 44.300 als Synonym für → Datenverarbeitungssystem aufgeführt ist. – Vgl. auch → Computersystem, → Rechner.

Computer Aided Design → CAD.

Computer Aided Engineering → CAE.

Computer Aided Manufacturing → CAM.

Computer Aided Planning → CAP.

Computer Aided Quality Assurance → CAQ.

Computer Aided Software Engineering → CASE.

computergestützte Finanzbuchhaltung – 1. *Begriff:* Computergestütztes → Administrationssystem (→ Computersystem) zur Verwaltung und Darstellung der finanziellen Beziehungen einer Unternehmung mit ihrer Umwelt und den daraus resultierenden Veränderungen der Vermögens- und Kapitalverhältnisse sowie deren Buchung auf Bankkonten. Traditionelles Anwendungsgebiet der → betrieblichen Datenverarbeitung mit Massenverarbeitung und hohem Standardisierungsgrad, daher starke Rationalisierungsvorteile. – 2. *Teilbereiche:* a) *Hauptbuchhaltung:* Kreditoren-, Debitorenbuchhaltung, Zahlungsabwicklung, Liquiditätsplanung, Rechnungsprüfung, Sachkontenbuchhaltung sowie die Ermittlung von Jahresabschluss, Steuern und die Berichtserstellung. Komfortable Systeme ermöglichen auch Mandantenführung und Konzernkonsolidierung. – b) *Nebenbuchhaltungen:* bes. computergestützte Anlagenbuchhaltung, → computergestützte Lohn- und Gehaltsabrechnung, Materialbuchführung, Betriebsbuchhaltung. Es besteht die Tendenz, zusätzliche Nebenbuchhaltungen aufzubauen und lediglich verdichtete Sammelbuchungen automatisch an die Hauptbuchführung weiterzuleiten, begründet im zunehmenden → Dialogbetrieb und der Dezentralisierung der → Datenverarbeitung. – 3. *Voraussetzung:* → Datenintegration bez. der Teilgebiete auf Basis eines → Datenbanksystems; dies gilt ebenso für die Verbindung zu anderen Anwendungskreisen, z.B. zur computergestützten Kosten- und Leistungsrechnung.

computergestützte Lohn- und Gehaltsabrechnung – in der → betrieblichen Datenverarbeitung ein → Softwaresystem für die Verwaltung von → Stammdaten der Mitarbeiter, Brutto- und Nettolohnberechnung (einschließlich Kranken-, Sozialversicherung, Steuern) sowie Betriebsrentenabrechnung (Pensionsrückstellungen). Die computergestützte Lohn- und Gehaltsabrechnung ist eine Nebenbuchhaltung der → computergestützten Finanzbuchhaltung; sie kann Bestandteil eines → Personalinformationssystems sein.

computergestütztes Planungssystem – in der betrieblichen Datenverarbeitung ein → Softwaresystem zur Unterstützung von Planungsprozessen in schlecht strukturierten oder komplexen Problemsituationen auf der Basis von Planungsmodellen (→ Modellbank). Computergestützte Planungssysteme ermitteln v.a. Planalternativen und liefern Vorgaben für → Administrationssysteme und → Dispositionssysteme. Computergestützte Planungssysteme stehen in enger Verbindung mit dem Einsatz von → Datenbanksystemen und → Planungssprachen. – Vgl. auch → computergestützte Unternehmensplanung.

computergestütztes Transportsystem – → fahrerloses Transportsystem (FTS).

computergestützte Unternehmensplanung – 1. *Begriff:* In der betrieblichen Datenverarbeitung die integrierte Planung des Produktions-, Finanz-, Absatz-, Beschaffungs- und Personalbereichs unter Berücksichtigung der Unternehmensziele. Die Integration kann auf der Basis einer sukzessiven Planung oder einer simultanen Planung erfolgen, es werden Einzel- und Gesamtplan aufgestellt. – 2. *Datenbasis:* verdichtete Informationen (→ Führungsinformationssystem (FIS)) aus → Administrationssystemen und Dispositionssystemen. – 3. *Methodische Grundlagen:* Simulationsmodelle, Optimierungsmodelle (z.B. lineare Optimierung) u.a. – 4. *Werkzeuge:* für die Unternehmensplanung werden z.T. spezielle → Planungssprachen und → Methodenbanken eingesetzt. Daneben hat der Einsatz externer → Datenbanken zunehmend an Bedeutung gewonnen.

Computer Integrated Manufacturing – → CIM.

Computerkonferenz – Telekonferenzsystem.

Computerkriminalität – 1. *Begriff:* Der Begriffsteil Kriminalität (von lat. *crimen:* Beschuldigung, Anklage, Schuld, Verbrechen) orientiert sich im Wesentlichen an der juristischen Definition von Straftat. Während sich diese bzw. der materielle Verbrechensbegriff jedoch eher am individuellen Verhalten misst, wird mit Kriminalität i.d.R. die Gesamtheit der Straftaten bezeichnet. Computerkriminalität ist i.e.S. die Bezeichnung für Straftaten der Wirtschaftskriminalität, in denen der → Computer als Tatmittel oder als Gegenstand des deliktischen Verhaltens eine wesentliche Rolle spielt. Der Begriff wird umgangssprachlich i.w.S. auch für im Zusammenhang mit Computern stehende Handlungen verwandt, die zwar keine Straftaten, aber rechtswidrige Handlungen darstellen. – 2. *Merkmale*: Nach der polizeilichen Kriminalstatistik zählen i.e.s. zur Computerkriminalität (bezogen auf Deutschland): a) *Betrug mittels rechtswidrig erlangter Kreditkarten* mit PIN; b) *Computerbetrug (§ 263a StGB)*: Der Computerbetrug nach § 263a StGB bildet den Kern der computerspezifischen Strafbestände, die im Rahmen des 2. Gesetzes zur Bekämpfung der Wirtschaftskriminalität eingeführt wurden; c) *Betrug mit Zugangsberechtigungen* zu Kommunikationsdiensten; d) *Fälschung* beweiserheblicher Daten, Täuschung im Rechtsverkehr bei Datenverarbeitung (§§ 269, 270 StGB); e) *Datenveränderung*, Computersabotage (§§ 303a, 303b StGB); f) *Ausspähen von Daten* (§ 202a StGB); g) *Softwarepiraterie*: Herstellen, Überlassen, Verbreiten oder Verschaffen von sog. „Hacker-Werkzeugen", die illegalen Zwecken dienen (§ 202c StGB); sowie h) alle Delikte, bei denen die IT zur Planung, Vorbereitung oder Ausführung eingesetzt wird. – 3. *Verbreitung*: Der Umfang an Computerkriminalität hat in den letzten Jahren stark zugenommen, die Formen und einzelnen Delikte werden zudem immer komplexer.

Computer Network → Rechnernetz.

Computer Science → Informatik.

Computer Supported Cooperative Work – *Computer Supported Collaborative Work, Workgroup Computing;* Computer Supported Cooperative Work bezeichnet die Zusammenarbeit in Teams mithilfe von → Groupware zur Erfüllung einer gemeinsamen Aufgabe. V.a. werden die Kommunikation, die Koordination, das Treffen von Gruppenentscheidungen und das gemeinsame Bearbeiten von Informationsobjekten unterstützt. – Als interdisziplinäres Forschungsgebiet aus Wirtschaftsinformatik, Soziologie, Psychologie etc. befasst sich CSCW mit der Fragestellung, wie die Kooperation von Menschen bei der Arbeit durch Informations- und Kommunikationstechnologien geeignet unterstützt werden kann, um die → Effizienz und Effektivität der Zusammenarbeit zu steigern.

Computersystem → Konfiguration der → Hardware und Software eines bestimmten → Computers.

Computerverbund(-system) – *Rechnerverbund(-system), Multicomputer Network.* 1. *Begriff*: Zusammenschluss von mind. zwei autonomen → Computern über Datenübertragungswege zu einem System, in dem die zusammengeschlossenen Computer ohne manuelle Eingriffe miteinander kommunizieren können. Der Begriff Computerverbund(-system) bezieht sich im Gegensatz zum → Rechnernetz primär auf die organisatorischen (und nicht auf die technischen) Aspekte eines solchen Zusammenschlusses. – 2. *Formen*: (1) Anwendungsverbund: → Anwendungsprogramme verschiedener Datenverarbeitungssysteme kommunizieren miteinander; (2) Datenverbund: Alle Daten im Gesamtsystem können allen Benutzern zugänglich gemacht werden, und v.a. können → Datenbanken physisch getrennt gespeichert werden; (3) Funktionsverbund: Jedes im System vorhandene Programm und jede Gerätefunktion (z.B. von speziellen Druckern) kann von jedem Benutzer genutzt werden; (4) *Lastverbund (Kapazitätsverbund)*: Die Aufträge (→ Job) werden je nach Auslastung und Ausstattung auf die verbundenen Computer verteilt, um eine optimale Kapazitätsausnutzung des Gesamtsystems zu erreichen; (5) *Sicherheitsverbund (Verfügbarkeitsverbund)*:

Terminals eines gestörten Computers können auf einen anderen Computer des Systems umgeschaltet werden, über den die Programme und Datenbestände des gestörten Computers verfügbar sind.

Conference on Data Systems Languages → CODASYL.

Constantine-Methode → SD/CD-Methode.

Consumerization – Kunstwort aus dem englischen Begriff Consumer (Kunde) und der Substantivierung „ization", das auf der einen Seite die Entwicklung bezeichnet, dass neue Technologien zuerst im Endkundenmarkt erscheinen und über diesen dann Einzug in den Unternehmensbereich halten. Eigentlich für den Endkundenmarkt gedachte Produkte wie z.B. Tablet-Computer werden nach der erfolgreichen Einführung derart stark nachgefragt, dass diese aufgrund ihrer Popularität auch im Geschäftsleben verwendet werden, obwohl sie dafür nicht entwickelt wurden und somit häufig nicht dessen Anforderungen genügen. Andere, auf die geschäftsmäßige Eignung hin entwickelte Produkte, die eine deutlich höhere Effektivität und → Effizienz für den unternehmerischen Einsatz bieten, werden von den Consumer-Geräten jedoch verdrängt. – Auf der anderen Seite werden private Geräte von Mitarbeitern auch für ihre Arbeit in Unternehmen verwendet, sodass diese privaten Geräte in der Unternehmenswelt Einzug halten. Die Nutzung privater Geräte in Unternehmen wirft verschiedene Probleme in den Bereichen → Datenschutz und – → sicherheit auf, da nun Unternehmensdaten mit privaten Geräten bearbeitet werden und so leicht aus dem gesicherten Unternehmensumfeld in einen sicherheitstechnisch ungesicherten privaten Bereich gelangen, in dem Unternehmen keine Kontrolle mehr über die Daten besitzen.

Consumer-to-Consumer-Markt – *C2C*; Form des Marktes, bei der das Angebot von Konsumenten an Konsumenten erfolgt. Durch die verschiedenen Möglichkeiten des → E-Commerce und die erleichterte Kommunikation mittels elektronischer Medien können Angebot und Nachfrage im großen Rahmen zusammengeführt und die Transaktionskosten gesenkt werden. Eine der bekanntesten Consumer-to-Consumer-Markt-Plattformen ist eBay. – Vgl. auch B2C (→ Business-to-Consumer-Markt), B2B (→ Business-to-Business-Markt).

Content-Aggregation – Konzept, welches einem Content-Anbieter erlaubt, die Inhalte verschiedener Quellen bzw. Content-Partner zu übernehmen und zu einem eigenen Content-Angebot zusammenzuführen. So können z.B. in → XML formatierte Nachrichten mehrerer Nachrichtendienste auf einer eigenen übergreifenden Nachrichten-Website konsolidiert dargestellt werden.

Content Management – bezeichnet die systematische Aufbereitung von Informationen mittels Redaktionssystemen, sog. → Content Management Systemen (CMS). Anders als beim reinen Webpublishing ist hier die medienneutrale Wiederverwendung von abgelegten Informationen gewährleistet. Dies wird durch eine Trennung zwischen Inhalt und Struktur (→ HTML) ermöglicht. So werden bereits verwendete Texte, Bilder und andere Bestandteile einer → Website in einer → Datenbank abgelegt und dort verwaltet.

Content Management System (CMS) – Abk. *CMS*; Softwaresystem zur Unterstützung des → Content Managements. Aus fachlicher Sicht lässt sich ein Content Management System in drei Anwendungsmodule teilen: Das Redaktionssystem erlaubt die Bearbeitung und Verwaltung von Inhalten, im Content Repository erfolgt die Speicherung der Inhalte und das Publishing System ermöglicht die Ausgabe der Inhalte z.B. im → World Wide Web (WWW) oder in der Druckvorstufe. CMS basieren auf dem Prinzip der medienneutralen Verwaltung von Inhalten (Content). Wichtige Rollen für CMS spielen überdies die Komponenten Rechteverwaltung und → Workflow Management.

Content Provider – Anbieter von Inhalten im → World Wide Web.

Controlling-Informationssystem – 1. *Begriff:* → Führungsinformationssystem (FIS) zum Controlling mit dem vorrangigen Ziel der schnellen und genauen Darstellung aller zur Deckung des strategischen, taktischen und operativen Informationsbedarfs notwendiger Controllinggrößen. – 2. *Umfang:* Ein vollständiges Controlling-Informationssystem umfasst sämtliche Unternehmensbereiche; es schließt v.a. das Kosten- und Erfolgs-, Finanz- und Investitions-, Beschaffungs-, Produktions-, Logistik- und Absatzcontrolling ein. – 3. *Aufbau:* Kennzahlensysteme, die die Datenbasis einer → Datenbank problembezogen auswerten und dabei die benötigten Informationen i.d.R. in mehreren Stufen entscheidungsträgerrelevant verdichten.

Control Objectives for Information and Related Technology – *COBIT*; Framework zur → IT-Governance.

Conversion Rate – Kennzahl der Werbewirkungsanalyse. Die Conversion Rate ist durch die Anzahl der Transaktionen relativ zur Anzahl der → AdClicks definiert und beschreibt somit die direkte Wirkungskette.

Cookie – in einer → Datei auf einem lokalen Rechner abgelegte Daten einer → Website, die den Anwender, der an diesem Rechner das → World Wide Web nutzt, eindeutig identifizieren und Informationen über sein Surf-Verhalten speichern können, sodass zwischen zwei Verbindungen des Anwenders zur Website die bisherigen Aktionen, die für die Website von Interesse sind, zwischengespeichert werden können. Ein Cookie kann dazu dienen, → HTML-Seiten individuell an den Benutzer anzupassen.

COPICS – Abk. für *Communications Oriented Production Information and Control System;* bekanntes → PPS-System von IBM, das die Terminologie und den Aufbau anderer PPS-Systeme stark beeinflusst hat.

Coprozessor → Hilfsprozessor.

CPU – Abk. für *Central Processing Unit,* → Zentraleinheit.

Cracker – 1. *Begriff:* Cracking ist die Tätigkeit, ein Computerprogramm zu analysieren, um den Kopierschutz zu entfernen. Ein Crack ist ein Programm, das den Kopierschutz eines spezifischen anderen Programms entfernen kann. Cracker (engl. *to crack:* spalten) umgehen Zugriffsbarrieren von Computer- und Netzwerksystemen. Das beinhaltet Aktionen von der illegalen Manipulation kommerzieller Software bis hin zu einer legalen Crackerszene begeisterter → Programmierer. – 2. *Arten von Cracks:* Folgende Arten von Cracks werden unterschieden: a) *Lizenznummercracks* erzeugen eine Lizenznummer, um ein Produkt zu aktivieren. Der Programmierer des Cracks braucht dazu meist Kenntnis der originalen Lizenznummern, um den Algorithmus nachbilden zu können. Als neuere Sicherheitsmaßnahme setzen einige Softwarehersteller auf Aktivierungsschlüssel, bei denen jede gültige Lizenznummer noch zusätzlich über Internet oder Telefon aktiviert werden muss. – b) *No-CD/DVD,* bedeutet, dass sich das Zielprogramm, das sonst nur mithilfe der Original-CD/DVD laufen würde, auch ohne diese starten lässt. Es lassen sich z.B. Spiele ohne CD/DVD ausführen. Für jede Programmversion ist meist ein anderer Crack notwendig. – c) *Backup CD/DVD* bedeutet, dass das Zielprogramm den Kopierschutz auf der CD/DVD nicht mehr abfragt, eine CD/DVD wird aber weiterhin benötigt. – d) *Mini-Backup-Images* sind Abbilder von großen CDs im Kleinen, die nur dazu konzipiert sind, einen vorhandenen Kopierschutz vorzutäuschen. – e) *Serials* und *Keys* sind Seriennummern oder (CD-)Keys, die man benötigt, um Programme zu installieren bzw. um erweiterte Funktionen freizuschalten (z.B. bei Shareware). Oft werden diese auch als „Serialz" bezeichnet. Diese können von Lizenznummerncracks berechnet oder aus dem Speicher abgelesen werden („Serial fishing"). – 3. *Cracker-Groups:* Cracks werden durch Cracker-Groups erstellt. Man unterscheidet zwischen Release- und Web-Groups. Erstere arbeiten eher im Verborgenen und nutzen FTP-Server (Anwendungsprogramme, die den Zugang für FTP-Client-Programme bereitstellen) zum Verteilen ihrer Releases. Ihnen geht es darum, die erste Group zu sein, die zu einem Programm einen Crack veröffentlicht. Web-Groups veröffentlichen ihre Cracks auf normalen Webseiten und machen sie so einem breiten Publikum zugänglich. – 4. *Abgrenzung zum* → Hacker: Als Hacker gilt eine Person, die Freude an Erstellung bzw. Veränderung von Software oder -hardware hat, und die auch einen bes. Sinn für Ästhetik und Originalität bzw. Experimentierfreude und Einfallsreichtum hat. In der Softwareentwicklung steht Hacker einerseits für einen talentierten, passionierten Programmierer. Hacker kann aber auch den negativen Beigeschmack eines Entwicklers haben, der für wenig solide Lösungen bekannt ist. In der Hardwareentwicklung bezeichnet Hacker eine Person, die Hardware entwickelt oder verändert, Gerätetreiber und Firmware schreibt oder die physikalischen Grundlagen der Netzwerke verändert. Bezogen auf Computersicherheit sehen Hacker die Herausforderung darin, Sicherheitsmechanismen zu überwinden, um Schwachstellen erkennen zu können.

Crawler → Roboter.

CRM – Abk. für *Customer Relationship Management, Kundenbindungsmanagement.*

Crossmedia – paralleler Einsatz mehrerer möglichst synergetisch wirkender Medien (z.B. Print und Web, oder TV, Radio und Kino) in der Mediaplanung von werbetreibenden Unternehmen.

Crowdfunding – 1. *Begriff:* Crowdfunding ist eine Form der Finanzierung („funding") durch eine Menge („crowd") von Internetnutzern. „Crowdsourcing" etablierte sich ebenfalls um 2005 herum und bezeichnet ein verwandtes Phänomen. Im deutschsprachigen Raum ist auch der Begriff der Schwarmfinanzierung bekannt, der die Beziehungen zwischen den → Benutzern betont. – 2. *Merkmale:* Beim Crowdfunding wird – meist im World Wide Web – zur Spende oder Beteiligung aufgerufen. Künstler, Aktivisten, Veranstalter und Unternehmer stellen ihre Projekte dar und nennen die benötigte Summe sowie die erwartbare Gegenleistung für die Benutzer. Diese werden über → Social Networks, → Blogs, Microblogs und andere Kanäle aufmerksam. Wenn innerhalb einer bestimmten Zeit die angegebene Summe erreicht wird, fließt das Geld an die Initianten, und die Idee wird umgesetzt. – 3. *Plattformen:* Schwarmfinanzierung wird über persönliche → Homepages und professionelle → Websites unterstützt, vor allem aber über spezielle Plattformen, auf denen die Beschreibungen der Projekte zu finden sind und die sämtliche Transaktionen abwickeln und im Erfolgsfalle eine Provision einbehalten. Im englischsprachigen Raum entstanden die ersten Plattformen dieser Art um das Jahr 2000, im deutschsprachigen eine Dekade später. Es werden insgesamt etwa vierzig Projektkategorien unterschieden. – 4. *Ausblick:* Crowdfunding dient oft der Finanzierung von eher ungewöhnlichen und kostengünstigen Projekten. Mit Crowdinvesting steht eine Alternative für kapitalintensive Unternehmen und Anliegen zur Verfügung. Eine klare Abgrenzung ist nicht immer möglich, und manche Crowdfunding-Plattformen wenden sich ausdrücklich auch an ambitionierte Startups. Die sichere und seriöse Abwicklung von → Transaktionen ist ebenso ein Erfolgsfaktor für die zahlreichen Plattformen wie die einfache Bedienbarkeit. Wichtig ist auch die Attraktivität der Projekte.

Crowdsourcing – 1. *Begriff:* interaktive Form der Wertschöpfung unter Nutzung moderner IuK-Techniken (Web 2.0). Zusammengesetzt aus den Begriffen Crowd und Outsourcing. Einzelne Aufgaben, die bisher intern bearbeitet wurden, werden an eine Vielzahl von Nutzern oder Interessenten ausgelagert und häufig in Form eines Wettbewerbes ausgeführt. Die Aufgabe kann sich dabei sowohl auf eine Innovation beziehen oder aber auch bereits bestehende operative Aktivitäten oder Produkte. Bekanntester Vertreter für die Anwendung des Crowdsourcing dürfte das Online-Lexikon Wikipedia sein. – 2. *Anforderungen*: Grundlegende Anforderungen sollten erfüllt sein um crowdsourcing erfolgreich einzusetzen: a) Klare Aufgaben- und Zieldefinition, b) Auswahl der richtigen Crowd (Zielgruppe/Community) für die Bearbeitung der Aufgabe, c) Respekt vor den Bearbeitern und ihren Ergebnissen, d) Klärung der Rechtslage. – Im Innovationsbereich wird synonym von Open Innovation gesprochen.

Crystal – von Alistair Cockburn entwickelte Familie von Methoden der → agilen Softwareentwicklung. Dieser ging davon aus, dass Softwareprojekte von einander verschieden sind und einer speziellen Situation unterliegen. Somit benötigt jedes Projekt andere Methoden, die am besten für die spezielle Situation geeignet sind. Zu diesem Zweck klassifiziert er Projekte nach der Anzahl der darin involvierten Personen und dem Risiko, das mit der Software einhergeht. Er unterscheidet beim Risiko die Klassen: Loss of life (L)Loss of essential moneys (E)Loss of decretionary moneys (D)Loss of comfort (C) Darüber hinaus wird die Einhaltung von sieben Prinzipien gefordert: Regelmäßige Auslieferung der (Teil-Software)Verbesserung durch ReflektionOsmotische KommunikationPersönliche Sicherheit FokusLeichter Zugriff auf Experten(-anwender)Technische Umgebung mit automatisierten Tests, Konfigurationsmanagement und häufiger Integration.

CSCW – Abk. für → Computer Supported Cooperative Work.

CSMA/CD – Abk. für *Carrier Sense Multiple Access/Collision Detection*; häufig (z.B. bei → Ethernet) bei der Bus-Topologie (→ Netzwerktopologie) verwendetes → Zugangsverfahren. – Vorgehensweise der Netzstationen (→ Netz), die → Daten senden wollen: Nach Feststellung, dass der Übertragungskanal frei ist, wird mit der Sendung begonnen. Während der Sendung überprüft der Sender, ob Kollisionen seiner Sendung mit anderen stattfinden. Ist dies der Fall, beendet er sofort die Sendung. Nach Verstreichen einer zufallsgesteuerten Zeitspanne überprüft er, ob der Kanal frei ist, und beginnt ggf. erneut mit der Sendung.

CSS – Abk. für → *Cascading Style Sheets*.

Cursor – *Schreibmarke*; aktuelle Position auf einem → Bildschirm, z.B. die Position, an der das nächste eingetippte Zeichen erscheint. Wird i.Allg. durch Blinken o.Ä. angezeigt.

Customer Driven Pricing → Reverse Auction.

Customer Due Diligence (CDD) – 1. *Begriff*: Due Diligence (DD), engl. für „mit der gebotenen Sorgfalt" bezieht sich gebräuchlicherweise auf die eingehende Prüfung eines Kaufobjekts (Unternehmen, Unternehmensteil, Anteil) durch den Käufer. Der Gedanke dieser sorgfältigen Prüfung wurde im Geldwäschegesetz (GWG) nach § 3 GwG 2008 auf den Kunden bzw. Geschäftspartner von Kreditinsituten übertragen. Die dort genannten allg. Sorgfaltspflichten sind vonseiten der Kreditinstitute danach grundsätzlich gegenüber allen Geschäftspartner bzw. Kunden anzuwenden und werden deshalb auch engl. als *Customer Due Diligence (CDD)* bezeichnet. – 2. *Sorgfaltspflichten*: Zu diesen Sorgfaltspflichten zählen insbesondere: die Identifizierung des Vertragspartners; die Einholung von Informationen zum Zweck und zur angestrebten Art der Geschäftsbeziehung; die Abklärung hinsichtlich des letztlich wirtschaftlich Berechtigten (und ggf. dessen Identifizierung); die kontinuierliche Überwachung einer Geschäftsbeziehung inkl. dazu gehörender Transaktionen. Das GwG unterscheidet über diese a) *allg. Sorgfaltspflichten* hinaus verschiedene Stufen der CDD, wie b) *vereinfachte Sorgfaltspflichten* (§ 5 GwG): (engl. *Simplified CDD*), deren Vorgaben, Voraussetzungen und Rechtsfolgen, das Gesetz genauer ausführt, gelten z.B. für Geschäftsbeziehungen von Kreditinstituten mit anderen

Kreditinstituten, Versicherungen, börsennotierten Gesellschaften oder Behörden. c) *Verstärkte Sorgfaltspflichten* (§ 6 GwG): (engl. *Enhanced CDD*) gelten, um erhöhte Risiken durch Anwendung zusätzlicher, verstärkter Sorgfalt auszugleichen, insbesondere bei politisch exponierte Personen („PEP").

Die drei Niveaus der Sorgfaltspflichten: **Vereinfacht Allgemein Verstärkt** Kredit- und Finanzinstitute mit rechtlich gleichwertigem Rahmen vor Begründung einer dauernden Geschäftsbeziehung in den Fällen erhöhten Geldwäscherisikos bei geringem Geldwäscherisiko in Bezug auf inländische Behörden, öffentliche Einrichtungen sowie betraglich limitiert für e-Geld-Transaktionen vor Durchführung einer Transaktion ab 15.000 € bei Geldwäscheverdacht bei Ferngeschäften bei Ein-/ Auszahlung auf/ von Sparkonten in bezug auf grenzüberschreitenden Korrespondenzbankbeziehungen aus Drittländern wenn Betrag höher als 15.000 € bei Transaktionen oder Geschäftsbeziehung zu PEPs bei Zweifeln an Echtheit oder Angemessenheit der erhaltenen Kundenidentifikationsdaten

3. *Ongoing Customer Due Diligence (OCDD)*: CDD hat laufend (engl. *ongoing*), nicht nur einmalig oder punktuell zu erfolgen, damit es zu einem Monitoring-Prozess wird und institutionalisiert werden kann. – 4. *Zusatzinformation*: CDD bzw. OCDD bedarf inhaltlich i.d.R. weiterer, detaillierter Angaben über den Kunden, sog. „Know your customer-"(KYC-) Information. – Vgl. auch → Know-your-Customer-Prinzip (KYC).

Customizing – I. Management: Planung, Steuerung und Kontrolle aller auf den Markt ausgerichteten Unternehmensaktivitäten mit dem Ziel der Erlangung eines Wettbewerbsvorteils durch individuelle Befriedigung der Kundenbedürfnisse. Die Differenzierung von Produkten und Dienstleistungen ist eine Reaktion auf den gesellschaftlichen Individualisierungsprozess, der sich in zunehmendem Maße auch im individualisierten Käufer- und Konsumentenverhalten widerspiegelt. – *Gegensatz*: Standardisierung.

II. Wirtschaftsinformatik: Anpassung der → Standardsoftware an kundenindividuelle Anforderungen. Die Anpassung umfasst sowohl die Auswahl und Parametrisierung der Funktionen, als auch die Adaption der Daten zur Unternehmensstruktur (Organisationsstruktur). Im letzteren Fall entspricht das Customizing der Pflege bes. dauerhafter → Stammdaten in der zugrunde liegenden → Datenbank. Die Parametrisierung der vordefinierten Programmfunktionen kann auf verschiedene Arten erfolgen. Im Extremfall umfasst sie das Programmieren von Teilfunktionen mithilfe einer Metasprache (Makrosprache).

Cybercrime – 1. *Begriff*: Cybercrime (lat. *crimen*: „Beschuldigung, Anklage, Schuld, Verbrechen"; engl. *cyber*: auf das Internet bezogen) bezeichnet Vergehen bzw. Verbrechen in Zusammenhang mit dem Internet. Synonym für → Internetkriminalität. Ein passender alternativer Ausdruck ist Internetdelinquenz.

Cyberspace – *virtueller Raum*. Als Cyberspace wird jede nicht real existierende Welt bezeichnet, die nur mithilfe eines Computers virtuell betreten werden kann. I.e.S. bezeichnet Cyberspace eine computergenerierte dreidimensionale Welt, → Virtual Reality genannt, die unter Verwendung spezieller → Hardware von Personen, sog. Cybernauten, betreten werden kann. Diese erhalten im Cyberspace eine eigene Identität, unter der sie mit den sich im Cyberspace befindlichen virtuellen Lebewesen und anderen Cybernauten interagieren können. I.w.S. wird z.B. auch die Welt des → Internets als Cyberspace bezeichnet.

D

Daemon – ein → Programm, das im Hintergrund abläuft, nicht vom → Benutzer selbst aufgerufen oder beeinflusst werden kann und seine Aufgabe zyklisch oder bei Bedarf verrichtet. Ein Daemon wird meist beim Start eines Systems automatisch angestoßen. – *Verwendung:* (1) in → Betriebssystemen (BS), bes. zur Steuerung von → Netzwerken; (2) in → wissensbasierten Systemen, bes. bei → Frames.

Database → Datenbank.

Database/Datacommunication-System → Datenbank-/Datenkommunikationssystem.

Database Marketing – zielgruppenorientierte Marktbearbeitung auf der Basis detaillierter Informationen zu den Kunden. Diese Informationen werden in einer → Datenbank (Database) gespeichert. Die Kunden-Datenbank enthält als spezifische Informationen Stammdaten wie auch Transaktionsdaten (z.B. Verkaufsdaten) zu Personen bzw. Firmen, also Adressdaten, Profildaten (zur spezifischen Kennzeichnung und Klassifikation), Aktions- und Reaktionsdaten.

Data Definition Language (DDL) → Datenbeschreibungssprache.

Data Dictionary (DD) – Sammlung von „Daten über Daten" (Metadaten). Ein Data Dictionary (DD) dient der computergestützten → Dokumentation des → konzeptionellen Schemas, des → internen Schemas und/oder der externen Schemata (→ externes Schema) eines → Datenbanksystems.

Data Mart – *Abteilungsdatenbank;* physikalisch getrennter Auszug aus einem → Data Warehouse, dessen Datenbestand einer Fachabteilung für ihre spezifischen Auswertungen (z.B. durch OLAP- oder Data Mining-Werkzeuge) zur Verfügung steht.

Data Processing → Datenverarbeitung.

Data Processing System → Datenverarbeitungssystem.

Data Warehouse – eine von den operativen Datenverarbeitungssystemen separierte → Datenbank, auf die nur Lesezugriff besteht. In regelmäßigen Abständen werden aus den operativen DV-Systemen unternehmensspezifische, historische und daher unveränderliche → Daten zusammengetragen, vereinheitlicht, nach Nutzungszusammenhängen geordnet, verdichtet und dauerhaft in der Datenbasis des Data Warehouses archiviert. Ziel ist die Verbesserung der unternehmensinternen Informationsversorgung *(Wissensmanagement)* und damit der Unterstützung strategischer Entscheidungen. Als analytisches System liefert es Informationen zur Problemanalyse – → Online Analytical Processing (OLAP) -, die durch die Anwendung von Methoden (z.B. des Data Mining) generiert werden.

Datei – I. Wirtschaftsinformatik: Menge von → Daten, die nach einem Ordnungskriterium, das sie als zusammengehörend kennzeichnet, in maschinell lesbaren externen → Speichern gespeichert sind (z.B. Kontostände aus der Kontokorrentbuchhaltung nach Kontenbezeichnung, Lagerbestände nach Artikelbezeichnungen). – Vgl. auch → Datenorganisation.

II. Bundesdatenschutzgesetz: Eine Datei ist (1) eine Sammlung personenbezogener Daten, die durch automatisierte Verfahren nach bestimmten Merkmalen ausgewertet werden kann (automatisierte Datei), oder (2) jede sonstige Sammlung personenbezogener Daten, die gleichartig aufgebaut ist und nach bestimmten Merkmalen geordnet, umgeordnet und ausgewertet werden kann (nicht-automatisierte Datei). Nicht hierzu gehören Akten und Aktensammlungen, es sei denn, dass sie durch automatisierte Verfahren umgeordnet oder ausgewertet werden können (§ 3 II BDSG). – Vgl. auch → Datenschutz.

Dateiorganisation – 1. *Begriff*: Methoden und Prinzipien zur Strukturierung einer → Datei, bes. zur Anordnung der Datensätze (→ Datensatz) und zum Wiederauffinden der Datensätze. – 2. *Aspekte*: a) Die *Zugriffsform* gibt an, in welcher Reihenfolge man die Datensätze einer Datei ansprechen (lesen oder schreiben) kann. (1) *Sequenzieller Zugriff (fortlaufender Zugriff)* bedeutet, dass die Datensätze nur in einer bestimmten Reihenfolge angesprochen werden können. Diese ist entweder durch einen auf- bzw. absteigenden → Schlüssel definiert oder den → Datenträger vorgegeben (z.B. ist bei einem → Magnetband nur sequenzieller Zugriff möglich). (2) *Direkter Zugriff (wahlfreier Zugriff, Random Access)* liegt vor, wenn die Sätze einer Datei in beliebiger Reihenfolge über ihre Schlüssel angesprochen werden können. Voraussetzung hierfür ist, dass die Datei auf einem Datenträger mit direkter Adressierung (z.B. → Magnetplattenspeicher, → Diskette, → CD-ROM) residiert. – b) Die *Speicherungsform* definiert die Anordnung der Datensätze in der Datei. (1) Bei *sequenzieller Speicherung (fortlaufender Speicherung)* sind die Datensätze hintereinander fortlaufend angeordnet und können auch nur in dieser Reihenfolge wieder bereitgestellt werden. (2) Bei *index-sequenzieller Speicherung* werden die Datensätze nach folgendem Prinzip zu Blöcken zusammengefasst: Innerhalb eines Blocks sind die Sätze nach ihren Schlüsseln sequenziell geordnet. Für jeden Block ist in einer Indextabelle der größte Schlüsselwert festgehalten. Soll nun auf einen bestimmten Satz zugegriffen werden, kann über die Indextabelle der richtige Datenblock identifiziert und dann (sequenziell) durchsucht werden. Auf die Indextabelle selbst wird meist das gleiche Prinzip analog angewendet; dies führt zu mehrstufigen Indextabellen. – Realisierungen der index-sequenziellen Speicherung als Dateiorganisationsform sind in der betrieblichen Datenverarbeitung unter dem Namen ISAM (Index Sequential Access Method) bzw. in fortgeschrittener Form als VSAM (Virtual Sequent Access Method) bekannt. – 3. *Zusammenhänge zwischen Speicherungsform und Zugriffsform:* Die Speicherungsform setzt Restriktionen für die Zugriffsform. Bei sequenzieller Speicherung ist nur sequenzieller Zugriff möglich; bei index-sequenzieller Speicherung ist sowohl direkter als auch sequenzieller Zugriff möglich. – 4. *Einsatzschwerpunkte:* a) *Sequenzielle Speicherung* wird v.a. dann eingesetzt, wenn große Datenbestände nach Ordnungsbegriffen sortiert zu verarbeiten sind. – b) *Index-sequenzielle Speicherung* ist in der betrieblichen Datenverarbeitung die häufigste Organisationsform, wenn sowohl sequenzieller Zugriff als auch direkter Zugriff zu Datensätzen aufgrund eines Schlüssels (z.B. aufgrund einer klassifizierenden Artikelnummer) erforderlich ist. – 5. *Probleme der Dateiorganisation:* a) Dateien werden i.d.R. aus den Anforderungen der zu verarbeitenden → Programme heraus organisiert; daher besteht eine enge Kopplung zwischen Dateien und Programmen. Als Folge müssen bei Änderungen der Dateiorganisation auch die Programme geändert werden (→ Softwarewartung). – b) Aufgrund der engen Datei-Programm-Kopplung können verschiedene Programme, die teilweise die gleichen Daten benötigen, dieselben Dateien nicht unmittelbar verarbeiten; Daten müssen vielmehr erst in eine für das andere Programm geeignete Form umgesetzt werden. Wenn z.B. ein Programm zwei Daten, die bereits in einer sequenziell organisierten Datei für Programm 1 existieren, in einer anderen Reihenfolge als Programm 1 benötigt, so muss durch → Sortieren eine neue Datei erzeugt werden. – c) *Datenredundanz:* Die gleichen Daten sind in jeweils für spezifische Programme adäquater Form *mehrfach* vorhanden. – d) *Datenkonsistenz* (→ Datenintegrität): Aufgrund der Redundanz und der jeweils isolierten Betrachtung der einzelnen Dateien ist die Widerspruchsfreiheit und Vollständigkeit der Daten nicht gesichert.

Dateizugriff → Datenorganisation.

Daten – I. *Wirtschaftstheorie*: Bezeichnung für volkswirtschaftliche Gegebenheiten, die den Wirtschaftsablauf beeinflussen, ohne von diesem selbst – zumindest unmittelbar und kurzfristig – beeinflusst zu werden. Diese Daten sind teils einzelwirtschaftlicher, teils gesamtwirtschaftlicher Natur (volkswirtschaftlicher Datenkranz von Eucken). – In der *Theorie der quantitativen Wirtschaftspolitik* diejenigen Größen, die weder direkt noch indirekt durch den wirtschaftspolitischen Entscheidungsträger beeinflusst werden können. Dazu zählen auch autonome Größen wie der autonome Konsum. Größen, die lediglich in einem bestimmten Modell als vorgegeben betrachtet werden, bezeichnet man als exogene Variablen (Variable, exogene). Exogene Variablen, die unter direkter Kontrolle der wirtschaftspolitischen Entscheidungsträger stehen, heißen Instrumentvariablen.

II. *Ökonometrie*: Das zentrale Problem einer Datenbasis für ökonometrische Modelle besteht in der Übereinstimmung der Begriffsbildungen aus der ökonomischen Theorie und der zur Verfügung stehenden wirtschaftsstatistischen Größen. Hinzu kommt, dass wegen der i.d.R. im Hinblick auf ihre asymptotischen Eigenschaften ausgewählten Schätz- und Testfunktionen möglichst große Stichprobenumfänge erwünscht und erforderlich sind. Wegen definitorischer Änderungen, Umstellungen in der Erhebung etc. sind die Daten jedoch meist nur beschränkt miteinander vergleichbar, sodass sich dadurch Restriktionen bez. der Stichprobenumfänge ergeben. – Die Daten für ökonometrische Analysen sind entweder Querschnitts- oder Zeitreihendaten: a) *Querschnittsdaten* ergeben sich aus der Beobachtung verschiedener Wirtschaftssubjekte, z.B. Haushalte oder Unternehmungen, zu einem bestimmten Zeitpunkt. – b) *Zeitreihendaten* resultieren aus der Beobachtung eines bestimmten Wirtschaftssubjektes oder eines bestimmten Aggregates, z.B. der Konsumausgaben aller privaten Haushalte, über mehrere aufeinander folgende Zeitpunkte. – c) Pooldaten bzw. Paneldaten sind miteinander *kombinierte Querschnitts- und Zeitreihendaten*. Nur in Ausnahmefällen stehen miteinander kombinierbare Querschnitts- und Zeitreihendaten zur Verfügung.

III. *Wirtschaftsinformatik*: 1. *Begriff*: zum Zweck der Verarbeitung zusammengefasste Zeichen, die aufgrund bekannter oder unterstellter Abmachungen Informationen (d.h. Angaben über Sachverhalte und Vorgänge) darstellen. – 2. *Arten*: a) *Eingabedaten*: Daten, die dem Programm von außen zur Verfügung gestellt werden. – b) *Ausgabedaten*: Daten, die im Wesentlichen Ergebnisse eines Programms darstellen. – c) *Stammdaten*: wichtige Grunddaten eines Betriebes, die über einen gewissen Zeitraum nicht verändert werden. – d) *Bewegungsdaten*: Daten, welche Veränderungen beschreiben und dazu herangezogen werden, Stammdaten zu aktualisieren. – e) *Numerische Daten*: Informationen werden durch Ziffern dargestellt. – f) *Alphanumerische Daten*: Informationen werden durch Ziffern, Buchstaben und Sonderzeichen dargestellt. – 3. *Darstellungsweise*: In einem → Datenmodell werden Daten und ihre Beziehungen zueinander abgebildet. Daten werden in → Dateien oder → Datenbanken gespeichert. – Vgl. auch → Bus, → Datenelement, → Datenorganisation, → Datenstruktur.

Datenabstraktion → Modularisierungsprinzip, bei dem ein Modul eine abstrakte Datenstruktur oder einen abstrakten Datentyp implementiert (datenorientiertes → Modul). Die Abstraktion besteht darin, dass von der tatsächlichen Repräsentation der Daten innerhalb des Moduls abstrahiert wird.

Datenbank – 1. *Begriff*: selbstständige, auf Dauer und flexiblen und sicheren Gebrauch ausgelegte → Datenorganisation, die sowohl eine Datenbasis als auch eine zugehörige Datenverwaltung – → Datenbankmanagementsystem (DBMS) – umfasst. Eine

Datenbank dient dazu, eine große Menge von → Daten strukturiert zu speichern und zu verwalten. – 2. *Rechtsschutz:* Das Urheberrecht unterscheidet zwischen dem Datenbankwerk (§ 4 II UrhG) und der Datenbank (§ 87a UrhG). Datenbankwerk im Sinn des UrhG ist ein Sammelwerk, dessen Elemente systematisch oder methodisch angeordnet und einzeln mithilfe elektronischer Mittel oder auf andere Weise zugänglich sind. Ein zur Schaffung des Datenbankwerkes oder zur Ermöglichung des Zugangs zu dessen Elementen verwendetes Computerprogramm ist nicht Bestandteil des Datenbankwerkes. Datenbankwerke genießen vollen urheberrechtlichen Schutz, wenn sie eine persönliche geistige Schöpfung des Urhebers darstellen. Regelungen zur Benutzung eines Datenbankwerks trifft § 55a UrhG. – Neben den Datenbankwerken genießen auch Datenbanken nach den §§ 87a ff. UrhG einen sog. Sui-Generis-Schutz wegen der mit der Herstellung der Datenbank erforderlichen Investitionen. Dabei handelt es sich um Datenbanken, die zwar keine persönliche geistige Schöpfung verkörpern, aber deren Beschaffung, Überprüfung oder Darstellung eine nach Art und Umfang wesentliche Investition erfordern (§ 87a I UrhG). Solche Datenbanken gewähren dem Hersteller ein 15-jähriges ausschließliches Recht die Datenbanken ganz oder teilweise zu vervielfältigen, zu verbreiten oder öffentlich wiederzugeben (§ 87b UrhG).

Datenbank-/Datenkommunikationssystem – *DB/DC-System, Database/Datacommunication-System;* → Datenbanksystem, das im Transaktionsbetrieb (→ Transaktion, → aktionsorientierte Datenverarbeitung) unter einem → TP-Monitor abläuft; i.d.R. ist ein Datenbanksystem unter verschiedenen TP-Monitoren ablauffähig.

Datenbankabfrage – *Datenbankanfrage, Query;* von einem Benutzer oder einem Programm in einer vom → Datenbankmanagementsystem (DBMS) zur Verfügung gestellten → Abfragesprache formulierte Anfrage an eine → Datenbank.

Datenbankabfragesprache → Abfragesprache.

Datenbankadministrator – 1. *Begriff:* Berufsbild in der → betrieblichen Datenverarbeitung. Dem Datenbankadministrator obliegt die Organisation der Daten eines Unternehmens in einem → Datenbanksystem. – 2. *Aufgaben:* (1) Entwicklung und Pflege des → konzeptionellen Datenmodells und des → konzeptionellen Schemas in Zusammenarbeit mit den betrieblichen Fachabteilungen; (2) Entwicklung und Pflege des → internen Schemas; (3) Abstimmung der externen Schemata (→ externes Schema) mit dem konzeptionellen Schema; (4) Verwaltung des → Data Dictionary (DD), Beratung der → Systemprogrammierer und → Anwendungsprogrammierer.

Datenbankanfrage → Datenbankabfrage.

Datenbankmanagementsystem (DBMS) – *Datenbankverwaltungssystem;* der Teil eines → Datenbanksystems, der zur Verwaltung der Daten der → Datenbank dient. – *Bestandteile:* a) Ein *Programmsystem* (→ Programm), das Methoden und Werkzeuge zur Einrichtung und Pflege der Datenbank beinhaltet und alle von den → Anwendungsprogrammen verlangten Zugriffe (Lesen, Ändern, Hinzufügen, Löschen von Daten) auf der Datenbank ausführt, wobei → Datensicherheit und → Datenschutz gewährleistet sein müssen. – b) *Weitere Funktionen* können zur Verfügung gestellt werden, z.B. Abrechnung der Leistungsinanspruchnahme durch die Benutzer, Restauration einer zerstörten Datenbank.

Datenbankorganisation – Im Gegensatz zur → Dateiorganisation auf eine strikte Trennung zwischen → Daten und → Programmen ausgelegte Organisationsform, die sowohl eine deutlich höhere Aktualität von Daten als auch eine gesicherte Konsistenz der Daten gewährleistet. 1. *Grundidee:* Daten sollen für neue → Anwendungsprogramme und Auswertungen möglichst flexibel verfügbar und nicht starr an einzelne Programme gekoppelt sein. Alle relevanten Unternehmensdaten werden in einem zentralen „Pool" aufbewahrt und für die verschiedenen Programme bzw. → Endbenutzer in der jeweils geeigneten Form (→ Datensicht) bereitgestellt. – 2. *Voraussetzungen:* Im Idealfall sollte zur Gewährleistung der Flexibilität, bes. der physische und logischen → Datenunabhängigkeit, eine strikte Trennung von drei Ebenen eingehalten werden: der internen, konzeptionellen und externen Ebene (→ internes Schema, → konzeptionelles Schema, → externes Schema). Daten werden auf den drei Ebenen getrennt in → Datenmodellen abgebildet. Für die Koordination der Datenmodelle ist ein → Datenbankadministrator zuständig. – 3. *Realisierung:* Die Datenmodelle werden mit → Datenbeschreibungssprachen formuliert. Zum Eintragen von Daten in die Datenbank und zur Bearbeitung der Daten dienen → Datenmanipulationssprachen, zur Benutzung der Datenbank durch → Endbenutzer, v.a. für Ad-Hoc-Abfragen und -Auswertungen, auch → Abfragesprachen. – 4. *Vorteil:* Die Organisation der Daten in einem → Datenbanksystem ist eine wesentliche Voraussetzung für den aus der → Datenintegration und → Funktionsintegration resultierenden Nutzen.

Datenbanksystem – aus einem → Datenbankmanagementsystem (DBMS) und den zu verwaltenden Daten (der Datenbasis) bestehendes System, das als zentrale Kontrolle über die verschiedenen, Benutzern zur Verfügung zu stellenden → Daten für die Datenspeicherung und → Datenorganisation zuständig ist. Für größere Datenbanksysteme liegt die Verantwortung i.d.R. bei einem → Datenbankadministrator.

Datenbankverwaltungssystem → Datenbankmanagementsystem (DBMS).

Datenbeschreibungssprache – *Datendefinitionssprache, Data Description Language (DDL), Data Definition Language (DDL);* eine Sprache, die zur Beschreibung der Struktur einer → Datenbank aus der Sicht des → konzeptionellen Datenmodells, → externen Datenmodells oder → internen Datenmodells dient. Zu einem → Datenbankmanagementsystem (DBMS) gehört stets eine Datenbeschreibungssprache. – Es existieren Sprachen, die die Funktionen einer → Datenmanipulationssprache und einer Datenbeschreibungssprache in sich vereinigen.

Datenbus → Bus.

Datendefinitionssprache → Datenbeschreibungssprache.

Datenelement – *skalares Element;* bei der → Programmentwicklung ein Datum, das einen → Datentyp besitzt und nicht weiter unterteilt wird. – Vgl. auch → Daten, → Datenstruktur.

Datenendeinrichtung (DEE) – *Data Terminal Equipment (DTE);* nach DIN 44 302 funktionale Einheit einer Datenstation. Dient zum Senden oder Empfangen von → Daten.

Datenendgerät – Gerät für die Datenerfassung, -eingabe, -abfrage und -ausgabe (evtl. auch für die Datenspeicherung), das von der → Zentraleinheit räumlich entfernt aufgestellt, aber mit ihr durch Übertragungsleitungen verbunden ist oder verbunden (angeschaltet) werden kann.

Datenfernübertragung – Datenübertragung über Fernmeldewege (Leitungswege, Funkstrecken) zwischen → Rechnern oder zwischen Rechnern und Datenstationen.

Datenfernverarbeitung – elektronische Verarbeitung von → Daten, die an einem vom Verarbeitungsort (→ Rechenzentrum, DV-System) entfernten Ort entstanden, erfasst und zur Verarbeitung übertragen worden sind (→ Datenübertragung). Die Verarbeitungsergebnisse werden an die anliefernde Stelle zurückübertragen. Datenfernverarbeitung kann → Echtzeitbetrieb oder → Stapelbetrieb sein.

Datenflussplan – *Blockdiagramm, Flussdiagramm.* 1. *Begriff:* grafisches Hilfsmittel zur Darstellung des Datenflusses bei der

Bearbeitung einer Aufgabe mit elektronischer Datenverarbeitung. Der Datenflussplan gibt an, welche Stellen die → Daten durchlaufen, d.h., welche → Datenträger benutzt werden, von welchen → Programmen die Daten bearbeitet werden und welche Art der Bearbeitung vorgenommen wird. – 2. *Darstellungsform:* Symbole (Rechtecke, Rauten u.a.), die durch Ablauflinien miteinander verbunden werden. – 3. *Verwendung:* bei größeren Aufgaben in der → betrieblichen Datenverarbeitung, v.a. bei der → Systemanalyse. – 4. *Standardisierung:* genormt in den DIN-Normen 44 300 und 66 001.

Datenintegration – 1. *Begriff:* Integration von → Daten mehrerer betrieblicher Funktionsbereiche mit dem Ziel, dieselben Daten unmittelbar für verschiedene Aufgaben nutzbar zu machen. – 2. *Vorteile:* Vermeidung von → Datenredundanz und Sicherung der Konsistenz der Daten (→ Datenintegrität). Bildung von → Vorgangsketten möglich. – 3. *Voraussetzung:* Datenbankorganisation (→ Datenorganisation).

Datenintegrität – *Datenkonsistenz;* in der Datenbankorganisation (→ Datenorganisation) die Korrektheit der gespeicherten Daten im Sinn einer widerspruchsfreien und vollständigen Abbildung der relevanten Aspekte des erfassten Realitätsausschnitts.

Datenkonsistenz → Datenintegrität.

Datenmanipulationssprache – *Data Manipulation Language (DML).* 1. *Begriff:* Sprache zum Abfragen, Einfügen, Ändern und Löschen der → Daten eines → Datenbanksystems; sie wird dem → Benutzer vom → Datenbankmanagementsystem (DBMS) zur Verfügung gestellt. – 2. *Arten:* a) die in eine andere → Programmiersprache integrierte Datenmanipulationssprache, auch als *Host Language* bezeichnet, und *eigenständige Datenmanipulationssprache;* – b) *Prozedurale Datenmanipulationssprache* (→ Programmiersprache): Der Benutzer muss über die Struktur der → Datenbank informiert sein, um Daten manipulieren zu können.–c) *Deskriptive Datenmanipulationssprache:* Der Benutzer muss nur die Art der Manipulation angeben. – Vgl. auch → SQL. – 3. Viele Sprachen vereinigen die Funktionen einer → Datenbeschreibungssprache und einer Datenmanipulationssprache in sich (SQL).

Datenmodell – 1. *Begriff:* in der → Datenorganisation Modell der zu beschreibenden und verarbeitenden → Daten eines Anwendungsbereichs (z.B. Daten des Produktionsbereichs, des Rechnungswesens oder die Gesamtheit der Unternehmensdaten) und ihrer Beziehungen zueinander. – 2. *Verwendungsformen:* (1) → internes Datenmodell; (2) → konzeptionelles Datenmodell; (3) → externes Datenmodell. – 3. *Wichtigste Arten:* (1) → hierarchisches Datenmodell; (2) → Netzwerkmodell; (3) → Relationenmodell; (4) objektorientiertes Modell.

Datenmodellierung – formale Beschreibung der Informationsobjekte eines zu entwerfenden → Informationssystems. Ziel ist die eindeutige Definition und Spezifikation der in einem Informationssystem zu verwaltenden Objekte, ihrer für die Informationszwecke erforderlichen Attribute und der Zusammenhänge zwischen verschiedenen Informationsobjekten, um so einen Überblick über die Datensicht des Informationssystems erhalten zu können. Ergebnis des Modellierungsprozesses ist ein sog. Datenschema, das zumeist grafisch visualisiert wird. – Vgl. auch → Entity-Relationship-Modell, → SERM.

Datennetz → Netz.

Datenorganisation – 1. *Begriff:* I.w.S. alle Verfahren zur Anordnung und zum Wiederauffinden von → Daten. – 2. *Formen:* (1) → Dateiorganisation und (2) → Datenbankorganisation.

Datenredundanz – 1. *Begriff:* in der → Datenorganisation das mehrfache Führen der gleichen → Daten, also das mehrfache Vorkommen desselben Sachverhaltes, wobei die Wiederholung als nicht notwendig eingeordnet wird. Redundanz wird auch der Teil einer

→ Nachricht genannt, der für den Empfänger nicht neu, also keine → Information ist. – 2. *Folgen:* Mehrfachaufwand, Konsistenz der Daten (→ Datenintegrität) nicht gewährleistet; Abstimmungsprobleme, da Änderungen an verschiedenen Stellen (z.B. in mehreren Dateien) zur gleichen Zeit durchgeführt werden müssen. – 3. Datenredundanz in *kontrolliertem* Umfang wird häufig eingeplant, um z.B. bei Verlust von Daten die Rekonstruktion zu ermöglichen oder zur Verbesserung der → Performance.

Datensatz – in der → Datenorganisation eine Zusammenfassung von Daten, die zu einem Objekt gehören und in einer → Datei abgelegt sind, z.B. Artikelnummer, Bezeichnung, Verkaufspreis und Lagerbestand zu einem bestimmten Artikel. Als → Datenstruktur betrachtet stellt ein Datensatz i.Allg. einen → Record dar.

Datenschutz – I. Allgemein: Schutz des Einzelnen vor Beeinträchtigungen seines Rechtes auf informationelle Selbstbestimmung, kraft dessen jeder Bürger grundsätzlich selbst über die Preisgabe und Verwendung seiner personenbezogenen Daten bestimmen darf (BVerfGE 65, 1). – *Rechtsgrundlage:* Bundesdatenschutzgesetz (BDSG) i.d.F. vom 14.1.2003 (BGBl. I 66) m.spät.Änd.; Landesdatenschutzgesetze für Datenverarbeitung der Landesbehörden. – *Inhalt des BDSG:* (1) Das Gesetz umfasst jede Erhebung, Datenverarbeitung (Speicherung, Übermittlung, Veränderung, Sperrung und Löschung) und Nutzung von personenbezogenen Daten durch öffentliche Stellen des Bundes. Für die Privatwirtschaft gilt das Gesetz nur, insoweit die Daten dort in oder aus Dateien geschäftsmäßig oder für berufliche oder gewerbliche Zwecke verarbeitet oder genutzt werden (§ 1 II). Nicht unter das Gesetz fällt somit die Verarbeitung von Daten in Akten oder zu nicht kommerziellen Zwecken. (2) Das BDSG verbietet grundsätzlich jede Verarbeitung personenbezogener Daten in oder aus Dateien (§§ 4 I, 4a). Zulässig ist die Verarbeitung nur ausnahmsweise in zwei (eng auszulegenden) Fällen: Der Betroffene hat schriftlich eingewilligt (§ 4 II) oder das BDSG bzw. eine andere Rechtsvorschrift sehen die Verarbeitung vor. (3) Der Betroffene hat ein Recht auf Auskunft über die zu seiner Person gespeicherten Daten (§§ 19, 34). (4) Daneben kann der Betroffene Berichtigungen unrichtiger Daten und Löschung unzulässig gespeicherter Daten verlangen; er kann ferner jederzeit die Sperrung von Daten verlangen (§§ 20, 35). (5) Schließlich hat der Betroffene ein Widerspruchsrecht gegenüber jeglicher Nutzung und Übermittlung seiner Daten für Zwecke der Werbung oder der Markt- und Meinungsforschung (§ 28 III). (6) Die Einhaltung datenschutzrechtlicher Bestimmungen wird durch einen innerbetrieblichen → Datenschutzbeauftragten sichergestellt, dessen Tätigkeit wiederum von einer staatlichen Aufsichtsbehörde (etwa dem Regierungspräsidenten) kontrolliert wird. (7) Unternehmen sind nach dem BDSG verpflichtet, technische und organisatorische Maßnahmen zu treffen, um personenbezogene Daten gegen Missbrauch, Fehler oder Unglücksfälle zu schützen (§ 9).

II. Strafrecht: 1. *Zuwiderhandlungen im Sinn des Bundesdatenschutzgesetzes* werden als Straftat mit Freiheitsstrafe bis zu zwei Jahren oder als Ordnungswidrigkeit mit Geldbußen bis zu 25.000 Euro, in schweren Fällen bis zu 250.000 Euro geahndet (§§ 43, 44 BDSG). – 2. Strafbar ist ferner die Datenveränderung (§ 303a StGB), das Ausspähen von Daten (§ 202a StGB) und die Computersabotage (§ 303b StGB). – 3. Mit dem 41. StrÄndG vom 7.8.2007 (BGBl. I S. 1786) sind vorstehende Vorschriften erweitert und durch neue Tatbestände ergänzt worden: Über § 202a StGB wird nunmehr auch das *„Hacking"* erfasst, wenn sich also nur der Zugang (ohne Zugriff auf die Daten selbst) unbefugt verschafft wird. Des Weiteren wurden die Tatbestände des § 202b (*Abfangen von Daten*) und des § 202c (*Vorbereiten des Ausspähens und Abfangens von Daten*) neu geschaffen.

III. **Arbeitsrecht:** Personalakte, technische Überwachungseinrichtung.

Datenschutzbeauftragter – 1. *Begriff:* Person, die die Einhaltung datenschutzrechtlicher Vorschriften zu überwachen hat. Einen Datenschutzbeauftragten haben alle Unternehmen zu bestellen, die mind. fünf Arbeitnehmer ständig mit der automatisierten oder 20 Arbeitnehmer mit der nicht automatisierten Verarbeitung personenbezogener Daten beschäftigen. Die Nichtbestellung wird als Ordnungswidrigkeit geahndet. – 2. *Aufgabe:* ständige Kontrolle der Einhaltung des Bundesdatenschutzgesetztes (BDSG) in einem Unternehmen (→ Datenschutz); bes. durch Überwachung der verwendeten Software, Schulung der Mitarbeiter und beratende Mitwirkung bei der Personalauswahl. Der Datenschutzbeauftragte kann sich bei Zweifelsfällen an eine staatliche Aufsichtsbehörde (etwa den Regierungspräsidenten) wenden, die zugleich seine Tätigkeit kontrolliert. – 3. *Rechtsstellung:* Der Datenschutzbeauftragte ist unmittelbar der Geschäftsführung eines Unternehmens zu unterstellen. Er arbeitet weisungsfrei; seine Berufung kann nur aus wichtigem Grund widerrufen werden. – Vgl. auch Bundesbeauftragter für den Datenschutz.

Datensicherheit – in der betrieblichen Datenverarbeitung alle technischen und organisatorischen Maßnahmen zum Schutz von → Daten vor Verfälschung, Zerstörung und unzulässiger Weitergabe. – Vgl. auch → Datenschutz, → Datensicherung.

Datensicherung – 1. Synonym für → Datensicherheit. – 2. Organisatorische Bezeichnung für das Erzeugen einer oder mehrerer Kopien gespeicherter → Daten (evtl. auch → Programme) auf einem → externen Speicher, um sich vor dem Verlust der Daten (Programme) zu schützen; z.T. werden zu diesem Zweck spezielle Speichergeräte (z.B. Streamer) eingesetzt. – 3. *Methoden zur Datensicherung:* → Drei-Generationen-Prinzip.

Datensicht – *Sicht, View.* 1. *Begriff:* In der → Datenorganisation die Art und Weise, wie sich Daten für ein → Programm oder einen → Benutzer darstellen. – 2. *Arten in der Datenbankorganisation:* (1) *Externe Datensicht:* die Sicht auf die Daten, wie sie sich für den Programmierer eines → Anwendungsprogramms bzw. einen → Endbenutzer darstellen. (2) *Globale logische Datensicht:* der Überblick über alle Daten und ihre Beziehungen, wie sie der → Datenbankadministrator sieht. (3) *Interne Datensicht:* die interne Darstellung und Anordnung der Daten auf den → Datenträgern. – Die externe Datensicht wird als Datensicht i.e.S. bezeichnet; daher auch Synonym für → externes Schema. – Vgl. auch → Architektur integrierter Informationssysteme.

Datensichtgerät → Bildschirm.

Datenspeicherung → Daten, → Datenorganisation, → Speicher.

Datenstruktur – 1. *Begriff:* Bei der → Programmentwicklung Zusammenfassung von → Datenelementen und/oder Datenstrukturen, die in einem logischen Zusammenhang stehen, zu einer größeren Einheit unter einem gemeinsamen Namen. – 2. *Typen:* (1) *Standard-Datenstruktur (elementare Datenstruktur):* in einer → Programmiersprache bereits vordefinierte Datenstruktur, wichtigste Formen: → Array, → Record, → Datei; (2) → abstrakte Datenstruktur *(höhere Datenstruktur).*

Datenträger – in der Informationsverarbeitung jedes Medium, das → Daten in maschinell lesbarer Form „trägt" bzw. dafür geeignet ist. Die Daten sind auf oder in dem Datenträger (z.B. auf magnetisierbaren Datenträger wie einer Diskette oder einer → Chipkarte, einer → CD-ROM) in einem bestimmten → Code „gespeichert". Häufig werden Datenträger als sog. Datenzwischenträger zur schnellen maschinellen Dateneingabe (oder Datenausgabe) eingesetzt. – Vgl. auch DTA (Datenträgeraustausch).

Datentyp – 1. *Begriff:* Der Datentyp gibt an, von welcher Art die → Daten sind, die mit ihm beschrieben werden

(→ Datenvereinbarung), und welche Operationen auf diesen ausgeführt werden können. – 2. *Arten:* (1) → Standarddatentyp; (2) → strukturierter Datentyp; (3) → abstrakter Datentyp.

Datenübertragung – 1. *Begriff:* Transport der → Daten vom Ort der Erfassung zum Ort der Verarbeitung oder Speicherung bzw. von dort zum Empfänger (von den → Peripheriegeräten zur → Zentraleinheit und umgekehrt). – Vgl. auch → Datenfernübertragung. – 2. *Arten:* (1) → asynchrone Datenübertragung; (2) → synchrone Datenübertragung.

Datenübertragungseinheit – *Netzwerkvorrechner, Front-end-Prozessor, Front-end-Rechner;* → Computer, der zwischen → Netz und → Host geschaltet wird, um letzteren von der Netzkontrolle, der Koordination einer Anzahl von Übertragungsstrecken, von Fehlerbehandlungsroutinen etc. zu entlasten. Die Datenübertragungseinheit steuert deshalb für den angeschlossenen → Host den Verkehr über das → Netzwerk und bereitet zusätzlich auch ankommende → Daten auf.

Datenübertragungseinrichtung (DÜE) – Gerät zur Anpassung digitaler Signale zwischen → Datenendeinrichtung (DEE) und Fernmeldeweg. – *Beispiel:* → Modem.

Datenunabhängigkeit – Zielsetzung bei der → Datenorganisation. – *Arten:* (1) *Logische Datenunabhängigkeit:* Die globale logische Struktur der → Daten (Beziehungen zwischen den Daten) soll unabhängig von den → Anwendungsprogrammen organisiert werden, sodass logische Änderungen der Daten möglichst keine Auswirkungen auf die benutzenden Programme haben. (2) *Physische Datenunabhängigkeit:* Die physische Organisation der Daten (z.B. Speicherungsformen, → Datenträger) soll möglichst ohne Auswirkungen auf die globale logische Struktur der Daten und auf die Anwendungsprogramme geändert werden können.

Datenverarbeitung – *Data Processing;* Erfassen, Übermitteln, Ordnen und Umformen von → Daten zur Informationsgewinnung, i.Allg. mithilfe eines → Computers. – Vgl. auch → Informatik, Wirtschaftsinformatik.

Datenverarbeitung außer Haus – → Service-Rechenzentrum, → Outsourcing.

Datenverarbeitungssystem – *Computer, Rechner, Rechenanlage, Rechensystem, (elektronische) Datenverarbeitungsanlage, Data Processing System;* nach DIN-Norm 44.300 eine Funktionseinheit zur Verarbeitung von → Daten, wobei als Verarbeitung die Durchführung mathematischer, umformender, übertragender oder speichernder Operationen definiert ist. – In der Praxis werden meist die Begriffe → Computer und → Rechner verwendet.

Datenvereinbarung – bei der → Programmentwicklung die Festlegung der → Datentypen und → Datenstrukturen für ein → Programm.

DATEV – Datenverarbeitungsorganisation für die Angehörigen der steuerberatenden Berufe in der Rechtsform einer eingetragenen Genossenschaft; Sitz in Nürnberg. DATEV bearbeitet in seinem → Rechenzentrum u.a. Finanzbuchhaltung, Kostenstellenrechnung, Mahnwesen, Lohnbuchhaltung und Bilanzerstellung für die Klienten seiner Mitglieder und verfügt darüber hinaus über eine Steuerrechts- → Datenbank. Die Datenkommunikation mit den speziell ausgestatteten Datenstationen der Mitglieder erfolgt über öffentliche → Netze.

DATEX – *Data Exchange Service;* Datenübertragungsdienste bzw. -netze der Deutschen Telekom über digitales Wählnetz. – Vgl. auch → Datenübertragung, → DATEX-P, → DATEX-L, → ISDN, DSL.

DATEX-L – Abk. für *Datenaustausch (Data Exchange) mit Leitungsvermittlung;* Dienst der Deutschen Telekom (→ Kommunikationsdienst) für die protokollunabhängige Übertragung von digitalen (→ digitale Darstellung) Daten zwischen → Computern mit hoher Übertragungsgeschwindigkeit und -güte.

DATEX-P – Abk. für *Datenaustausch (Data Exchange) mit Paketvermittlung;* Dienst der Deutschen Telekom für die Übertragung von digitalen Daten (→ digitale Darstellung) zwischen → Datenendeinrichtungen (DEE) – mit möglicherweise unterschiedlichen Datenübertragungsraten – und sehr hoher Übertragungsgeschwindigkeit und -güte (extrem niedrige Fehlerrate; → Kommunikationsdienst). – Die Verbindung zweier Kommunikationspartner basiert auf dem Prinzip der *Paketvermittlung:* Die zu übertragende Nachricht wird in genormte Pakete zerlegt und paketweise an einen oder möglicherweise verschiedene Vermittlungsrechner gesendet. Dort werden die Datenpakete zwischengespeichert und dann ggf. über andere Netzknoten und mit anderen Übertragungsgeschwindigkeiten an den gewünschten Adressaten weitergeleitet.

DB/DC-System – Kurzbezeichnung für → Datenbank-/Datenkommunikationssystem.

DB2 – bekanntes, von IBM entwickeltes relationales → Datenbanksystem; → Abfragesprache ist → SQL.

dBASE → Datenbanksystem für → Personal Computer (PC).

DBMS – Abk. für → Datenbankmanagementsystem.

DDL – Abk. für *Data Description Language* bzw. *Data Definition Language;* → Datenbeschreibungssprache.

DDP – I. Außenhandel: *Abkürzung für Delivered Duty Paid ... Named Place of Destination; geliefert verzollt ... benannter Bestimmungsort;* Vertragsformel der von der ICC entwickelten Incoterms für Außenhandelsgeschäfte. – DDP („Verzollt ...") ist das spiegelbildliche Pendant zu EXW, indem es aus der Sicht des Verkäufers die Maximalverpflichtung darstellt. „Geliefert frei Haus" ist nur in Deutschland eine gebräuchliche Spediteursbezeichnung (und sollte möglichst zugunsten EXW vermieden werden). Nach DDP muss der Verkäufer die Ware auf eigene Kosten und Gefahr bis zu einem Bestimmungsort im Importland liefern und dabei alle anfallenden Formalitäten erledigen sowie neben allen Kosten auch alle Einfuhrabgaben tragen („*from door to door*"). Dies setzt neben einem entsprechenden durchgehenden Frachtdokument auch voraus, dass er die Einfuhrabwicklung durchführen kann und ihm alle für den Import erforderlichen Dokumente zur Verfügung stehen. Kosten jeglicher Verzögerung – z.B. aufgrund der Zollabfertigung – gehen zulasten des Verkäufers. – DDP entspricht inhaltlich DAP plus Zoll- und Steuerabwicklung. DDP Paris bedeutet u.a., dass die franz. Mehrwertsteuer (TVA: *Taxe de Valeur Ajoutée*) entrichtet wird. Dies erfordert für einen nicht französischen Exporteur (noch) die Einschaltung eines Fiskalvertreters in Frankreich. Wenn – theoretisch – der Verkäufer Mehrwertsteuer im Importland bezahlt, können weder Käufer noch Verkäufer diese als Vorsteuer geltend machen. Daher wäre ggf. DDP mit Zusatz „(Mehrwert- oder Einfuhrumsatz-)Steuer-Abfertigung durch Käufer" oder „DDP, (Mehrwert- oder Einfuhrumsatz-)Steuer nicht bezahlt" zu empfehlen. – Da die Lieferung erst dann vollzogen ist, wenn der Käufer die Ware erhalten hat, kann eine Kopplung von DDP mit einem Akkreditiv sehr riskant sein. – Natürlich kann man auch innerhalb eines Binnenmarktes DDP liefern, bspw. von Italien nach Deutschland. Dann greifen aber die Klauseln A6/B6 nicht: Der Verkäufer aus Italien liefert mehrwertsteuerfrei (sofern er die „Steuer-Ident-Nummer" seines Kunden in Deutschland angeben kann). Für den Käufer entsteht dann – mit der Lieferung des Verkäufers nach A4 – eine Erwerbsteuer, genauer: eine nationale Steuerschuld aus dem „innergemeinschaftlichen Erwerb", die der nationalen Mehrwertsteuer analog ist. Da es sich dabei nicht um eine Einfuhrabgabe handelt, fällt sie nicht unter A6/B6 und ist damit nicht vom Verkäufer zu tragen. Wohlgemerkt: Dies betrifft nur eine Lieferung im Binnenmarkt, weil bei einer Einfuhr aus einem Drittland keine Steuerschuld nach der Erwerbsteuer entsteht, sondern nach der Einfuhrumsatzsteuer (EUSt), und diese muss – unter DDP – dann der Verkäufer tragen. – Wichtigste Verpflichtungen der Parteien bez. Lieferung, Gefahrenübergang und Kostenteilung gemäß den Incoterms 2010: (1) *Verpflichtungen des Verkäufers:* (a) Lieferung: Der Verkäufer liefert, wenn die zur Einfuhr freigemachte Ware dem Käufer am benannten Bestimmungsort auf dem ankommenden Beförderungsmittel unentladen zur Verfügung gestellt wird. (b) Der Verkäufer hat alle Kosten und Gefahren der Beförderung der Ware bis dorthin zu tragen einschließlich jeglichen „Zolls" für die Einfuhr in das Bestimmungsland. – *Anmerkung:* Der Begriff „Zoll" umfasst in diesem Zusammenhang die Verantwortung und die Gefahr der Erledigung der Zollformalitäten sowie die Bezahlung von Formalitäten, Zöllen, Steuern und anderen Abgaben. (2) *Verpflichtungen des Käufers:* Der Käufer hat alle Gefahren des Verlusts oder der Beschädigung der Ware sowie alle die Ware betreffenden Kosten ab dem Zeitpunkt an zu tragen, in dem sie ihm gemäß 1 (a) bzw. (b) geliefert worden ist. (3) *Modifikationen:* Wünschen die Parteien, dass von den Verpflichtungen des Verkäufers bestimmte bei der Einfuhr der Ware anfallende Abgaben ausgeschlossen werden, sollte dies durch einen entsprechenden ausdrücklichen Zusatz im Kaufvertrag deutlich gemacht werden. Wünschen die Parteien, dass der Käufer alle Gefahren und Kosten der Einfuhr trägt, sollte die DDU-Klausel (DDU) verwendet werden. (4) *Anwendung:* Diese Vertragsklausel kann für jede Transportart verwendet werden; es sollte jedoch die DAP- (*delivered at place*) oder DAT-Klausel (*delivered at terminal*) verwendet werden, wenn die Lieferung am Bestimmungshafen an Bord des Schiffes oder auf dem Kai stattfinden soll. – Vgl. auch EXW, FCA, FAS, FOB, CFR, CIF, CPT, CIP, DAT, DAP; Incoterms; C-Klauseln, F-Klauseln, D-Klauseln.

II. **Informatik:** – Abk. für → Distributed Data Processing.

Deadlock – Zustand bei der Informationsverarbeitung, bei dem sich zwei ablaufende Prozesse gegenseitig blockieren. Ein → Betriebssystem (BS) oder ein → Datenbanksystem sollte so konzipiert sein, dass kein Deadlock auftreten kann oder Maßnahmen zu seiner Entdeckung und Behebung bereitstellen.

Debugger → Systemprogramm zur Suche von Laufzeitfehlern (Fehler bei der Programmausführung) in einem → Programm. Es gibt detaillierte Auskunft über einen aufgetretenen Fehler, z.B. die Art des Fehlers, die Stelle im Programm, welchen Wert zu diesem Zeitpunkt die → Variablen des Programms besitzen, wie die Aufrufstruktur der → Unterprogramme beschaffen ist etc. Mit einem Debugger lässt sich auch der Programmablauf kontrollieren, indem z.B. das Programm an einer bestimmten Stelle unterbrochen wird etc.

Decision Support System (DSS) – *Entscheidungsunterstützungssystem (EUS);* 1. *Begriff:* Computergestütztes Planungs- und Informationssystem (→ computergestütztes Planungssystem, → Führungsinformationssystem (FIS)), das die Entscheidungsvorbereitung auf den Führungsebenen unterstützt, indem entscheidungsrelevante Informationen verdichtet und geeignet dargestellt werden (z.B. in Tabellen oder Grafiken). – 2. *Anwendungsbereiche:* V.a. bei schlecht strukturierbaren Problemen eines betrieblichen Funktionskreises, z.B. Werbebudgetplanung, Cashflow-Planung. – 3. *Merkmale:* Leichte Handhabbarkeit; einfache Durchführung von Alternativrechnungen und Simulationen; Berücksichtigung von Modellvarianten und -änderungen. – 4. *Hilfsmittel:* Einfache → Datenbanken; Zugriff auf umfassende → externe Datenbanken,

→ Planungssprachen u.a. – *Anders:* → Informationssysteme.

Decoder – Gerät oder Programm zur Codierung und Decodierung von → Daten. Der Decoder wird integriert in die → Schnittstellen zwischen zwei Datenstationen, die verschiedene Darstellungscodes (→ Code) benutzen und Daten austauschen wollen.

DEE – Abk. für → Datenendeinrichtung.

De-Facto-Standard – ein nicht von einer offiziellen Standardisierungsorganisation definierter Standard, der sich über die Jahre seiner Nutzung als sinnvoll erwiesen hat und aufgrund seiner Verbreitung gleichwohl weitgehend eingehalten wird. Viele De-Facto-Standards werden später durch internationale Standardisierungsorganisationen aufgenommen und in einen offiziellen Standard überführt.

deklarative Programmiersprache → Programmiersprache.

deklarative Wissensrepräsentation – grundlegende Form der → Wissensrepräsentation. Kriterium: Wissen wird nur „passiv" beschrieben; d.h. es werden keine Angaben über die Art und Weise gemacht, wie das repräsentierte Wissen im Rahmen einer Problemlösung angewendet werden kann (→ logische Wissensrepräsentation). – *Gegensatz:* → Prozedurale Wissensrepräsentation.

Delphi – Entwicklungsumgebung zur Erstellung von Softwareprodukten für → Windows-basierte → Computersysteme. Delphi basiert auf der imperativen Programmiersprache → Pascal, die um objektorientierte Konstrukte (→ Objektorientierung) und grafische Oberflächenelemente erweitert wurde.

DENIC – Abk. für *Deutsches Network Information Center;* in Frankfurt a.M. ansässige zentrale Organisation, die für die Vergabe von → Domains mit der Länderkennung „de" zuständig ist.

Deprovisionierung – *engl.: Deprovisioning;* Bezeichnung für die automatisierte Freigabe von IT-Ressourcen, die zuvor durch → Provisionierung bereit gestellt wurden.

Depth-First-Suche – *Tiefensuche;* Suchstrategie (→ Suchen) beim Durchlaufen einer Hierarchie von Objekten oder → Regeln; ausgehend von einem Objekt bzw. einer Regel der höchsten Hierarchiestufe werden jeweils die unmittelbar darunter liegenden Objekte bzw. Regeln untersucht, dann die jeweils darunter liegenden Objekte bzw. Regeln etc. – In der → Künstlichen Intelligenz (KI) ist die Depth-First-Suche eine mögliche Strategie für eine → Inferenzmaschine. – *Gegensatz:* → Breadth-First-Suche.

Desktop → Benutzeroberfläche von Softwareprodukten und → Betriebssystemen (BS) im PC-Bereich. Die einzelnen Funktionen werden nicht durch Eintippen von → Kommandos oder durch bestimmte Tasten(-kombinationen) aufgerufen, sondern durch Ansteuern bestimmter Symbole auf dem Bildschirm mit dem → Cursor (komfortabel z.B. mit der → Maus). Die Bezeichnung Desktop für eine solche Benutzeroberfläche erklärt sich daher, dass ihre Art der Organisation von einem Schreibtischarbeitsplatz abgeleitet ist. – *Bekanntes Beispiel:* MS-Windows (Microsoft) – Vgl. auch → Desktop Publishing.

Desktop Publishing – 1. *Begriff:* Erzeugung druckreifer Vorlagen für Veröffentlichungen und anderer Druckerzeugnisse „am Schreibtisch" des Autors (→ Desktop) mithilfe eines → Arbeitsplatzrechners und spezieller → Software. – 2. *Ablauf:* Aufbereitung der Vorlage am Bildschirm; Ausdruck i.Allg. über Laserdrucker; Ausgabe der satzfertigen Vorlage auf → Diskette in einem Format, das von einem herkömmlichen Satzcomputer (→ Satz, → Computer) verarbeitet werden kann. – 3. *Vorteile:* V.a. Kosten- und Zeitersparnis; niedrige Investitions- und Herstellungskosten; einfache Handhabung; kurze Durchlaufzeiten für Korrektur, Layout und Umbruch.

Deutsches Forschungsnetz → DFN.

Deutsches Network Information Center → DENIC.

DFN – Abk. für *Deutsches Forschungsnetz*; Netz für die Datenkommunikation zwischen Forschungseinrichtungen.

DFÜ – Abk. für → Datenfernübertragung.

Dialer – Anwahlprogramme, die Verbindungen zu einer Nummer herstellen, bei der neben der Telekommunikationsdienstleistung Inhalte abgerechnet werden. Wegen der Fähigkeit des Dialers, jede Telefonnummer anzuwählen, besteht die Möglichkeit, teure Mehrwertdienste-Rufnummern ein- und zwischenzuschalten, ohne dass der Kunde dies bemerkt. Kostenpflichtige Dialer dürfen nur noch über die Rufnummerngasse 0900-9 betrieben werden. Dialer müssen nach § 66f TKG bei der Bundesnetzagentur registriert werden.

Dialogbetrieb – *Dialogverarbeitung, interaktiver Betrieb;* in der elektronischen Datenverarbeitung Betriebsart eines Computersystems, in der ein direkter Austausch von → Daten zwischen dem Benutzer und dem System in der Art eines Dialogs stattfindet.

Dialogverarbeitung → Dialogbetrieb.

Dienstprogramm – Hilfsprogramm (→ Programm) zur Abwicklung häufig vorkommender, anwendungsneutraler Aufgaben bei der Benutzung eines → Computers, z.B. Binder, → Editor, Lader, Sortierprogramme (→ Sortieren), Testprogramme (→ Testhilfen).

digitale Darstellung – Darstellung der → Daten durch endliche Zeichenfolgen, wobei die benutzten Zeichen aus einer (vereinbarten) endlichen Menge stammen. – *Form:* → binäre Darstellung. – Vgl. auch → analoge Darstellung.

digitales Fernsehen – über digitale Signale ausgesendete TV-Programme. Die terrestrischen TV-Netze in der Bundesrepublik Deutschland werden sukzessive von der Analog- auf die Digitaltechnik umgestellt. In vielen Bereichen ist die Ausstrahlung analoger Signale bereits eingestellt. Der Vorteil der Digitaltechnik besteht darin, dass im Gegensatz zur Analogtechnik über einen Übertragungskanal mehrere Programme gleichzeitig gesendet werden können. Diese Eigenschaft bildet die Grundvoraussetzung für TV-Konzepte wie → Pay per View, → Near Video on Demand und → Video on Demand.

Digitalrechner → Rechner, bei dem die Daten nicht in analogen physikalischen Größen, sondern in Bitkombinationen (→ Bit) dargestellt werden (→ digitale Darstellung). Die für die betriebliche Datenverarbeitung eingesetzten Computer sind Digitalrechner – *Gegensatz:* → Analogrechner.

Digital Rights Management (DRM) – Sammelbegriff für alle technischen Maßnahmen zur digitalen Kontrolle von Urheber- bzw. Verwertungsrechten an Content aller Art (Urheberrecht, Verwertungsrecht). Grundprinzip ist die Markierung und/ oder Verschlüsselung digitaler Inhalte mit der Konsequenz der Einschränkung von Nutzung und Weitergabe. Die Markierung erfolgt durch sog. digitale Wasserzeichen, die sichtbar oder unsichtbar sein können. Die Verschlüsselung geht mit einer Chiffrierung einher, die nur mit einem passenden „Schlüssel" überwunden werden kann. Entsprechende Schlüssel können soft- oder hardwarebasiert sein. Systeme für den digitalen Rechteschutz (DRM-Systeme) verfügen im Allgemeinen über vier grundlegende Funktionsbereiche: Zugangssteuerung, Nutzungssteuerung, Abrechnung sowie Verfolgung von Rechtsverletzungen. DRM-Systeme bieten den großen Vorteil, den Schutz geistigen Eigentums im Internet zu erleichtern. Gleichzeitig führen sie durch ihren teilweise sehr restriktiven Charakter aber auch zu verminderter Nutzung entsprechend geschützter Inhalte.

Digital Versatile Disc → DVD.

Direct Numerical Control → DNC-Anlagen.

direkter Zugriff – Ansteuerung einer gespeicherten Information ohne Durchsuchen eines Datenbestandes, indem über eine → Adresse die benötigte Information unmittelbar ausgelesen oder geschrieben werden kann. Er setzt Speichermedien mit einer Technik zur direkten Ansteuerung von Speicherplätzen voraus (→ RAM).

Direktzugriffsspeicher → RAM.

Diskette – *Floppy, Floppy Disk, flexible Magnetplatte;* Magnetplatte (→ Magnetplattenspeicher) in kleiner und transportabler Form. Die Diskette war der am häufigsten verwendete → Datenträger bei Personal Computern (Rechnergruppen), häufig einziges externes Speichermedium (→ externer Speicher). – Die Diskette besteht aus einer flexiblen, runden Kunststoffplatte, die mit einer magnetisierbaren Schicht bedeckt und zum Schutz in einem Hartplastikgehäuse eingeschlossen ist; die Informationen werden durch Magnetisierung in konzentrischen Kreisspuren mithilfe des Schreib-/Lesekopfs des → Diskettenlaufwerks aufgezeichnet. – Als → Industriestandard gilt die 3,5 Zoll-Diskette mit einer Speicherkapazität von 1,44 MB.

Diskettenlaufwerk – Gerät zur Nutzung von → Disketten.

Display Advertising – 1. *Begriff*: Unter Display Advertising (auch Display-Werbung) versteht man alle Arten von Online-Werbung, bei der grafische Werbemittel wie Videos, Animationen oder Bilder verwendet werden. Damit grenzt sich Display-Werbung v.a. von Textanzeigen (z.B. Googles AdWords) ab. Die bekannteste Art ist die → Banner-Werbung. – 2. *Ziel*: Zusammen mit dem Suchmaschinenmarketing (SEM) ist die Display-Werbung die große gängige Werbeart im → Internet. Ziel von Display Advertising ist v.a. das Branding, also der Aufbau einer Marke oder eines Images, da man hier im Vergleich zur Textanzeige viel größere visuelle Möglichkeiten hat. – 3. *Arten*: Mit Display-Werbung wurde das Prinzip der Printanzeige auf das Internet übertragen und um dessen Möglichkeiten erweitert. Die Arten von Display-Werbung sind vielfältig, die bekannteste ist jedoch die klassische Banner-Werbung, mit ihren verschiedenen Formaten wie Skyscraper, Rectangle oder Bigsize-Banner. – 4. *Finanzierung*: Finanziert wird Display-Werbung prinzipiell durch zwei verschiedene Modelle. Zum einen ganz klassisch über den Tausender-Kontakt-Preis (TKP), bei dem der Kunde einen bestimmten Preis pro tausend Einblendungen zahlt. Zum anderen über ein erfolgsabhängiges Modell, bei dem nur dann gezahlt wird, wenn durch die Anzeige eine bestimmte Aktion des Users erfolgt. Diese Aktion kann ein Klick sein (Pay-per-Click), eine Registrierung (Pay-per-Lead) oder ein Kauf (Pay-per-Sale), also klassische Elemente des → Performance Marketings.

Dispositionssystem – in der betrieblichen Datenverarbeitung ein → Softwaresystem, dem neben der Verwaltung und Verarbeitung von Massendaten (→ Daten) und der rationellen Erledigung von Routineaufgaben auch dispositive Aufgaben zukommen: (1) Fällen von Routineentscheidungen in wohl definierten Situationen, die vorhersehbar und unautomatisierbar sind und immer wiederkehren, z.B. Berechnung einer Bestellmenge; (2) Vorbereitung von Entscheidungen durch Ermittlung und Bereitstellung von Entscheidungsgrundlagen für einen menschlichen Entscheidungsträger.

Distributed Data Processing (DDP) – *verteilte Datenverarbeitung.* 1. *Begriff*: In der betrieblichen Datenverarbeitung eine Verarbeitungsform, bei der logisch zusammengehörige Teilaufgaben auf mehrere Computer verteilt werden, die über ein → Netz miteinander kommunizieren. – 2. *Ziel*: Dezentralisierung betrieblicher Aufgaben, die am Entstehungsort unmittelbar und besser gelöst werden können, ohne dass eine zentrale Verarbeitung erforderlich ist. – 3. *Einsatzbeispiele*: Banken und Sparkassen mit zahlreichen Filialen; Produktionsbetriebe mit dezentralen Fertigungsstätten und/oder Lägern.

DML – Abk. für *Data Manipulation Language*, → Datenmanipulationssprache.

DNC-Anlagen – DNC, Abk. für *Direct Numerical Control;* mehrere → NC-Anlagen, die mit einem → Computer verbunden sind. Die Einzelanlagen können zentral mit → NC-Programmen versorgt und koordiniert werden. – *Merkmale/Aufgaben:* Verwaltung und zeitgerechte Verteilung von Steuerinformationen an NC-Maschinen; Erfassung und Auswertung von Betriebs- und Messdaten; Änderung von Steuerdaten. – Vgl. auch → CNC-Anlagen.

DNS – Abk. für → Domain-Name-System.

Dokumentation – 1. *Prozess der Erstellung von Dokumenten:* Die Dokumentation muss in allen Phasen des Software-Engineerings entwickelt und ständig aktualisiert werden. – 2. *Verschiedene Dokumente:* alle im Software Life Cycle entstehenden schriftlichen Ausarbeitungen (→ Pflichtenheft, Funktionsmodell, → Datenmodell, → Spezifikationen etc.). – 3. *Formen:* → Onlinedokumentation.

Dokumente – 1. *Außenhandel:* Exportdokumente. – 2. *Wirtschaftsinformatik:* Momentaufnahme einer Informationssammlung. Ein Dokument kann verschiedene Medien wie Text, Grafik, Audio und Video umfassen, komplexe Informationstypen enthalten, auf verschiedene Knoten in einem Netzwerk verteilt sein, von verschiedenen Personen gleichzeitig benutzt und ggf. geändert werden sowie eng mit anderen Dokumenten zusammenhängen.

Dokumentenmanagement – Verwaltung von → Dokumenten. Das Dokumentenmanagement umfasst: Erstellung und Bearbeitung, intelligente Verteilung, die Ein- und Ausgabe sowie Archivierung von und Suche nach Dokumenten. Diese Dienste sind i.d.R. in Client-Server-Netzen (→ Client/Server-Architektur), über Standardschnittstellen und in erfolgskritische → Geschäftsprozesse eingebunden. Das Hauptziel des Dokumentenmanagements besteht darin, durch eine Verkürzung der Durchlaufzeiten und durch eine schnelle Bereitstellung von benötigten Informationen die Arbeitsproduktivität zu erhöhen. – Vgl. auch → Dokumentenmanagementsystem.

Dokumentenmanagementsystem – Softwarepaket für das → Dokumentenmanagement. Neben den Standarddiensten des Dokumentenmanagements gelten als bes. Funktionen eines Dokumentenmanagementsystems: Realisierung eines gleichzeitigen Zugriffs mehrerer → Benutzer auf ein Dokument, Verwaltung und Prüfung von Zugriffsberechtigungen der verschiedenen Benutzer auf bestimmte → Dokumente, automatische Verteilung von Dokumenten, mehrdimensionale Klassifizierung, d.h. ein Dokument kann mehreren Dossiers zugeordnet werden, und ein leistungsfähiges → Information Retrieval durch strukturierte Deskriptoren.

Domain – *Domäne;* Gliederungseinheit im → Internet bez. der hierarchisch aufgebauten Rechnernamen. Eine Domain besteht stets aus der Top-Level-Domain (z.B. dem sog. Länderkürzel wie „de"), der Secondary-Domain, z.B. „gabler", und ein bis mehreren Dienstenamen, z.B. „www". Die Domain ist Teil des → URL einer → HTML-Seite. Domains werden in Deutschland von der → DENIC Verwaltungs- und Betriebsgesellschaft eG in Frankfurt a.M. verwaltet und registriert. Gegen die unbefugte Benutzung des gleichen Namens im Privatverkehr gibt § 12 BGB einen Unterlassungsanspruch. Bei Namensidentität verschiedener Benutzer gilt nach aktueller Rechtsprechung des Bundesgerichtshofes der Grundsatz der Priorität (anders beim sog. Domain-Grabbing, wenn jemand sittenwidrig auf Vorrat Domains auf sich registriert, um sie hinterher möglichst teuer an andere verkaufen zu können). – *Bilanzsteuerlich* ist die Domain als immaterielles Wirtschaftsgut anzusehen, d.h. werden Ausgaben geleistet, um eine bestimmte

Domain als Internetadresse zu erlangen, sind diese Ausgaben zu aktivieren.

Domain-Name-System – auch *Domain-Name-Service*; Internetservice, welcher den Namensraum im Internet verwaltet und den Namen einer Domain in numerische → IP-Adressen übersetzt.

Dotcom Business – aus der Top-Level-Domain „.com" abgeleitete Bezeichnung für → E-Commerce.

Download – engl. für *herunterladen*. Übertragung von → Daten oder → Programmen von einem → Computer zu einem anderen über ein → Rechnernetz (z.B. → Internet). – *Gegensatz:* → Upload.

3D-Drucker – 1. *Allgemein:* 3D-Drucker erlauben das „Ausdrucken" von Gegenständen aller Art. Typische Materialien sind Kunststoff, Metall und Gips, als Pulver, Granulat und am Stück (etwa in Form eines Kunststoffkabels oder von Metallfolie) oder aber in flüssiger Form. Es wird Schicht um Schicht aufgetragen, wobei geklebt und geschmolzen wird oder man den Auftrag trocknen lässt. Der Aufbau der Objekte benötigt eine gewisse Zeit, im Extremfall bis zu mehreren Stunden oder Tagen. 3D-Drucker sind auf dem Massenmarkt in allen Preisklassen erhältlich. Sie erlauben zum einen die private Herstellung von Objekten aller Art, zum anderen – dies ist v.a. für Unternehmen relevant – die Just-in-time-Produktion von einzelnen Werkzeugen und Teilen über die Massenproduktion vor Ort. – 2. *Erstellung der Vorlagen:* Um Gegenstände in hoher Qualität ausdrucken zu können, braucht es entsprechende Vorlagen. Erstens designen Laien und Experten alleine und v.a. zusammen Objekte. Sie sind Crowdsourcer und Crowdsourcees und verfolgen nicht unbedingt kommerzielle Interessen. Zweitens werden Objekte optisch erfasst, über professionelle 3D-Scanner ebenso wie über die Webcam, die Handykamera und passende Software; selbst für Laien ist es einfach, die Scans für den 3D-Druck aufzubereiten, und es sind Hilfsprogramme verfügbar, die ihnen die Arbeit erleichtern. Drittens kursieren Dateien im → Internet bzw. sind in mobilen Stores kostenlos oder -pflichtig zu haben. Die auf Digitalisierung beruhende Piraterie weitet sich auf die gegenständliche Welt aus. – 3. *Konsequenzen und Geschäftsmodelle:* Nach Ansicht von Experten werden 3D-Drucker eine neue industrielle und gegenindustrielle Revolution verursachen, als Kombination aus den vorherigen Umwälzungen sowie der Anwendung von IT- und Medienkompetenz und gestalterischen und künstlerischen Fähigkeiten. Voraussichtlich wird eine spezielle Industrie das mechanische, elektrische oder elektronische Innenleben für die Objekte entwickeln, die sich die Benutzer ausdrucken. Diese können mit ein paar Mausklicks die gewünschte Form bestellen und Teile integrieren. Auch hochwertige Verbindungen und Erweiterungen werden auf dem Markt zu haben sein, sodass man komplexe Objekte zusammenbauen kann. Verdient wird über die Vorlagen und Verbrauchsmittel sowie über Dienstleistungen: In den Haushalten stehen eher kleine, in den Läden eher große oder spezielle Printer. Wichtig für den langfristigen Erfolg werden die Unbedenklichkeit und die Ungefährlichkeit der verwendeten Werkstoffe und -stücke sein.

Drei-Generationen-Prinzip – organisatorisches Prinzip für die → Datensicherung, bei dem von allen Datenbeständen die Sicherungskopien der drei letzten Sicherungsläufe (z.B. diese, letzte, vorletzte Woche) aufbewahrt und an unterschiedlichen Orten gelagert werden, sodass bei einem Datenverlust (durch fehlerhafte Bedienung, im Katastrophenfall o.Ä.) verlorene Daten nur in beschränktem Umfang rekonstruiert oder neu erfasst werden müssen.

DRM – Abk. für → Digital Rights Management.

Drucker → Ausgabegerät eines Computers. Typen nach der Drucktechnik: (1) *Mechanische Drucker:* Nadeldrucker, → Matrixdrucker; (2) *nicht mechanische Drucker*

(Non-Impact-Drucker): → Tintenstrahldrucker, Thermodrucker und Laserdrucker. – Vgl. auch → Druckertreiber.

Druckertreiber → Programm, das die Anpassung von Ausgabedaten (→ Daten) aus der internen Darstellung (→ Code) an den verfügbaren Zeichensatz eines bestimmten → Druckers vornimmt.

DSL – *Digital Subscriber Line (DSL), digitale Teilnehmeranschlussleitung.* 1. *Begriff*: Zugangstechnologie zum → Internet, die durch ein digitales Übertragungsverfahren hohe Bandbreiten zur Datenübertragung über Telekommunikationsnetze zur Verfügung stellt. Zur Überbrückung der „letzten Meile" von der Vermittlungsstelle bis zum Teilnehmeranschluss (TAE) werden meist konventionelle Telefonleitungen aus Kupferdraht verwendet. Es existiert eine Reihe von Varianten, die unter dem Begriff xDSL zusammengefasst werden. – 2. *Funktionsweise*: Alle DSL-Varianten übertragen digitale Signale. Dazu werden die Frequenzbereiche zwischen 130 kHz und 1 MHz genutzt. Sowohl bei normaler Sprachtelefonie (< 3 kHz) als auch bei → ISDN (< 130 kHz) werden niedrigere Frequenzbereiche verwendet, sodass sich DSL- und Telefonie-Datenströme die (Kupfer-)Leitung zeitgleich teilen können. – Auf Netzseite übernimmt die Vermittlungsstelle die Trennung der übertragenen Signale sowie die Weiterleitung ins Telefonnetz bzw. Internet. Auf der Teilnehmerseite ist hierzu ein Splitter notwendig, der die getrennten Signale an ein DSL-Modem und, im Falle der Verwendung von ISDN, an den Network Termination for Basic Access (NTBA) weiterreicht. Der Anschluss eines PC an das DSL-Modem kann über eine Netzwerkkarte oder die USB-Schnittstelle erfolgen. Oft werden WLAN-Router durch den Anbieter bereitgestellt, die einen drahtlosen DSL-Zugang ermöglichen. – Mit dieser Technologie sind theoretisch Datenübertragungsraten bis 500 MBit/s möglich. In der Praxis sind die maximalen Übertragungsraten jedoch vielfach aufgrund physikalischer Gegebenheiten wie Entfernung zur Vermittlungsstation und Zustand der Leitung nicht erzielbar. – 3. *Varianten*: Die verschiedenen DSL-Techniken unterscheiden sich durch Anzahl der verwendeten Kupferadern, das Modulationsverfahren, die verfügbare Bandbreite und das typische Einsatzgebiet. Die wichtigsten Varianten sind ADSL, SDSL, HDSL und VDSL. – a) *ADSL* (*Asymmetric DSL*) ist die bei Privatkunden in Deutschland meist verbreitete Breitbandzugangstechnologie zum Internet. Kennzeichnend sind die asymmetrische Verteilung der Datenübertragungsraten und die durchgängige Kupferverkabelung. Für den Datenempfang (*Downstream*) stehen bei den angebotenen Produkten meistens zwischen 3 und 16 MBit/s zur Verfügung, während das Senden von Daten (*Upstream*) auf eine Übertragungsrate zwischen 256 kBit/s und 1 MBit/s begrenzt ist. Theoretisch sind 25 MBit/s beim Downstream und 3,5 MBit/s beim Upstream erreichbar. – b) *SDSL* (*Symmetric DSL*) oder synonym *SHDSL* (*Symmetric High Bitrate DSL*) stellt gleiche Datenraten für Up- und Downstream bereit. Maximal kann eine Übertragungsrate von 2,36 MBit/s über Kupferleitungen erreicht werden. Diese Technik wird meistens für Standleitungen und den Anschluss von Servern an das Internet verwendet. SDSL kann bis zu einer Entfernung von 8 km bis zu nächsten Vermittlungsstelle genutzt werden. – c) *HDSL* (*High Bitrate DSL*) ist eine ältere symmetrische DSL-Variante, die bis zu 3 Kupferdoppeladern benötigt, um eine maximale Datenübertragungsrate von bis zu 2 MBit/s zu erreichen. – d) *VDSL* (*Very High Speed DSL*) erreicht eine maximale Datenübertragungsrate von bis zu 100 MBit/s, in Experimenten bis zu 500 MBit/s. Der Upstream wird bei den meisten Produkten begrenzt, um nicht symmetrische SDSL- bzw. HDSL-Produkte zu kannibalisieren. Für VDSL ist ein Hybridnetz aus Glasfasernetz und Kupferkabel notwendig. Die Entfernung zur Vermittlungsstelle darf etwa 1,3 km nicht überschreiten, um Geschwindigkeitsvorteile gegenüber ADSL-Verbindungen nicht zu verlieren. – 4. *Anwendung*: DSL erlaubt durch die hohen Datenübertragungsraten eine Übermittlung von Multimediadaten wie z.b. Video-Clips in Echtzeit. Die asymmetrischen Varianten ADSL und VDSL sind für Privatkunden insbesondere für interaktives Fernsehen, Internet-Fernsehen oder Video-on-Demand geeignet, bei dem nur geringe Datenmengen (z.b. die Programmwahl) vom Zuschauer gesendet, aber große Mengen an Informationen (Bilder, Töne) zum Zuschauer gesendet werden müssen. Die symmetrischen Varianten SDSL und HDSL sind eher für den Geschäftskunden interessant, da bei geschäftlichen Anwendungen (z.B. Video-konferenzen) oder der Anbindung eines Servers hohe Datenübertragungsraten bei downstream und upstream benötigt werden. – DSL-Varianten und maximale Datenübertragungsraten

Technik	Downstream	Upstream
ADSL	25 MBit/s	3,5 MBit/s
SDSL / SHDSL	11 MBit/s	11 MBit/s
HDSL	2 MBit/s	2 MBit/s
VDSL	100 MBit/s	100 MBit/s

DSS – Abk. für → Decision Support System.

DTP – Abk. für → Desktop Publishing.

DÜE – Abk. für → Datenübertragungseinrichtung.

Dump – vollständige Sicherung der → Daten eines Systems zu einem bestimmten Zeitpunkt mit dem Ziel, einen möglichst aktuellen, vollständigen und konsistenten Systemzustand wiederherstellen zu können.

Duplex – *Vollduplex;* Art der → Datenübertragung, bei der gleichzeitig Daten in beide Richtungen über das Übertragungsmedium übertragen werden können. – *Gegensatz:* → Simplex. – Vgl. auch → Halbduplex.

DV-Audit – 1. *Begriff:* Methode zur strategischen Planung von → betrieblichen Informationssystemen. – 2. *Ziel:* Kritische Situationsanalyse der elektronischen Datenverarbeitung in einem Unternehmen durch Vergleich von Kosten- und Leistungskriterien. – 3. *Untersuchungsfelder:* → DV-Aufbauorganisation, → DV-Kosten, Hardware und Systemsoftwareausstattung (→ Hardware, → Software, → Systemprogramm) sowie Status der → Anwendungen. – 4. *Methoden:* → Informationsbedarfsanalyse, → Informationsportfolio, Branchen- und Betriebsvergleiche u.a. – Vgl. auch → DV-Rahmenkonzeption, → DV-Revision.

DV-Aufbauorganisation – Aufbauorganisation für den Bereich „Organisation und Datenverarbeitung," bes. die Eingliederung in die Unternehmensorganisation, die räumliche, organisatorische und technische Zentralisierung bzw. Dezentralisierung und damit verbunden die Verteilung der Hardware-Ressourcen (→ Hardware), ferner die Innenorganisation der → Org/DV-Abteilung, ggf. der Aufbau eines → Information Centers sowie die Festlegung des Rahmens für Projektdurchführung und Personaleinsatz.

DV-Controlling – 1. *Begriff*: Controlling für den Datenverarbeitungsbereich eines Unternehmens. – 2. *Ziele:* Aufbau eines Berichtsystems für die Unternehmensführung und das DV-Management; Schaffung eines Koordinierungsinstruments zur operativen Steuerung des DV-Bereichs. – 3. *Aufgaben:* Investitionsplanung und -rechnung für → Computersysteme, Wirtschaftlichkeitsprüfung bei Entwicklung von → Anwendungen, Projektplanung und Projektergebniskontrolle, Kapazitätskontrolle, → Job Accounting sowie die Fortschreibung der → DV-Rahmenkonzeption durch strategisches DV-Controlling. Teilweise stehen computergestützte Hilfsmittel zur Verfügung.

DVD – Abk. für *Digital Versatile Disc;* Weiterentwicklung der Compact Disc (CD) zur Speicherung von Videomaterial im MPEG-2 Format (Moving Pictures Expert Group, → MPEG) und großer Datenmengen im PC-Bereich. Standardisiert seit 1996. Die

Abmessungen und die prinzipielle Funktionsweise sind identisch zur CD. Im Vergleich zeichnet sich die DVD durch eine größere Datendichte und durch die Möglichkeit aus, zwei Layer übereinander anzuordnen. Der obere Layer ist teildurchlässig und ermöglicht dadurch den Zugriff auf den unteren Layer. Häufig enthalten beide Seiten der DVD Daten, sodass durch zwei Seiten mit je zwei Layern eine maximale Kapazität von 17 GByte entsteht. Allerdings handelt es sich bei doppelseitigen DVDs um zwei unabhängige Speichermedien, auf denen keine zusammenhängenden Dateien gespeichert werden können. Laufwerke, die beide Seiten lesen können, existieren nicht. Zum Lesen einer DVD wird aufgrund der im Vergleich zur CD kleineren Pits (Länge 0,4 bis 1,14 μm) und dem engeren Spurabstand (0,74 μm) ein Laser mit einer kürzeren Wellenlänge (650 oder 635 nm) benötigt. Die Drehzahl liegt bei einer Video-DVD zwischen 570 und 1390 U/min. – Eine Video-DVD kann bis zu acht Tonspuren mit je bis zu acht Kanälen, maximal 32 Untertitel sowie verschiedene Kameraperspektiven enthalten. Die Datenrate ist variabel und liegt meist zwischen 3 und 10 Mbit/s. Ein Regionalcode verhindert das Abspielen einer DVD von anderen Kontinenten, um den Import von DVDs in Länder zu verhindern, in denen der Film noch nicht im Kino zu sehen war. Zusätzlich enthält eine DVD häufig einen Kopierschutz, um unberechtigte Vervielfältigungen zu unterbinden. Zur Wiedergabe einer Video-DVD wird ein DVD-Abspielgerät benötigt. – Durch den Anwender selber beschreibbare Daten-DVD lassen sich unterteilen in „-" (DVD-Forum) und „+"-Varianten (DVD+RW Alliance). Es gibt einfach beschreibbare Varianten „R" und mehrfach (circa 1000 mal) beschreibbare Varianten „RW", die jeweils eine Kapazität von 4,7 GByte besitzen. „DL" Varianten bieten mit 8,5 GByte die doppelte Speicherkapazität. DVD-RAM-Varinaten weisen zudem einen bes. hohe Datensicherheit auf, da sie ein → Festplatten ähnliches Defektmanagement besitzen.

DV-Konzept → Architektur integrierter Informationssysteme.

DV-Kosten – 1. *Begriff*: die durch die DV (→ Datenverarbeitung) verursachten Kosten eines Betriebs. – 2. *Wichtigste Kostenarten*: Personalkosten (größter Anteil an den DV-Kosten), Betriebsmittelkosten (v.a. Abschreibungen auf → Hardware und → Software), Werkstoffkosten (z.B. Papier, Strom), Mietkosten (Hardware-, Softwaremiete), Fremdleistungs-, Datenübertragungs-, Aus- und Weiterbildungskosten. – 3. *Kostenverursachung* im Software Life Cycle: überwiegend durch → Softwarewartung, geringer Anteil durch den eigentlichen → Softwareeinsatz. Größenordnungen (in Prozent) ca. 20 : 35 : 45 (Entwicklung : Einsatz : Wartung).

DV-Organisator – Berufsbild in der betrieblichen Datenverarbeitung. Der DV-Organisator ist im Rahmen der → Systemanalyse für die betriebswirtschaftliche und DV-technische Konzeption und für die Einführung neuer oder zu verändernder Informationssysteme in die Organisation der Unternehmung zuständig.

DV-Rahmenkonzeption – Methode zur langfristigen Planung betrieblicher Informationssysteme im Rahmen des Information Ressource Managements. Ausgehend von den Unternehmenszielen wird auf Basis eines → DV-Audits die Planung der betrieblichen → Anwendungen (→ Informationsbedarfsanalyse), der personellen sowie der hardware- und softwaretechnischen Ressourcen (→ Hardware, → Software) und der organisatorischen Strukturen durchgeführt. Darauf baut eine Wirtschaftlichkeitsstudie auf, aus der Planungsrahmen mit Projekten und Realisierungsprioritäten abgeleitet wird.

DV-Revision – 1. *Begriff*: formale Prüfung der Wirtschaftlichkeit, Sicherheit und Ordnungsmäßigkeit der elektronischen → Datenverarbeitung einer Unternehmung. – 2.

Untersuchungsbereiche: DV-Abteilung, → Rechenzentrum und betroffene Fachabteilungen. – 3. *Aufgaben:* Überprüfung (1) der Wirtschaftlichkeit und Methodik der → Systemanalyse, (2) des Sicherheitskonzepts in physischer (Sicherung des Rechenzentrums) und organisatorischer (z.B. → Datensicherheit, Datensicherung, → Dokumentation) Hinsicht, (3) des → Datenschutzes; (4) der Einhaltung der Grundsätze der Ordnungsmäßigkeit der Datenverarbeitung (gesetzliche Vorschriften, z.B. bei computergestützter Finanzbuchhaltung, hausinterne Richtlinien). DV-Revision ist verwandt mit dem → DV-Audit, das sich primär auf inhaltliche Prüfungen erstreckt.

E

EAN – Abk. ursprünglich für *Europaeinheitliche Artikelnummer*, heute: *Internationale Artikelnummer;* für den Nahrungsmittelbereich international genormte → Schnittstelle zwischen der artikelbezogenen Datenverarbeitung der verschiedenen Handelsstufen. 1977 von zwölf Staaten (darunter die EG-Staaten) vereinbart; inzwischen haben sich mehr als 48 Länder, u.a. die USA und Japan angeschlossen. – *Bestandteile:* Ein zweistelliges *Länderkennzeichen* (für Deutschland: 20, 28, 40 bis 44), eine fünfstellige *Betriebsnummer des Herstellers* (national vergeben), eine fünfstellige *Artikelnummer* (in der Verantwortung des Herstellers) und eine *Prüfziffer*. – Für die maschinelle Erkennung wird die EAN durch einen genormten → Barcode (DIN-Norm 66 203) codiert; ein EAN-Symbol besteht jeweils aus der Darstellung der EAN durch das entsprechende *Strichcodesymbol* (parallele Blöcke unterschiedlicher Breite) und der *Zifferndarstellung* in OCR-B-Schrift (→ optische Zeichenerkennung) für manuelle Eingabe. – Vgl. auch → Warenwirtschaftssysteme (WWS).

EA-Prozessor → Ein-/Ausgabe-Prozessor.

EARN – Abk. für *European Academic Research Network;* EARN war ein von IBM unterstütztes, geschlossenes → Rechnernetz (→ geschlossenes Netz). Es verband fast alle europäischen Universitäten und bot zusätzlich Kommunikationsmöglichkeiten mit nordamerikanischen und südostasiatischen Forschungsstätten. Den dt. Teil des EARN bildete das → DFN (Deutsches Forschungsnetz).

EBCDIC – Abk. für *Extended Binary Coded Decimal Intercharge Code, EBCDI-Code;* manchmal *IBM-Code;* international verwendeter → Code für die Darstellung und Übertragung von → Daten. Ein Zeichen wird durch acht → Bits dargestellt; die Darstellungskapazität von 256 verschlüsselbaren Zeichen wird bei weitem nicht ausgenutzt, wodurch der Code individuell erweiterbar ist.

E-Book – 1. *Allgemein:* Ein E-Book ist ein elektronisches Buch. Es wird mit einem Handy, Smartphone, Reader, Tablet oder einem anderen elektronischen Gerät, das mit einem Display ausgestattet ist, gelesen und betrachtet. Man kann es multimedial aufbereiten und mit Links ergänzen, sodass es zum Enhanced oder Enriched E-Book wird, also zum erweiterten oder angereicherten elektronischen Buch. Bei einem klassischen E-Book, etwa im PDF- oder EPUB-Format, bleibt das Buchhafte erhalten; es besteht zwar kein Buch als Ding, aber als Werk. Handyromane und Enriched Books vermögen selbst Werkgrenzen aufzulösen. – 2. *Produktion:* Das elektronische Dokument, das dem konventionellen Buch vorausgeht, ist meist auch der Ausgangspunkt beim E-Book. Es wird in geeignete Formate überführt, mit Metadaten und Zugriffsrechten versehen sowie – bei Enriched E-Books – mit Grafiken, Fotos, Videos und Links angereichert. Handyromane werden speziell für das Handy bzw. Smartphone konzipiert. Sie sind oft von geringem Umfang oder in Folgen aufgeteilt und werden von einzelnen Autoren oder → Communities geschrieben. Spezialisierte und etablierte Verlage drucken sie im Erfolgsfalle nach, gerade im Ursprungsland Japan. Deshalb und wegen ihrer Besonderheit als Genre können sie nicht ohne weiteres unter den Begriff des E-Books subsumiert werden. Übersetzungshilfen und Leserkommentare sowie Augmented Reality erweitern das E-Book weiter. – 3. *Vertrieb:* E-Books werden über Online-Händler vertrieben, über spezielle Plattformen im Web oder über mobile Shops. Manche Plattformen ermöglichen zusätzlich die Produktion der Bücher bzw. die Umwandlung von Vorlagen in geeignete Formate, decken also wesentliche Teile der Wertschöpfungskette ab. Die Titel werden vom → Benutzer auf das mobile Gerät heruntergeladen. Je nach Geschäftsmodell können Anbieter und Benutzer in unterschiedlicher Freiheit über sie verfügen; manche Anbieter erlauben sich den Remotezugriff und die nachträgliche Anpassung und Löschung. Immer mehr Autoren verzichten auf die althergebrachten Mittler und bringen Werke – die sie mithilfe von Grafikern, Lektoren und Korrektoren professionalisieren – selbst auf den Markt. – 4. *Diskussion:* Verlagswesen, Buchhandel und Literaturbetrieb im deutschsprachigen Raum standen dem E-Book lange skeptisch gegenüber. Nach dem Boom von Readern und Tablets gehörte es zum guten Ton, zum gedruckten Buch eine elektronische Alternative anzubieten. Mediale Möglichkeiten wurden dabei selten ausgereizt, vielversprechende Geschäftsmodelle kaum umgesetzt. Lange Zeit waren E-Books zu Literaturwettbewerben nicht zugelassen. Inzwischen gibt es spezielle Preise und Förderungen. Es werden Werke angeboten, die menschlichem Ungenügen oder automatisierter Produktion entspringen, oder aber trotz bzw. wegen ihrer Einzigartigkeit von keinem etablierten Verlag akzeptiert worden wären. Zwischen der Rezeption traditioneller Bücher und klassischer E-Books existieren kaum Unterschiede. Bei zunehmender Multimedialisierung und Hypertextifizierung treten allerdings diejenigen Mechanismen in Kraft, die man von → Internet und WWW her kennt. Die Benutzer werden daran gewöhnt, kurze Einheiten ohne ausreichenden Kontext zu konsumieren, durch Bilder, Videos, Kommentare und verlinkte Ressourcen abgelenkt sowie im schlimmsten Fall in ihrer Vorstellungskraft geschwächt.

E-Business → Electronic Business.

Echtzeitbetrieb – *Echtzeitverarbeitung, Realzeitbetrieb, Realzeitverfahren, Real Time Processing;* Betriebsart eines Computers, bei der im Gegensatz zum → Stapelbetrieb der Verarbeitungszeitpunkt von der Aufgabe selbst bestimmt wird. Jeder Bearbeitungsfall wird unmittelbar nach seinem Eintreten in einer in Abhängigkeit von der Aufgabe festgelegten (kurzen) Zeit bearbeitet. Echtzeitbetrieb ist i.d.r. die Betriebsart von → Prozessrechnern und findet hauptsächlich in automatisierten technischen Abläufen Anwendung. – Vgl. auch → Prozesssteuerung.

Echtzeitverarbeitung → Echtzeitbetrieb.

E-Commerce – *Electronic Commerce, elektronische Geschäftsabwicklung;* 1. *Allgemein:* Teil des Electronic Business, der den Kauf und Verkauf von Waren und Leistungen über elektronische Verbindungen umfasst. – 2. *Merkmale:* jede Art von geschäftlichen Transaktionen (z.B. Verkauf oder Kauf von Waren und Dienstleistungen) sowie elektronisch abgewickelte Geschäftsprozesse (z.B. Werbung, „After-Sales-Services", Onlinebanking), bei denen die Beteiligten auf elektronischem Wege (z.B. über das → Internet oder Netzwerke von Mobilfunkanbietern) miteinander verkehren und nicht durch physischen Austausch in indirektem physischen Kontakt stehen.

E-Community – *virtuelle Community;* E-Community steht allg. als Begriff für die organisierte Kommunikation innerhalb eines elektronischen Kontaktnetzwerkes und damit für die Bereitstellung einer technischen Plattform für die Zusammenkunft einer Gruppe von Individuen, die in einer bestimmten Beziehung zueinander stehen bzw. zueinander stehen wollen. Diese Beziehung kann thematisch durch die Kommunikationsinhalte, aber auch über den sozialen oder beruflichen Status der Community-Teilnehmer bestimmt werden. Im Mittelpunkt steht dabei jedoch immer die soziale Interaktion und damit der Austausch selbst geschaffener entweder inhaltlich oder personenbezogener Informationen (sog. User-generated Content). Entsprechend weisen die Individuen gemeinsame Bindungen in Hinblick auf Interessen, Ziele oder Aktivitäten auf und besuchen zumindest zeitweise einen gemeinsamen Ort. Im Falle der E-Community stellt dieser gemeinsame Ort eine elektronische Plattform, insbesondere im Internet, aber verstärkt auch im Mobilfunk-Bereich dar, über die die Individuen über einen längeren Zeitraum und wechselseitig miteinander kommunizieren. Diese Kommunikation ist dabei insbesondere geprägt von dem asynchronen und ortsunabhängigen Charakter des elektronischen Informationsaustausches. Die Möglichkeiten hinsichtlich der Form und des Inhalts der Kommunikation sind dabei mehr oder weniger grenzenlos. – Als elektronisches Kontaktnetzwerk dient die E-Community ihren Mitgliedern insbesondere in zweierlei Richtung: Zum einen soll der Informations- und Kommunikationsaustausch zwischen bereits einander bekannten aber auch unbekannten Teilnehmern unterstützt werden, zum anderen soll das entstehende Beziehungsgeflecht zwischen den Teilnehmern mithilfe elektronischer Funktionen verwaltet und gepflegt werden können.

E-Company – Unter dem Begriff E-Company wird der Einsatz innovativer Informations- und Kommunikationstechnologien zur Verknüpfung von Unternehmen zwecks Kooperation zu einem virtuellen Unternehmen verstanden. Dabei entsteht ein gemeinsames, über digitale Wertschöpfungsnetze erstelltes Transaktionsangebot. Häufig stehen bei solchen virtuellen Unternehmen die Sammlung, Aufbewahrung und neue Aufbereitung von Informationen im Vordergrund.

EDGE – Abk. für Enhanced Data Rates for GSM Evolution; Datenübertragungsverfahren des Mobilfunkstandards → GSM.

EDI – 1. Abk. für → Electronic Data Interchange. – 2. Abk. für *Economic Diversification Index*.

EDIFACT – Abk. für *Electronic Data Interchange for Administration, Commerce and Transport;* unter Federführung der UN entstandener internationaler Standard für den elektronischen Austausch kommerzieller Daten in einheitlichen Formaten für die üblichen Geschäftsvorgänge, wie z.B. Bestellungen, Rechnungen, Lieferscheine, Zollerklärungen, Zahlungsaufträge etc. (Umsetzung von → Electronic Data Interchange in ein anwendbares Protokoll).

Editor → Dienstprogramm zum Erstellen, Lesen und Ändern von Dateien, grundsätzlich im → Dialogbetrieb. Die Dateien können formatierte → Daten, (Quell-)Programme, Texte aller Art sowie sprachliche oder bildliche Daten enthalten. – *Arten:* 1. *Text-Editor:* Editor, der für das komfortable Erstellen (und evtl. → Formatieren) von Texten ausgelegt ist (→ Textverarbeitung). *Grafik-Editor:* Editor, der das Zeichnen und Ändern von grafischen Darstellungen ermöglicht. – 2. *Seitenorientierter Editor (Fullscreen-Editor):* Editor, bei dem mit einem Zugriff ganze Bildschirmseiten einer Datei betrachtet und geändert werden können. *Zeilenorientierter Editor:* auf die Bearbeitung einer „aktuellen" Zeile beschränkter Editor.

EDV – Abk. für *elektronische Datenverarbeitung,* → Datenverarbeitung.

Effizienz – I. Allgemein: Beurteilungskriterium, mit dem sich beschreiben lässt, ob eine Maßnahme geeignet ist, ein vorgegebenes Ziel in einer bestimmten Art und Weise (z.B. unter Wahrung der Wirtschaftlichkeit) zu erreichen. – Vgl. auch Effektivität.

II. Produktion: technisches Kriterium, nach dem Güterbündel partiell geordnet werden. Ein Güterbündel $(x_1, ..., x_n)$ heißt effizient, wenn es kein weiteres Güterbündel $(y_1, ..., y_n)$ gibt, sodass gilt $y_i \geq x_i$ für alle $i=1, ..., n$ und $y_j > x_j$ für mind. ein $1 \leq j \leq n$. Findet Anwendung bei der Beurteilung der Produktion (effiziente Produktion).

III. Umweltökonomik: Entscheidungskriterium, das von mehreren ökologisch gleich wirksamen Maßnahmen diejenige auswählt, die mit den geringsten volkswirtschaftlichen Kosten verbunden ist (ökonomisches Prinzip). – Vgl. auch Kosteneffizienz, Umweltpolitik.

IV. Informatik: Merkmal der → Softwarequalität, v.a. auf Inanspruchnahme der Hardware-Ressourcen (→ Hardware) bezogen. – *Arten:* (1) *Laufzeit-Effizienz:* Ist gegeben, wenn ein Softwareprodukt möglichst geringe Rechenzeiten im Computer verursacht (hohe Ausführungsgeschwindigkeit der Programme). – (2) *Speicher-Effizienz:* Möglichst geringer Speicherbedarf im → Arbeitsspeicher.

V. Statistik: Wirksamkeit.

E-Government → Electronic Government.

Ein-/Ausgabe-Kanal – Kanal zur Übertragung von Daten zwischen → Arbeitsspeicher und → Peripheriegeräten. Der Begriff Kanal umfasst den eigentlichen Übertragungsweg und die Funktionseinheiten, die ihm die selbstständige Steuerung und Überwachung von Ein-/Ausgabe-Vorgängen ermöglichen.

Ein-/Ausgabe-Prozessor – *EA-Prozessor;* → Hilfsprozessor, der für den → Zentralprozessor die Verwaltung der Datenübertragungen zwischen dem → Zentralspeicher und den → Peripheriegeräten übernimmt, sowie ggf. notwendige Modifikationen der Daten durchführt.

Eingabegerät – technisches Gerät, das als eine Eingabeeinheit eines → Computers dienen kann, d.h. durch das → Daten in diesen von außen eingegeben werden können, u.a. Abtastgerät, → Belegleser, → Grafiktablett, → Scanner, → Tastatur, → Maus, Datenhandschuh, Mikrofon.

Elastizität – I. Cloud Computing: Bezeichnung für die Fähigkeit eines → Rechenzentrums, → IT-Ressourcen flexibel und in kurzer Zeit bereitzustellen und wieder freigeben zu können. – Vgl. auch Cloud Computing.

II. Preis- und Markttheorie: wichtiges Instrument der ökonomischen Wirkungsanalyse: Verhältnis der relativen (prozentualen) Veränderung der abhängigen Variablen y (Wirkung) zur relativen Änderung der unabhängigen Variablen x (Ursache):

$$\eta_{y,x} = \frac{\frac{\Delta y}{y}}{\frac{\Delta x}{x}} = \frac{\Delta y}{\Delta x}\frac{x}{y}$$

Der Elastizitätskoeefizient gibt dabei mit dem Vorzeichen die *Wirkungsrichtung* und mit seinem absoluten Wert die *Wirkungsstärke* an.

Ein Wert von $\eta_{y,x} = -2$ bedeutet z. B., dass y um 2 Prozent abnimmt, wenn x um 1 Prozent zunimmt. Da in diese in der Empirie verwendeten Kennzifferndefinition diskrete Änderungen (Δy und Δx) eingehen, wird sie auch als *Bogen- oder Streckenelastizität* bezeichnet. Als x- und y-Werte werden dabei entweder

(a) die Ausgangswerte x_1 und y_1 oder

(b) die mittleren Werte

$$\overline{x} = 1/2(x_1 + x_2) \text{ bzw.}$$

$$\overline{y} = 1/2(y_1 + y_2) \text{eingesetzt.}$$

In theoretischen Untersuchungen wird i.d.R. auf die *Punktelastizität*

$$\eta_{y,x} = \frac{dy}{dx}\frac{x}{y}$$

abgestellt. Hier gilt $\Delta x \to 0$ und damit $\Delta y \to 0$ (vgl. Abbildung „Elastizität"). – *Häufig verwendete Elastizitäten:* Preiselastizität, Einkommenselastizität, Angebotselastizität, Produktionselastizität, Skalenelastizität, Substitutionselastizität etc.

Elastizität

E-Learning – Unterstützung von Lernprozessen durch den Einsatz von Informations- und Kommunikationstechnologien.

Electronic Banking – 1. *Begriff:* Ausübung von Bankgeschäften unter Nutzung von Informations- und Kommunikationstechnologien. Die → EDV wird genutzt, um Daten zu erfassen, zu verarbeiten, zu transportieren und wieder zur Verfügung zu stellen, etwa über Terminals, → Computer, Leitungsnetze etc., um diese Funktionen beleglos und automatisch zu erfüllen. – 2. *Einsatzbereiche:* a) im *Interbankenverkehr* bes. zur Abwicklung des Zahlungsverkehrs (elektronischer Zahlungsverkehr, Datenträgeraustauschverfahren). – b) im *Kundenverkehr* durch (1) Bereitstellung von Selbstbedienungsautomaten [Geldausgabeautomaten (GAA), Kontoauszugsdrucker (KAD)]; (2) Unterstützung von bargeldlosen Zahlungsvorgängen (→ Point of Sale Banking, kartengesteuertes Zahlungssystem); (3) Nutzung von Datennetzen (→ Internet) zur Kommunikation mit Privat- und Geschäftskunden (→ Homebanking, Cash Management). – Vgl. auch Bankautomation, → E-Commerce.

Electronic Cash – deutsches Zahlungsverfahren, bei dem der Käufer den Kaufpreis mittels Bankkundenkarte und Eingabe der persönlichen Identifikationsnummer (→ PIN) am → Point of Sale (POS)-Terminal bezahlt. Die positive Onlineautorisierung durch die Autorisierungszentrale, welche die Prüfung der PIN, der Echtheit der Karte, einer evtl. Sperre und der Deckung umfasst, garantiert dem Händler die unbedingte Zahlung. Die endgültige Belastung erfolgt im Interbank-Clearing zwischen Händlerbank und kartenausgebender Bank. Eine Sonderform des Electronic Cash ist das Electronic Cash Offline-Verfahren. Im Gegensatz zum „echten" Electronic Cash findet hier grundsätzlich keine Onlineautorisierung statt. Vielmehr wird anhand des Chips auf der Bankkundenkarte nach einer PIN-Identifikation abgeprüft, ob durch die aktuell vorliegende Zahlung ein vorher festgesetzter Höchstbetrag (z.B. 1.500 Euro) und ein ebenfalls vorher festgesetzter Zeitraum (z.B. 90 Tage) überschritten werden. Ist eine der beiden Voraussetzungen erfüllt, erfolgt eine Onlineautorisierung durch die Autorisierungszentrale. – Vgl. auch POZ, ELV.

Electronic Collaboration – netzwerkbasierte, interaktive, intra- und/oder interorganisationale Zusammenarbeit.

Electronic Data Interchange (EDI) – papierloser, z.T. automatisierter, auf elektronischem Weg erfolgender Datenaustausch zwischen verschiedenen Unternehmen (externer Austausch) bzw. einzelnen Unternehmensteilen (interner Austausch). Für die elektronische Übertragung sind die → Daten nach einheitlichen internationalen Standards strukturiert und formatiert (z.B. → EDIFACT, EANCON-, SINFOS-Nachrichten-Standards, SINFOS-Stammdatenpool). Die Daten enthalten detaillierte produkt- und prozessbezogene Informationen. Nutzen und Ziel der elektronischen Datenübertragung ist ein zeitreduzierter und verlässlicher Informationsfluss, der eine Beschleunigung der Geschäftsprozesse ermöglicht sowie die Logistikkosten senkt und den Servicegrad erhöht. Basisfunktion der EDI-Software im Unternehmen ist der Transfer unternehmensinterner Daten in den Nachrichtenstandard und umgekehrt. EDI bietet folgende Vorteile: Vermeidung der Mehrfacherfassung bereits vorliegender Daten und damit verbundener Erfassungsfehler, automatische Weiterverarbeitung eingehender Daten, schnellere Informationsweitergabe und damit verbundener geringere Bearbeitungszeiten sowie herstellerunabhängige Datenübermittlung durch eine einheitliche normierte → Schnittstelle.

Electronic Democracy – engl. für *elektronische Demokratie*. Es umfasst alle über das → Internet vermittelten Austauschbeziehungen zwischen Bürgerschaft und Politik. Die Einsatzmöglichkeiten erstrecken sich von der Einbindung des Bürgers in politische Meinungsbildungs- und Meinungsorganisationsprozesse mithilfe von Diskussionsforen bis hin zur Durchführung von Onlinewahlen.

Electronic Government – *E-Government*. 1. *Begriff:* Abwicklung geschäftlicher Prozesse im Zusammenhang mit Regieren und Verwalten mithilfe von Informations- und

Kommunikationstechniken über elektronische Medien. Electronic Government ist eine Sonderform des Electronic Business, wobei ein Amt oder eine Behörde als Partei in Erscheinung tritt und mit Bürgern oder Unternehmen interagiert (z.B. Durchführung von Steuererklärung oder Kfz-Zulassung). – 2. *Ziele:* Verbesserung der Wirtschaftlichkeit im öffentlichen Sektor (Allokationsfunktion); Organisation von Austauschprozessen mit dem Verwaltungsumfeld (sog. virtuelles Rathaus); Verbesserung der Standortbedingungen; gesellschaftspolitische Mitgestaltung der Beziehungen Bürger und Staat (spiegelt sich in Begriffen wie z.B. elektronische Demokratie (→ Electronic Democracy) und elektronische Briefwahl; gesellschaftspolitische Gestaltungsfunktion). – 3. *Ausdifferenzierung von Electronic Government* in systemsteuernde und systembildende Funktion: Systemsteuernde Funktion bezieht sich auf die Standardisierung und Verbesserung bisheriger Problemlösungs- und Wertschöpfungsprozesse mithilfe der IuK-Technik. Systembildende Funktion bezieht sich auf ganz neue Formen und Strukturen öffentlicher Leistungsprozesse und deren Wertschöpfung, etwa durch Verlagerung einzelner Aktivitäten auf den Bürger, durch Vernetzung sowie durch Schaffung bisher nicht möglicher Mitwirkungen und Einflussnahme auf öffentliche Informationsverarbeitungsprozesse.

Electronic Mail → E-Mail.

Electronic Mall – *Shopping Mall,* virtuelles Shopping- und Dienstleistungszentrum, in dem mehrere voneinander unabhängige Anbieter unter einer einheitlichen → Benutzeroberfläche und Bedienungslogik erreichbar sind.

Electronic Procurement → E-Procurement.

Electronic Publishing – Veröffentlichen von digitalen Inhalten im → Internet oder auf digitalen Medien wie z.B. einer → CD-ROM.

Electronic Shop – Electronic Shops bieten eine Möglichkeit, die Anbahnung von Transaktionen (aus den Teilbereichen Information, Vereinbarung, Abwicklung und Service bestehend) zu initiieren und zu unterstützen bzw. gänzlich elektronisch abzuwickeln. Dabei wird eine Plattform geschaffen, auf der Anbieter ihre Waren oder Dienstleistungen präsentieren und der Interessent die Handhabe besitzt, Produktinformationen einzuholen. Ähnlich wie bei bisherigen Einkaufshäusern wird dem Kunden ein umfassendes Warenangebot unterbreitet, wodurch die Suchkosten seitens der Nachfragerseite reduziert werden. Ist diese Informationsphase abgeschlossen, kann bei der Produktspezifizierung bzw. Preisvereinbarung (Vereinbarungsphase) der Kunde einen direkten und interaktiven Einfluss nehmen. Kommt es zu einem Vertragsabschluss, bieten sich im Rahmen der Abwicklungsphase vielfältige Unterstützungsfunktionen. So lassen sich digitale Produkte direkt über das Internet zum Kunden transportieren bzw. kann der Kunde über den Status seiner Warenlieferung auf dem Laufenden gehalten werden (Track and Tracing). Je nach Art des Gutes lassen sich unterschiedliche After-Sale Services etablieren. Darunter können etwa Installations-, Update- oder Beratungsleistungen verstanden werden. – Electronic Shops sind in großem Maße mit dem Teilbereich des E-Business (Electronic Business) verbunden, der den elektronischen Absatz bezeichnet, der insbesondere durch die digitale Abwicklung des Transaktionsprozesses zwischen Anbieter und Nachfrager charakterisiert ist und üblicherweise als → E-Commerce etikettiert wird. Diese Transaktionen bestehen aus dem Austausch der Leistungserbringung und Zahlungsverpflichtung; aber auch die Anbahnung, Aushandlung und zusätzliche Serviceleistungen nach dem Erwerb können in der digitalen Umgebung im Rahmen des E-Commerce vonstatten gehen.

Electronic Shopping – *Onlineshopping,* Abwicklung von Kauftransaktionen (v.a. Konsum- und Gebrauchsgüter) mithilfe von Internettechnologien. Wichtiger Teilbereich des

→ E-Commerce. – Vgl. auch → Electronic Shop, → Electronic Cash, → Electronic Mall.

elektronische Datenverarbeitung (EDV) → Datenverarbeitung.

elektronische Datenverarbeitungsanlage (EDVA) – *EDV-Anlage;* veraltete Bezeichnung für → Computer bzw. Großrechner.

elektronische Post → E-Mail.

elektronischer Markt – virtueller Markt, der auf Internettechnologien basiert und zur Durchführung von Markttransaktionen dient. Bes. Vorteile liegen in der Reduktion der Transaktionskosten und der erhöhten Markttransparenz. – Vgl. auch → E-Marketplace, Buyside-Marktplatz, Sellside-Marktplatz.

elektronischer Rechts- und Geschäftsverkehr → elektronische Signatur.

elektronische Signatur – 1. *Begriff:* Authentifikation des Urhebers eines in elektronischer Form vorliegenden Objekts. Das größte Problem elektronisch vorliegender Unterlagen besteht in der Ungewissheit ihrer Herkunft, die mithilfe der elektronische Signatur bestätigt werden soll. Zu diesem Zweck werden Verfahren der → Kryptographie angewendet, indem mittels eines privaten, nur dem Sender bekannten Schlüssels algorithmisch festlegbare Teile der zu zertifizierenden Nachricht verschlüsselt werden. Zur Authentifizierung der Nachricht entschlüsselt der Empfänger mittels eines allg. bekannten, öffentlichen Schlüssels diese elektronische Signatur und kann so bei Gleichheit des entschlüsselten Teils mit der erhaltenen Nachricht von der Authentizität der Nachricht ausgehen. – 2. *Rechtsvorschriften:* a) Das *Signaturgesetz (SigG)* vom 16.5.2001 (BGBl. I 876) hat den Zweck, Rahmenbedingungen für die elektronische Signatur zu schaffen. Die Verwendung der elektronischen Signatur ist freigestellt, sofern nicht bestimmte elektronische Signaturen durch Rechtsvorschrift vorgeschrieben sind. Es regelt die Anforderungen an Zertifizierungsdienste, deren Betrieb im Rahmen des Signaturgesetzes genehmigungsfrei ist. Danach darf einen Zertifizierungsdienst nur betreiben, wer die für den Betrieb erforderliche Zuverlässigkeit und Fachkunde sowie eine Deckungsvorsorge (je Schadensfall eine Mindestsumme von 250.000 Euro) nachweist und die weiteren gesetzlichen Voraussetzungen gewährleistet (§ 4 SigG). Die Aufnahme des Betriebs ist der zuständigen Behörde unter Darlegung der Erfüllung der gesetzlichen Voraussetzungen anzuzeigen. Die Zertifizierungsdiensteanbieter können sich von den zuständigen Behörden akkreditieren lassen, wofür sie ein Gütezeichen erhalten, mit dem der Nachweis der umfassend geprüften technischen und administrativen Sicherheit zum Ausdruck gebracht wird. Die Zertifizierungsdiensteanbieter können Zertifikate für qualifizierte elektronische Signaturen ausstellen, deren Inhalte in § 7 SigG festgelegt sind. Die näheren Anforderungen an den Betrieb eines Zertifizierungsdienstes regelt die Signaturverordnung (SigV) vom 16.11.2001 (BGBl. I 3074). – b) Sofern im *Bürgerlichen Recht* eine Willenserklärung gesetzlich der Schriftform bedarf, kann sie durch die elektronische Form ersetzt werden. In einem solchen Fall muss der Aussteller der Erklärung dieser seinen Namen hinzufügen und das elektronische Dokument mit einer qualifizierten elektronischen Signatur nach dem Signaturgesetz versehen (§ 126a BGB). Ähnliches sieht § 130a ZPO im Zivilverfahren für vorbereitende Schriftsätze, für Anträge, Aussagen, Gutachten und Erklärungen Dritter vor, sofern die entsprechenden Voraussetzungen, ein elektronisches Dokument, das mit einer qualifizierten elektronischen Signatur versehen ist, bei Gericht entgegen zu nehmen, gegeben sind.

elektronisches Papier – Anzeigegerät, das in seiner Form herkömmlichem Papier ähnlich ist. Es besteht aus einer dünnen, flexiblen Folie, die farbige Pigmente enthält. Die Pigmente werden mithilfe elektrischer Felder ausgerichtet, sodass Bilder oder Texte auf der Folie entstehen.

elektronische Unterschrift → elektronische Signatur.

elektronische Versteigerung – *Auction*, internetbasierte Auktion. Güter und Dienstleistungen werden hierbei über einen virtuellen Marktplatz an den Meistbietenden verkauft oder im Beschaffungsbereich vom Niedrigstbietenden beschafft. – Vgl. auch eBay-Auktion.

elementare Datenstruktur → Datenstruktur.

elementarer Datentyp → Standarddatentyp.

E-Mail – I. Allgemein: Abk. für *Electronic Mail*, weit verbreiteter Dienst im → Internet, mit dessen Hilfe Textnachrichten und digitale Daten (in Form eines Attachments) an einen bestimmten Empfänger versendet werden können. Eine E-Mail-Anwendung besteht aus einem Mailing Server, der die Nachrichten archiviert und den Versand steuert sowie einem client-seitigen Mailing-Programm zur Erstellung und zum Transfer von elektronischen Nachrichten. – Vgl. auch → Mailbox.

II. Funktionsweise: Elektronischer Dienst zum Nachrichtenaustausch über elektronische Kommunikationsnetze. Die Nachrichten sind an einzelne oder mehrere Empfänger adressierbar. Der Aufbau einer E-Mail Nachricht richtet sich nach dem MIME-Standard (Multipurpose Internet Mail Extensions). Hierdurch wird es möglich, neben reinen Textnachrichten auch HTML-Nachrichten (Hypertext Markup Language, → HTML) sowie Dateianhänge zu versenden. Als grundlegende Protokolle kommen für den Versand SMTP (Simple Mail Transfer Protocol) und für den Empfang IMAP (Internet Message Protocol) sowie POP3 (Post Office Protocol Version 3) zum Einsatz. Den Vorteilen der Universalität und Geschwindigkeit des E-Mail Dienstes stehen mangelnde Sicherheit und häufiger Missbrauch gegenüber. E-Mail ist noch vor dem → World Wide Web (WWW) der meistgenutzte Dienst des Internets.

E-Marketplace – *virtueller Marktplatz*; 1. *Begriff*: E-Marketplaces sind elektronisch unterstützte Institutionen zum Austausch von Leistungen. Sie stellen den institutionellen Rahmen für Transaktionsprozesse dar und stehen als selbstständiges Vermittlungsangebot in Konkurrenz zu anderen Distributions- und Kommunikationsmedien. Diese Marktplätze können somit als Räume interpretiert werden, in denen Anbieter und Nachfrager zusammengeführt und ihre Transaktionsanfragen koordiniert werden (Koordinationsfunktion). Die Marktplatzbetreiber sind bei der Durchführung von Transaktionen durch die Bereitstellung virtuellen Handelsraums behilflich. Sie beeinflussen aber die hier stattfindenden Käufe und Verkäufe nicht. Im Gegensatz zu realen Märkten, die auch selbstständig entstehen können, werden E-Marketplaces immer über einen Betreiber zur Verfügung gestellt. – 2. *Vorteile*: Ein E-Marketplace begründet sich gegenüber dem realen Marktplatz allein aufgrund der Möglichkeiten der Computer- und Informationstechnik. Waren reale Marktplätze noch von örtlichen und zeitlichen Restriktionen gekennzeichnet, so ermöglichen E-Marketplaces einen uneingeschränkten Handel ohne physische und temporale Einschränkungen. Anbieter und Nachfrager treffen nicht mehr persönlich zwecks Abwicklung einer Transaktion aufeinander, sondern finden sich über die Datenwege im Medium Internet bzw. dessen grafischer Applikation → World Wide Web (WWW) unter einer bestimmten Adresse zusammen. Über diese werden nun Geschäftspartner gesucht (→ Information), wird das Handelsdesign bestimmt (→ Kommunikation) und der Geschäftsabschluss formuliert (→ Transaktion). Jeder Teilnehmer kann dabei von jedem beliebigen Punkt im Datennetz auf diesen Marktplatz treten (z.B. per Mausklick am heimischen Computer), ohne sich real zu einem bestimmten Ort zu begeben. Dieser Zutritt kann ferner zu jedem Zeitpunkt erfolgen, da der E-Marketplace zu einer permanent vorhandenen und geöffneten

Einrichtung wird. Die Möglichkeiten der Computer- und Informationstechnik erlauben dem Marktplatzbetreiber eine aktive Stellung im Koordinationsprozess zu übernehmen. Während Betreiber realer Marktplätze nur einen anonymen Handelsraum für ein Treffen von Angebot und Nachfrage zur Verfügung stellen konnten, kann der Betreiber eines E-Marketplace darüber hinaus eine Unterstützung für jede einzelne Transaktion offerieren. – 3. *Mehrwert:* Sind diese Rahmenbedingungen gegeben, führen E-Marketplaces zu einer Markttransparenz (Preis- und Produktfindung) für den Nachfrager und zu einem neuen Absatzweg bzw. zur Chance einer Marktausweitung für den Anbieter. Für beide kommt es durch die elektronische Prozessabwicklung von Käufen und Verkäufen insbesondere zur Senkung der Transaktionskosten. Dies sind die Mehrwerte, die E-Marketplaces gegenüber der singulären Suche nach Geschäftspartnern im WWW bieten können und für die die Marktplatzbetreiber entweder über fixe Teilnahme- oder variable Vermittlungsgebühr bezahlt werden.

Emoticon – Kunstwort aus Emotion (engl. für *Gefühl*) und Icon (engl. für *Symbol*). Emoticons sind ASCII-Zeichen (z.B. :-) oder :-()), die in textbasierten Kommunikationsmedien wie → E-Mail oder → Chat die Gestik und Mimik, wie sie in der direkten Kommunikation existieren, ersetzen.

Emulation – *Terminalemulation;* → Systemprogramm, das einem „fremden" → Rechner oder Terminal erlaubt, die Ressourcen eines bestimmten Rechners zu nutzen, indem das Kommunikationsverhalten eines anschließbaren Terminals nachgebildet wird.

Endbenutzer – der menschliche → Benutzer eines Softwareprodukts, bes. derjenige, der von einem Dialogsystem zur Erfüllung von Fachaufgaben am Arbeitsplatz Gebrauch macht.

Endbenutzersystem → Softwaresystem, das zum Einsatz durch → Endbenutzer vorgesehen ist.

Endbenutzerwerkzeug → Softwarewerkzeuge, mit denen der → Endbenutzer fachspezifische Aufgaben bearbeiten kann, ohne konventionell programmieren (→ Programmentwicklung) zu müssen. – *Beispiele:* → Tabellenkalkulationssystem, (Datenbank-) → Abfragesprachen.

Enterprise 2.0 – auf A. P. McAfee zurückgeführter Begriff, der die konsequente Verwendung von Technologien des Web 2.0 in Unternehmen zur Kommunikation und zum Management des Unternehmenswissens (Wissensmanagement) bezeichnet.

Enterprise JavaBean – wiederverwendbares → Modul einer auf der → Enterprise JavaBeans Architektur basierenden, in → Java geschriebenen Anwendungssoftware. Ein Enterprise JavaBean stellt innerhalb der betrieblichen Anwendungsdomäne ein Geschäftsobjekt, ein sog. Business Object (z.B. Kunden, Aufträge, Artikel) der jeweiligen Anwendungsdomäne dar und repräsentiert ausschließlich Fachkonzepte, die technische Realisierung erfolgt getrennt. – Vgl. auch → Applet, → Servlet.

Enterprise JavaBeans Architektur – auf → Enterprise JavaBeans bauendes Architekturkonzept für webbasierte, betriebliche → Informationssysteme, bei dem eine Trennung von fachlichen Komponenten und technischen Aspekten vorgenommen wird und das standardisierte → Schnittstellen definiert, damit Anwendungen hersteller- und produktunabhängig erstellt werden können. – Vgl. auch → Java, → Applet, → Servlet.

Enterprise Resource Planning → ERP.

Entity-Relationship-Modell – in der betrieblichen Datenverarbeitung häufig (bes. zur konzeptionellen Datenmodellierung; → konzeptionelles Datenmodell) angewendetes Modell zur formalisierten Darstellung der Datensicht auf einen Ausschnitt der realen Welt. Konstruktionselemente sind das Objekt (Entity) und die Beziehung (Relationship). Entitäten repräsentieren real existierende Objekte oder gedankliche

Abstraktionen aus der zugrundeliegenden Diskurswelt, die i.d.R. unabhängig von anderen Objekten existieren. Zwischen diesen Objekten können Beziehungen bestehen. Eigenschaften werden Objekten und Beziehungen als Attribute zugeordnet. Wesentlicher Vorteil des Entity-Relationship-Modells ist die Möglichkeit der grafischen Darstellung von Sachverhalten: In einem Entity-Relationship-Diagramm werden Objekte durch Rechtecke und Beziehungen durch Rauten repräsentiert.

Entscheidungstabelle – *Decision Table*; tabellenartige Darstellungsform von Sachverhalten, bei denen in Abhängigkeit von Bedingungen verschiedene Aktionen zur Ausführung kommen sollen.

Entscheidungsunterstützungssystem → Decision Support System (DSS).

Entwicklungskosten – I. *Rechnungswesen*: Kosten der Zweckforschung (Entwicklung), bes. Kosten für Konstruktions-, Versuchs- und Forschungsarbeiten. – *Erfassung in der Kostenrechnung*: Laufende Entwicklungskosten für ein Produkt sind diesem als Sondereinzelkosten zuzurechnen. Die Kostenerfassung erfolgt häufig auf einer gesonderten Kostenstelle des Forschungs- und Entwicklungsbereichs. – Vgl. auch Forschungskosten.
II. *Software Engineering*: Kosten für die Entwicklung von Softwareprodukten. – *Gegensatz:* → Wartungskosten.

Entwurf → Entwurfsphase.

Entwurfsphase – 1. *Begriff:* im → Software Engineering eine Phase im Software Life Cycle, die auf die → Anforderungsdefinition folgt; wird als bes. wichtige Phase betrachtet. Die meisten Prinzipien, Methoden und Werkzeuge der Software-Technologie beziehen sich auf die Entwurfsphase (→ Softwareentwurfsprinzipien, → Softwareentwurfsmethoden). In der Entwurfsphase wird die Architektur des → Softwaresystems detailliert festgelegt (→ Systemarchitektur). – 2. *Wichtigste Aufgaben:* Zerlegung des Systems in kleine Komponenten (→ Modularisierung), Entwurf der Systemstruktur und der → Schnittstellen, → Spezifikation der → Module, Entwurf der → Datenorganisation.

Entwurfsprinzipien → Softwareentwurfsprinzipien.

EPK – Abk. für → ereignisgesteuerte Prozesskette.

E-Procurement – *Electronic Procurement, elektronische Beschaffung*; E-Procurement ermöglicht den elektronischen Einkauf von Produkten bzw. Dienstleistungen durch ein Unternehmen über digitale Netzwerke. Damit erfolgt eine Integration von innovativen Informations- und Kommunikationstechnologien zur Unterstützung bzw. Abwicklung von operativen und strategischen Aufgaben im Beschaffungsbereich. Ein entscheidender Aspekt bspw. im E-Procurement von Büro- und Computermaterialien ist neben der Informations- und Kommunikationsebene auch die Frage der realen Logistik. Ein Problem von Plattformen im E-Procurement ist es, die kritische Masse an Handelsvolumen zu erreichen und hierfür ausreichend Teilnehmer zu akquirieren.

EPROM – Abk. für *Erasable Programmable Read Only Memory*; reversibler → Festwertspeicher, d.h. der Inhalt des Speichers kann mehrmals gelöscht (i.Allg. durch ultraviolettes Licht) und neu programmiert werden.

Ereignis – 1. *Begriff des Projektmanagements (PM) bzw. der Netzplantechnik*: Eintritt eines definierten Zustands im Zeitablauf. – Vgl. auch Ereignispuffer, → Meilenstein. – 2. *Statistik*: Teilmenge von Elementen einer Menge (Gesamtheit), der eine Wahrscheinlichkeit zugeordnet werden kann. – 3. *Informatik*: Veränderung eines Systemzustands (Prozess).

ereignisgesteuerte Prozesskette – Entwurfsmodell zur Abbildung von Abläufen und Vorgängen. Grundelemente einer ereignisgesteuerten Prozesskette sind → Ereignisse und dadurch ausgelöste → Funktionen, die durch logische → Operatoren miteinander in Beziehung gesetzt werden. Neben Ereignissen als Ergebnis von Funktionen können Datenobjekte als Ein- und Ausgabe der Funktionen modelliert werden, die über Informationsobjekte erhältlich sind.

ereignisorientierte Planung – 1. *Begriff*: Vorgehensweise bei der Planung, nach der Pläne nicht in periodischen Abständen, sondern (zur Gewährleistung der Planungsaktualität) in Abhängigkeit von wichtigen Ereignissen aufgestellt bzw. revidiert werden. – 2. *Merkmale*: Damit soll die Aktualität der Pläne in einem dynamischen Umfeld erhöht werden. Abkehr vom → Neuaufwurfsprinzip zum → Net-Change-Prinzip.

ERP – I. Software: Abk. für *Enterprise Resource Planning*; bereichsübergreifende Softwarelösungen, die die betriebswirtschaftlichen Prozesse, z.B. in Produktion, Vertrieb, Logistik, Finanzen und Personal, steuern und auswerten. Ein ERP-System zeichnet sich durch die einheitliche Steuerung der verschiedenen Unternehmensbereiche aus. Dadurch wird es zu einem sinnvollen Controlling- und Steuerungsinstrument. Neuere ERP-Systeme können auch zur Steuerung und Auswertung unternehmensexterner Geschäftsprozesse genutzt werden. – Vgl. Enterprise Resource Planning-System.

II. Wirtschaftsgeschichte: Abk. für *European Recovery Program, Europäisches Wiederaufbauprogramm*; aufgrund der Vorschläge des amerik. Außenministers Marshall am 3.4.1948 erlassenes einheitliches Hilfsprogramm *(Marshall-Plan)* für die durch den Krieg zerstörten Länder Europas; infolge der Weigerung der Ostblockländer zur Mitarbeit auf *Westeuropa* beschränkt. Die Verwaltung lag bei der ECA (Economic Cooperation Administration), die bei der Verteilung der Geschenke und Kredite die Vorschläge der OEEC, die im Zusammenhang mit der ERP-Hilfe gegründet wurden, berücksichtigte. Für die ECA-Mittel konnten v.a. Lebensmittel und Rohstoffe, vornehmlich aus den USA, bezogen werden. Die Beträge hierfür hatten die Importeure in heimischer Währung auf Gegenwertfonds *(Counterpart Funds)* einzuzahlen, bei deren Verwendung im Inland die ECA ein Mitspracherecht hatte. – Die Gegenwerte in nationaler Währung führten zum *ERP-Sondervermögen*, das heute die Grundlage für die Bereitstellung von ERP-Krediten bildet.

ERP-Software – ERP, Abk. für *Enterprise Resource Planning*. Gemeint ist damit jede Art von integrierter betrieblicher → Standardsoftware.

ERP-System – Abk. für Enterprise Resource Planning System.

E-Shop → Electronic Shop.

Ethernet → lokales Netz, in der ersten Hälfte der 1970er-Jahre von der Firma Rank Xerox (USA) entwickelt. – *Aufbau*: Ethernet ist ein auf Einfachheit ausgelegtes Netz ohne zentrale Kontrolle für interne Netzwerke; es arbeitet auf einem Basisband- → Bus (Basisband). Zugangsverfahren: → CSMA/CD. – *Standardisierung*: weitgehend in die Norm → IEEE 802.3 eingegangen. Beim Fast Ethernet handelt es sich um die Weiterentwicklung des Ethernet. Fast Ethernet ist heute die meist verbreiteste LAN-Technik für interne Netzwerke und verbindet Geräte per Glasfaser und Funk auch über größere Entfernungen.

Ethical Hacking – Eindringen von beauftragten Experten in geschlossene Computersysteme mit dem Ziel, Schwachstellen im Sicherheitskonzept aufzudecken und zu beseitigen.

Europaeinheitliche Artikelnummer → EAN.

EUS – Abk. für *Entscheidungsunterstützungssystem,* → Decision Support System (DSS).

Everything as a Service (EaaS) – bedarfsorientiere Bereitstellung von IT-Ressourcen. Kosten für diese Ressourcen entstehen hauptsächlich durch deren Nutzung (vgl. OPEX) und es fallen i.d.R. keine Kosten für deren Kauf (vgl. CAPEX) an.

Evolutionsstrategie – allg. verwendbare lokale Heuristik zur Lösung von Entscheidungsproblemen. Wie auch bei den → genetischen Algorithmen muss das Entscheidungsproblem auf ein Individuum abgebildet werden. Eine Menge von Individuen, die zu einem Zeitpunkt verschiedene Lösungen des Entscheidungsproblems darstellen, bilden eine Population. Der Evolutionsprozess beruht v.a. auf der Mutation des Erbgutes eines Individuums (d.h. einer Lösung des Entscheidungsproblems), die so ausgestaltet ist, dass im Mittel häufiger kleine Änderungen vorgenommen werden, und zwar in eine Richtung, die sich im Suchprozess als erfolgreich erwiesen hat. Diese Suchrichtung wird laufend angepasst. Ein weiterer wichtiger Operator ist die Selektion der Individuen, die zur Bildung der Nachfolgepopulation herangezogen werden sollen. Ebenfalls denkbar, aber weniger relevant, ist die Rekombination des Erbgutes mehrerer Individuen. Evolutionsstrategien sind wesentlich einfacher zu konfigurieren als → genetische Algorithmen und für Probleme mit vielen kontinuierlichen Größen besser geeignet.

Expertensystem – 1. *Begriff*: in der → Künstlichen Intelligenz (KI) wird ein → Programm oder ein → Softwaresystem als Expertensystem bezeichnet, wenn es in der Lage ist, Lösungen für Probleme aus einem begrenzten Fachgebiet (→ Wissensdomäne) zu liefern, die von der Qualität her denen eines menschlichen Experten vergleichbar sind oder diese sogar übertreffen (→ Expertenwissen). – Bes. bewährt als Expertensysteme haben sich → wissensbasierte Systeme; deshalb werden beide Begriffe oft synonym verwendet. – 2. *Bestandteile* (Regelfall): → Wissensbasis, → Inferenzmaschine, → Wissenserwerbskomponente, Dialogkomponente und Erklärungskomponente. – 3. *Klassifikation* nach Aufgabenstellung: (1) *Diagnosesysteme*, die auf der Basis teils gegebener, teils zu suchender Symptome Fälle klassifizieren; (2) *Beratungssysteme*, die im Dialog mit dem Menschen eine auf den vorliegenden Fall bezogene Handlungsempfehlung geben; (3) *Konfigurationssysteme*, die auf der Basis von Selektionsvorgängen unter Berücksichtigung von Unverträglichkeiten und Benutzerwünschen komplexe Gebilde zusammenstellen; (4) *Planungssysteme*, die einen Ausgangszustand durch eine Folge von Aktionen in einen Endzustand überführen.

Expertenwissen – *Expertise;* Kenntnisse und intellektuelle Fähigkeiten einzelner Personen, deren Leistung auf einem bestimmten Fachgebiet weit über dem Durchschnitt liegen. Expertenwissen besteht i.d.R. aus sehr großen Informationsmengen in Verbindung mit Vereinfachungen, wenig bekannten Fakten, Faustregeln und klugen Verfahrensweisen (Heuristiken), die eine effiziente Problemlösung (in diesem Gebiet) ermöglichen. – Vgl. auch → Expertensystem, → Künstliche Intelligenz (KI).

Expertise – 1. *Allgemein:* Untersuchung, Gutachten, Begutachtung durch einen Sachverständigen. – 2. *Wirtschaftsinformatik:* → Expertenwissen.

Expert System Shell – Begriff bei der Entwicklung von → Expertensystemen: → Softwarewerkzeug für die Erzeugung von Expertensystemen.

Exploit – 1. *Begriff*: Ein Exploit (engl. *to exploit:* ausnutzen) ist ein kleines Schadprogramm (→ Malware) bzw. eine Befehlsfolge, die Sicherheitslücken und Fehlfunktionen von Hilfs- oder → Anwendungsprogrammen ausnutzt, um sich programmiertechnisch Möglichkeiten zur Manipulation von PC-Aktivitäten (Administratorenrechte usw.) zu verschaffen oder Internetserver lahm zu legen. – 2. *Funktionsweise*: Es nützt dabei bestimmte Schwächen oder Fehlfunktionen eines anderen Programms aus, um erweiterte Privilegien zu bekommen oder um eine sog. DoS-Attacke auszuführen (DoS = *Denial of Service,* engl. Ablehnung einer Dienstleistung; bezeichnet die Folge einer Überlastung von Infrastruktursystemen, die auf unabsichtliche Überlastungen oder auf einen

Angriff auf einen → Host (→ Server), einen → Rechner oder sonstige Komponenten in einem Datennetz zurückgehen kann). Exploiting ist eine Hacking-Technik. Ein Exploit wird oft nur zum Aufzeigen einer Sicherheitslücke geschrieben. Damit soll erreicht werden, dass Softwarehersteller ihre Sicherheitslücken rasch schließen. Oft bezeichnet man schon die Beschreibung eines Exploits als Exploit. Sie nutzen z.b. den Umstand, dass fast alle Heim- und Bürorechner nicht zwischen Programmcode und Nutzdaten unterscheiden. Eine andere Variante sind Attacken, bei denen ungefiltert Benutzereingaben an Formatierungsfunktionen übergeben werden. Ein Angreifer kann oft eigene Codes zur Ausführung bringen. – 3. *Wesentliche Arten von Exploits*: Folgende Arten von Exploits werden verwendet: a) *Lokale Exploits*: Sie können beim Öffnen von scheinbar harmlosen Dateien (z.B. Bilddateien) aktiviert werden, wenn die dem Dateityp zugeordnete Anwendung durch fehlerhafte bzw. unsaubere Verarbeitung der Datei eine Sicherheitslücke aufweist. – b) *Remote-Exploits*: diese aktive Form sind Angriffe aus dem Internet mittels manipulierter Datenpakete oder spezieller Datenströme auf Schwachstellen in der Netzwerksoftware. – c) *DoS-Exploits*: Meist sind die ersten für eine bekanntgewordene Sicherheitslücke veröffentlichten Exploits sog. Dos-Exploits, die zwar die betroffene Anwendung überlasten, aber keine Ausführung von fremdem Programmcode und keine Privilegien-Eskalation beinhalten. – d) *Command-Execution-Exploits*: Hier geht es um eine vom Angreifer steuerbare Ausführung von Programmcodes auf dem Zielsystem. Dazu muss der Programmierer Details über Eigenheiten der Aufteilung des Speichers der Zielanwendung kennen, z.B. aus offenen Quellen des Programmcodes oder durch Tests. Solche Exploits sind meist gefährlich, da die betroffenen Anwendungen meist über bedeutende Rechte auf dem System verfügen und der Code des Angreifers mit diesen Rechten gestartet wird. – e) *SQL-Injection-Exploits*: eine spezielle Art von Exploits; sie findet sich weitgehend nur in Bezug auf Webanwendungen, die eine SQL-Datenbank (→ SQL) nutzen. – f) *Zero-Day-Exploits*: Entdeckt eine Person eine Sicherheitslücke, meldet sie aber nicht dem Software-Hersteller, wird die Schwachstelle erst beim ersten Angriff bekannt. Der Name des dabei genutzten Exploits leitet sich von dessen Alter ab: Der Angriff geschieht am oder vor dem Tag 0 (engl. *zero day*), dem Tag, an dem die Entwickler die Lücke entdecken. – 4. *Schutz vor Exploits*: Es gibt technische Lösungen wie z.B. den Speicherschutz. Diese schützen zwar nur gegen bestimmte Ausnutzungstechniken, können aber die Ausnutzung einer Lücke schwer bis unmöglich machen. Z.T. kann auch mittels sog. Intrusion Detection Systemen ein Angriff festgestellt oder mittels sog. Intrusion Prevention Systemen evtl. sogar ein Angriff verhindert werden. Hauptproblem ist aber eine schlechte Programmierung. Die einzig nachhaltige Lösung ist daher, die durch Verarbeitungsfehler entstehenden Sicherheitslücken schon bei der Softwareentwicklung zu vermeiden suchen.

Extensible Mark-up Language → XML.

externe Datenbank – 1. *Begriff*: → Datenbank, deren Inanspruchnahme externen Interessenten, die i.d.R. auch räumlich entfernt sind, vom Betreiber (i.Allg. gegen Entgelt) eingeräumt wird. – 2. *Formen*: *Faktendatenbanken*, z.B. über Wertpapiernotierungen, statistische Daten und Zeitreihen; *Bibliografische Datenbanken* (zur Auffindung von Literaturstellen o.Ä.); *Volltextdatenbanken*, die den vollständigen Text einer Quelle zur Verfügung stellen. – *Beispiele*: Juris, Genios, Steuerrechtsbank der → DATEV.

externer Speicher – jeder Speicher eines → Computers, der nicht zum → Zentralspeicher gehört; bei größeren Computern meist auf einem getrennten Gerät; externer Speicher mit hoher Kapazität: → Massenspeicher. – *Gegensatz*: → Zentralspeicher. – Vgl. auch → Peripheriegeräte.

externes Datenmodell → Datenmodell, das die → Daten in einer für eine spezielle Anwendung geeigneten Form beschreibt. Das externe Datenmodell wird aus dem → konzeptionellen Datenmodell abgeleitet; für verschiedene Anwendungen unterschiedliche externe Datenmodelle. – *Gegensatz:* → Internes Datenmodell. – Vgl. auch → externes Schema.

externes Schema – *Subschema, Datensicht;* Darstellung eines → externen Datenmodells in einer → Datenbeschreibungssprache.

Extranet – geschlossenes, meist unternehmenseigenes Computernetzwerk, welches auf Internettechnologien basiert. Als Ergänzung zum unternehmenseigenen → Intranet ermöglicht es die Interaktion bzw. Transaktion mit Zulieferern, Kunden und weiteren Geschäftspartnern.

eXtreme Programming – Abk. XP, Vorgehensmodell der → agilen Softwareentwicklung, bei dem anders als bei klassischen Softwareentwicklungsmodellen wie z.B. dem → Wasserfallmodell, dem → Spiralmodell oder dem → V-Modell, das System nicht in allen Details im Voraus entworfen und danach entwickelt wird, sondern sich zahlreiche Entwurfs- und Entwicklungsphasen abwechseln. Dabei wird das System ständig Tests unterzogen, um möglichst früh Fehler in den Modulen sowie bei deren Zusammenspiel zu entdecken. Mit dem Abschluss jeder Entwicklungsphase wächst das funktionierende System so um weitere Module. Dies hat den Vorteil, dass das System bereits während der Entwicklung überprüft werden kann, ob es den Anforderungen und Bedürfnissen des Auftraggebers entspricht. Durch die kurzen Iterationen kann so frühzeitig Fehlentwicklungen vorgebeugt sowie flexibel auf neue oder sich ändernde Anforderungen reagiert werden. Außerdem kann das System bereits während der Entwicklung produktiv eingesetzt werden und so bereits einen Mehrwert schaffen. Während der Vorteil also darin besteht, flexibel auf neue Anforderungen reagieren zu können, und somit für den Einsatz bei anfänglich unscharfen Systemanforderungen prädestiniert ist, besteht der Nachteil im möglichen „Ausufern" von Anforderungsänderungen durch Auftraggeber. Hier ist eine entsprechende Vertragsgestaltung notwendig. Die vielfach vereinbarten Festpreise sind für das eXtreme Programming ungeeignet.

Face-to-Face-Kommunikation → Kommunikation in Form eines persönlichen Gesprächs, bei dem sich die Kommunikationspartner auch physisch an einem Ort befinden.

Fachkonzept → Architektur integrierter Informationssysteme.

fahrerloses Transportsystem (FTS) – *computergestütztes Transportsystem;* computergesteuerte Fördereinrichtung, die automatisch Güter durch Produktionshallen bewegt. Die „Fahrstraßen" werden durch Induktionsschleifen gebildet. Der Rechner kann dabei die Transportwege optimieren und überwachen. – Vgl. auch → PPS-Systeme, → Fertigungsautomation, → Hochregallager, → Prozesssteuerung.

FAQ – 1. Abk. für *Fair Average Quality.* – 2.Abk. für *Frequently Asked Questions;* häufig gestellte Fragen zu einem bestimmten Thema, die von dem Content-Anbieter auf einer separaten → Webpage beantwortet werden.

Feature Driven Development – Methode der → agilen Softwareentwicklung, die die Eigenschaften (Feature) eines Systems in den Mittelpunkt stellt. Im Feature Driven Development gibt es drei Hauptrollen, den Chefarchitekten, die Chefprogrammierer und die Entwickler. Der Entwicklungsprozess besteht aus fünf Teilprozessen: Entwickle ein GesamtmodelErstelle eine Feature-ListePlane je Feature Entwirf je Feature Konstruiere je Feature Im ersten Teilprozess werden Inhalt und Umfang des Systems festgelegt, indem das System in Teilbereiche zerlegt wird und für jeden Teilbereich innerhalb einer Kleingruppe ein Fachkonzept entwickelt wird. Die vielen einzelnen Fachkonzepte müssen dann zusammengetragen, überarbeitet und aufeinander abgestimmt werden. Die Leitung dieser Phase obliegt dem Chefarchitekten, die Kleingruppen werden aus Entwicklern und Fachexperten gebildet. Aus dem so erstellten Gesamtmodell werden dann im zweiten Schritt von den Chefprogrammierern die Eigenschaften (Features) abgeleitet. Diese werden im dritten Schritt in die zu realisierende Reihenfolge gebracht und terminiert. Darüber hinaus werden für die einzelnen Teilbereiche und Eigenschaften die Verantwortlichkeiten (Owner) festgelegt. Im vierten Schritt werden die Eigenschaften anhand der festgelegten Verantwortlichkeiten Entwicklerteams zugewiesen, die für diese einen Feinentwurf erstellen. Im fünften Schritt erfolgt dann die Umsetzung anhand des Entwurfs.

Feld → Array.

Fenster → Fenstertechnik.

Fenstertechnik – *Window-Technik;* Technik für die Gestaltung der → Benutzeroberfläche von Dialogsystemen, bei der sich die Bildschirmfläche (→ Bildschirm) in mehrere Bereiche (Fenster, Windows) aufteilen lässt. Diese können zur gleichen Zeit unabhängig voneinander Informationen (z.B. → Daten aus verschiedenen → Dateien) darstellen. Die Fenster werden vom → Benutzer (meist mithilfe der → Maus) bei Bedarf geöffnet und können dann verschoben, verkleinert, vergrößert, manchmal auch überlagert und wieder geschlossen werden. Bei → Mehrprogrammbetrieb können zusätzlich in den Fenstern unabhängig voneinander unterschiedliche Programme parallel ablaufen.

Fernlernen → Telelearning.

Fernsehkonferenz → Telekonferenzsystem.

Fertigungsauftrag – *Fertigungslos;* in der Produktionsplanung und -steuerung (→ PPS-System) eine Menge von → Teilen einer Teileart, die auf einer → Fertigungsstufe als eine dispositive Einheit behandelt und zusammen hergestellt werden.

Fertigungsautomation – Automatisierung (Automation) der industriellen Produktion durch Einsatz computergestützter Fertigungsanlagen. – Vgl. auch → PPS-Systeme.

Fertigungslos → Fertigungsauftrag.

Fertigungsstufe – *Produktionsstufe;* in der Produktionsplanung und -steuerung (→ PPS-System) die Gesamtheit aller Bearbeitungsschritte eines → Teils, die an einem → Fertigungsauftrag zur Herstellung des Teils durchzuführen sind. Bei mehrstufiger Fertigung werden bis zur Erzeugung des Endprodukts mehrere Fertigungsstufen durchlaufen.

Festplatte – auf Magnetplattentechnik basierendes Speichermedium, das i.d.R. für die Datenspeicherung in → Computern genutzt wird. Jeder Computer besitzt zumeist eine fest eingebaute Festplatte, auf der das Betriebssystem und die zur Verfügung stehenden → Programme gespeichert sind. Fesplatten können auch als externe Speichermedien oder als → Wechselplatten genutzt werden.

Festspeicher → Festwertspeicher.

Festwertspeicher – *Festspeicher;* → Speicher eines Computers, von dem während des normalen Betriebs nur gelesen werden kann. Gebräuchliche *Typen* sind z.B. → EPROM und PROM. – *Gegensatz:* Schreib-/Lese-Speicher.

File → Datei.

File Access – Dienst in einem → Computerverbund(-system) bzw. einem → Netz oder bei einem → Mehrplatzrechner, mit dem ein Teilnehmer auf fremde, d.h. nicht von ihm selbst erzeugte → Dateien lesend und/oder schreibend zugreifen kann. – Restriktiv kontrolliert wird dieser Zugriff i.d.R. durch die Vergabe von Zugriffsrechten durch den jeweiligen Ersteller einer Datei. – Vgl. auch → File Transfer.

File Sharing – Austausch von → Dateien über ein Datennetz. Für das File Sharing werden zumeist spezielle Programme verwendet, mit deren Hilfe ein Peer-to-Peer-Netzwerk – → Peer-to-Peer (P2P) – aufgebaut wird. Innerhalb dieses Netzwerks stellen die Nutzer auf dem eigenen → Personal Computer (PC) dann Dateien zum Austausch zur Verfügung bzw. laden sich von anderen Nutzern Dateien auf ihren PC herunter (→ Download, → Upload). Das größte Problem beim File Sharing stellt der illegale Tausch von Copyright-geschützten Dateien wie Musiktiteln, Videofilmen, elektronischen Büchern etc. dar, weswegen zahlreiche Interessensverbände, v.a. die Musik- und Filmindustrie versuchen, den Vertrieb von File Sharing-Programmen zu verbieten.

File Transfer – Dienst in einem → Computerverbund(-system) bzw. einem → Netz oder bei einem → Mehrplatzrechner, mit dem ein Teilnehmer Kopien fremder → Dateien für seine persönliche Verwendung erzeugen und Kopien eigener Dateien an andere Stellen des Gesamtsystems übertragen kann. – *Restriktiv kontrolliert* wird dieser Zugriff i.d.R. durch die Vergabe von Zugriffsrechten durch den jeweiligen Ersteller einer Datei. – Vgl. auch → File Access.

File Transfer Protocol → FTP.

Finanzinformationssystem – 1. *Begriff:* In der → betrieblichen Datenverarbeitung ein → Softwaresystem zur Informationsbereitstellung, Planung und Steuerung der Finanzen eines Unternehmens (Finanzmanagement, Finanzplanung) und zur Ableitung von Anforderungen an die gesamte Unternehmensplanung. – 2. *Elemente:* Ein vollständiges Finanzinformationssystem unterstützt die Ergebnis- und Liquiditätsplanung, Risikoanalyse und → Simulationen zur Entscheidungsunterstützung.

Firewall → Hard- oder → Software, die zwischen → Rechner oder lokale → Netzwerke und öffentliche Netze geschaltet wird, um den Zugriff auf Rechner von außen durch unbefugte Dritte zu verhindern und so interne → Daten zu schützen. Auf einzelnen → Rechnern installierte Firewalls, die mit dem Internet verbunden sind, werden *Personal Firewall* genannt.

Floating Point Operations Per Second → FLOPS.

Floppy Disk → Diskette.

FLOPS – Abk. für *Floating Point Operations Per Second*, also die Anzahl der Gleitkommaoperationen, die eine Recheneinheit (→ Prozessor oder gesamtes Rechnersystem) pro Sekunde ausführen kann. FLOPS werden als Maßeinheit benutzt, um die Rechenleistung von Systemen zu beschreiben. Zwei Rechnersysteme lassen sich mit FLOPS jedoch nur dann hinsichtlich ihrer Leistungsfähigkeit vergleichen, wenn beide Systeme über die gleiche Architektur verfügen. Bei unterschiedlichen Architekturen hat der Vergleich keine Aussagekraft.

Flow Chart → Programmablaufplan.

Flussdiagramm → Programmablaufplan.

Folksonomy → Web 2.0.

formale Spezifikation – 1. *Begriff:* im → Software Engineering eine Methode der → Spezifikation, bei der die Aufgaben eines → Moduls (schwieriger: eines → Softwaresystems) formal definiert werden, z.B. axiomatisch. – 2. *Vorteil:* Exakte Vorgabe für die → Implementierung; ausgehend von einer formalen Spezifikation kann u.U. ein formaler Beweis geführt werden, dass die Implementierung mit der Spezifikation übereinstimmt. (→ Programmverifikation). – 3. *Nachteil:* Nur für kleinere Aufgaben und von formal geschulten Informatikern einsetzbar, sehr aufwendig. – 4. *Bedeutung:* In der → Informatik intensive Forschungsaktivitäten; in der Praxis noch geringe Bedeutung.

Formatieren – 1. Bei der → Textverarbeitung: einen vorhandenen Text in eine bestimmte Gestalt (bez. Zeilenlänge, Seitenumbruch, benutzte Zeichensätze etc.) bringen; sein Layout (Format) festlegen. – 2. Bei Speichermedien: Initialisierung vor dem ersten Gebrauch. Dabei werden verschiedene (Aufzeichnungs-)Formate benutzt; das bei einem → Computer verwendete Format hängt von seinem → Betriebssystem (BS) ab.

Formular – Komponente von Dialogsystemen, Gegenstück zum Papierformular. Auf einem Formular sind Dialogelemente wie z.B. Checkboxen, Radiobuttons oder Listenfelder platziert, in denen der Benutzer Eintragungen vornehmen kann. Bes. Bedeutung erhält das Formular im Zusammenhang mit → HTML und → Workflow Management Systemen.

Fortran – Abk. für *Formula Translating System;* prozedurale → Programmiersprache; 1956 von Mitarbeitern der Firma IBM entwickelt, wurde in erster Linie im mathematischen, technischen und naturwissenschaftlichen Bereich eingesetzt.

Forum – ein System auf einer → Website, das es Teilnehmern ermöglicht, asynchron miteinander zu kommunizieren. Foren sind i.d.R. flach hierarchisch organisierte Diskussionsplätze, die auf bestimmte Themengebiete fokussiert sind. Die Teilnehmer können dort eigenhändig neue, zum Oberthema passende Themen erstellen, sog. Threads, Threads über neue Beiträge kommentieren, bewerten oder sich für Beiträge anderer Nutzer bedanken. Ein Forum ist eine Alternative zu → Newsgroups. – Vgl. auch → Chat.

Forward Chaining → Vorwärtsverkettung.

Frame – 1. *Form der* → Wissensrepräsentation; Wissen über ein Objekt wird durch Zusammenfassung seiner Eigenschaften in einem „Rahmen" dargestellt. Es enthält Aspekte der → deklarativen Wissensrepräsentation und der → prozeduralen Wissensrepräsentation. Es kann als eine Übertragung der Ideen der → objektorientierten Programmierung in die → Künstliche Intelligenz (KI) aufgefasst werden. – 2. *Element der* → Fenstertechnik, das entweder ein eigenes Fenster bezeichnet oder einen Unterbereich eines Fensters vom restlichen Inhalt des Fensters abkapselt. Frames werden häufig für → HTML-Dokumente verwendet, für die anzeigende → Browser dann das Frame-Konstrukt unterstützen muss.

Freemium – Unter Freemium versteht man ein Geschäftsmodell, bei dem ein Unternehmen einen wesentlichen Teil seines Angebotes kostenlos zur Verfügung stellt. Umsatz wird dann mit attraktiven und nutzwertigen Zusatzleistungen um das kostenlose Angebot gemacht. V.a. im → World Wide Web setzen Unternehmen auf Freemium-Modelle. – Das Wort Freemium ist aus den Wörtern „free" (für kostenlos) und „premium" (im Sinne von Aufpreis) zusammengesetzt. Grundsätzliche Idee des Freemium-Modells ist die Kombination aus kostenlosen und kostenpflichtigen Angeboten. Die Art, wie die Freemium-Idee umgesetzt werden kann, hängt immer stark von dem Produkt ab, um das es geht. Durch das kostenlose Angebot lockt man zuerst potenzielle Kunden an. Das ist die wichtigste Voraussetzung für das Modell. Sind die Kunden erst einmal da und finden Gefallen an dem kostenlosen Angebot, sinkt die Hemmschwelle für das zusätzliche Angebot zu bezahlen.

Frequently Asked Questions → FAQ.

FTP – Abk. für *File Transfer Protocol*; Internetprotokoll, das die Übertragung (→ Download und → Upload) von → Dateien zwischen → Rechnern ermöglicht.

FTS – Abk. für → fahrerloses Transportsystem.

Führungsinformationssystem (FIS) – *Management-Informationssystem (MIS)*; in der → betrieblichen Datenverarbeitung ein → Softwaresystem, das der Unternehmensführung Informationen zur Vorbereitung strategischer oder taktischer Entscheidungen liefert. Diese werden aus → Daten des computergestützten → Administrationssystems und computergestützten → Dispositionssystems verdichtet. – Führungsinformationssysteme (FIS) bilden die Grundlage für die → computergestützte Unternehmensplanung. – Vgl. auch → Decision Support System (DSS).

Funktion – I. Organisation: Teilaufgabe zur Erreichung des Unternehmungsziels. – *Beispiele*: Beschaffung, Produktion, Absatz, Verwaltung. – *Funktion als Grundlage der Organisationsstruktur*: Funktionalorganisation.

II. Mathematik: 1. *Begriff*: Eine Funktion dient der Beschreibung von Zusammenhängen zwischen mehreren verschiedenen Faktoren. Bei einer Funktion – einer eindeutigen Zuordnung – wird jedem Element der einen Menge genau ein Element der anderen zugewiesen; jedem x wird genau ein y zugeordnet und nicht mehrere. – 2. *Arten*: a) *Zweidimensionale Funktion*: $y = f(x)$, d.h. y ist eine Funktion von x (y gleich f von x). – b) *Mehrdimensionale Funktionen*: $y = f(x_1, x_2, ..., x_n)$. Dabei wird y als die abhängige Variable und x bzw. x_i als die unabhängige Variable bezeichnet. Der Definitionsbereich ist der Gesamtbereich der Werte, die für die unabhängigen Variablen zugelassen sind. Der Wertebereich ist die Menge der Funktionswerte, die die abhängige Variable y annimmt. – 3. *Darstellung*: Eine Funktion kann durch eine Funktionsgleichung, eine Tabelle oder durch einen Graphen dargestellt werden.

III. Informatik: → Unterprogramm, das als Ergebnis genau einen Wert zur Verfügung stellt (z.B. das Resultat einer Berechnung). Die benötigten Eingangsgrößen werden i.Allg. als → Parameter an die Funktion übergeben. Ausgangsgröße ist der Funktionswert selbst.

funktionale Abstraktion – *prozedurale Abstraktion*; → Modularisierungsprinzip, bei dem ein Modul dadurch entsteht, dass von der Realisierung eines → Algorithmus abstrahiert wird (→ Datenabstraktion).

Funktionsintegration – 1. *Begriff*: a) *I.w.S.*: Integration mehrerer → Funktionen an einem betrieblichen Arbeitsplatz. – b) *I.e.S.*: (1) Integration (aus Sicht der Elektronischen Datenverarbeitung) der früher getrennten Funktionen Datenerfassung, Sachbearbeitung und → Datenverarbeitung; (2) Integration mehrerer betriebswirtschaftlicher Teilfunktionen an einem Arbeitsplatz (z.B. Teile von → Vorgangsketten). – 2. *Voraussetzung*: → Datenintegration, → Dialogbetrieb.

funktionsorientierte Programmiersprache → Programmiersprache.

Funktionssicht → Architektur integrierter Informationssysteme.

Funktionsunterprogramm → Funktion.

Fuzzy Control – 1. *Begriff:* spezielle Anwendung der → Fuzzy-Inferenz. – 2. *Arbeitsweise:* Abbildung scharfer Werte in entsprechende → Fuzzy Sets, auch Fuzzifizierung genannt. Darstellung des Wissens zur Weiterverarbeitung in Form fuzzy-logischer Aussagen. Die Fuzzifizierung ermöglicht die unscharfe Verarbeitung über einen Fuzzy-Inferenzmechanismus. Ergebnis dieser Wissensverarbeitung ist eine Fuzzy-Menge, aus der mittels einer Rücktransformation, der Defuzzifizierung, ein scharfer Ausgabewert (z.B. eine Stellgröße) berechnet wird. – 3. *Anwendungsbereiche:* Regel- und Steuerungstechnik, zunehmend auch in betriebswirtschaftlichen Bereichen. – Vgl. auch → Inferenz, → Inferenzmaschine.

Fuzzy-Inferenz – *unscharfes Schließen;* Schlussfolgerungsmechanismus auf der Basis der → Fuzzy Logic. Die Fuzzy-Inferenz unterscheidet sich von der klassischen → Inferenz dadurch, dass eine Aussage nicht entweder wahr oder falsch ist, sondern jeden beliebigen, in Zahlen zwischen 0 und 1 ausgedrückten Wert zwischen wahr und falsch annehmen kann. Fuzzy-Inferenzmechanismen basieren auf dieser mehrwertigen Fuzzy-Logik. Zentraler Operator ist der Implikationsoperator. Bekannte Fuzzy-Implikationsoperatoren sind z.B. der Mamdani-Operator, der Zadeh-Operator oder der Kleene-Dienes-Operator. – Vgl. auch → Inferenz, → Inferenzmaschine, → Fuzzy Control.

Fuzzy Logic – *vage Logik, unscharfe Logik;* Bereich der Logik, der die semantische Interpretation von Aussagen ermöglicht, die nicht als eindeutig wahr oder falsch eingestuft werden können (z.B. „Peter ist groß."). Diskrete Wahrheitswerte (wahr und falsch bzw. 1 und 0) werden durch einen stetigen Bereich (i.d.R. Intervall von 0 bis 1) ersetzt. Für Werte aus diesem Bereich werden aussagenlogische Operationen definiert. – *Klassen:* → Fuzzy Set, → Fuzzy-Inferenz, → Fuzzy Control.

Fuzzy-Menge → Fuzzy Set.

Fuzzy Set – *unscharfe Menge, Fuzzy-Menge;* Menge, deren Elemente bestimmten Mengen zu verschiedenem Grad angehören bzw. für die Aussage „ein Element x gehört zur Menge X" zu verschiedenem Grad wahr sein kann. Ein Fuzzy Set definiert sich aus {(x, μ(x)}, also aus dem Zweitupel (Element, Zugehörigkeitsgrad des Elements zur Menge). – Vgl. auch → Fuzzy Logic, → Fuzzy-Inferenz, → Fuzzy Control.

G

Gamification – 1. *Begriff:* Gamification (von engl. „game": „Spiel") ist die Übertragung von spieltypischen Elementen und Vorgängen in spielfremde Zusammenhänge. Alternative Begriffe im deutschsprachigen Raum sind „Gamifizierung" und „Spielifizierung". – 2. *Ziele und Merkmale:* Ziele von Gamification sind Motivationssteigerung und Verhaltensänderung bei Anwenderinnen und Anwendern. Zu den spieltypischen Elementen gehören Beschreibungen (Ziele, Beteiligte, → Regeln, Möglichkeiten), Punkte, Preise und Vergleiche. Zu den spieltypischen Vorgängen zählt die Bewältigung von Aufgaben durch individuelle oder kollaborative Leistungen. – 3. *Anwendungen:* Zunächst fand die Gamifizierung vor allem im Unterhaltungs- und Werbebereich statt.inzwischen spielt sie auch eine Rolle in der Fitness, beim → Shopping, bei betrieblichen Anwendungen – und in Lernumgebungen. Dadurch entsteht eine Nähe zu älteren Phänomenen wie Game-based Learning, Edutainment und Serious Games. Gamification bezieht sich nicht ausschließlich auf den Online-Bereich. Man kann auf fast alles Spieledesignprinzipien anwenden. – 4. *Kritik und Ausblick:* Der Erfolg von Gamification ist stark von der Haltung der Anwenderinnen und Anwender und ihrer Affinität zu Spielen abhängig. Zudem ist es wichtig, dass die Elemente und Prozesse professionell, wirksam und stimmig umgesetzt sind. Fraglich ist, ob Gamification zu einer Gewöhnung an das Spielerische führt und die Motivation in traditionellen Bereichen weiter senkt.

Gateway – Anpassungsschaltung, die die Kopplung zweier verschiedenartiger → lokaler Netze und damit die Kommunikation eines Teilnehmers des einen Netzes mit Teilnehmern des anderen ermöglicht.

Gb – Abk. für → Gigabit.

GB – Abk. für → Gigabyte.

Geheimnisprinzip → Information Hiding.

Generalisierung – I. Marketing: Aus der Psychologie in die Theorie des Konsumentenverhaltens übernommener Begriff. Ein gelerntes Verhalten wird von einem Konsumenten nicht nur auf eine spezifische, sondern auch auf ähnliche Situationen angewendet. – *Beispiel:* Die Erkenntnis, dass ein bestimmter Artikel in einem Einzelhandelsbetrieb preisgünstig angeboten wird, kann auf andere Artikel der betreffenden Abteilung oder auf das gesamte Sortiment übertragen werden.

II. Wirtschaftsgeografie: Formale Regel für die Auswahl von realen Elementen bei der Abbildung in einer Wirtschaftskarte. Vereinfachungen, Weglassungen, Hervorhebungen von Einzelheiten und Zusammenfassungen durch Verwendung von Klassifikationen haben den Zweck, die Lesbarkeit des Kartenbildes und Identifizierbarkeit der dort dargestellten Sachverhalte zu verbessern.

III. Informatik: Konzept der → Modellierung, bei dem gleichartige Typen von → Objekten zu einem Supertyp zusammengefasst werden. Die gleichartigen Typen bleiben weiter bestehen und werden Subtypen genannt. Der Supertyp enthält alle Attribute und Beziehungen, die die Gleichartigkeit der Subtypen ausmachen, die Subtypen enthalten nur die Attribute und gehen nur solche Beziehungen ein, die sie von den anderen Subtypen unterscheiden. *Gegensatz:* → Spezialisierung

General Packet Radio Service (GPRS) – Datenübertragungstechnik für GSM-Mobilfunk-Netze mit einer theoretischen Geschwindigkeit von ca. 170 Kbps, die jedoch in der Realität bei ca. 50 Kbps und somit auf dem Niveau eines Telefonmodems liegt.

Generator – in der Informatik Grundprogramm (→ Programm), das mithilfe spezieller Anweisungen und → Parametern ein Programm (→ Programmgenerator), eine → Maske (Maskengenerator), ein Menü (→ Menütechnik), das Format einer zu druckenden (→ Drucker) Liste (→ Reportgenerator) o.Ä. erzeugt.

genetischer Algorithmus – allg. verwendbare globale Heuristik zur Lösung von Entscheidungsproblemen. Wie auch bei den → Evolutionsstrategien muss das Entscheidungsproblem auf ein Individuum abgebildet werden. Eine Menge von Individuen, die zu einem Zeitpunkt verschiedene Lösungen des Entscheidungsproblems darstellen, bilden eine Population. Der Evolutionsprozess beruht auf den sog. genetischen Operatoren. Hierzu zählen die Mutation des Erbgutes eines Individuums, d.h. einer Lösung des Entscheidungsproblems, die Rekombination des Erbgutes mehrerer Individuen und die Selektion der Individuen, die zur Bildung der Nachfolgepopulation herangezogen werden sollen. Genetische Algorithmen sind wesentlich schwieriger zu konfigurieren als Evolutionsstrategien und für Probleme mit vielen kontinuierlichen Größen schlechter geeignet.

Geocoding → Georeferenzierung.

Georeferenzierung – *Geocoding*, Anreicherung bestehender Daten mit Geokoordinaten.

Geschäftsprozess – Folge von Wertschöpfungsaktivitäten (Wertschöpfung) mit einem oder mehreren Inputs und einem Kundennutzen stiftenden Output. Geschäftsprozesse können auf verschiedenen Aggregationsebenen betrachtet werden, z.B. für die Gesamtunternehmung, einzelne Sparten- oder Funktionalbereiche. Der Geschäftsprozess ist zentraler Betrachtungsgegenstand des Business Process Reengineering. – Vgl. auch Prozessorganisation.

Geschäftsprozessmanagement – bezeichnet die Gestaltung der Geschäftsprozesse (→ Geschäftsprozess) eines Unternehmens. Dabei wird nicht nur auf die effiziente Ausrichtung der Prozesse fokussiert, sondern auch auf die Einbindung in das Unternehmen und seine Unternehmenskultur und strategische Ausrichtung. Zum Geschäftsprozessmanagement gehören die Erhebung, Gestaltung, Dokumentation und Umsetzung von Prozessen.

geschlossenes Netz → Netz, das aufgrund seiner herstellerspezifischen Architektur nur die Einbindung von Datenstationen (v.a. von Computern) eines oder weniger bestimmter Teilnehmerkreise erlaubt. – *Gegensatz:* → offenes Netz.

Gesellschaft für Informatik e.V. (GI) – gegründet 1969. – *Aufgaben:* Die Informatik in Forschung und Lehre, ihre Anwendung und die Weiterbildung auf diesem Gebiet zu fördern. Veranstaltung von Tagungen, Förderung von wissenschaftlichen Veröffentlichungen, Einrichtung von Fachbereichen, Fachausschüssen und Fachgruppen sowie Unterrichtung einer breiten Öffentlichkeit über Fragen der Informationsverarbeitung.

Gesellschaft für Mathematik und Datenverarbeitung mbH (GMD) – eine der 13 Großforschungseinrichtungen der Bundesrepublik Deutschland; gegründet 1968, 1995 wurde sie in GMD-Forschungszentrum Informationstechnik umbenannt, die 2001 mit der Fraunhofer-Gesellschaft fusionierte. – *Aufgaben:* Forschung und Entwicklung (F&E) auf dem Gebiet der Informations- und Kommunikationstechnologie und der für ihren Fortschritt bedeutsamen Mathematik sowie die damit verbundene fachliche und wissenschaftliche Aus- und Fortbildung; Beratung und Unterstützung der öffentlichen Verwaltung, bes. der Bundesregierung, von Hochschulen sowie von Herstellern und Anwendern bei der Einführung und Fortentwicklung der Informationstechnik. Forschungs- und Entwicklungsaufgaben reichen von der Grundlagenforschung bis zur Entwicklung konkreter Produkte.

Gigabit (Gb) – Bezeichnung für 2^{30} (ca. 1 Mrd.) → Bits.

Gigabyte (GB) – Bezeichnung für 2^{30} (ca. 1 Mrd.) → Bytes.

Glasfaserkabel – *Lichtwellenleiter, Lichtleiter;* Medium für die Datenübertragung, die über dünne Glasfasern mittels sehr kurzer Laserlichtimpulse (im Nanosekundenbereich) erfolgt. – *Vorteile* des Glasfaserkabels gegenüber anderen Datenübertragungskabeln (z.B. → Koaxialkabel): gute Verlegbarkeit (fast beliebig krümmbar, geringer Durchmesser, geringes Gewicht), sehr hohe Frequenzbandbreite für Übertragungen, relativ großer Abstand zwischen Verstärkern möglich, hohe Abhörsicherheit. – *Nachteil:* relativ hoher Anschaffungspreis.

gleitende Mittelwerte – einfaches, in der Produktionsplanung und -steuerung verwendetes Prognoseverfahren für die Vorhersage des Primärbedarfs oder Sekundärbedarfs. Der Bedarf eines → Teils für die jeweils nächste Periode ergibt sich als arithmetisches Mittel aus dem Verbrauch der jeweils letzten *n* Vorperioden.

gleitende wirtschaftliche Losgröße – in → PPS-Systemen verwendetes heuristisches Verfahren zur Berechnung von Losgrößen (Los) bei diskretem Bedarfsverlauf. Das Verfahren basiert auf der Betrachtung der Gesamtkosten pro Stück, die sich aus den gesamten Lagerkosten und den losgrößenfixen Kosten zusammensetzen. Aufeinanderfolgende Bedarfsmengen werden dabei solange zu einem Los zusammengefasst, bis die Gesamtkosten pro Stück minimal sind.

GPRS – Abk. für → General Packet Radio Service.

Grafiktablett – *Digitalisiertablett;* → Eingabegerät für bereits vorhandene Grafik (grafische Darstellung); besteht aus einem elektronischen Tablett und einem angekoppelten frei beweglichen Markierer. Zur Digitalisierung (→ digitale Darstellung) wird die Vorlage auf das Tablett gespannt und danach der Markierer auf die zu erfassenden Punkte der Grafik geführt, deren Koordinaten dadurch gespeichert werden.

grafische Datenverarbeitung – *Computer Graphics;* zusammenfassende Bezeichnung für alle Techniken und Anwendungen der → elektronischen Datenverarbeitung, bei denen Bilder ein- oder ausgegeben werden. – Wird häufig auch mit eingeschränkter Bedeutung als Synonym für die *Bildgenerierung* (generative grafische Datenverarbeitung) benutzt.

grafisches Kernsystem (GKS) – funktionale Definition eines grafischen Basissystems, d.h. des Kerns eines Grafiksystems; national (DIN 66 252 vom April 1986) und international (ISO 7942) als Norm festgelegt. – Grafisches Kernsystem definiert unabhängig von → Hardware, → Programmiersprachen oder → Betriebssystemen (BS) die Grundfunktionen für die Erzeugung und Manipulation computergenerierter Bilder.

Green IT – bezeichnet die ressourcenschonende Verwendung von Energie und Einsatzmaterialien in der Informations- und Kommunikationstechnologie über den gesamten Lebenszyklus hinweg, d.h. dass bereits bei der Entwicklung nicht nur ein möglichst ressourcenschonender Umgang der Technik im Betrieb, sondern auch eine umweltschonende Entsorgung und Wiederverwendung der Einsatzmaterialien Berücksichtigung findet.

Großrechner → Mainframe.

Groupware – Informations- und Kommunikationstechnologien zur Unterstützung von Teamarbeit im Rahmen des → Computer Supported Cooperative Work. Hierzu gehören u.a. Systeme zur Unterstützung von elektronischen Sitzungen oder zur gemeinsamen Erstellung von Dokumenten, gemeinsamen Informationsräumen (→ Schwarze Bretter), Gruppenterminkalendern sowie Videokonferenzsystemen.

Grunddatenverwaltung – Komponente eines PPS-Systems, die für die Verwaltung der → Stammdaten zuständig ist. – Vgl. auch → PPS-System.

Gruppe – I. Soziologie: 1. *Begriff*: soziales Gebilde. Gegenüber früheren Abgrenzungen versteht man in der Soziologie unter Gruppe v.a. die Klein-Gruppe, d.h. ein Gebilde von drei bis etwa 25 Mitgliedern; die Zweier-Konstellation wird als Dyade bezeichnet. – 2. *Charakteristische Merkmale*: Bestimmte Anzahl von Mitgliedern, die (1) über längere Zeit miteinander ein gemeinsames Ziel verfolgen und (2) in einem kontinuierlichen Kommunikations- und Interaktionszusammenhang stehen („Wir-Gefühl") und (3) gruppenspezifische Rollen, Normen und Werte ausbilden. – 3. *Zu unterscheiden* sind v.a.: a) *Primär- und Sekundärgruppen:* Primärgruppen sind v.a. die von Gefühl und Vertrauen geprägten primären Lebensgemeinschaften der Menschen, z.B. Familie, Freundschaftsgruppe, Nachbarn; Sekundärgruppen sind alle sozialen Gebilde, in denen mehr unpersönliche, anonyme und abstrakte Beziehungen vorherrschen (wie in Organisationen und formellen Gruppen). – b) *Formelle/informelle Gruppe:* Formelle Gruppen ergeben sich zwangsläufig durch die Größe des Betriebs (Anzahl der Belegschaftsmitglieder) und seiner technischen Struktur; als organisatorische Formen: Hauptabteilungen, Abteilungen, Gruppen; Betriebe. Informelle Gruppen sind nicht auf den Betriebszweck ausgerichtete Gebilde, deren Vorhandensein vielfach nicht in Erscheinung tritt, die aber u.U. eine recht bedeutungsvolle Rolle im Betrieb spielen (z.B. weltanschauliche Gruppen, Anhänger von Sportvereinen, Spielgruppen, Tischgruppen aus der Kantine u.ä.). Gruppenmitglieder haben unterschiedlichen Einfluss auf die (latenten) Ziele der Gruppe: (1) Die einzelnen Mitglieder unterstützen teils bewusst, teils unbewusst das Verhalten der Gruppe und heißen es gut; das Ziel, meist auch die Grenzen, werden von dem Einzelnen oft anders definiert als von der Gruppe. (2) Die einzelnen Mitglieder entwickeln unbewusst und zwanglos gleiche Eigenschaften und Verhaltensregeln. (3) Innerhalb der Gruppe gibt es einen Meinungsführer (Führung), der die Zielsetzung der Gruppe dominiert.

II. Wirtschaftsinformatik: 1. *Begriff*: Sammlung von von → Daten (meist: → Datensätze einer → Datei), die den gleichen → Ordnungsbegriff aufweisen. – 2. *Formen* (bei mehrstufigem Ordnungsbegriff): (1) *Haupt-Gruppe*: Daten mit einer gemeinsamen Ordnungsbegriffkomponente der höchsten Stufe; (2) *Unter-Gruppe*: Daten innerhalb der Haupt-Gruppe mit einer gemeinsamen Ordnungsbegriffkomponente der nächsttieferen Stufe; etc.

Gruppenwechsel – 1. *Begriff*: in der → betrieblichen Datenverarbeitung häufig auftretende Aufgabe, bei der die Elemente eines Datenbestands (meist die → Datensätze einer → Datei), der nach einem → Ordnungsbegriff sortiert ist, in → Gruppen verarbeitet werden. – 2. *Arten*: a) *Einstufiger Gruppenwechsel* liegt vor, wenn der Ordnungsbegriff einstufig ist; bei Übergang von einer Gruppe zur nächsten treten die typischen Gruppenwechsel-Tätigkeiten auf: (1) Abschlussarbeiten für die alte Gruppe (z.B. Zwischensummen bei Abrechnungsproblemen); (2) Vorarbeiten für die Bearbeitung der neuen Gruppe (z.B. Überschriften erzeugen). – b) *Mehrstufiger Gruppenwechsel* liegt vor, wenn der Ordnungsbegriff mehrstufig ist. Die Gruppenwechsel-Tätigkeiten sind dann bez. der Unter- und Hauptgruppen durchzuführen. In einigen → Programmiersprachen besteht die Möglichkeit, die Gruppenwechsel-Tätigkeiten teilweise automatisch ausführen zu lassen, z.B. durch den Report Write in → Cobol.

GSM – Abk. für Global System for Mobile Communications; Mobilfunkstandard. siehe auch UMTS

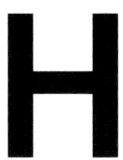

Hacker – 1. *Begriff*: Das engl. „to hack" bedeutet: in etwas eindringen. In der Informatik gilt ein Hacker als Person, die Freude an Erstellung bzw. Veränderung von → Software oder → Hardware hat. Der Begriff wird im Zusammenhang mit Kriminalfällen für Personen verwendet, die solche Lücken in fremden Systemen unerlaubt für eigene, oft kriminelle Zwecke wie den Diebstahl von Informationen nützen. „Echtes" Hacking bedeutet: Einbruch in Computer bzw. Computernetze. – 2. *Softwareerstellung*: Hier ist der Begriff ambivalent: Hacker steht einerseits für einen talentierten, passionierten → Programmierer. Andererseits kann der Begriff auch für jemanden stehen, der ein Problem durch eine Reihe gezielter minimaler Änderungen oder Erweiterungen (sog. *hacks*) eines bestehenden Quelltexts löst. Ein Hack gilt einerseits als verblüffend einfache, (manchmal) elegante Lösung eines nicht trivialen Problems. Er kann sich andererseits aber auch auf eine rasch erstellte, ineffiziente, unschöne und ungeschliffene Lösung (sog. *quick-and-dirty hack*) beziehen. In diesem Kontext kann Hacker den negativen Beigeschmack eines Entwicklers haben, der für wenig solide Lösungen bekannt ist. – 3. *Hardwareentwicklung*: Ein Hacker entwickelt oder verändert → Hardware, schreibt Gerätetreiber und Firmware oder verändert die physikalischen Grundlagen der Netzwerke. – 4. *Computersicherheit:* Hier wird die Herausforderung des Hackens darin gesehen, Sicherheitsmechanismen zu überwinden, somit Schwachstellen erkennen zu können, Systeme zu unterwandern oder auf Design- und Programmierfehler hin zu untersuchen. Unter Umgehung der Sicherheitsvorkehrungen suchen Hacker einen Zugriff auf ein Computernetzwerk, einen Computer, eine gesicherte Komponente (z.B. → Chipkarte) oder zu gesperrten Daten. – 5. *Hacking-Techniken*: Bekannte Hacking-Techniken sind z.B.: → Trojaner, → Wurm, → Virus, → Sniffer, → Keylogger, → Backdoor, → Exploit. – 6. *Hacking im Strafgesetz*: § 202c des dt. Strafgesetzbuches (Vorbereiten des Ausspähens und Abfangens von Daten, der sog. „Hackerparagraf") stellt die Beschaffung und die Verbreitung von Zugangscodes zu zugangsgeschützten Daten sowie die Herstellung und den Gebrauch von Werkzeugen, die diesem Zweck dienen, als Vorbereitung einer Straftat unter Strafe. – 7. *Aktuelle Probleme auf höchster Ebene*: Die Hacker-Szene arbeitet immer professioneller und die Liste der Hacking-Opfer wird täglich länger. Auf ihr stehen prominente Namen wie der US-Senat, CIA, Zoll und Bundespolizei in Deutschland, die britische Sonderbehörde zum Kampf gegen organisierte Kriminalität und das österreichische Außenamt; auch andere europäische Länder sowie Georgien waren bereits betroffen. – 8. *Abhilfe*: Helfen können auf internationaler Ebene revidierte Sicherheitsstrategien, die IT-Sicherheit so ernst zu nehmen wie Einbruchschutz, stärkere internationale Vernetzung, Erfahrungsaustausch, Investitionen in Spezialsoftware, wie z.B. „Encase", regelmäßige Updates sowie entsprechende Workshops und Schulungen.

Hacking – 1. *Datenschutzgesetz:* → Datenschutz, Ausspähen von Daten. – 2. *Wirtschaftsinformatik:* unstrukturiertes Vorgehen bei der → Programmentwicklung.

Halbduplex – Art der → Datenübertragung, bei der abwechselnd Daten in beide Richtungen über das Medium übertragen werden können. – *Gegensatz:* (Voll-) → Duplex.

halbformale Spezifikation – im → Software Engineering eine Methode der → Spezifikation, bei der die Aufgaben eines → Softwaresystems oder eines → Moduls teils verbal, teilweise formalisiert, definiert werden.

Handschriftleser → Klarschriftleser.

Hardcopy – Ausdruck einer Bildschirmseite (→ Bildschirm).

Hard Disk Drive → Festplatte.

Hardware – I. Wirtschaftsinformatik/Informatik: Gesamtheit der technischen Maschinen-Elemente (Geräte, Teile) eines → Computers oder eines → Netzes (z.B. → Zentraleinheit, → externer Speicher, Leitungsverbindungen). Die Funktionen der Hardware werden durch die → Programme ausgelöst, gesteuert und kontrolliert.
II. Investitionsgütermarketing: Sachleistungskomponente im Angebot eines Herstellers. Sie wird ergänzt durch Software-Leistungen, die Dienstleistungen (Pre-Sales-Services, episodenbegleitende Dienstleistungen, After-Sales-Services) des Herstellers.

Hardwarehersteller – Unternehmen, das vorrangig → Hardware (Computer) produziert. Viele Hardwarehersteller treten daneben auch als Anbieter von Softwareprodukten (→ Software) auf dem Softwaremarkt auf.

Hardware-Virtualisierung – 1. *Begriff:* Abstraktion von physikalischer → Hardware zu virtuellen Hardwarekomponenten, die in gleicher Weise genutzt werden können wie ihr physikalisches Gegenstück. Auf virtueller Hardware können → Betriebssysteme (BS) und → Software in gleicher Weise wie auf physikalischer Hardware betrieben werden. – 2. *Ziele:* Hardware-Virtualisierung wird für den Betrieb von virtuellen → Servern oder auch zur Virtualisierung von → Desktops verwendet. Dadurch werden zwei Ziele erreicht: – a) gemeinsame Nutzung physikalischer Hardware: mehrere virtuelle Server teilen die zugrundeliegende physikalische Hardware, was zu einer besseren Auslastung und Kostenersparnissen führt; – b) Unabhängigkeit von physikalischer Hardware: virtualisierte Server und → Personal Computer (PC) können leichter auf andere physikalische Hardware umgezogen werden, solange die gleiche virtuelle Hardware dort bereitgestellt werden kann.

Hash-Funktion → Dateiorganisation.

Hauptgruppe → Gruppe.

Hauptprogramm → Programm, dessen Ausführung i.Allg. durch ein Kommando des → Betriebssystems angestoßen wird. Ein Hauptprogramm kann → Unterprogramme benutzen.

Hauptspeicher – Synonym für → Arbeitsspeicher.

hausinternes Netz → In-House-Netz.

HDD – Abk. für Hard Disk Drive; siehe auch → Festplatte.

heterogenes Netz → offenes Netz.

heuristische Information → heuristische Suche.

heuristische Suche – Methodik des → Suchens, die v.a. in der → Künstlichen Intelligenz (KI) Anwendung findet. Zur Reduzierung des Suchaufwands werden aufgabenspezifische Informationen (heuristische Informationen) in den Suchprozess mit aufgenommen; sie dienen als Parameter zur Steuerung des Prozesses.

hierarchisches Datenmodell → Datenmodell, mit dem hierarchische Beziehungen zwischen → Datensätzen beschrieben werden können. Früher gebräuchliches Modell; Grundlage älterer, bekannter → Datenbanksysteme. – *Nachteil:* geringe Flexibilität bei → Datenbankabfragen und bei Änderungen.

Hilfsprozessor – *Coprozessor;* Zusatzprozessor (→ Prozessor), der die Leistung eines → Computers erhöhen soll, indem er den → Zentralprozessor durch die Übernahme bestimmter Aufgaben entlastet.

HIPO-Methode – *Hierarchy Plus Input-Process-Output Method.* 1. *Begriff:* (1) → Softwareentwurfsmethode; (2) Darstellungsmittel für die → Programmentwicklung. – 2. *Bestandteile:* a) *Inhaltsübersicht* (Visual Table of Contents): grafische Übersicht, in der alle → Module eines → Softwaresystems, bzw. im Kleineren alle Verfeinerungskonstrukte eines → Programms (→ schrittweise Verfeinerung), in einer Hierarchie als Baum dargestellt werden. – b) *Überblicksdiagramme:* Für jede Komponente der Inhaltsübersicht wird ein dreiteiliges Diagramm erstellt, das links die *Eingabedaten* (Input), in der Mitte die groben *Verarbeitungsschritte* (Process) und rechts die *Ausgabedaten* (Output) enthält.

Hit – einzelne Anfrage eines → Browsers an den Webserver. Die Anzahl der Hits, die durch einen einzigen Aufruf einer Webpage entsteht, entspricht der Anzahl der Elemente, aus denen sich die Internetseite zusammensetzt (z.B. Text- und Bilddateien).

Hochregallager – Lager großer Höhe (häufig ca. 30 m, z.T. über 40 m) mit Fachregalen für Paletten, Kartons oder Kästen, die i.d.R. durch automatische Fördereinrichtungen ver- und entsorgt werden. – Vgl. auch → fahrerloses Transportsystem (FTS), → Prozesssteuerung.

höhere Datenstruktur → abstrakte Datenstruktur.

höhere Programmiersprache → Programmiersprache.

Homebanking – 1. *Begriff:* Erledigung von Bankgeschäften per → Rechner von zu Hause aus. Ergänzend kann die Möglichkeit der Beauftragung per Telefax im Fall technischer Probleme gewährt werden. Kreditinstitute bieten im → Internet (oder über Onlinedienste) kostengünstige bis kostenfreie Kontoführung an. Erforderlich ist die Eröffnung eines Kontos. Die Legitimationsprüfung kann bei Bedarf auch die Deutsche Post AG vornehmen. – 2. *Offerierte Dienstleistungen:* a) Ausführen von Daueraufträgen und Überweisungen (auch in das Ausland); b) Bestellung von Scheckvordrucken; c) Aushändigung einer Scheckkarte zur Bargeldversorgung bzw. zur Point-of-Sale-Zahlung etc.; d) Bestellung von Reisescheckes; e) Erteilung von Aufträgen für Geld- und Kapitalanlagen bzw. Darlehen; f) Einzug und Einlösung von Lastschriften. – 3. *Bereitgestellte Informationen:* Kontoauszug, Vermögensstatus, Preise für Dienstleistungen, Konditionen des Anlage- bzw. Kreditsektors, Anlageempfehlungen etc. – 4. *Voraussetzungen:* PC inkl. geeigneter Übertragungsinstrumente (→ Modem, ISDN-Karte, DSL-Modem [→ ISDN, → DSL]), Onlinezugang zur Bank. Von der Bank zur Verfügung gestellt werden die persönlichen Identifikationsmittel (z.B. → PIN) bzw. Legitimationsmedien für die Kontaktaufnahme; die Sicherung des Dialoges mit der Bank kann auch über das → Homebanking Computer Interface (HBCI) Verfahren erfolgen. – Vgl. auch → Electronic Banking.

Homebanking Computer Interface (HBCI) – durch die Spitzenverbände der dt. Kreditinstitute vereinbarte Standard für → Homebanking. – 1. *Erfordernisse:* HBCI erfüllt folgende Erfordernisse: (1) *Flexibilität:* Einfache und schnelle Integration neuer Service- oder Finanzformen; (2) *Sicherheit:* Verwendung allg. anerkannter hochsicherer Signatur- und Verschlüsselungsverfahren mit Eignung auch für offene Netze; (3) *offenes System:* Integration anerkannter internationaler Normen, Verfahren und Standards; (4) *Multibankfähigkeit:* Kundenseitige Kommunikation auf Basis einer Software mit mehreren Kreditinstituten; (5) *kundenseitige Hardwareunabhängigkeit:* Neueste Entwicklungen (z.B. Web-TV) sollen integrierbar sein. Wegfall der TAN-Nummernverwendung und -verwaltung. HBCI ist Bestandteil des 2003 vom ZKA verabschiedeten Spezifikationen Financial Transaction Services (FinTS); Sicherheitsmedium ist die HBCI-Chipkarte in Verbindung mit der der Karte zugeordneten Identifikationsnummer (PIN); einfache Inanspruchnahme neuer Funktionen (z.B. Laden der GeldKarte mittels Chipkartenleser). – 2. *Merkmale:* Wesentliche Merkmale von HBCI sind die Banken- und Providerunabhängigkeit und die öffentliche Verfügbarkeit des Standards. Daher ist es prinzipiell für jeden Programmierer oder Softwarehersteller möglich, eine Implementierung der Client-Seite von HBCI zu erstellen und damit auf alle HBCI-fähigen Banken zuzugreifen. Der Standard sieht dazu mehrere Möglichkeiten der Authentifizierung vor. Inzwischen stellen eine Vielzahl von Anbietern die notwendigen Softwarebausteine bereit. In der Version FinTS 4.0 wurden alle internen Datenstrukturen auf → XML und XML-Schemata umgestellt; HTTPS wird als Kommunikationsprotokoll verwendet. – 3. *Funktionsweise*: HBCI kann ohne zusätzliche Hardware mit → PIN und TAN- (heute iTAN-) Software arbeiten. Schlüssel werden dann z.B. in Dateien verarbeitet. Bei der Eingabe wird eine Datenverbindung vom Computer zur Bank aufgebaut (HTTPS-Protokoll). Einen etwas höheren Sicherheitsstandard bietet HBCI mit einem externen Chipkartenlesegerät. Hier ist der Schlüsselcode – nur für den Nutzer einsetzbar – auf einer → Chipkarte abgelegt. Eine Alternative zum HBCI-Verfahren bieten Verfahren mit TAN-Generatoren. – *Voraussetzungen:* HBCI-Chipkarte der Hausbank und Chipkartenleser, → Modem oder ISDN-Karte und Telefonleitung, Onlinezugang, Zugangssoftware, Homebanking-Konto.

Homepage → HTML-Seite, die als Startseite für eine → Website fungiert. Von der Homepage aus sollten i.d.R. alle Seiten über → Hyperlinks erreicht werden können, die der Besitzer der Homepage zum Abruf bereitstellen will.

Homeshopping → Teleshopping.

Host – ein Verarbeitungsrechner (→ Computer) in einem Rechnernetz, der netzwerkunabhängige (→ Netz) Aufgaben löst und dessen Leistungen von anderen Netzstationen in Anspruch genommen werden können. Der Host ist i.d.R. über einen Vorrechner mit dem Netz verbunden.

HSDPA – Abk. für High Speed Downlink Packet Access; Datenübertragungsverfahren des Mobilfunkstandards UMTS.

HSUPA – Abk. für High Speed Uplink Packet Access; Datenübertragungsverfahren des Mobilfunkstandards UMTS, das höhere Upload-Geschwindigkeiten als → HSDPA ermöglicht.

HTML – Abk. für *HyperText Markup Language;* mithilfe der als ISO-Norm 8879 festgeschriebenen → SGML (Standard Generalized Markup Language) definierte Auszeichnungssprache, die die logischen Bestandteile eines Dokuments wie Überschriften und Aufzählungen beschreibt. HTML wird dazu benutzt, Dokumente für das → World Wide Web zu erstellen, die mithilfe eines → Browsers angezeigt werden können. – Vgl. auch → XML.

HTTP – Abk. für *HyperText Transfer Protocol;* im → Internet zur Übertragung von Dokumenten verwendetes → Protokoll. Unter Verwendung dieses Protokolls dekodiert der Browser die in → HTML-Dokumenten enthaltenen Auszeichnungsanweisungen (→ Tags) und stellt diese dann dar.

Hybrid Cloud – Zusammenschluss mehrerer Clouds (→ Private Cloud, → Public Cloud, → Community Cloud) miteinander und mit anderen → Rechenzentren zu einer einheitlichen Betriebsumgebung für → Server und → Anwendungen. – Vgl. auch Cloud Computing.

Hyperlink – Verknüpfung von HTML-Dokumenten (→ HTML). Hierbei kann es sich z.B. um Querverweise zwischen einzelnen Webpages oder einem Textdokument und einer Grafik handeln. I.d.R. wird der Hyperlink farblich hervorgehoben bzw. unterstrichen. Erst der Hyperlink ermöglicht die vernetzte Struktur und die nicht lineare Organisation von Inhalten im → World Wide Web. Technisch erfolgt der Verweis über einen → URL.

Hypertext – Struktur von Dokumenten in → Rechnernetzen (z.B. dem → World Wide Web), die Verweise auf andere Dokumente beinhalten (→ Hyperlink) und die Möglichkeit bieten, durch Anklicken dieses Verweises das korrespondierende Dokument direkt aufzurufen.

HyperText Markup Language → HTML.
HyperText Transfer Protocol → HTTP.

IBM-Code → EBCDIC.

IC – Abk. für *Integrated Circuit;* in einem → Chip integrierte Schaltung.

ICANN – Abk. für → Internet Corporation for Assigned Names and Numbers.

ICQ – Abk. für *„I seek you";* Name eines populären Programms der Firma Mirabilis und des zugrunde liegenden Protokolls. ICQ dient der schnellen Kommunikation über das → Internet (→ Chat).

IEEE – Abk. für *Institute of Electrical and Electronic Engineers;* Ingenieursverband in den USA mit zunehmendem Schwerpunkt im Bereich der → Informatik. Herausgeber bekannter Informatik-Zeitschriften, Veranstalter internationaler und nationaler Tagungen. Bedeutender Faktor in der internationalen Standardisierungsszene, z.B. Standards für → lokale Netze. – Vgl. auch → IEEE 802.

IEEE-802 – Projekt des → IEEE, in dem Standards für verschiedene LAN-Konzepte (→ lokales Netz) erarbeitet wurden. Diese wurden später von der ISO als Normungsempfehlungen übernommen. Bekannt v.a.: (1) der 1983 von der Arbeitsgruppe 802.3 entsprechend der Ethernet-Spezifikation (→ Ethernet) festgelegte Standard für CSMA/CD-Busnetze (→ CSMA/CD, → Netzwerktopologie), (2) der 1984 von der Gruppe 802.4 festgelegte Token-Bus-Standard (→ Token Passing) und der 1984 von der Gruppe 802.5 entsprechend den IBM-Vorschlägen festgelegte Token-Ring-Standard.

Impact-Drucker → Drucker, bei dem die Zeichendarstellung auf Papier durch Typenanschlag erzeugt wird. – *Gegensatz:* → Non-Impact-Drucker.

imperative Programmiersprache → Programmiersprache.

Implementationsbeschreibung – Teil der → Dokumentation eines → Softwaresystems, in der die → Systemarchitektur, die einzelnen → Module sowie die Programmlogik (→ Programm) und die → Datenstrukturen mit Erläuterungen beschrieben sind. *Zielgruppe:* v.a. Wartungsprogrammierer und → Systemanalytiker. – Vgl. auch → Implementierung.

Implementierung – im → Software Engineering. 1. *Phase im* → Softwarelebenszyklus, in der die in der → Entwurfsphase spezifizierten → Module eines Softwaresystems als → Programme realisiert werden (→ Programmentwicklung); für die Implementierung bzw. → Codierung wird eine → Programmiersprache benutzt. – 2. *Vorgang der Umsetzung* einer → Spezifikation in ein Programm. – 3. *Ergebnis der Umsetzung,* d.h. das Programm (Sprechweisen: Programm ist eine Implementierung der Spezifikation; Programm implementiert eine Spezifikation). – 4. *Realisierung* der in der → Schnittstelle eines Moduls definierten Leistungen innerhalb des Moduls (→ Information Hiding, Sprechweise: Implementierung der Schnittstelle; bei einem funktionsorientierten Modul auch: Modul implementiert einen → Algorithmus).

Individualkommunikation – I. Kommunikationswissenschaft: 1. *Charakterisierung:* Form der → Kommunikation; Interaktion zwischen identifizierten Partnern. Typisch ist der (häufige) Rollenwechsel, der Sender wird zum Empfänger und umgekehrt; Individualkommunikation ist direkt, wechselseitig und bietet die Möglichkeit unmittelbarer Kontrolle durch Rückkopplung. – 2. *Die Unterscheidung zwischen Individualkommunikation und Massenkommunikation* ist durch die jüngste Entwicklung der Medientechnik problematisch geworden; zunehmend wird für alle Formen der Kommunikation der Begriff → Telekommunikation verwandt.

II. *Wirtschaftsinformatik:* Form der Kommunikation, bei der die Kommunikationspartner für die Informationsübermittlung exklusiv ausgewählt werden. Für Individualkommunikation die über ein → Netz erfolgen soll, wird deshalb ein → Vermittlungsnetz benötigt. – *Gegensatz:* Massenkommunikation.

Individualsoftware → Software, die für den Einsatz in *einem* speziellen Betrieb entwickelt wird, entweder durch Eigenerstellung (→ Softwarelebenszyklus) oder Auftragsvergabe an externen Softwarehersteller. – *Gegensatz:* → Standardsoftware.

individuelle Datenverarbeitung (IDV) – *End User Computing.* 1. *Begriff:* Organisationsform der → betrieblichen Datenverarbeitung, bei der dem → Endbenutzer in der Fachabteilung Computerleistung (→ Computersystem) an seinem persönlichen Arbeitsplatz zur Verfügung gestellt wird und er v.a. seine aufgabenspezifischen → Anwendungen selbst entwickelt und pflegt. – Vgl. auch → Personal Computing. – 2. *Einsatzgebiete:* v.a. Aufbereitung und Gewinnung von Informationen aus bestehenden DV-Systemen (z.B. → Datenbanksysteme, → Datenverarbeitung (DV)) für Berichte, Ad-hoc-Abfragen, Kalkulationen und Planungen; arbeitsplatzspezifische Aufgaben ohne Bezug zu anderen Systemen; typisch: Einsatz von → Personal Computern (PC).

Industrieroboter – 1. *Begriff:* universell einsetzbarer, mit mehreren Achsen versehener Bewegungsautomat, dessen Bewegungen hinsichtlich Bewegungsfolge, Wegen und Winkeln frei programmierbar sind. Ein Industrieroboter ist mit Greifern, Werkzeugen oder anderen Fertigungsmitteln ausgerüstet und kann Handhabungs- und/oder Fertigungsaufgaben ausführen. – 2. *Aufbau:* Ein Industrieroboter besteht aus Antriebssystem, Wegmesssystem, Steuerung, Kinematik (Achsen) und ggf. Greifern. – 3. *Einsatzschwerpunkte:* Im Rahmen der → Fertigungsautomation v.a. Werkzeughandhabung, z.B. Punktschweißen, Lackieren und Werkstückhandhabung, z.B. Teilebearbeitung, Montage, Transport.

Industriestandard – 1. *Begriff:* auf dem → Hardware- und Softwaremarkt viel benutzte Fiktion für ein Produkt, dem Standardcharakter bei Anwendern in der Industrie zugemessen wird. – 2. *Formen:* zahlreiche Kategorien, z.B. → Betriebssystem (BS) Windows von Microsoft als Industriestandard für → Personal Computer (PC), → SQL als Industriestandard für relationale Datenbankabfragesprachen. – Oft werben Anbieter mit → Kompatibilität zum Industriestandard.

Inferenz – *Schlussfolgerung;* Bezeichnung für den Vorgang, ein neues Faktum aus bereits bekannten Fakten, z.B. durch die Anwendung von → Regeln, abzuleiten. – Vgl. auch → Inferenzmaschine, → Fuzzy-Inferenz. – *Arten:* (1) zielgesteuerte Inferenz: → Rückwärtsverkettung; (2) datengesteuerte Inferenz: → Vorwärtsverkettung.

Inferenzmaschine – *Inferenzmechanismus;* Bestandteil eines → wissensbasierten Systems, der die Aufgabe hat, mithilfe von Inferenzregeln (→ Inferenz, → Regel) Schlussfolgerungen aus der → Wissensbasis abzuleiten, die zur Lösung des zu bearbeitenden Problems beitragen.

Inferenzmechanismus → Inferenzmaschine.

informale Spezifikation – *verbale Spezifikation;* im → Software Engineering eine Methode der → Spezifikation, bei der die Aufgaben eines → Softwaresystems oder eines → Moduls verbal, ohne Benutzung eines formalen Rahmens, definiert werden.

Informatik – I. *Begriff:* Wissenschaft von der systematischen Verarbeitung von Informationen, bes. der automatischen Verarbeitung mithilfe von Computern; im angelsächsischen Raum als *Computer Science* bezeichnet. Die Informatik untersucht grundsätzliche Verfahrensweisen für die Verarbeitung von

Informationen sowie allg. Methoden der Anwendung solcher Verfahrensweisen in den verschiedensten Bereichen.

II. Teilgebiete: 1. *Technische Informatik:* v.a. (1) *Rechnerorganisation:* Entwurf neuer Konzepte und → Konfigurationen für die → Hardware von → Computersystemen, v.a. für Teilnehmersysteme (→ Teilnehmerbetrieb) und Verbundsysteme (→ Computerverbund(-system)); (2) *Schaltungstechnik:* Automatisierung des Entwurfs von Hardwareeinheiten (von einzelnen Schaltungen bis hin zu vollständigen Rechenanlagen); (3) *Mikroprogrammierung:* Entwicklung von → Programmen zur Steuerung elementarer Hardwarefunktionen; (4) Rechnerarchitektur- und Hardware-Entwicklung. – 2. *Theoretische Informatik:* V.a. (1) *Formale Sprachen:* Entwicklung künstlicher Sprachen zur eindeutigen formalen Beschreibung von → Algorithmen sowie von Beschreibungsmitteln für die Syntax (→ Syntax einer Programmiersprache) dieser Sprachen; (2) *Theorie der* → Programmierung: Entwicklung formaler Beschreibungsmittel für die Semantik von Programmiersprachen (Semantik einer Programmiersprache) und darauf aufbauend → Programmverifikation (formaler Korrektheitsbeweis für → Programme); (3) *Automatentheorie:* Ableitung von Grundlagen für den Aufbau und das Verhalten informationsverarbeitender Maschinen aus abstrakten mathematischen Modellen; (4) *Algorithmentheorie:* Berechenbarkeit von Funktionen durch Algorithmen und Klassifizierung der „nichtberechenbaren" Funktionen; (5) *Komplexitätstheorie:* Klassifizierung der durch Algorithmen berechenbaren Funktionen nach ihrer Komplexität, d.h. nach dem zur Berechnung notwendigen Aufwand; (6) *Schaltwerktheorie:* Entwicklung formaler Beschreibungen für Schaltungen und komplexe Schaltkreise. – 3. *Praktische Informatik:* (1) → Software Engineering; (2) Entwicklung von → Datenstrukturen und → Datenorganisation; (3) → Betriebssysteme (BS); (4) Compilerbau, Entwicklung von Programmiersprachen und → Übersetzern; (5) Informations- und Kommunikationssysteme; (6) → Künstliche Intelligenz (KI); (7) Entwicklung kognitiver Verfahren und Systeme; (8) → grafische Datenverarbeitung. – 4. *Angewandte Informatik* hat v.a. Anwendungen der Informatik in der Betriebs- und Volkswirtschaft, in der Mathematik, in Naturwissenschaft und Technik sowie in der Medizin zum Gegenstand.

III. Wirtschaftsinformatik: Aufgrund der rasch wachsenden Verbreitung von Computersystemen in Wirtschaft und Verwaltung und des Entstehens spezieller computergestützter betrieblicher Problemlösungen, die umfassende betriebswirtschaftliche Kenntnisse verlangen, hat sich mit der Betriebs- bzw. Wirtschaftsinformatik jedoch eine eigene interdisziplinäre Wissenschaft entwickelt. – Vgl. auch Wirtschaftsinformatik.

Information – 1. *Begriff:* Derjenige Anteil einer Nachricht, der für den Empfänger einen Wert besitzt. Durch Informationen werden beim Wirtschaftssubjekt bestehende Wahrscheinlichkeitsurteile bez. entscheidungsrelevanter → Daten oder Ereignisse (z.B. Tauschmöglichkeiten oder technische Innovationen) verändert. – 2. *Merkmale:* a) Eine Information kann als immaterielles Gut charakterisiert werden, das i.d.R. auch bei mehrfacher Nutzung nicht verbraucht wird. Informationskäufer erhalten eine, meist zu geringen Grenzkosten herstellbare, Kopie der Information, können aber die Rechte der Informationsnutzung in vollem Umfang erwerben. Als wirtschaftliches Tauschobjekt i.e.S. ist deshalb nicht die Information selbst, sondern das Recht, sie zu nutzen, zu betrachten (Verfügungsrechte).–b) Informationen zeichnen sich des Weiteren dadurch aus, dass sie (v.a. angesichts neuerer Informations- und Kommunikationstechniken) extrem schnell und preiswert transportierbar sind.–c) Wegen der erwähnten Eigenschaften treten bei der Produktion und Distribution von

Informationsprodukten erhebliche Economies of Scale auf.

Information Broking – Recherche und Aufbereitung von Informationen im Rahmen der Marktforschung. Zu den Dienstleistungen des Information Broking zählen die Überprüfung von gewerblichen Schutzrechten und die Markt- und Konkurrenzanalyse.

Information Center – 1. *Begriff*: Organisationskonzept zur → individuellen Datenverarbeitung (IDV) bzw. betriebliche Abteilung zur Koordination bei dezentraler → Datenverarbeitung. – 2. *Ziele*: Das Information Center dient als zentrale Anlaufstelle für alle Fragen der Informationsverarbeitung in einem Unternehmen, v.a. bei dezentraler Organisation der Datenverarbeitung. Die → Endbenutzer in den Fachabteilungen sollen beim Umgang mit → Computersystemen, v.a. beim → Personal Computing, unterstützt werden. – 3. *Zielgruppe*: Typische Klienten des Information Centers sind Endbenutzer, die fachspezifische → Anwendungen entwickeln, aber nicht programmieren (→ Programmierung); statt einer → Programmiersprache benutzen sie z.B. → Abfragesprachen oder andere Endbenutzerwerkzeuge. Häufig kommen sie aus dem Rechnungswesen, der Personalwirtschaft oder dem Bereich Forschung und Entwicklung (F&E). – 4. *Aufgaben*: Beratung, Schulung und Unterstützung der Benutzer bei der Einführung neuer Softwareprodukte oder Computersysteme für dezentrale Datenverarbeitung; Standardisierung der → Hardware und → Software (z.B. durch Rahmenrichtlinien); Wartungs- und Installationsunterstützung; Hilfestellung bei der Entwicklung von Anwendungen.

Information Hiding – *Geheimnisprinzip;* im → Software Engineering ein → Modularisierungsprinzip; grundlegende Bedeutung für die Software-Technologie (Software Engineering). Information Hiding besagt, dass die Art und Weise, wie ein → Modul seine Aufgaben erfüllt, im Innern des Moduls „verborgen" werden soll; über das Modul sollen nach außen nur die Dinge bekannt sein, die als → Modulschnittstelle definiert werden (Abstraktion von der internen Realisierung).

Information Retrieval – Auswertung eines Bestands von unstrukturiert gespeicherten → Daten (meist Texte) nach → Suchbegriffen, v.a. Suche und Bereitstellung der gefundenen Daten.

Informationsbedarfsanalyse – 1. *Begriff*: Methode zur Erhebung und Bewertung des zukünftigen Informationsbedarfs eines Unternehmens; in diesen gehen die Anforderungen der Fachabteilungen bez. der Neuentwicklung betrieblicher Informationssysteme (→ betriebliches Informationssystem) und neuer Anwendungen ein. – 2. *Einsatzgebiete*: → Requirements Engineering, → DV-Audit und → DV-Rahmenkonzeption. – 3. *Schwerpunkte*: Ermittlung des bereits vorhandenen, jedoch ungedeckten Informationsbedarfs und Prognose des zukünftigen Bedarfs. – 4. *Ergebnis*: Langfristiger Anwendungsplan, der die vorhandenen und zukünftigen Anwendungen unter Berücksichtigung der Einführungsprioritäten enthält. – Vgl. auch → Informationswertanalyse.

Informationsbedarfsplanung – 1. *Begriff*: systematische Planung des internen und externen Informationsbedarfs der betrieblichen Teilbereiche. – 2. *Ziele*: Schwachstellen in der Informationsweitergabe sollen ebenso festgestellt werden wie → Medienbrüche, ungenutzte oder schlechte Informationsquellen und fehlende Informationsverwendungen. – 3. *Formen*: Grundsätzlich ist zu unterscheiden zwischen induktiven Methoden, bei denen analysiert wird, welche → Daten in den Stellen und Prozessen der Unternehmung bereitgestellt, verwendet oder nachgefragt werden, und deduktiven Methoden, die von den Aufgaben und Zielen der Unternehmung bzw. den Unternehmensteilbereichen ausgehen und hieraus die für die Aufgabenerfüllung bzw. Zielerreichung relevanten → Informationen abzuleiten versuchen.–a) Die wichtigsten Informationsquellen bei der *induktiven Vorgehensweise* stellen Informationsträger wie betriebliche Dokumente, Datenerfassungskomponenten und Informationsverwender dar. Bei der Dokumentenanalyse wird versucht, den Inhalt und die Eigenschaften des gegenwärtigen Informationsangebotes, wie sie sich aus vorliegenden Formularen, Berichten, Statistiken und Listen darstellen, herauszukristallisieren. Hieraus wird auf den tatsächlichen Informationsbedarf geschlossen.–b) Im Unterschied hierzu versuchen die *deduktiven Methoden*, den sachlich notwendigen Informationsbedarf aus den zielsetzenden Aufgaben des Unternehmens bzw. der Unternehmensteilsysteme abzuleiten. Ausgangspunkt der Analyse sind somit die Entscheidungs- und Handlungsprobleme sowie die Ziele der Unternehmung, aus deren Lösung auf logischem und theoretischem Weg die Informationen hergeleitet werden können. Man kann hierbei eine deduktiv-logische Analyse durchführen, bei der unmittelbar aus den Unternehmenszielen die relevanten Entscheidungen und hieraus die dafür notwendigen Daten bzw. Informationen abgeleitet werden. Des Weiteren können aus theoretischen Planungsmodellen, die als Referenzmodelle fungieren, die zur Lösung der Modelle relevanten Informationen und Daten abgeleitet werden. – 4. *Ergebnis:* Das Ergebnis der Informationsbedarfsplanung ist ein Dateninventar und eine Art Kommunikationslandkarte.

Informationsmanagement – I. Betriebswirtschaft: Die wirtschaftliche Bedeutung von → Information liegt in deren Eigenschaft als Wirtschaftsgut, Wettbewerbs- und Produktionsfaktor. Mangelhaftes Informationsverhalten (Nachfrage, Angebot) erhöht generell das Risiko für den Misserfolg von Entscheidungen und Maßnahmen in den verschiedenen Institutionen (Unternehmen, Ministerien, Standesvertretungen etc.). Spezielle Bedeutung hat Informationsmanagement für das Unternehmen in Verbindung mit strategischer Planung und Innovationsmanagement gewonnen. Einer jeden Innovation gehen technische Erfindungen voraus, die als Invention bezeichnet werden. Neben der technischen Machbarkeit wird dann im Rahmen verschiedener Testphasen die Marktfähigkeit der Invention überprüft. Verspricht die Neuerung einen Erfolg, dann kommt es zur Markteinführung. Die Invention wird dann zur Innovation. Bei dem heute vorherrschenden Innovationswettbewerb sind „zufällig" entstehende Innovationen bei Weitem nicht mehr ausreichend, sodass das Informationsmanagement unter diesem Aspekt bes. relevant ist. Im Hinblick darauf, dass jeder Innovationsprozess zunächst als immaterieller Prozess der Beschaffung, Aufbereitung und Verdichtung von Information beginnt, kann – bezogen auf Innovationsprojekte – mangelnde Informationsbeschaffung zu Ineffizienz und Misserfolg am Markt führen. Die notwendige strategische Ausrichtung von Innovationsvorhaben setzt die Existenz einer Unternehmensstrategie voraus, deren Formulierung ebenfalls an die Verfügbarkeit der erforderlichen Information gebunden ist, und zwar aus dem Unternehmen selbst (Erkennen von Stärken und Schwächen) und aus der Umwelt des Unternehmens (Erkennen von Chancen und Risiken). Informationen für die Innovationsplanung betreffen etwa die Bereiche technische, wirtschaftliche, soziale und politische Entwicklung, Wettbewerbssituation, Rechtsvorschriften, Ökologie, Management-Technologien (Technologie) etc. Ermittlung des Informationsbedarfes und Beschaffung der erforderlichen Information sind Teilaufgaben eines umfassenden Informationsmanagements, für welches folgende drei Aufgabenbereiche unterschieden werden können: (1) Informationsbedarfsplanung, (2) Informationsressourcen-Management zur Nutzung von Information als (unternehmerische) Ressource und als Wettbewerbsfaktor, d.h. Bewirtschaftung von Information in analoger Weise, wie dies z.B. für Material, Betriebsmittel und Personal gilt und (3) Informationssystem-Management zur Konzeption, Realisierung und Nutzung eines den Anforderungen der einzelnen Institution entsprechenden Informationssystems, welches über die geläufigen EDV-Anwendungen hinausgeht und auch Kommunikation zwischen den Unternehmensbereichen, das betriebliche Vorschlagswesen, Dokumentation von Ideen, Entscheidungen und Argumente, die laufende Erfassung und Auswertung von Vertreterberichten, Reklamationen, Berichte des Kundendienstes etc. sowie auch die Information der Mitarbeiter über Unternehmenssituation, Ziele und Strategien umfasst. – Vgl. auch IT-Management.

II. *Informationsökonomik:* Betrachtet man → Information als unternehmerische Ressource, so muss sie dem Management und damit der Planung, Organisation und Kontrolle zugänglich gemacht werden. Aufgabe des Informationsmanagements ist es, dafür zu sorgen, dass Informationen effektiv (zielgerichtet) und effizient (wirtschaftlich) eingesetzt werden. Informationsmanagement ist somit ein integraler Bestandteil und eine Querschnittsfunktion der Unternehmensführung. – Vgl. auch Informationsökonomik.

III. **Informatik:** *Informationswirtschaft, Informationslogistik.* 1. *Begriff:* Disziplin, die sich mit dem Management von Informations- und Kommunikationssystemen beschäftigt. – 2. *Aufgaben:* Planung, Steuerung und Überwachung der Informationsquellen, -senken, -übertragungswege und der informationsverarbeitenden Systeme. – 3. *Ebenen:* a) *operatives Informationsmanagement:* Entwicklung und Anpassung von → Informationssystemen, Konfigurations- und Netzwerkmanagement, Sicherungs- und Katastrophenmanagement, Rechnerbetrieb und Wartung; – b) *strategisches Informationsmanagement:* Planung der Informationsinfrastruktur (→ Informationsbedarfsanalyse), Personalplanung, Datenmanagement, Planung des Sicherungskonzeptes. – 4. *Querschnittsfunktionen:* Der Aufgabenbereich des Informationsmanagements überlappt sich mit den Disziplinen des Controllings sowie des Sicherheits-, des Personal- und des Qualitätsmanagements.

Informationsmanager – 1. *Begriff:* Berufsbild in der Unternehmensorganisation. – 2. *Hintergrund:* → Informationen werden als wichtige Ressource eines Unternehmens eingestuft, die von einer zentralen Managementinstanz geplant, verwaltet und gepflegt werden sollen. – 3. *Aufgaben* des Informationsmanagers können als Weiterentwicklung der Aufgaben des EDV-Koordinators, EDV-Organisators und des → Datenbankadministrators angesehen werden, v.a. unter strategischen Aspekten. Der Informationsmanager ist wie diese Mittler zwischen den Fachabteilungen, der Unternehmensleitung sowie der → Org/DV-Abteilung. – 4. *Ausbildung:* Die Aufgabe setzt ein Hochschulstudium der Wirtschaftsinformatik, Betriebswirtschaftslehre (BWL) oder der → Informatik voraus.

Informationsportfolio – 1. *Begriff:* in der Wirtschaftsinformatik eine Methode zur Bewertung der realisierten → Anwendungen und des zukünftigen Anwendungsbedarfs eines Unternehmens beim → DV-Audit bzw. der DV-Rahmenplanung. – 2. *Aufgaben:* Beurteilung der vorhandenen Anwendungen auf ihre Verwendbarkeit in der Zukunft, Beschreibung des Ersatzbedarfs bzw. der erforderlichen Anpassungen und Erweiterungen, Bestimmung der betrieblichen Funktionskreise, für die zukünftig DV-Unterstützung erforderlich ist.

Informationssystem – 1. *Begriff:* Summe aller geregelten betriebsinternen und -externen Informationsverbindungen sowie deren technische und organisatorische Einrichtung zur Informationsgewinnung und -verarbeitung. Das Informationssystem ist der formale Teil des gesamten betrieblichen Kommunikationssystems. – 2. *Computergestütztes Informationssystem:* → Betriebliches Informationssystem, → Führungsinformationssystem (FIS), Marketing-Informationssystem (MAIS), → Personalinformationssystem;

branchenspezifisch: → Banken-Informationssystem, computergestütztes Reisebuchungssystem, computergestütztes Versicherungsinformationssystem, computergestütztes → Warenwirtschaftssystem (WWS). – 3. *Aufgaben:* Rechtzeitige Versorgung der Handlungsträger mit allen notwendigen und relevanten → Informationen in wirtschaftlich sinnvoller Weise. Informationssystem bildet Medium für Entscheidungsfindung und -durchsetzung des Managements und ist somit Grundlage für den gesamten Managementprozess. Im Informationssystem vollzieht sich der Informationsprozess. – Vgl. auch → Bürgerinformationssystem.

Informationswertanalyse – *Information Value Analysis.* 1. *Begriff:* Methode zur Analyse und Bewertung von Informationsstrukturen und -flüssen und zur Entwicklung von Verbesserungsvorschlägen im Hinblick auf die langfristige Planung → betrieblicher Informationssysteme, aufbauend auf Konzepten der Wertanalyse. – 2. *Ziele:* Verkürzung der Zeiten des Informationsdurchlaufs durch die betrachtete Einheit (z.B. eine Abteilung oder einen Prozess), Erhöhung des Informationswerts, Senkung des Aufwands für die Zurverfügungstellung einer Information. – 3. *Vorgehen:* zunächst Prüfung der vorhandenen Informationsträger (Schriftgut, Formulare, Drucklisten, Masken u.a.) auf ihre Funktion und Bedeutung hin anhand von quantitativen und qualitativen Kriterien, dann Prüfung der Verbesserungsmöglichkeiten (z.B. Vermeidung von Datenredundanzen, Änderungsaufwand). – Vgl. auch → Informationsbedarfsanalyse.

Infrastructure as a Service (IaaS) – Bedarfsorientierte Bereitstellung von Hardware- oder hardware-nahen → IT-Ressourcen nach dem Konzept von → Everything as a Service (EaaS). Diese IT-Ressourcen sind oft durch → Hardware-Virtualisierung von der physikalischen Hardware, auf der sie betrieben werden, entkoppelt.

In-House-Netz – *hausinternes Netz;* Oberbegriff für → Nebenstellenanlagen, → lokale Netze und herstellerspezifische Datenverarbeitungsnetze (→ Netz), die räumlich auf ein begrenztes Gelände beschränkt sind.

Instant Messaging – Internetdienste, die eine text- oder zeichenbasierte Kommunikation in Echtzeit ermöglichen.

Integrated Circuit → IC.

Integrated Services Digital Network → ISDN.

Integrationstest → Testen.

integriertes Service- und Datennetz → ISDN.

intelligentes Stromnetz – bezeichnet die Vernetzung der Stromverbraucher und der Stromerzeuger untereinander, um über eine dezentrale Steuerung die Elektrizitätsversorgung und den -verbrauch zeitlich zu optimieren.

Intelligent Software Agent – Programm, das auf Anforderung und Eingabe von → Daten hin einen Routineprozess durchführt. Im Kontext des → E-Commerce werden Intelligent Software Agents v.a. für die Informationssuche (z.B. Preisvergleich) eingesetzt.

interaktiver Betrieb → Dialogbetrieb.

interner Speicher → Zentralspeicher.

internes Datenmodell → Datenmodell, das die physische Organisation der Daten auf ihren Speichermedien beschreibt (→ Datenorganisation). – *Gegensatz:* → externes Datenmodell.

internes Schema – Darstellung eines → internen Datenmodells in einer → Datenbeschreibungssprache.

Internet – Die beiden Bestandteile des Begriffs Internet, nämlich *Inter* = zwischen und *Net* = Netz verweisen darauf, dass es bei dem Terminus um den Austausch von → Daten zwischen → Computern über Telekommunikationsnetze geht. Präziser lässt sich das Internet als ein dezentral organisiertes, globales → Rechnernetz charakterisieren, das aus einer Vielzahl miteinander verbundener Einzelnetze gebildet wird und in dem die Kommunikation zwischen den einzelnen Rechnern auf der Grundlage des Transmission Control Protocol/Internet Protocol (→ TCP/IP) erfolgt. Die Ursprünge des Internets gehen auf die 1950er- und 1960er-Jahre zurück. Nach dem Sputnik-Schock richtete die US-Regierung 1958 im Verteidigungsministerium die Advanced Research Projects Agency (ARPA) zur Entwicklung innovativer Technologien für die militärische Nutzung ein. 1964 wurde in einem von der RAND Corporation erstellten Bericht über die Absicherung militärischer Kommandostrukturen die für das heutige Internet zentrale Idee der Paketvermittlung vorgestellt. 1969 fällte das US-Verteidigungsministerium die Entscheidung zum Aufbau eines paketvermittelnden Datennetzes ohne zentrale Steuerung und Kontrolle. Dieses sog. → ARPANET sollte militärische und akademische Einrichtungen innerhalb der USA miteinander verbinden. – Bei seinem Start 1969 bestand das Netz aus vier Computern verschiedener Universitäten zwischen denen Daten mit einer Geschwindigkeit von 2,4 kbit/s übertragen werden konnten. In den folgenden Jahren wurde mit der steigenden Zahl der Teilnehmer, der internationalen Vernetzung sowie der Abspaltung des militärisch genutzten Bereichs der Wandel des ARPANET zum heute bekannten offenen Internet vollzogen. – Im Jahr 2001 nutzten ca. 495 Millionen Menschen weltweit das Internet, seitdem hat sich diese Zahl in den letzten zehn Jahren laut ITU mehr als vervierfacht. Wurde das Internet bis Ende der 1990er-Jahre noch weitgehend für eine reine Informationsbereitstellung verwendet, wird es seither zunehmend für die digitale Abwicklung von Geschäftstransaktionen und die elektronische Unterstützung von Leistungsprozessen in Unternehmen und Behörden, also für Electronic Business genutzt. – Den großen Durchbruch in der Öffentlichkeit erlangte das Internet mit der Einführung des → World Wide Web (WWW) (Web), das jedem Benutzer eine grafisch unterstützte Navigation im Internet zum Auffinden von Informationen ermöglicht. Dieser 1989 von Physikern am Kernforschungszentrum CERN in Genf entwickelte Dienst integriert alle bisher genannten Dienste unter einer Oberfläche und kann auch von unerfahrenen Anwendern relativ leicht genutzt werden. Das Grundelement des WWW bilden sog. Hypertext-Seiten. Diese werden in der Beschreibungssprache → HTML (Hypertext Markup Language) erstellt und unter Verwendung des Protokolls → HTTP (Hyper Text Transfer Protocol) im Internet übertragen. Hypertext-Seiten besitzen zur Identifizierung innerhalb des Internets eine Adresse (→ URL = Uniform Resource Locator, z.B. http://www.gabler.de) und können multimediale Elemente wie Text-, Bild-, Video- und Audioinformationen enthalten. Sie werden auf sog. WWW-Servern oder -Hosts abgelegt und sind untereinander durch sog. → Hyperlinks verbunden. Diese werden innerhalb der Seiten durch markierte Textelemente oder Grafiken dargestellt und bieten eine einfache Möglichkeit, kontextbezogen zu einzelnen Seiten zu verzweigen. Die Seiten eines einzelnen Informationsanbieters sind i.d.R. hierarchisch strukturiert und über eine → Homepage zu erreichen. – Der Zugriff auf das World Wide Web erfolgt mittels eines auf dem lokalen Rechner installierten Browserprogramms (→ Browser), das die auf WWW-Servern abgelegten Hypertext-Seiten interpretiert und entsprechend darstellt. Bekannte Browser sind Google Chrome, Microsoft Internet Explorer, Mozilla Firefox, Opera und Safari. – Die Übertragungs- und Paketvermittlungsinfrastruktur des Internets wird von einer Vielzahl von unabhängigen Unternehmen betrieben, die jeweils bestimmte Subnetze kontrollieren und/ oder andere Leistungen anbieten, die für die Internetnutzung erforderlich sein können (z.B. Bereitstellung von Speicherrechnern zur Ablage von Inhalten, die über das Internet abrufbar sein sollen). Internet Access Provider verknüpfen den PC von Endkunden über eine Wähl- oder Festverbindung oder über einen xDSL-Anschluss mit einem Knotenrechner (= Router), von dem aus Datenpakete in das eigentliche Internet eingespeist werden. Jenseits solcher Netzzugangspunkte wird der Verkehr von → Internet Service Providern (ISP) über Verbindungsnetze (= → Backbones) und weitere Router transportiert. Nach der räumlichen Erstreckung der Gebiete, in denen ein ISP TCP/IP-Verkehr aufnimmt und weiterleitet, werden lokale, regionale, nationale und internationale ISP unterschieden. Übergänge zwischen mehreren Internet-Subnetzen verschiedener Betreiber werden zum großen Teil an wenigen ausgewählten Orten über sog. „Peering Points" realisiert. – Das Internet stellte ein breites Spektrum unterschiedlicher Dienste bereit, die einen Austausch von Informationen ermöglichen. Hierzu gehört der Versand elektronischer Briefe (Electronic Mail, → E-Mail). Dieser Dienst ist kostengünstiger und schneller als die, ironisch mit Snail-Mail (Schneckenpost) bezeichnete, herkömmliche Briefpost. Der Anwender kann empfangene oder versandte Nachrichten speichern und bearbeiten oder auch Verteilerlisten für Rundschreiben und Serienbriefe erstellen. Außerdem ist es möglich, beliebige Dateien an eine Nachricht anzuhängen. Voraussetzung zur Nutzung von Electronic Mail ist, dass der Absender die Adresse des Empfängers, unter der dieser Nachrichten erhalten kann, kennt. Eine E-Mail-Adresse, z.B. heinz.mustermann@gabler.de, setzt sich zusammen aus einer Kennung (heinz.mustermann), dem Zeichen @ (at, Klammeraffe) und einer Rechneradresse (gabler.de). Newsgroups sind elektronische Diskussionsforen zu einer Vielzahl von Themen. Artikel (Postings) einzelner Nutzer können weltweit verbreitet und gelesen werden. Die Gesamtheit der Rechner, die diesen Dienst zur Verfügung stellen wird auch als Usenet bezeichnet. Das → File Transfer Protocol (FTP) dient zur systemunabhängigen Übertragung beliebiger Dateien zwischen zwei Computern. Telnet ermöglicht den Zugriff auf andere im Netzwerk befindliche Computersysteme („Remote Login"). Der Anwender kann mit Telnet bspw. die Kapazität von Großrechnern nutzen oder auf Applikationen zugreifen, die auf dem eigenen Rechner nicht zur Verfügung stehen. – Einen einfachen Einstieg in das Internet erhält der Nutzer über sog. → Portale. In themenunspezifischen (= horizontalen) Portalen werden die unterschiedlichsten Links und Serviceangebote auf einer Website bereitgestellt. Diese umfassen typischerweise aktuelle Nachrichten, Börsenkurse, kostenlose E-Mail-Adressen, Preisvergleiche und → Suchmaschinen. Oft kann der Nutzer das Erscheinungsbild der Seiten inhaltlich selbst gestalten, sodass bei weiteren Besuchen nur die als interessant empfundenen Inhalte angezeigt werden (= Personalisierung). Themenspezifische Portale (= vertikale Portale) konzentrieren sich dagegen auf ein Thema und liefern zu diesem umfassende Inhalte in vielfältiger Form, von allg. Überblicken bis hin zu detaillierten Angeboten, bspw. in Form themenspezifischer Diskussionsforen oder Chatrooms. Aus Anbietersicht zielen Internet-Portale auf die Erzeugung und Aggregation von Aufmerksamkeit (Inhalteanbieter), die Erzeugung von Verkehr (Netzbetreiber) sowie eine stärkere Kundenbindung und eine Einleitung von Verkäufen (Leistungsanbieter).

Internetbetrug – 1. *Begriff*: Internetbetrug beschreibt Betrugsdelikte im Rahmen der → Internetkriminalität. Während manche Formen des Internetbetrugs ausschließlich im → Internet vorkommen, stellen andere Varianten von Verhalten außerhalb des Netzes dar. Internetbetrug funktioniert v.a. aufgrund einer Informationsasymmetrie (Informationsgefälle) zwischen Opfer und Täter, oft auch der Gutgläubigkeit und der Gier vieler späterer Opfer. – 2. *Betrug*: Unter Betrug versteht man a) im strafrechtlichen Sinn ein Vermögensdelikt, bei dem der Täter in rechtswidriger Bereicherungsabsicht das Opfer durch Vorspiegelung oder Unterdrückung von Tatsachen gezielt so irreführt, dass es sich selbst oder einen Dritten am Vermögen schädigt, d.h. materiellen Schaden zufügt, – b) im nicht strafrechtlichen Sinn eine Vorspiegelung falscher Tatsachen, die nicht auf einen Vermögensvorteil abzielt und damit eine strafrechtlich gesehen irrelevante Form des Betrugs ist (zur Abgrenzung auch als „Betrügerei" bezeichnet). Voraussetzung dafür ist allerdings, dass der Täter dabei keine anderen strafbaren Handlungen begeht. – 3. *Abgrenzung zu* → Computerkriminalität: Unter Internetkriminalität werden Straftaten verstanden, die mit den Techniken des Internets geschehen. Anders zu verstehen ist Computerkriminalität, bei der „nur" der → Computer ohne Internetnutzung als Tatwaffe eingesetzt wird. – 4. *Betrugsmethoden:* a) → *Phishing,* – b) *Identitätsdiebstahl:* Identitätsdiebstahl (auch Identitätsbetrug; engl. *Identity Theft*) bezeichnet die missbräuchliche Nutzung personenbezogener Daten (der Identität) durch Dritte. Ziel des Identitätsdiebstahls ist es i.d.R., einen Vermögensvorteil zu erreichen, Daten der betroffenen Person an interessierte Kreise zu verkaufen (illegale Auskunfteien) oder den rechtmäßigen Inhaber der Identitätsdaten in Misskredit zu bringen (Rufschädigung). – c) *Eingehungsbetrug:* Dies ist eine bes. Form des Betrugs; der Betrüger täuscht hierbei über seine Absicht, die ihm aus einem Vertrag erwachsenden Verpflichtungen zum Zeitpunkt der Fälligkeit auch tatsächlich zu erfüllen. Auf das Internet bezogen bedeutet dies v.a. das Anbieten von Waren, die man gar nicht besitzt, in Onlineshops oder bei Onlineversteigerungen. Der Eingehungsbetrug im Internet setzt eine Vorauszahlung durch den später Betrogenen voraus. Oder dieser wird vom Täter aufgefordert, einen Betrag zu überweisen. Dies ist aus Käufersicht so riskant wie eine Barzahlung im Voraus. – d) *Informationsdiebstahl* bei webbasierten Onlineberatungen (z.B. Gesundheitsdaten oder Lebensgewohnheiten); verläuft häufig unbemerkt von der betroffenen Person, da zunächst keinerlei Spuren vorhanden sind. Die durch den Betrug gewonnenen Informationen werden u.a. von illegal arbeitenden Auskunfteien vermarktet. – e) *Internetabonnements:* Ein Unternehmer bietet einem potenziellen Kunden an, nach einer einmaligen Registrierung eine Dienstleistung zu beziehen. Einige Zeit später behauptet der Anbieter, es sei ein Dauerschuldverhältnis mit einer Vertragslaufzeit von mind. einem Jahr entstanden, und das gesetzliche Rücktrittsrecht bestünde nicht mehr. – 5. *Fazit:* In den letzten Jahren haben sich Tat- und Tätertypen stark verändert, die Tatwaffen (Computerprogramme) selbst sind großteils gratis im Internet zu finden. Die Bandbreite der neu entstehenden Deliktarten ist beachtlich. Das Internetstrafrecht muss daher laufend aktualisiert werden.

Internet Corporation for Assigned Names and Numbers – private Organisation, die vorwiegend die Vergabe von → IP-Adressen betreut, Protokollparameter koordiniert und die Aufsicht über das → Domain-Name-System innehat.

Internet der Dinge – bezeichnet die Vernetzung von Gegenständen mit dem → Internet, damit diese Gegenstände selbstständig über das Internet kommunizieren und so verschiedene Aufgaben für den Besitzer erledigen können. Der Anwendungsbereich erstreckt sich dabei von einer allg. Informationsversorgung über automatische Bestellungen bis hin zu Warn- und Notfallfunktionen.

Internetemission – Emission von Aktien über das → Internet. Die Internetemission dient bes. kleineren Unternehmen, welche die Dimensionen eines herkömmlichen IPO nicht erreichen. Die erste im Internet emittierte Aktie war die New Yorker Mikrobrauerei Spring Street Brewing Co. Seitdem wurde diese Form der Kapitalbeschaffung von mehreren kleinen Unternehmungen kopiert. Das Verfahren der Emission kann unterschiedlich gehandhabt werden. Eine Möglichkeit ist die Verankerung eines Zeichnungssystems auf der Homepage der Unternehmung. Eine andere Variante ist es, sog. Internetemissionshäuser in das „Going Public" zu involvieren. Diese stellen die entsprechenden Emittenten via Internet vor und ermöglichen die Zeichnung online. Die Abrechnungsverfahren differieren und unterliegen einer stetigen Weiterentwicklung in puncto Abwicklungssicherheit. I.d.R. wird die gezeichnete Aktie dem Zeichner erst gutgeschrieben, wenn der Geldeingang beim Emittenten vermeldet wird. Geht das Geld nicht ein, verfällt die Zeichnung.

Internetkriminalität – 1. *Begriff*: Der Begriff der Kriminalität (lat. *crimen*: Beschuldigung, Anklage, Schuld, Verbrechen) orientiert sich im Wesentlichen an der juristischen Definition einer Straftat. Während sich eine Straftat oder der materielle Verbrechensbegriff eher am individuellen Verhalten misst, werden mit „Kriminalität" die Straftaten als Gesamtphänomen (Makrophänomen) bezeichnet. Internetkriminalität umfasst Straftaten, die auf dem → Internet basieren oder mithilfe von Techniken des Internets geschehen. Der Begriff ist abzugrenzen von der → Computerkriminalität, bei der der → Computer ohne Internetnutzung als Tatwaffe eingesetzt wird. – 2. *Erscheinungsformen*: Die Erscheinungsformen der Internetkriminalität sind sehr vielfältig und umfassen z.B. → Internetbetrug, Ausspähen von Daten, Identitätsdiebstahl, Urheberrechtsverletzung oder Cyber-Terrorismus. In Deutschland entfällt laut Bundeskriminalamt (BKA) der Hauptanteil (rund 80 Prozent) auf Betrugsdelikte, wobei der Warenkreditbetrug an der Spitze stand. Dazu kommen Fälle der sog. IuK-Kriminalität (d.h. Kriminalität im Zusammenhang mit Informations- und Kommunikationstechniken; hier ist → Phishing der Schwerpunkt). Das BKA erfasst unter dieser Rubrik Computerbetrug, der Betrug mit Zugangsberechtigungen zu Kommunikationsdiensten, die Fälschung beweiserheblicher Daten und Täuschung im Rechtsverkehr bei der Datenverarbeitung, Datenveränderung und Computersabotage sowie das Ausspähen von Daten. Der Übergang zu Methoden und Verfahren des sog. Cyberwar („Netzkrieg") ist fließend; im Einzelfall ist nicht immer klar, ob ein Angriff im Netz kriminellen Zielen dient oder militärische bzw. politische Absichten verfolgt. Die „Malware-Industrie" (→ Malware) wird immer professioneller, und Attacken auf die Rechner und Rechnernetze werden immer ausgefeilter. – 3. *Umfang der Gefahr*: Nach einer BITKOM-Studie sind bis Mitte 2008 fast vier Mio. Deutsche schon einmal Opfer von Computer- oder Internetkriminalität geworden. 7 Prozent aller Computernutzer ab 14 Jahren sind bereits u.a. durch einen → Virus, bei Onlineauktionen oder durch Datenmissbrauch beim Onlinebanking finanziell geschädigt worden. Ein Problem ist aber auch das geringe Risikobewusstsein vieler Nutzer. In seinem auf der CeBIT vorgestellten Bericht zur IT-Sicherheit in Deutschland 2009 hat das Bundesamt für Sicherheit in der Informationstechnik (BSI) die Situation als ernst eingeschätzt. Der unbesorgte Umgang mit Daten in den sog. „Mitmach"-Anwendungen des Internets, v.a. in den immer beliebter werdenden → sozialen Netzwerken, akzentuiert das Problem weiter. Bedenkenlos geben Anwender in ihren Benutzerprofilen im Netz oft detailliert über ihre Person Auskunft. Solche Angaben sind aber praktisch für jedermann zugänglich. – Vgl. auch → Cybercrime.

Internet of Things → Internet der Dinge.

Internetökonomie – vorwiegend digital basierte Ökonomie, welche die computerisierte Vernetzung nutzt, um Kommunikation, Interaktion und Transaktion in einem globalen Umfeld zu ermöglichen.

Internet Service Provider – Abk. *ISP*; auch *Internet-Access-Provider*, Telekommunikationsdienstleister, der Endkunden den Zugang zum → Internet anbietet. ISP bieten über den Internet-Zugang hinaus häufig weitere Internet-Dienste an. Bspw. treten sie auf als: *Netzwerk-Provider*, die Netzwerke sowohl für das Internet als auch für firmeninterne → Intranets zur Verfügung stellen. Die für ein internationales Netzwerk benötigten Standleitungen werden teilweise bei anderen großen Netzwerkbetreibern angemietet. Kunden der Netzwerkbetreiber sind vielfach Internet-Zugangs-Provider. Diesen wird Netzbandbreite (→ Bandbreite) und Datenvolumen verkauft, die sie dann an Endkunden weiterverkaufen. Da Netzwerk-Provider häufig gleichzeitig auch Internet-Zugangs-Provider sind, ist ihre Bezeichnung als ISP zumeist korrekt und umfassend. *Webspace-Provider*, die auf Computern Speicherplatz, Zugang, E-Mail-Adressen und Dienstleistungen für eine Webpräsenz (d.h. → Websites, virtuelle → Server und eigene Internetdomains (→ Domain)) zur Verfügung stellen. *Content-Provider*, die qualifizierte Inhalte, wie etwa Nachrichten, Audio- oder Bewegtbildinhalte, im → World Wide Web (WWW) anbieten. Ein Beispiel hierfür sind Zeitungs- und Zeitschriftenverlage. → Application Service Provider, die gegen Entgelt über ein Netzwerk Softwarekomponenten zur Verfügung stellen und damit die Installation, Wartung und Aktualisierung von Softwareprogrammen auf (firmen-) eigenen Rechnern, ebenso überflüssig machen wie Wartung und Updates.

Internet-Telefonie – bezeichnet das Telefonieren über das → Internet anstatt über das klassische Telefonnetz.

Interpreter → Systemprogramm, das die in einer höheren → Programmiersprache formulierten Anweisungen zur Laufzeit jeweils einzeln in → Maschinenbefehle übersetzt und diese direkt ausführt. Im Gegensatz zum → Compiler wird kein Objektprogramm (→ Programm) erzeugt. – Vgl. auch → Übersetzer.

Intranet – unternehmens- bzw. organisationsinternes Computernetzwerk, welches auf dem Internetprotokoll → TCP/IP basiert. Das Intranet dient zur Unterstützung unternehmensinterner Prozesse. Der Datentransfer zwischen Intranet und → Internet bzw. → World Wide Web wird durch eine sog. → Firewall reguliert.

IP-Adresse – eindeutige Adresse eines → Rechners oder eines Internetservers innerhalb eines → Netzwerks. Um dem Internetnutzer die Navigation zu erleichtern, sind den IP-Adressen Domains zugeordnet. Bisher bestand die IP-Adresse aus vier Zahlenblöcken von jeweils 0 bis 255, also aus insgesamt 32 Bit. Da aber auf absehbare Zeit der Adressraum nicht mehr ausreichen wird, erfolgt zzt. eine Umstellung auf 128 Bit lange Adressen.

IP-Telefonie → Internet-Telefonie.

ISAM – Abk. für *Index Sequential Access Method*, → Datenorganisation.

ISDN – Abk. für *Integriertes Service- und Datennetz, Integrated Services Digital Network*; universelles digitales Fernmeldenetz der Deutschen Telekom mit zwei 64-Kb/s-Nutzkanälen und einem 16-Kb/s-Signalisierungskanal.

Istanalyse – 1. *Begriff*: erste Phase im Phasenmodell der → Systemanalyse. – 2. *Merkmale*: Der Istzustand des Problembereichs, für den ein computergestütztes → betriebliches Informationssystem (→ Computersystem) entwickelt (bzw. ein bestehendes verändert) werden soll, wird erhoben, aufbereitet und kritisch analysiert. – 3. *Ziel*: Feststellung des Informationsbedarfs für das System, Erstellung einer → Anforderungsdefinition, die als Basis für die nächste Phase (→ Sollkonzept) dient. – Vgl. auch → Informationsbedarfsanalyse. – 4. *Methodik*: Systemabgrenzung (Festlegung des zu analysierenden Bereichs), Systemerhebung, Systembeschreibung sowie die Fakten- und Schwachstellenanalyse.

IT – Abk. für *Informationstechnologie*; Oberbegriff für alle mit der elektronischen → Datenverarbeitung in Berührung stehenden Techniken. Unter IT fallen sowohl Netzwerkanwendungen, Datenbankanwendungen, Anwendungen der → Bürokommunikation als auch die klassischen Tätigkeiten des

→ Software Engineering. – Vgl. auch IT-Management.

IT-Governance – bezeichnet den rechtlichen und faktischen Ordnungsrahmen für die Leitung, Organisation (prozessual wie aufbauorganisatorisch) und Überwachung der IT eines Unternehmens. Mit der IT-Governance soll sichergestellt werden, dass die Unternehmensziele durch den IT-Einsatz unterstützt und vorangetrieben werden.

ITIL – Abk. für IT Infrastructure Library; Sammlung von Best bzw. Good Practices im IT Service Management, die über Regeln Aufbau- und Ablauforganisation sowie die benötigten Werkzeuge im IT-Dienstleistungsbereich beschreibt. ITIL gilt als De-Facto-Standard, eine Zertifizierung ist aber nur für Personen und nicht für Unternehmen an sich möglich. Für Unternehmen ist eine Zertifizierung nach ISO 20000 möglich, die sich an ITIL orientiert.

IT-Ressource – 1. *Begriff*: Ressource im Bereich der Informationstechnologie (→ IT), die ein Unternehmen bei Aufgaben der elektronischen → Datenverarbeitung (EDV) unterstützt. – 2. *Differenzierung*: IT-Ressourcen können auf Basis der angebotenen Funktionalität klassifiziert werden. – a) *Software-IT-Ressourcen*: IT-Ressourcen, mit denen ein Anwender direkt interagiert. Solche Ressourcen bieten komplette → Anwendungen über ein Nutzerinterface an. – b) Plattform-IT-Ressourcen: IT-Ressourcen, die von anderen Anwendungen genutzt werden. Plattform-IT-Ressourcen stellen dabei entweder Betriebsumgebungen, wie vom Anbieter verwaltete → Server oder → Process Engines, bereit oder bieten Anwendungsfunktionalität an, die von kundenspezifischen Anwendungen genutzt wird. Beispiele hierfür sind Abrechnungsdienste oder Mitarbeiterverzeichnisse, die z.B. als → Web Service zugänglich sind. – c) *Hardware-IT-Ressourcen*: physikalische oder virtualisierte Server (vgl. → Hardware-Virtualisierung) auf denen vom Kunden verwaltete Software-IT-Ressourcen oder Plattform-IT-Ressourcen installiert werden können.

IVW – Abk. für *Informationsgemeinschaft zur Feststellung der Verbreitung von Werbeträgern e. V.*

IVW-Verfahren – anerkannte Methode, welche die → Page Impressions (PI) und → Visits als Standard für die Kontrolle der Effizienz von → Onlinewerbung definiert. – Vgl. auch Informationsgemeinschaft zur Feststellung der Verbreitung von Werbeträgern e. V. (IVW).

Jackson System Development (JSD) – 1. *Begriff:* Methode für den Softwareentwurf (s. → Softwareentwurfsmethoden) im Großen, die von M. Jackson und J. Cameron entwickelt wurde. – 2. *Vorgehensweise:* Der Softwareentwurf läuft in den drei Phasen Modellbildung, Funktionsentwurf und → Implementierung ab. Die Modellbildungsphase stellt die Objekte und Ereignisse der Realität, die für das zu entwerfende Modell von Interesse sind, in den Mittelpunkt. Erst im Funktionsentwurf werden dem Modell Systemteile hinzugefügt, die Ergebnisse und somit die geforderten Leistungen des Programms erbringen. Gegenstand der Implementierungsphase ist die kontrollierte Transformation des Entwurfs in ein ablauffähiges Programmsystem unter Beachtung vorhandener Ressourcen und Restriktionen. – 3. *Darstellungsmittel:* a) Objektstrukturdiagramme zur Darstellung der Zusammenhänge zwischen den Ereignissen eines Objekts. – b) Systemspezifikationsdiagramme zur Darstellung der Datenströme aller verbundenen Prozesse. – 4. *Einsatzgebiete:* Das Einsatzgebiet wird begrenzt durch die Grundvoraussetzung, dass Entwurfsobjekte der Realität geordnete Folgen von Ereignissen bewirken oder erleiden. Programmsysteme, deren Objekte statisch (z.B. statistische Auswertung von Zahlenmaterial) sind, können nicht sinnvoll entworfen werden.

Java – objektorientierte → Programmiersprache (vgl. → Objektorientierung), die 1995 von SUN Microsystems entwickelt wurde. Mit Java erstellte Programme können auf allen → Betriebssystemen (BS) eingesetzt werden, für die eine → virtuelle Maschine existiert, da kein → Maschinencode, sondern ein sog. Bytecode resultiert. – Vgl. auch → Enterprise JavaBeans, → Servlet, → Applet.

Java-Applet – in → Java geschriebenes kleines Programm, das in eine HTML-Webpage (HTML) eingebettet ist und durch den Browser ausgeführt wird.

JavaBeans – objektorientierte → Schnittstelle für → Java, mit deren Hilfe wiederverwendbare Programmbausteine erstellt werden können. Der Unterschied zu einem Applet besteht darin, dass ein → Applet allein in einem Browser lauffähig ist, während ein JavaBeans von einem in Java geschriebenen Programm oder Applet verwendet wird.

Javascript – von Netscape entwickelte Erweiterungssprache für → HTML, um in HTML-Seiten interaktive Elemente verwirklichen zu können. Javascript-Befehle werden vom verwendeten → Browser zur Laufzeit interpretiert und ausgeführt.

Java Server Page – eine auf der Sprache Java basierende Technologie der Firma Sun Microsystems zur serverseitigen Erzeugung dynamischer Inhalte im → World Wide Web. – Vgl. auch → ASP, → PHP.

JCL – Abk. für → Job Control Language.

Job – 1. *Begriff:* Gesamtheit der → Kommandos (→ Betriebssystem-Anweisungen), → Programme, → Dateien, → Datenträger etc. zur Lösung einer Aufgabe, ursprünglich beim → Stapelbetrieb geprägter Begriff. Wird auch als *Auftrag* bezeichnet. – 2. *Gliederung* des Jobs in einzelne Job Steps (Unteraufträge), z.B. Übersetzen (→ Übersetzer), Binden, Laden. Ausführen eines → Programms, Ausdrucken einer Ergebnisdatei (→ Datei).

Job Accounting – Abrechnung der Leistungen eines → Rechenzentrums. – *Zweck:* verursachungsgerechte Weiterbelastung der Kosten des Rechenzentrums an die → Benutzer, damit eine genaue Kontrolle der Eigenkosten des Rechenzentrums und eine effiziente Nutzung des → Computersystems ermöglicht wird.

Job Control Language (JCL) – *Kommandosprache;* spezielle Sprache, in der die Kommandos zur Ausführung eines → Jobs an das → Betriebssystem (BS) eines → Computers formuliert werden.

Joint Photographic Experts Group – ISO Komitee, welches Dateiformate und Komprimierungsstandards für unbewegte Bilder im → World Wide Web festlegt.

Joystick – Gerät zur Cursorsteuerung (→ Cursor) auf dem Bildschirm.

JPEG – Abk. für → Joint Photographic Experts Group.

JSP – Abk. für → Java Server Page.

JURIS – Abk. für *Juristisches Informationssystem für die Bundesrepublik Deutschland;* Sitz in Saarbrücken; größte juristische Datenbank mit juristischen Dokumenten u.a. Rechtsprechung, Literatur, Normen (ca. 99 Prozent des geltenden Bundesrechts).

Just in Time (JIT) – Organisationsprinzip, das die bedarfsgenaue → Implementierung unternehmensinterner und -übergreifender Güteraustauschprozesse zum Ziel hat. Die Just-in-time-Produktion und -Zulieferung strebt über die Schaffung durchgängiger Material- und Informationsflüsse entlang der gesamten Wertschöpfungskette (Fluss- statt Funktionsoptimierung) eine hohe Markt- und Kundenorientierung an, die sich in einem nachfragegerechten Lieferservice für qualitativ hochwertige Leistungen konkretisiert. Als konstitutive Bausteine des Just-in-time-Konzeptes wird i.d.R. eine integrierte Informationsverarbeitung (Einführung des Holprinzips, elektronische Kommunikation in Produktion und Beschaffung, Kombination mehrerer Planungs- und Steuerungsmethoden), die Fertigungssegmentierung (Schaffung produkt- und technologieorientierter Produktionseinheiten, Gruppenorganisation, Flussoptimierung) und die produktionssynchrone Beschaffung angesehen. Die Realisation von Just-in-time-Konzepten führt zur Reduzierung des Umlaufvermögens und verändert somit die vertikale und horizontale Bilanzstruktur.

K

Kaltstart – Systemstart eines → Computers; nach Einschalten der Stromzufuhr wird das → Betriebssystem (BS) neu gestartet. – Vgl. auch → Booten. – *Gegensatz:* → Warmstart.

Kanal → Ein-/Ausgabe-Kanal.

Kanban-System – 1. *Begriff:* In Japan entwickeltes System zur flexiblen, dezentralen Produktionsprozesssteuerung; „Kanban" bedeutet wörtlich „Karte" und bezeichnet die Identifizierungskarte, die sich bei jedem Endprodukt, jeder Baugruppe und jedem Einzelteil, das im Betrieb verwendet wird, befindet. – 2. *Vorgehensweise:* Der Kanban hat zwei Funktionen: (1) Wird das entsprechende Teil in einer Produktionsstufe verbraucht, dient der Kanban als Bestellkarte, mit der die vorgelagerte Produktionsstufe zur erneuten Herstellung dieses Teils veranlasst wird. (2) Für das neu produzierte Teil dient der Kanban wieder als Identifikationskarte. Durch das Kanban-System werden jeweils zwei benachbarte Produktionsstufen zu einem Regelkreis verbunden. Das Kanban-System beruht auf dem Hol-Prinzip (Holsystem). Nur wenn eine Produktionsstufe „Nachfrage" entfaltet, wird auf der vorgelagerten Stufe produziert.

Kapazitätsabgleich → PPS-System.

Kapazitätsausgleich → PPS-System.

Kapazitätsterminierung – Synonym für *Durchlaufterminierung* und *Kapazitätsplanung;* in der Produktionsplanung und -steuerung uneinheitlich verwendeter Begriff für die zeitliche Abstimmung zwischen Kapazitätsangebot und -bedarf.

Kapazitätswirtschaft – in der Produktionsplanung und -steuerung verwendete Bezeichnung für die Koordination des Kapazitätsbedarfs, der durch die → Fertigungsaufträge verursacht wird, mit den verfügbaren Produktionskapazitäten. Häufig mit der Zeitwirtschaft zusammengefasst. – Vgl. auch → PPS-System.

kartesisches Produkt → Record.

Kb – Abk. für → Kilobit.

KB – Abk. für → Kilobyte.

KDD – Abk. für → Knowledge Discovery in Databases.

KE – Abk. für → Knowledge Engineering.

Keller → Stack.

Key Ecological Indicator (KEI) – 1. *Begriff:* Key Ecological Indicators (KEI) sind Kennzahlen zur ökologischen Bewertung von → Geschäftsprozessen. – 2. *Merkmale:* Key Ecological Indicators ergänzen die klassischen Key Performance Indicators (KPI) Kosten, Qualität, Zeit und Flexibilität um eine weitere, ökologische Dimension: „Umwelt". Wie auch im Fall von herkömmlichen KPI bestehen KEI im Wesentlichen aus zwei Bereichen: (1) einer ökologischen Charakteristik, welche die zu ermittelnden Werte enthält und (2) einer Zielfunktion, die die strategischen Ziele eines Unternehmens repräsentiert. Die zu ermittelnden Werte der Umwelt-Dimension können sowohl prozessspezifisch als auch unternehmensspezifisch sein. In automatisierten Umgebungen können sie entweder durch das Monitoring von Geschäftsprozessen oder durch die sensorischen Erfassung der Laufzeitumgebung ermittelt werden und bilden die Grundlage der Geschäftsprozessanalyse auf ökologischer Basis. Zu beachten ist insbesondere der entstehende Zielkonflikt der verschiedenen Dimensionen. Dieser ist entsprechend der strategischen Unternehmensziele individuell zu adressieren. – Vgl. auch Nachhaltige Geschäftsprozesse.

Keylogger – 1. *Begriff:* Ein Keylogger (dt. „Tasten-Rekorder") ist eine → Hard- oder → Software, die verwendet wird, um die

Eingaben des Benutzers an einem → Computer mit zu protokollieren, dadurch zu überwachen oder zu rekonstruieren. Keylogger werden bspw. von → Hackern verwendet, um an vertrauliche Daten wie z.B. Kennworte oder → PINs (Personal Identification Number) zu gelangen. Ein Keylogger kann dazu sämtliche Eingaben aufzeichnen oder gezielt auf Schlüssel oder → Passwörter warten und dann erst aufzeichnen, um Speicherplatz zu sparen. Keylogging ist eine Hacking-Technik. – 2. *Arten*: a) *Software-Keylogger*: Software-Keylogger schalten sich zwischen Betriebssystem und Tastatur, um die Eingaben zu lesen und dann an das Betriebssystem weiterzugeben. Manche Keylogger speichern die Eingaben auf der Festplatte des überwachten Rechners, andere senden sie über das Internet an einen anderen Computer; – b) *Hardware-Keylogger* erfordern einen unmittelbaren physischen Zugang zum betroffenen Computer. Sie werden verwendet, wenn eine Installation von Software-Keyloggern nicht möglich, nicht sinnvoll oder zu aufwendig ist. Hardware-Keylogger werden direkt zwischen Tastatur und Rechner geschaltet. Geräte, die die ausgespähten Daten in einem integrierten Speicher, z.B. → RAM, ablegen, werden später wieder entfernt. Die von ihnen protokollierten Eingaben werden an einem anderen Computer gesendet. Andere Techniken versenden die protokollierten Daten über Netzwerke oder per Funk. Die einfachste Möglichkeit, um Hardware-Keylogger zu erkennen, besteht in der Untersuchung der eingesetzten Hardware (primär Tastatur sowie Verbindungskabel zwischen Tastatur und Computer). – 3. *Gesetzliche Regelungen*: In Deutschland kann der heimliche Einsatz von Keyloggern an fremden Computern als Ausspähen von Daten gemäß § 202a StGB strafbar sein. In Österreich normiert § 126c öStGB diesen Sachverhalt. Unternehmen, die Keylogger an Firmencomputern einsetzen wollen, müssen zuvor die Zustimmung des Betriebsrats einholen.

KI – Abk. für → Künstliche Intelligenz.

Kilobit (kb) – Bezeichnung für 2^{10} (= 1.024) → Bits.

Kilobyte (KB) – Bezeichnung für 2^{10} (= 1.024) → Bytes.

Kiosksystem – öffentlich zugängliches, rechnerbasiertes System, bei dem ein Benutzer für kurze Zeit → Informationen abruft und Transaktionen veranlasst. – *Einsatzbereiche* für ein Kiosksystem sind: Bahnhöfe, Flughäfen, Messen, Ausstellungen, Museen, Einzelhandels- oder Bankfilialen.

KI-Programmiersprachen → Programmiersprachen, die sich für die Realisierung von KI-Systemen (→ Künstliche Intelligenz (KI)) eignen. – *Am bekanntesten:* → Lisp, → Prolog.

Klarschriftleser → Belegleser für mit der Hand (Handschriftleser) oder durch einen → Drucker ausgefüllte Belege. Die Konturen der zu lesenden Zeichen, die mit streng stilisierter Handschrift bzw. durch einen Drucker in Standardschrift an definierter Stelle eingetragen sein müssen (Klarschrift), werden durch einen Lichtstrahl abgetastet und als ein Zeichen des möglichen Zeichenvorrats des Klarschriftlesers zu identifizieren versucht. Die durch den Klarschriftleser nicht erkennbaren Zeichen können nach ihrer Ausgabe auf einem Bildschirm von dem Bediener des Klarschriftlesers visuell bestimmt werden. – Vgl. auch → optische Zeichenerkennung.

Klasse – I. Statistik: Bezeichnung für eines der Intervalle, die bei metrisch skalierten Merkmalen (Kardinalskala) zur Bildung einer klassierten Verteilung festgelegt werden, z.B. Einkommensklassen („bis 1.000"; „über 1.000 bis 1.500"; ...) bei einer Einkommensverteilung. – Vgl. auch Klassenbildung.

II. Soziologie: Gesamtheit derjenigen Individuen, die sich aufgrund gleicher bzw. ähnlicher ökonomischer Existenzbedingungen (Besitz oder Nichtbesitz von Produktionsmitteln) in vergleichbarer Lage (Soziallage) befinden. – Vgl. auch Klassentheorie.

III. **Informatik:** Begriff innerhalb der → Objektorientierung. Eine Klasse fasst → Objekte, die in Struktur und Verhalten gleichartig sind, zusammen. Eine Klasse ist einem → strukturierten Datentyp einer → Programmiersprache gleichzusetzen, auf dessen Objekten zusätzlich zu den Datenstrukturen noch → Funktionen und → Prozeduren definiert sind.

Knotenrechner → Computer, die sowohl in öffentlichen als auch in privaten → Netzen eingesetzt werden, wenn diese vermascht werden sollen. Knotenrechner übernehmen für die Übertragung der → Daten die Wegfindung durch das Netz, die Pufferung von Daten für Geschwindigkeitsanpassungen etc. Sie melden bzw. beheben aufgetretene Übertragungsfehler.

Knowledge Discovery in Databases (KDD) – *Knowledge-Discovery-in-Databases (KDD)-Prozess;* umfassender Datenanalyseprozess, in dessen Kern Verfahren des Data Mining zur Anwendung kommen. Der-Knowledge-Discovery-in-Databases (KDD)-Prozess umfasst folgende Phasen: (1) *Problemabgrenzung:* Zunächst muss sich der Analytiker mit dem Anwendungsbereich vertraut machen und das Problem eingrenzen. (2) *Definition der Data-Mining-Aufgabe:* Der Analytiker muss festlegen, welche → Daten für das untersuchte Problem relevant sind, welche Arten von Aussagen (Modelltypen) das Data Mining liefern soll und wie die Interessantheit dieser Aussagen bewertet werden soll. (3) *Datenvorverarbeitung:* Die zuvor für problemrelevant befundene Datenbasis wird aus unterschiedlichen Datenbeständen (z.B. Scannerdaten unterschiedlicher Filialen) extrahiert und zu einem gemeinsamen Datenbestand zusammengeführt. Fehlende, widersprüchliche und als falsch identifizierte Daten werden aus den Datenbeständen entfernt. (4) *Codierung:* Viele Verfahren benötigen die Daten in einer bestimmten Form; → neuronale Netze z.B. häufig in einer dichotomen (0,1 oder -1,1) oder stetigen Form (nur Werte der Intervalle (0,1) oder (-1,1)), sodass die Daten u.U. codiert werden müssen. (5) Data Mining. (6) *Modellvalidierung:* Das im Data Mining generierte Modell muss anhand von neuen Daten, die nicht für die Modellgenerierung herangezogen wurden, überprüft werden. (7) *Decodierung:* Eine Decodierung der Ergebnisse aus der Data-Mining-Phase ist dann erforderlich, wenn in Phase 4 eine Codierung erfolgte. (8) *Filterung:* Die extrahierten Aussagen werden nach verschiedenen Kriterien geordnet, selektiert und verdichtet. (9) *Präsentation der Ergebnisse:* Die letztendlich für interessant befundenen Aussagen werden präsentiert.

Knowledge Engineering (KE) – Forschungsgebiet, das die Prinzipien und Methoden der → Künstlichen Intelligenz (KI) für den Entwurf und die Konstruktion von → wissensbasierten Systemen (bes. → Expertensystemen), v.a. für den Wissenserwerb und die → Wissensrepräsentation zu nutzen sucht.

Know-your-Customer-Prinzip (KYC) – 1. *Begriff:* Unter dem Know-your-Customer-Prinzip (KYC) (engl. für „Lerne Deinen Kunden kennen") versteht man die Prüfung der persönlichen Daten und Geschäftsdaten von Neukunden eines Kreditinstituts zur Prävention vor Geldwäsche und Terrorismusfinanzierung auf der Grundlage des Geldwäschegesetzes 2008. – 2. *Grundlage* für das (KYC)-Erfordernis europäischer Finanzunternehmen ist Art. 8 in der 3. EU-Geldwäsche-Richtlinie. – 3. *Prüfpflichten:* Von der generellen Prüfung ausgeschlossen werden können „Standard-Kleinkunden", die weder bes. umfangreiche noch bes. außergewöhnliche Geschäfte tätigen wollen. Bei natürlichen Personen muss insbesondere die Art der Berufstätigkeit und der Zweck der Geschäftsbeziehung erfasst werden. Bei politisch exponierten Personen (sog. „PEPs") muss auch deren Funktion und der Ausübungsort festgehalten werden. Bei juristischen Personen wird u.a. Art der Gesellschaft, Tätigkeit, Branche, Branchencode, Anzahl der

Mitarbeiter, Besitzverhältnisse und Firmenstruktur sowie die wichtigsten Finanzkennzahlen erfasst. Es muss generell die Herkunft von Geldern und Vermögen geklärt werden. Auch die Details der geplanten Kundenbeziehung wie Umfang oder Zahlungsverkehrsarten müssen erfasst werden. Es sind auch alle an der Erstellung des KYCs maßgeblich mitwirkenden Personen sowie spätere Änderungen an dem KYC-Dokument zu dokumentieren. – 4. *Folgen der Nichteinhaltung*: Sollten die speziellen Regelungen nicht eingehalten werden, so drohen den Finanzunternehmen empfindliche Geldstrafen, Haftstrafen für leitende Mitarbeiter oder sogar die Entziehung der Geschäftserlaubnis. Daneben ist das Reputationsrisiko nicht zu unterschätzen. – Vgl. auch → Customer Due Diligence (CDD).

Koaxialkabel – Medium für die Übertragung von → Daten, bei dem die Daten mittels elektromagnetischer Wellen über zwei ineinander liegende (koaxial angeordnete) Kupferleiter übertragen werden. Eine hohe Sicherheit gegen Störungen durch elektrische Felder und Breitband-Übertragung ist dadurch möglich (→ Breitband). – *Nachteile* gegenüber → Glasfaserkabel: geringere Breite des Übertragungsbandes und geringere Sicherheit (einfach anzapfbar). – *Vorteil*: billiger.

Kodierung → Codierung.

Kohonen-Karte → Kohonen-Netze.

Kohonen-Netze – 1. *Begriff*: spezielles zweischichtiges → neuronales Netz. Der Name geht auf den Entwickler T. Kohonen (1982) zurück. – 2. *Aufbau*: bestehend aus Eingabeschicht und der Kohonenschicht. Verknüpfung der Eingabeschicht mit den Neuronen der Kohonenschicht, den Kohonenneuronen. – 3. *Zielsetzung*: Beschreibung einer gegebenen Datenmenge durch prototypische Muster. Jeder Prototyp umfasst ein bestimmtes Cluster an Falldatensätzen. Für die Clusterung bzw. Klassifikation relevant sind die Kohonenneuronen, die i.d.R. topologisch angeordnet sind. Diese Kohonenneuronen bezeichnet man auch als Kohonen-Karte. Der Lernprozess nutzt diese Nachbarschaftsbeziehung zwischen den Kohonenneuronen aus. – 4. *Aufgabenbereiche*: Klassifikation, Clusterung. Anwendungsbereiche sind z.B. Identifikation von Kundenklassen, Marktsegmenten, Störungskategorien in der Fertigung.

kollektive Intelligenz → Web 2.0.

Kollusion – 1. *Begriff*: Kollusion (von lat. *collusio*: geheimes Einverständnis) ist das bewusste, unerlaubte, meist heimliche Zusammenwirken mehrerer Täter aus dem Unternehmen oder auch von außen (konspirativ) oder von Vertreter und Vertragspartner zum Nachteil des Vertretenen. Kollusion („gemeinsame Sache machen") ist eine durch das betroffene Unternehmen bes. schwer zu beherrschende fraudulente (d.h. geschäftsschädigende) Handlung, da in diesen Fällen die meisten Kontrollen des internen Kontrollsystems (IKS) versagen. Bei entsprechender Zusammenarbeit der Täter nützt auch die Verteilung von Verantwortung und Rechten auf verschiedene Personen nichts. – 2. *Beispiele für Kollusion*: Ein Fall von Kollusion liegt z.B. vor, wenn ein Geschäftspartner mit dem Zeichnungsberechtigten eines Unternehmens einen Vertrag abschließt und beide wissen, dass sie dadurch diese Gesellschaft schädigen. Dann kann sich der Geschäftspartner nicht darauf berufen, dass die Reichweite der Zeichnungsberechtigung im Außenverhältnis durch das Gesetz festgelegt sei und durch Anweisungen aus dem Innenverhältnis nicht beschränkt werden könne. Ein anderer Fall wäre, wenn ein Angestellter gefälschte Zeitaufschreibungen dem Vorgesetzten zur Unterschrift vorlegt, beide von der Schädigungswirkung wissen und sich den erlangten Vorteil aus fälschlich zu viel ausbezahlten Beträgen teilen. – 3. *Rechtsfolgen*: Im Privatrecht kann Kollusion gemäß § 138 I BGB zur Nichtigkeit des Rechtsgeschäfts wegen Sittenwidrigkeit führen und gemäß § 826 BGB einen Schadensersatzanspruch wegen vorsätzlicher sittenwidriger Schädigung begründen.

Kommando – *Betriebssystemkommando;* Anweisung an ein → Betriebssystem (BS). Kommandos sind in der entsprechenden → Job Control Language (JCL) zu formulieren.

Kommandosprache → Job Control Language (JCL).

Kommentar – 1. *Erläuterungen* oder kritische Anmerkungen zu einem Druckwerk oder ähnlichem (v.a. zu Gesetzestexten). – 2. Bei der → Programmentwicklung die Erläuterung, die im Text eines Quellprogramms (→ Programm) steht. Kommentare dienen nur der Verständlichkeit und sind für den menschlichen Leser vorgesehen. – 3. *Kritische Stellungnahme* in Presse, Rundfunk oder Fernsehen; urheberrechtliche Behandlung. – Vgl. auch Zeitungsartikel.

Kommunikation – I. Kommunikationswissenschaft: 1. *Begriff:* a) *I.w.S.:* Prozess der Übertragung von Nachrichten zwischen einem Sender und einem oder mehreren Empfängern. – b) *I.e.S.:* Austausch von Botschaften oder Informationen zwischen Personen. Als Kommunikationskanäle werden die Sprache einerseits sowie die Körpersprache (nonverbale Kommunikation), u.a. Mimik, Gestik, Blickkontakt, räumliche Distanz verwendet. In der wissenschaftlichen Analyse werden die kommunizierenden Personen meist Kommunikator und Rezipient genannt, die zwischen beiden vermittelnde Nachricht auch Mitteilung oder (allg.) Zeichen. Ein abstrakter Ansatz zur Analyse von Kommunikations- und Zeichenprozessen ist die Semiotik. – 2. *Inhalt/Inhaltsaspekte:* Der Ausdruck „Mitteilung" verweist darauf, dass Kommunikator und Rezipient etwas miteinander teilen. Dieses Gemeinsame ist zunächst der „Inhalt" der Mitteilung. Es können drei Inhaltsaspekte analytisch unterschieden werden: (1) Ihr Bezug auf Objekte oder Sachverhalte *(Darstellungsfunktion),* (2) der Bezug auf Eigenschaften oder Absichten des Kommunikators *(Ausdrucksfunktion)* und (3) der Bezug auf Reaktionen der Rezipienten *(Appellfunktion).* Darüber hinaus hat jede Mitteilung auch einen *Beziehungsaspekt.* Sie definiert und reguliert die soziale Beziehung zwischen Kommunikator und Rezipient. – Vgl. auch Kommunikationsforschung, Kommunikationspolitik.

II. Organisation: 1. *Begriff:* Prozess, bei dem Informationen mit dem Ziel, sich über Aufgaben zu verständigen, ausgetauscht werden. Fach- und Führungskräfte verbringen den größten Anteil ihrer Arbeitszeit mit Kommunikation. Die Effizienz der Kommunikation wird neben der individuellen Fähigkeit der Personen auch wesentlich durch die Kommunikationsstruktur beeinflusst. – 2. *Typen:* (1) Nach dem *Inhalt der Aufgabe,* in deren Rahmen die Kommunikation durchgeführt wird: Einzelfallbezogene (individualisierte), sachfallbezogene und routinefallbezogene (programmierte) Kommunikation; (2) nach der *formalen Regelung des Kommunikationsweges:* Dienstweggebundene und ungebundene Kommunikation; (3) nach der *organisatorischen Eingliederung der Kommunikationspartner:* Innerorganisatorische und organisationsübergreifende Kommunikation; (4) nach dem *auslösendem Kriterium:* Formelle (d.h. durch den Organisationsplan bestimmte) und informelle (d.h. im Rahmen zwischenmenschlicher Kontakte stattfindende) Kommunikation; (5) nach dem *Empfänger der zu übermittelnden Information:* → Individualkommunikation und Massenkommunikation; (6) nach der *Richtung des Informationsflusses:* Ein- und wechselseitige Kommunikation; (7) nach der *zeitlichen Abstimmung der Kommunikationspartner* und des damit verbundenen Erfordernisses einer Zwischenspeicherung der übermittelten Informationen: Synchrone und asynchrone Kommunikation; (8) nach den *organisatorischen Ebenen,* denen die Kommunikationspartner zugeordnet sind: Horizontale und vertikale Kommunikation.

Kommunikationsdienst – Form des Informationsaustauschs. – *Merkmale:* (1) Die → Kommunikation zwischen den

Kommunikationspartnern erfolgt auf der Basis festgelegter Standards (Prozeduren, Sprache, technische Einrichtungen etc.). (2) Der Träger des zugehörigen Kommunikationsnetzes (→ Netz) garantiert eine bestimmte Übertragungsgüte (Qualität, Geschwindigkeit). (3) Es existiert ein Verzeichnis der Teilnehmer des Kommunikationsdienstes.

Kommunikationsprotokoll → Protokoll.

Kompatibilität – 1. *Allgemein:* Verträglichkeit verschiedener Objekte oder Sachverhalte. – 2. *Datenverarbeitung:* v.a. die Möglichkeit, verschiedene Hardwarekomponenten (z.B. Geräte unterschiedlicher Hersteller) bzw. verschiedene Softwareprodukte zusammen oder aufeinander abgestimmt zu benutzen. – 3. *Wirtschaftswissenschaften:* Vereinbarkeit unterschiedlicher Zielsetzungen (Unternehmungsziele, wirtschaftspolitische Ziele). – Vgl. auch → Hardware, → Software.

kompatible Schnittstellen – *K-Schnittstellen.* 1. *Begriff:* unter Berücksichtigung von Normungsarbeiten entwickeltes Konzept definierter → Schnittstellen, z.T. schon als Norm verabschiedet. – 2. *Ziel:* die Entkopplung der Anwendungsprogramme von den Basissystemen (Dateiverwaltungs-, → Datenbank- und Datenkommunikationssysteme), sodass Anwendungs- und Basissoftware unabhängig voneinander weiterentwickelt werden können und die Abhängigkeit von bestimmter → Hardware und Basissoftware entfällt.

Komplexitätstheorie → Informatik.

Konfiguration – I. Informatik: 1. *Aufbau eines konkreten* → Computers in einem bestimmten Betrieb; gemeint sind i.d.R. die ausgewählten Geräte bzw. Baueinheiten. – 2. *Konfiguration der Software:* Verteilung der Funktionalität von Anwendungen (z.B. Client/Server-Systeme, → Verteilte Datenbanken) wie auch das Anpassen der Programmparameter an die Gegebenheiten der Systemumgebung (z.B. Größe und Ort des Swapfiles u.a.). Teilweise auch die Adaption der Funktionalität von → Software an individuelle Anforderungen (→ Customizing).

II. Organisation: Äußere Form oder Gestalt der Organisationsstruktur. In der Konfiguration spiegeln sich die Elemente und die Beziehungen des Leitungssystems wider. Die Konfiguration wird bestimmt durch die Leitungsspanne und die Leitungstiefe.

Konfigurationsmanagement – 1. *Begriff:* Planung und Weiterentwicklung der Hardware- und Software-Infrastruktur (→ Hardware, → Software) eines Unternehmens als ständige Managementaufgabe für die Leitung der Organisations-/DV-Abteilung. – 2. *Arten:* a) *Strategisches Konfigurationsmanagement:* umfasst Entscheidungen hinsichtlich der Organisation der → Datenverarbeitung (Zentralisierung/Dezentralisierung von → Anwendungen), die damit verbundenen Konfigurierungsalternativen (→ Konfiguration), die Herstellerpolitik (Beschaffung von einem oder mehreren Herstellern) sowie die Auswirkungen auf die interne DV-Aufbauorganisation des Unternehmens. – b) *Operatives Konfigurationsmanagement:* erstreckt sich auf Entscheidungen über den → Systembetrieb, die Durchführung der Wartung, kleinere Ersatzbeschaffungen u.Ä.

Konnektionismus – interdisziplinäre Forschungseinrichtung der Kognitionswissenschaft. Gegenstand des Konnektionismus ist die Entwicklung und Analyse informationsverarbeitender Systeme, die wesentliche Eigenschaften kognitiver Prozesse nachbilden (→ neuronale Netze, konnektionistische Modelle). Die Informationsverarbeitung erfolgt hochgradig parallel in einem Netz einfacher, vielfältig miteinander verknüpfter Verarbeitungseinheiten (Neuronen). Charakteristisch sind die verteilte Repräsentation von Informationen, die Selbstorganisation und Lernfähigkeit sowie die Fehlertoleranz der Systeme.

Konstante – 1. *Mathematik:* Größe, deren Wert sich nicht ändert. – 2. *Informatik:* in der → Programmentwicklung ein → Datenelement (seltener auch eine → Datenstruktur), dessen Wert einmal festgelegt wird und bei der Ausführung des → Programms nicht verändert werden kann. – *Gegensatz:* → Variable.

Kontrollstruktur → Steuerkonstrukt.

konventionelle Datenorganisation – Synonym für → Dateiorganisation.

konzeptionelles Datenmodell – *konzeptuelles Datenmodell;* → Datenmodell, das die globale logische Struktur aller → Daten eines Unternehmens (oder zumindest eines mit einem → Datenbanksystem erfassten Teilbereichs) implementierungsunabhängig beschreibt und diese in einer fassbaren und systematischen Form strukturiert darstellt. – Vgl. auch → Entity-Relationship-Modell, → SERM.

konzeptionelles Schema – *konzeptuelles Schema;* Darstellung des → konzeptionellen Datenmodells in einer → Datenbeschreibungssprache. – *Beschreibung:* → Entity-Relationship-Modell, → SERM.

konzeptuelles Datenmodell → konzeptionelles Datenmodell.

konzeptuelles Schema → konzeptionelles Schema.

Korrektheitsbeweis → Programmverifikation.

Kostenschätzungsmodelle – 1. *Begriff:* im → Software Engineering verwendete Modelle zur Prognose der Kosten, die für die Entwicklungsphase eines Softwareprodukts (z. T. auch für den ganzen Software Life Cycle) zu erwarten sind. – 2. *Arten:* zahlreiche Modelle in Literatur und Praxis entwickelt; z.T. sehr einfache Vorgehensweisen (z.B. Analogieschluss aufgrund früherer Projekte); oft Schätzung aufgrund des Umfangs der → Programme (→ Lines of Code (LOC)); z.T. auch differenzierte Schätzverfahren. – 3. *Bewertung:* prinzipiell wichtige Hilfsmittel für das Projektmanagement (PM), aber meist ungenau aufgrund vieler nicht ausreichend quantifizierbarer Faktoren. Kritisch ist die Basis „Lines of Code", da schlechte Maßgröße für alle Phasen des Software Life Cycle außer der Phase der → Implementierung.

Kriminalistik – 1. *Begriff:* Kriminalistik (aus lat. *crimen:* Beschuldigung, Anklage, Schuld, Verbrechen) ist die Lehre von den Mitteln und Methoden der Bekämpfung einzelner Straftaten und des Verbrechertums (der Kriminalität) durch vorbeugende (präventive) und strafverfolgende (repressive) Maßnahmen sowie die dazu im Einzelfall erforderlichen und rechtlich zulässigen Methoden, Praktiken und Techniken. Kriminalistik als selbstständige Disziplin ist von → Kriminologie abzugrenzen. Unter letzterer versteht man die Lehre von den Ursachen und Erscheinungsformen von Kriminalität. Beide Disziplinen können als Hilfswissenschaft der jeweils anderen gesehen werden. – 2. *Zielsetzung:* Ziel der Kriminalistik ist das Ermitteln und forensische (gerichtsfeste) Beweisen von Straftaten, bzw. die Abwehr von Verbrechensgefahren und das Verhindern von Straftaten. – 3. *Disziplinen:* In der Kriminalistik können folgende Teildisziplinen unterschieden werden: a) *Kriminalstrategie:* sie befasst sich mit der Planung des Vorgehens bei der Verbrechensbekämpfung. Darunter fallen auch Vorbeugungsmaßnahmen. Ihre Zweckmäßigkeit hat sich dabei nach dem geltenden Recht zu richten. – b) *Kriminaltaktik:* befasst sich mit dem planmäßigen und zweckmäßigen Vorgehen bei der Verbrechensbekämpfung. Hier ist bes. das ermittlungstaktische Vorgehen zu nennen, z.B. die Vernehmungstaktik. – c) *Kriminaltechnik:* Hier sind alle Erkenntnisse und Maßnahmen subsumiert, die sich mit der Anwendung und Nutzbarmachung wissenschaftlicher und empirischer Erkenntnisse im Hinblick auf Spurensicherung und -analyse beschäftigen. – d) *Kriminaldienstkunde:* betrifft die in Anordnungen, Erlässen, Richtlinien und Dienstanweisungen formulierte Handhabung der kriminalpolizeilichen Mittel und die Regelung des Dienstbetriebes. – e) *Kriminalprävention,* d.h. die Vorbeugung bzw. Früherkennung von Risiken für kriminelles Verhalten.

Kriminologie – 1. *Begriff*: Kriminologie (lat. *crimen*: Beschuldigung, Anklage, Schuld, Verbrechen; griech. *logos*: Lehre) bedeutet die Lehre vom Verbrechen. Die Kriminologie bedient sich verschiedener Bezugswissenschaften, wie u.a. Psychiatrie, Psychologie, Soziologie, Rechtswissenschaft und Ökonomie. Zentrale Betrachtungspunkte der Kriminologie sind Verbrechen, Täter, Verbrechensopfer sowie Verbrechenskontrolle bzw. -verhütung. Der Begriff Kriminologie ist von „→ Kriminalistik" zu unterscheiden. Beide Wissenschaften können als Hilfswissenschaft der jeweils anderen betrachtet werden. Während primäres Ziel der Kriminologie die generelle, vom Einzelfall abstrahierende Erkenntnisgewinnung über Ursachen und Erscheinungsformen von Kriminalität ist, zielt die Kriminalistik auf das Ermitteln und forensische Beweisen von Straftaten bzw. auf Verhütung (Prävention), Bekämpfung und Aufklärung von Straftaten. Die Erforschung der Ursachen von Kriminalität spielt im Alltag eine wichtige Rolle. – 2. *Richtungen in der Kriminologie:* a) *Kritische Kriminologie:* Sie thematisiert Kontroll- und Kriminalisierungsprozesse. Diese Richtung ist explizit sozialwissenschaftlich orientiert. Sie versteht – entsprechend der Mehrdeutigkeit des Ursprungsbegriffs *crimen* – Kriminalität einerseits als Gesamtheit der Aktionen und Interaktionen zwischen den für Rechtsetzung und -durchsetzung zuständigen Institutionen und andererseits die Gesamtheit der Delinquenten und ihren Opfern. – b) *Kriminalpolitische Kriminologie:* Sie zielt auf die Optimierung strafrechtlicher und gesellschaftlicher Kriminalprävention. Wenn Kriminologie überhaupt einen Einfluss auf die Gesetzgebung nimmt, dann die dieser Richtung. – c) *Angewandte Kriminologie:* Sie ist Einzelfall-Kriminologie, ihr Praxisfeld ist die Strafrechtspflege. – d) *Viktimologie* (lat. *victima:* Opfer; Opferforschung)*:* Sie ist eine Unterdisziplin der Kriminologie, ihr Gegenstand sind die Persönlichkeitsstrukturen der Opfer, der Prozess des Opferwerdens, die Beziehungsstrukturen zwischen Opfer und Tätern und die Folgen für die Opfer einer Straftat.

Kryptographie – Anwendung mathematischer Verfahren, um Techniken und → Algorithmen zu entwickeln, welche die Sicherheit der → Daten schützen. Sicherheit umfasst in diesem Zusammenhang bes. Vertraulichkeit, Integrität und die Authentifizierung (Methoden zur Überprüfung der Identität des Senders übermittelter Daten, der z.B. an der Tätigkeit eines Zahlungssystems beteiligt ist, und zur Bestätigung, dass eine → Nachricht bei der Übermittlung nicht verändert wurde). – Zu unterscheiden ist dabei zwischen symmetrischer und asymmetrischer Kryptographie. Bei symmetrischer Kryptographie verwenden Sender und Empfänger den gleichen Schlüssel, den jeder geheim halten bzw. schützen muss. Bei asymmetrischer Kryptographie verwendet jeder Teilnehmer ein Schlüsselpaar, von dem ein Schlüssel geheim zu halten ist und ein Schlüssel öffentlich bekannt gemacht wird. Die Identität des öffentlichen Schlüssels muss gewährleistet werden. Dies kann durch einen sog. Identifizierungsdienst (Public Key Infrastructure) oder durch bilaterale Absprachen gewährleistet werden. Durch die asymmetrische Kryptographie ist eine digitale Signatur möglich, die unter bestimmten technischen und organisatorischen Voraussetzungen zum rechtlichen Äquivalent einer handgeschriebenen Unterschrift wird. Diese Voraussetzungen sind im dt. Signaturgesetz geregelt (v.a. die Zertifizierung der Schlüssel durch einen zugelassenen Zertifizierungsdienstleister). – Vgl. auch Verschlüsselung.

Künstliche Intelligenz (KI) – *Artificial Intelligence.* 1. *Begriff*: Erforschung „intelligenten" Problemlösungsverhaltens sowie die Erstellung „intelligenter" → Computersysteme. Künstliche Intelligenz (KI) beschäftigt sich mit Methoden, die es einem Computer ermöglichen, solche Aufgaben zu lösen, die, wenn sie vom Menschen gelöst werden, Intelligenz erfordern. – 2. *Teilgebiete:* Die

Künstliche Intelligenz (KI)

Abbildung „Künstliche Intelligenz" zeigt eine mögliche Gliederung der Künstlichen Intelligenz (KI). – Dabei wird zwischen Methoden und Anwendungen der Künstlichen Intelligenz (KI) unterschieden; wichtige interdisziplinäre Verbindungen sind durch gestrichelte Linien hervorgehoben. – 1. Die bedeutendsten *Methodenbereiche* der Künstlichen Intelligenz (KI) sind die Wissensrepräsentation sowie das Schließen und Folgern zur Nutzung des repräsentierten Wissens. – 2. *Bes. Anforderungen* an die sprachlichen Ausdrucksmittel bei der Erstellung von Künstliche Intelligenz (KI)-Programmen, v.a. die Notwendigkeit der Symbolverarbeitung, machen spezielle → (KI)-Programmiersprachen erforderlich. Diese stellen u.a. bestimmte Wissensrepräsentationsformen zur Verfügung und bieten Möglichkeiten zur Auswertung des Wissens, z.B. durch eingebaute Methoden des Schließens. Ein bekanntes Beispiel ist die Programmiersprache → Prolog (→ logische Programmierung). – 3. Mit der Entwicklung „automatischer Beweiser" für mathematische Theoreme beschäftigt sich das Anwendungsgebiet *Deduktionssysteme*. Darüber hinaus werden Deduktionssysteme auch mit dem Ziel entwickelt, die Abfragemöglichkeiten bei → Datenbanksystemen, die auf dem → Relationenmodell basieren, zu erweitern, z.B. um rekursive → Datenbankabfragen. – 4. Eng verbunden mit Deduktionssystemen ist der Bereich der *automatischen Programmierung*. Auf der Grundlage einer → formalen Spezifikation kann die → Programmverifikation mithilfe eines Deduktionssystems automatisch durchgeführt werden. Daneben gehören zur automatischen Programmierung auch die automatische Erstellung von ablauffähigen Programmen aus formalen Spezifikationen sowie Korrektheitsbeweise für Hardwarekomponenten (z.B. integrierte Schaltkreise, Hardware). – 5. Bei den Methoden zum Verstehen *natürlicher Sprache* und ihrer Anwendung im Rahmen der *Sprachverarbeitung* wird auf Ergebnisse der Linguistik zurückgegriffen, z.B. aus der Syntaxtheorie. Die Spracherkennung stellt neben der Sprachanalyse eine wichtige Aufgabe innerhalb dieses Anwendungsgebiets dar. – 6. Computervision und → Robotics beschäftigen sich u.a. mit der Interpretation von Daten der realen physischen Umwelt. – a) *Computervision* behandelt die

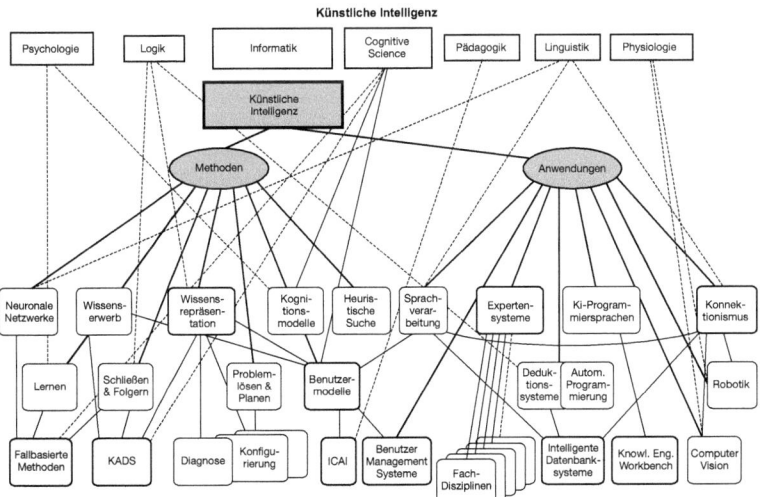

Bereiche Bildverstehen (Grauwertanalyse u.a.), Szenenanalyse (z.B. Erkennen geometrischer Objekte aus Linienzeichnungen) und Gestaltwahrnehmung (Beschreibung der inhaltlichen Bedeutung einer Szene, z.B. durch Aufbau eines → semantischen Netzes). – b) Für die Objekterkennung wird auf Computervision in der *Robotik* zurückgegriffen. In diesem klassischen Anwendungsgebiet spielt die Planung und Kontrolle von Roboteraktionen eine wesentliche Rolle. – 7. Im Mittelpunkt der Methodenbereiche → Learning und *Kognitionsmodelle* stehen Besonderheiten menschlicher Intelligenz. – a) Ein wichtiges Ziel des Bereichs *Kognitionsmodelle* ist die Erstellung von Computerprogrammen, die menschliches Problemlösungsverhalten simulieren. – b) Gegenstand des *Learning* sind Methoden, die Computerprogramme in die Lage versetzen sollen, nicht nur auf der Basis des bereits vorhandenen, repräsentierten Wissens zu agieren, sondern durch Auswertung von bekannten Problemen und ihren Lösungen das Wissen selbsttätig zu erweitern. – 8. Während beim Learning menschliche Lernfähigkeit auf den Computer übertragen werden soll, wird im Rahmen des Anwendungsgebiets *ICAI* (Intelligent Computer Aided Instruction) versucht, Menschen bei dem Prozess des Lernens zu unterstützen. Dabei wird auf Erkenntnisse der Pädagogik zurückgegriffen. – 9. *Heuristische Suche* ist ein Methodengebiet aus den ersten Anfängen der Künstliche Intelligenz (KI). Ein Problem bei der Entwicklung von Spielprogrammen ist die Suche nach „guten" Spielzügen; wegen der kombinatorischen Vielfalt explodiert die Anzahl möglicher Züge sehr schnell. Mithilfe von Heuristiken werden die Suchräume eingegrenzt, sodass Spielsituationen schneller und besser analysiert werden können.

L

LAN – Abk. für *Local Area Network*, → lokales Netz.

Laptop – tragbarer PC (→ Personal Computer (PC)).

Laufwerk → Diskettenlaufwerk.

Lead-Generierung – *Begriff* aus dem Marketing: beschreibt die Erzeugung von zukünftiger Kunden- und Nutzernachfrage nach einem bestimmten Produkt oder einer bestimmten Dienstleitung. Leads können z.B. über die Anmeldung zu einem Newsletter, die Teilnahme an einem Gewinnspiel oder eine Neukundenregistrierung generiert werden. Dies geschieht meistens online. Auch über ein sog. → White Paper kann eine Lead-Generierung erfolgen.

Learning – Forschungsbereich der → Künstlichen Intelligenz (KI). Gegenstand ist die Entwicklung von Methoden, die es → Softwaresystemen ermöglichen sollen, sich selbst automatisch zu ändern, sodass z.B. ihre → Performance verbessert oder ihr Leistungsumfang vergrößert wird.

Lesestift – *Lesepistole;* → Eingabegerät für einen → Computer: ein mit der Hand zu bedienendes Lesegerät in Stift- bzw. Pistolenform, mit dem Codes aus Warenauszeichnungen und Etiketten (z.B. → Barcodes) optisch abgetastet werden können.

Lichtgriffel – *Lichtstift;* → Eingabegerät für einen → Computer. Lichtempfindlicher Stift, der als Zusatzeinrichtung zu einem Bildschirm benutzt werden kann. Mit seiner Hilfe können auf dem → Bildschirm Punkte und Flächen markiert oder Kurven (durch ihren Verlauf und die Endpunkte) dargestellt werden.

Lichtleiter → Glasfaserkabel.

Lichtstift → Lichtgriffel.

Lichtwellenleiter → Glasfaserkabel.

lineare Liste – 1. *Begriff*: bei der → Programmentwicklung benutzte → abstrakte Datenstruktur; Grundlage für speziellere abstrakte Datenstrukturen (→ Stack, → Queue). – 2. *Rekursive Definition*: Eine lineare Liste ist entweder leer oder sie besteht aus einem Knoten, der mit einer linearen Liste verknüpft ist. – 3. *Verwendung*: i.Allg. dann, wenn → Daten in einer Ordnungsreihenfolge benötigt werden.

Lines of Code (LOC) – 1. *Begriff*: in der Datenverarbeitung Anzahl der Zeilen eines → Programms (bzw. eines → Softwaresystems). – 2. *Verwendung*: (1) Aussagen über die Größe von Programmen oder Softwaresystemen; (2) Basis für → Kostenschätzungsmodelle (problematisch); (3) Berechnungsbasis für Programmiererproduktivität (problematisch).

Link-Spoofing – 1. *Begriff*: Spoofing (engl. *spoof*: Schwindel, Manipulation, Verschleierung oder Vortäuschen) bezeichnet in der Informatik verschiedenartige Täuschungsversuche in Computernetzwerken zur Verschleierung der eigenen Identität. Personen werden in diesem Zusammenhang auch gelegentlich als „Spoofer" bezeichnet. Früher stand Spoofing für den Versuch des Angreifers, IP-Pakete (eine → IP-Adresse ist vergleichbar der „Anschlussnummer" im Internet) so zu fälschen, dass sie die Absenderadresse eines anderen (manchmal vertrauenswürdigen) → Hosts trugen. Dann wurde diese Methode auch auf andere Datenpakete angewendet. Heute umfasst Spoofing alle Methoden, mit denen sich Authentifizierungs- und Indentifikationsroutinen untergraben lassen, die auf der Verwendung vertrauenswürdiger Adressen oder Hostnamen in Netzwerkprotokollen beruhen. Bes. Bedeutung hat Spoofing im Zusammenhang mit dem → Internet erlangt. – 2. *Funktionsweise*: URL-Spoofing, d.h. das Vortäuschen einer → URL (Abk. für Uniform Resource Locator), der „Internetadresse", ist eine im Internet angewendete (Spoofing-)Methode, um dem Besucher einer → Website in betrügerischer Absicht eine falsche Identität vorzuspiegeln bzw. die tatsächliche Adresse der Seite zu verschleiern. – 3. *Varianten:* Beim URL-Spoofing werden mind. folgende Varianten unterschieden: a) *Link-Spoofing* und b) *Frame-Spoofing.* Während beim Link-Spoofing die betrügerische URL im Browser direkt sichtbar ist (sofern dieser nicht im Kioskmodus (→ Kiosksystem) läuft), ist die Manipulation beim Frame-Spoofing für den Benutzer nicht unmittelbar erkennbar.

Linux – 1991 von L. Torvalds entwickeltes, an Unix orientiertes → Betriebssystem (BS), das ursprünglich für → Personal Computer (PC) gedacht war, aber immer größere Verbreitung auch auf anderen Plattformen findet. Linux wird kostenlos über das → Internet vertrieben, kann jedoch auch gegen eine geringe Gebühr von sog. Distributoren erworben werden, die zum eigentlichen Betriebssystem noch zusätzliche Nutzprogramme hinzufügen. Aufgrund des Kostenvorteils und wegen seiner großen Stabilität findet Linux in Unternehmen wachsende Verbreitung und wird inzwischen auch von vielen → Hardware-Anbietern unterstützt.

Lisp – *List Processing Language.* 1. *Begriff:* deklarative → Programmiersprache, zwischen 1956 und 1962 von J. McCarthy am Massachusetts Institute of Technology (MIT) entwickelt. – 2. *Sprachelemente:* Grundlegende → Datentypen sind Atome und Listen (anders in prozeduralen Programmiersprachen). Ein Atom kann ein Literal oder eine Zahl darstellen; Elemente einer Liste können Atome und Listen sein. Operationen sind (standardmäßig vorgegebene oder selbst definierte) → Funktionen mit → Parametern. Der Ablauf eines Lisp-Programms wird durch die Konstrukte Funktionsaufruf (auch rekursiv, → Rekursion) und Alternative festgelegt. – 3. *Einsatzgebiete:* in der → Künstlichen Intelligenz (KI) weit verbreitete Programmiersprache. – 4. *Versionen:* Ein Sprachstandard existiert nicht; bekannteste Versionen: Common Lisp, Interlisp-D, Franz-Lisp, Golden Lisp.

LOC – Abk. für → Lines of Code.

Local Area Network (LAN) → In-House-Netz, → lokales Netz.

Logfile → Datei, in der alle bzw. zuvor definierte Aktionen und Ereignisse eines Systems protokolliert werden. Insbesondere sind Logfiles beim Betrieb von Webseiten relevant, in denen alle erfassbaren → Daten der → Benutzer einer → Website protokolliert werden. Hierzu zählen u.a. seine → IP-Adresse, das Datum des Zugriffs, der Browser-Typ (→ Browser) und die Bezeichnung der angeforderten Datei. Durch die Auswertung des Logfile kann der → Traffic einer Website berechnet und das Verhalten der Nutzer analysiert werden.

Login – Anmeldung bei einem Internetdienst (z.B. → E-Mail), wobei i.d.R. der Benutzername sowie ein → Passwort abgefragt werden. – Vgl. auch → Account.

logische Programmierung – Art der → Programmierung, die v.a. in der → Künstlichen Intelligenz (KI), speziell im Bereich der → Wissensrepräsentation, große Bedeutung besitzt. Logische Programmierung basiert auf der Prädikatenlogik. – *Bedeutendste Programmiersprache:* → Prolog.

logisches Datenmodell – auf die spätere → Implementierung ausgerichtetes → Datenmodell, das die → Daten für den späteren Einsatz bereits vorstrukturiert. – Vgl. auch → konzeptionelles Datenmodell.

logische Wissensrepräsentation → deklarative Wissensrepräsentation, bei der Wissen in Gestalt logischer Ausdrücke dargestellt wird.

lokales Netz – *Local Area Network (LAN);* Datenkommunikationssystem (→ Netz), das die Übertragung von → Daten zwischen mehreren unabhängigen Datenstationen (v.a. → Rechnern) mit hoher Übertragungsgeschwindigkeit und mit niedriger Fehlerrate in einem begrenzten geografischen Gebiet ermöglicht. Es befindet sich i.d.R. im Besitz und Gebrauch einer einzelnen Organisation. – *Netzwerkarchitekturen:* → Netzwerktopologie. – Verbindung mit anderen Netzen über → Bridges und → Gateway möglich. – Vgl. auch Wide Area Network (→ WAN), → In-House-Netz.

Lokalität – 1. *Begriff:* → Softwareentwurfsprinzip, das besagt, dass zusammengehörige Dinge in einem → Programm oder → Softwaresystem auch örtlich zusammengefasst werden sollen, d.h. in einem Programm an einer Stelle bzw. in einem → Modul eines Softwaresystems. – 2. *Beispiele:* Zusammenfassung aller → Datenvereinbarungen am Programmanfang oder aller → Befehle, die einer bestimmten Berechnung dienen, an einer einzigen Stelle des Programms; alle Operationen, die der Verwaltung und Bearbeitung einer → abstrakten Datenstruktur dienen, sind in einem Modul zusammengefasst.

LTE – Abk. für Long Term Evolution; Mobilfunkstandard, Nachfolger von UMTS, mit dem deutlich höhere Übertragungsraten erreicht werden können.

Magnetband – 1. *Begriff:* Das Magnetband ist in der elektronischen Datenverarbeitung → Datenträger und externer → Speicher. – 2. *Beschaffenheit:* Physikalisch besteht das Magnetband aus einer Trägerfolie aus Kunststoff, auf die eine magnetisierbare Schicht aufgetragen ist. – 3. *Organisation der Daten:* Die Daten sind auf dem Magnetband sequenziell gespeichert (→ Datenorganisation). – 4. *Anwendung:* Das Magnetband war anfangs in der betrieblichen Datenverarbeitung wichtiges externes Speichermedium. Es verlor an Bedeutung zugunsten der → Magnetplattenspeicher. Magnetbänder werden heute oft zur → Datensicherung eingesetzt.

Magnetkarte → Magnetstreifenkarte.

Magnetplattenspeicher – *Magnet Disk Storage.* 1. *Begriff:* externer → Massenspeicher, der den direkten Zugriff (→ Datenorganisation) zu den gespeicherten → Daten zulässt, daher kurze Zugriffszeiten. – 2. *Arten:* a) *Festplattenspeicher:* fest in die Magnetplatteneinheit eingebaute Plattentürme. – b) *Wechselplattenspeicher:* Plattenspeicher, die nur für die Dauer einer bestimmten Bearbeitung in die Laufwerke eingesetzt werden.

Magnetstreifenkarte – *Magnetkarte;* Karte der Standardgröße 85,6 x 54 x 0,76 mm. In die Magnetstreifenkarte ist ein i.d.R. 12,7 mm breiter Magnetstreifen (Magnetspur) integriert, auf dem → Daten in drei Spuren aufgezeichnet bzw. gelesen werden können. – *Anwendung* vorwiegend als Debitkarte und Kreditkarte. Aufgrund der Nachteile (geringe Datenkapazität, mangelnde Fälschungssicherheit) wurde die → Chipkarte entwickelt.

Mailbox – System, das es dem Benutzer eines → Mehrplatzrechners oder eines Rechners in einem Computerverbund bzw. → Netz erlaubt, an bestimmte andere Benutzer Nachrichten und an diese angehängt evtl. auch andere Informationsformen, z.B. Dateien, zu senden. Empfangene Nachrichten werden für jeden Benutzer in seinem „Postkorb" gespeichert. Diesen kann er bei Bedarf ansehen und dabei Nachrichten lesen oder anhören, löschen, editieren, weiterleiten sowie empfangene Dateien in seinen „privaten Datenbereich" übertragen. – Vgl. auch → E-Mail.

Mailing List – über E-Mail-Verteiler meist unregelmäßig versendete Nachrichten zu einem spezifischen Thema. Die Teilnehmer erhalten fortlaufend Beiträge der anderen Abonnenten. Im Gegensatz zum → Newsletter sind Mailing Lists dialogorientiert. Die Verwaltung der Nutzer erfolgt über einen Mailinglisten-Server.

Mainframe – Hochleistungsrechner, den viele → Benutzer (mehrere Hundert) gleichzeitig benutzen können. Kennzeichnend sind eine hohe Verarbeitungsgeschwindigkeit, eine große interne und externe Speicherkapazität und eine große Anzahl von Ein-/Ausgabekanälen. Benötigt klimatisierte Räume und spezielles Bedienungspersonal (Operator). Einsatz in Rechenzentren und großen DV-Abteilungen.

MAIS – Abk. für *Marketing-Informationssystem.*

Malware – 1. *Begriff:* Malware (zusammengesetzt aus dem engl. *malicious:* bösartig und *ware* von Software) bezeichnet ein schädliches Programm (Schadsoftware). Dies sind Computerprogramme, die entwickelt wurden, um vom Benutzer unerwünschte bzw. schädigende Funktionen auszuführen. Der Begriff bezeichnet keine schadhafte Software, obwohl auch diese Schaden anrichten kann. – 2. *Typen:* Folgende wichtige Typen von Malware werden unterschieden: a) → Viren: sie verbreiten sich, indem sie sich in Programme, Dokumente oder Datenträger kopieren; b) → Wurm: er ähnelt einem Virus, verbreitet sich aber direkt über Netze – wie

→ Intra- oder → Internet – und versucht, in andere Computer einzudringen; – c) Ein *Tronjanisches Pferd* (kurz → Trojaner) verbreitet sich nicht selbst, sondern wirbt mit der Nützlichkeit des Wirtsprogrammes für seine Installation durch den Benutzer; v.a. mithilfe von Malware gelingt es Phishern (vgl. → Phishing), sich in dem Kommunikationsweg zwischen Bankkunde und Bank einzuschalten und Daten abzufangen. – d) Eine → Backdoor ist eine Schadfunktion, die üblicherweise durch Viren, Würmer oder Trojanische Pferde eingebracht und installiert wird. Sie ermöglicht Dritten einen unbefugten Zugang („Hintertür") zum Computer, jedoch versteckt und unter Umgehung der üblichen Sicherheitsvorkehrungen. – e) *Spyware* (engl. *spy:* Spion) und Adware (engl. *advertisement:* Werbung) analysieren den Computer und das Nutzerverhalten unbemerkt und senden die Daten an den Hersteller oder andere Quellen, um diese zu verkaufen oder um gezielt Werbung zu platzieren. – f) *Scareware* (engl. *scare:* Schrecken) zielt darauf ab, den User zu verunsichern und ihn dazu zu verleiten, schädliche Software zu installieren oder für ein unnützes Produkt zu bezahlen. So werden z.B. gefälschte Warnmeldungen über angeblichen Virenbefall des Computers angezeigt, den eine käuflich zu erwerbende Software zu entfernen vorgibt. – 3. *Neue Entwicklungen:* Es ist eine starke Veränderung bei der Verbreitung von Schadsoftware zu erkennen: Trojanische Pferde in E-Mail-Attachments werden seltener, dem gegenüber nehmen Angriffe über das Internet etwa mittels Drive-by-Download zu. Ein Drive-by-Download bezeichnet das unbewusste (engl. *drive-by:* im Vorbeifahren) und unbeabsichtigte Herunterladen von Software auf den Rechner eines Benutzers. Damit wird das unerwünschte Herunterladen von Malware allein durch das Öffnen einer dafür präparierten Website bezeichnet. Dabei werden Sicherheitslücken eines Browsers ausgenutzt.

Management-Informationssystem (MIS) → Führungsinformationssystem (FIS).

Mannjahr – *Personenjahr, -monat, -tag;* Maßgröße für die Arbeitsleistung, die eine Person pro Zeiteinheit (Jahr, Monat oder Tag) erbringt; Substituierbarkeit Zeit gegen Personenzahl unterstellt: z.B. 1 Mannjahr = 1 Person in 1 Jahr = 2 Personen in 1/2 Jahr = 1/2 Person in 2 Jahren.

maschinelles Lernen – Anwendung und Erforschung von Verfahren, durch die Computersysteme befähigt werden, selbstständig Wissen aufzunehmen und zu erweitern, um ein gegebenes Problem besser lösen zu können als vorher (→ Learning). – *Formen:* mechanisches Lernen, Lernen durch Unterweisung, Lernen durch Operationalisieren, Lernen aus Analogien, Lernen durch Beispiele, Lernen aus Beobachtungen, Lernen durch Entdeckung, Lernen durch Experimentieren.

Maschinenbefehl → Befehl für einen elementaren Verarbeitungsschritt in einem Maschinenprogramm (→ Befehl). Ein Maschinenbefehl besteht i.d.R. aus zwei Teilen: (1) *Operationsteil:* gibt an, welche Operation ausgeführt werden soll; (2) *Operandenteil:* enthält eine oder mehrere Operandenadressen (d.h. → Adressen, an denen sich die zu manipulierenden → Daten befinden).

Maschinencode – 1. Interner → Binärcode, in dem die → Daten in einer → Zentraleinheit dargestellt werden. – 2. Synonym für *Maschinenprogramm* (→ Programm), das im Binärcode eines → Computers dargestellt ist und deshalb von ihm direkt ausgeführt werden kann.

maschinenorientierte Programmiersprache → Programmiersprache.

Maschinenprogramm → Programm.

Maschinensprache → Programmiersprache.

Mash-Up – Kombination vorhandener Dienste im → Internet, durch die ein weiterer Mehrwert geschaffen wird. Unterschiedliche Datenbestände zweier Dienste werden zusammengebracht, um so

Zusatzinformationen zu generieren. Ermöglicht wird dies durch mehr oder weniger offen liegende → Schnittstellen.

Maske – *Bildschirmmaske;* strukturierter Aufbau des Bildschirminhalts (→ Bildschirm) bei einem Dialogsystem für die Eingabe, Änderung oder Ausgabe von → Daten; in der → betrieblichen Datenverarbeitung häufig benutzt, v.a. bei Datenerfassung. – Eine Maske gibt auf dem Bildschirm einen Rahmen vor, in den der → Benutzer Daten wie in ein Formular einträgt, angezeigte Daten verändert oder das → Softwaresystem die gewünschten Daten einträgt. Der → Cursor bewegt sich dabei nur auf den für Eingabe bzw. Änderung vorgesehenen Feldern; die mit unveränderlicher Beschriftung versehenen Teile des → Bildschirms (v.a. die Feldbezeichnungen) können dagegen nicht verändert werden. Eine Maske kann aus einer oder mehreren Bildschirmseiten bestehen. – Einer Maske zugeordnet sind i.d.R. eine Reihe einfacher und komplexer Funktionen wie Cursor-Steuerung (z.B. auf das nächste Eingabefeld positionieren), Plausibilitätsprüfung während der Eingabe, Schutz einzelner Felder vor unberechtigtem Zugriff oder unbefugter Änderung etc. – Gestaltung und Erzeugung einer Maske mittels → Maskengenerator.

Maskengenerator → Softwarewerkzeug zur Gestaltung und Erzeugung von → Masken. – Vgl. auch → Generator.

Mass Collaboration – bezeichnet die Arbeit vieler Personen an einem gemeinsamen Projekt, zumeist unter Zuhilfenahme des → Internets und der Möglichkeiten des Web 2.0. Es besteht die gemeinsame Zielsetzung des Projektes, die einzelnen Arbeiten im Rahmen des Projektes sind aber im Gegensatz zur → Mass Cooperation unter den Personen aufgeteilt.

Mass Cooperation – bezeichnet die kooperative Zusammenarbeit vieler Personen an einer gemeinsamen Aufgabe zumeist unter Zuhilfenahme des Internets und der Möglichkeiten des Web 2.0. Im Gegensatz zur → Mass Collaboration wird die Aufgabe nicht in Module aufgeteilt, die von einzelnen Teilnehmern bearbeitet werden, sondern die Teilnehmer arbeiten gemeinsam an der Aufgabe, sodass sich ein hoher Koordinierungsaufwand ergibt. Die Koordinierung erfolgt i.d.R. über → Social Software.

Mass Customization – 1. *Begriff:* Prinzip der kundenindividuellen Massenproduktion. – 2. *Beschreibung:* Auf Grundlage eines Basisangebotes werden Sach- und Dienstleistungen in einer Vielfalt von Kombinationen angeboten, dass es theoretisch fast jedem Kunden möglich ist, ein seinen Wünschen entsprechendes individuelles Angebot zu erhalten. Der Ansatz ermöglicht eine kundenspezifische Problemlösung ohne dabei auf die Kostenvorteile einer prozessorientierten Massenfertigung zu verzichten. Mithilfe moderner Fertigungsprozesse und intensive Nutzung modernster IuK-Technologien werden die Vorteile der Massen- und Einzelfertigung vereint. Der Kunde kann sich in einer Art Baukastensystem ein individuelles Produkt zusammenstellen und ist bereit dafür einen Aufpreis zu zahlen. Der Trend zur Mass Customization zieht sich durch alle Branchen – vom Auto bis hin zum Müsli. – 3. *Arten:* Es kann zwischen vier unterschiedlichen Umsetzungsmöglichkeiten unterschieden werden: a) *Self Customization:* die Produktindividualisierung erfolgt durch den Kunden selbst (Bsp: Standardsoftware, die durch den Nutzer an seine Bedürfnisse angepasst wird). – b) *Point of Delivery Customization:* Individualisierung erfolgt am Verkaufsort. – c) *Modularization:* das Angebot wird modular auf Basis eines Baukastensystems auf die individuellen Bedürfnisse des Kunden angepasst. – d) *Time based Management:* kundenindividuelle Produktion mit massenhafter Vorfertigung unter Nutzung von Zeitvorteilen.

Massenspeicher – *Großspeicher;* in der elektronischen → Datenverarbeitung ein → externer Speicher mit hoher Kapazität. – *Bes. Form des Massenspeichers:*

→ Magnetplattenspeicher, → optische Speicherplatte.

Matchcode – bei → Datenbanksystemen eine Zeichenkette (→ Datentyp), die einen nicht notwendigerweise vollständigen → Suchbegriff darstellt. Ein Suchvorgang bez. des Matchcodes für ein bestimmtes → Datenelement liefert alle → Datensätze, bei denen der Matchcode in dem Datenelement enthalten ist, u.U. an einer festgelegten Stelle (Anfang, Ende etc.).

Matrixdrucker – *Rasterdrucker;* mechanischer Zeichendrucker (→ Drucker), bei dem die abzubildenden Zeichen aufgrund gespeicherter Muster vor jedem Anschlag aus einem matrixförmig angeordneten Block kleiner Punkte gebildet werden.

Maus → Eingabegerät, v.a. bei Personal Computern.

Medienbruch – Erfolgt bei der Übertragung von Informationen innerhalb der Übertragungskette ein Wechsel des Mediums, so wird von einem Medienbruch gesprochen. Medienbrüche bergen die Gefahr der Informationsverfälschung und ziehen eine Verlangsamung der Informationsbearbeitung nach sich.

Mediendienste-Staatsvertrag (MD-StV) – Der am 1.8.1997 in Kraft getretene Mediendienste-Staatsvertrag der Länder ist aufgehoben worden durch den Neunten Rundfunkänderungsstaatsvertrag vom 5.9.2006. Der Mediendienste-Staatsvertrag war in weiten Teilen wortgleich mit dem vom Bund erlassenen Gesetz über Teledienste. Die parallele Regelung spiegelte den Streit zwischen Bund und Ländern über die Kompetenzverteilung. Die Gesetzgebungskompetenz wurde mit der Föderalismusreform I neu verteilt. Bez. der Mediendienste wurden der Mediendienste-Staatsvertrag und das Gesetz über Teledienste weitgehend abgelöst durch das am 1.3.2007 in Kraft getretene Telemediengesetz (TMG) des Bundes vom 26.2.2007 (BGBl. I 179) m.spät.Änd. Einige Regelungen wurden in den Rundfunkstaatsvertrag übernommen (Art. 54 ff.).

Medienverbund – Kombination verschiedener Kommunikationsmittel. – Vgl. auch Studium im Medienverbund, Fernstudium im Medienverbund.

Megabit (Mb) – Bezeichnung für 2^{20} (ca. eine Mio.) → Bit.

Megabyte (MB) – Bezeichnung für 2^{20} (ca. eine Mio.) → Byte.

Mehrfachkommunikation – Form der → Kommunikation, bei der gleichzeitige Verbindungen zu unterschiedlichen Teilnehmern über verschiedene → Kommunikationsdienste möglich sind. – Vgl. auch Massenkommunikation, → Individualkommunikation, → ISDN.

Mehrfachverwendbarkeit → Universalität.

Mehrplatzrechner – *Mehrplatzsystem, Multi-User System;* → Computer, an den mehrere Terminals angeschlossen werden können. Das → Betriebssystem (BS) eines Mehrplatzrechners stellt üblicherweise den → Mehrprogrammbetrieb (i.d.R. → Teilnehmerbetrieb) zur Verfügung.

Mehrplatzsystem → Mehrplatzrechner.

Mehrprogrammbetrieb – *Mehrprogrammverarbeitung, Multiprogramming (Mode), Multitasking;* Betriebsart eines Computers, bei der sich mehrere → Programme gleichzeitig ganz oder teilweise im → Arbeitsspeicher befinden und abwechselnd von dem → Zentralprozessor bearbeitet werden. Wann und wie lange die ablaufenden Programme jeweils → Prozessoren, → Speicher, → Ein-/Ausgabe-Kanäle oder → Peripheriegeräte zur Verfügung gestellt bekommen, wird vom → Betriebssystem (BS) (evtl. beeinflusst von Prioritäten, die den Benutzern zugeteilt wurden) gesteuert. Hierbei wird sehr häufig das Timesharing-Verfahren (→ Timesharing) angewendet.

Mehrprogrammverarbeitung → Mehrprogrammbetrieb.

Mehrprozessorsystem – *Multiprozessorsystem, Multiprocessor System;* Computersystem, bei dem ein → Zentralspeicher von zwei oder mehr → Prozessoren gemeinsam benutzt wird. Sie arbeiten entweder gleichberechtigt nebeneinander oder einer übernimmt die Führung („Master-Slave-Prinzip"). – *Beispiel:* Moderne Großrechner verfügen z.T. über mehrere → Zentralprozessoren, die zu einer Einheit zusammengeschlossen sind. – Vgl. auch → Mehrrechnersystem.

Mehrrechnersystem – *Multicomputer System;* Computersystem, bei dem zwei oder mehr → Zentraleinheiten von einem → Programm gesteuert werden. Die Zentraleinheiten verfügen jeweils über mind. einen → Prozessor allein. – Vgl. auch → Mehrprozessorsystem.

Meilenstein – 1. *Begriff:* definierter Punkt (→ Ereignis), an dem im Rahmen eines Projekts der Abschluss einer Einzelaktivität überprüft wird (Projektmanagement (PM)). Meilensteine werden i.d.R. bei allen größeren Projekten, v.a. bei der Entwicklung von → Softwaresystemen, angewendet. – 2. *Ziel:* Sicherstellung der im Projektplan festgelegten Termin-, Kosten- und Qualitätsanforderungen. – 3. *Voraussetzung:* Die Überprüfung der Meilensteine erfolgt kontinuierlich und in kurzfristigen Abständen.

Mengenübersichtsstückliste – Form der Stückliste. Verzeichnis aller in einer Einheit eines Fertigerzeugnisses vorkommenden Teile bzw. Baugruppen nach Materialart und Menge. Nicht ersichtlich ist die genaue strukturelle Zusammensetzung des Fertigungserzeugnisses mit Ausweis der einzelnen → Fertigungsstufen. Sie ist ungeeignet für Materialdisposition in den Zwischenstufen der Fertigung.

Menü → Menütechnik.

Menütechnik – Technik zur Gestaltung der → Benutzeroberfläche eines Dialogsystems. Dem → Endbenutzer wird jeweils auf dem → Bildschirm die Liste der augenblicklich zulässigen Kommandos bzw. Eingaben in einem Menü angeboten.

Merchant Server – Hard- und Softwareausstattung eines Onlineshops im Internet Business. Merchant Server-Systeme stellen spezielle Einkaufsfunktionen wie z.B. User Management, Auftragsabwicklung und Kreditkartenauthentifizierung zur Verfügung.

Metawissen – „Wissen über Wissen"; bei → wissensbasierten Systemen das Wissen über das Vorhandensein und die Anwendbarkeit des in der → Wissensbasis gespeicherten Wissens.

Methode – Begriff aus der Objektorientierung, der eine → Prozedur oder → Funktion bezeichnet.

Methodenbank – *Methodendatenbank.* 1. *Begriff:* computergestützte Sammlung von Methoden zur Lösung betriebswirtschaftlicher, mathematischer, ökonometrischer oder statistischer Probleme. Die Methoden können auf Modelle angewendet werden, die in einer → Modellbank gespeichert sind. – 2. Typische *Verfahren,* die eine Methodenbank zur Verfügung stellt, sind u.a. lineare Optimierung, → Simulation oder Zeitreihenanalyse. – 3. *Anwendungen:* z.B. in der → computergestützten Unternehmensplanung, Produktionsprogrammplanung, Statistik, Ökonometrie.

Methodendatenbank → Methodenbank.

Micropayment – Zahlung von Kleinbeträgen im → E-Commerce. Aufgrund der geringen Beträge sind für die zugrunde liegenden Geschäfte Kreditkartenzahlungen wegen der hohen Transaktionskosten unwirtschaftlich. Daher wird der Zahlungsvorgang elektronisch durchgeführt. – Vgl. auch → Picopayment.

Microsite – kleine → Website, die von der eigentlichen Website des Informationsanbieters getrennt ist. Microsites dienen häufig zeitlich begrenzten Werbeaktionen für ein Produkt.

Middleware – Softwareschicht, die Kommunikationsdienste für verteilte Anwendungen über Standardschnittstellen bereitstellt und damit eine Integration der Anwendungen und ihrer Daten ermöglicht.

Mikroblogging – bezeichnet das Bloggen (→ Blog) über sehr kurze Textnachrichten im Web, die ungefähr die Länge einer SMS besitzen.

Mikroprogramm – Bezeichnung für die aufeinander folgenden (Mikro-)Befehle, die den Ablauf von elementaren Hardwareoperationen steuern. Durch diese wird ein (bestimmter) → Maschinenbefehl (auf unterster Ebene) realisiert. Die Gesamtheit der Mikroprogramme eines Computers (Firmware) bildet damit die Brücke zwischen seiner → Hardware und seiner → Software. Sie ist deshalb in einem Teil des → Zentralspeichers (Mikroprogramm-Speicher) fest gespeichert.

Mikroprozessor – auf einem → Chip untergebrachter (vollständiger) → Prozessor.

Milestone → Meilenstein.

Million Instructions per Second → MIPS.

MIPS – I. Informatik: Abk. für *Million Instructions Per Second;* Maß für die Leistungsfähigkeit der → Zentraleinheit eines → Computers; gemessen wird i.d.R. mit einer Reihe von → Programmen, die den → Prozessor wie im normalen Betrieb belasten.

II. Marketing: Die das ganze Produktleben umspannende *Material-Intensität pro Serviceeinheit,* also der gesamte Materialverbrauch pro Einheit Dienstleistung oder Funktion. Jede zusätzliche Dienstleistung, die ein Produkt leistet, halbiert den zuletzt erreichten Wert von MIPS.

III. Umweltökonomie: Abk. für *Material-Intensität pro Serviceeinheit;* ist ein Verfahren zur Ökobilanzierung. Bewertungsgröße ist der Materialverbrauch pro Einheit, Dienstleistung bzw. Funktion über den gesamten Lebenszyklus (vgl. Schmidt-Bleek/Klüting 1994, S. 108). Fünf Kategorien werden betrachtet: biotische Rohmaterialien, abiotische Rohmaterialien, Bodenbewegung in Land- und Forstwirtschaft, Luft und Wasser (vgl. Schmidt-Bleek/Klüting 1994, S. 79 ff.). Aggregation der Werte und Division durch die gesamten Nutzungseinheiten. – *Ergebnis:* aggregierte Kennzahl.

MIS – Abk. für *Management-Informationssystem,* → Führungsinformationssystem (FIS).

Mobile Business – 1. *Allgemein:* Mobile Business kann als Teilbereich des E-Business verstanden werden, in dem → Information, → Kommunikation, Interaktion und → Transaktion über mobile Endgeräte und entsprechende Netze stattfinden. So wie E-Business mehr als → E-Commerce meint, also nicht nur den Verkauf und Kauf von Produkten und Dienstleistungen, sondern auch andere Belange professioneller Beziehungen, meint Mobile Business mehr als → Mobile Commerce. So ist etwa → Mobile Learning eine Ausprägung des Mobile Business, ob es sich um entgeltliche oder unentgeltliche Angebote handelt. – 2. *Entwicklung:* Zur Initialzündung des Mobile Business haben Smartphones und Tablets sowie, damit zusammenhängend, die App Stores beigetragen, über die man → Software, Anwendungen für das Konsumieren von → Medien sowie Produkte wie Spiele und Bücher herunterladen kann. Auch Webapps, die wie native Apps nicht wie normale → Websites wirken, sind von Bedeutung. Etabliert sind Mobile Ticketing (unter Verwendung von DataMatrix- und Aztec-Codes) und Mobile Tagging (mithilfe von → QR-Codes). Zu den wichtigsten Experimentierfeldern gehören Bezahlfunktionen i.S.d. Mobile Payment. Dank der starken Verbreitung von mobilen Endgeräten und der hohen Verfügbarkeit von entsprechenden Netzen und Diensten geht E-Business immer mehr in Mobile Business auf. – 3. *Diskussion:* Beim Mobile Business besteht der Vorteil, dass die Benutzer – anders als im WWW – relativ einfach und eindeutig identifiziert werden können. Dies ist zugleich, wegen der möglichen Überwachung, ein Nachteil. Mehr noch als im klassischen Web wird man zum gläsernen Kunden, der sogar seinen jeweiligen Standort (der über GPS oder mobile Netze festgestellt wird) oder seine persönlichen Kontakte (die auf dem Handy gespeichert sind) verraten mag. Zudem eröffnen die Nutzung von QR-Codes und Augmented Reality neue Sicherheitsrisiken. Nicht zuletzt nehmen Angriffe und → Spam im mobilen Bereich zu. Dennoch wird sich Mobile Business weiter verbreiten und weitere Transformationen im B2B-, B2C- und B2E-Bereich bewirken.

Mobile Commerce – Spezialform des → Electronic Commerce, bei der mobile Endgeräte zum Einsatz kommen. Für M-Commerce kommen dementsprechend Geräte wie Smartphones oder Tablet-Computer infrage, um die Anbahnung, Abwicklung und Aufrechterhaltung von Leistungsaustauschprozessen mittels elektronischer Kommunikationsnetze und mobiler Zugangsgeräte teilweise oder vollständig zu unterstützen.

Mobile Computing – Umschreibung für den Zugriff mit einem mobilen Kommunikationsgerät auf ein zentrales → Informationssystem. Der Mitarbeiter kann hierbei alle Tätigkeiten ausführen, ohne von einem festen Standort abhängig zu sein. Die Geräte müssen dabei stets mit einer unsicheren Verbindungslage rechnen.

mobile Datenerfassung – MDE; Form der → Betriebsdatenerfassung (BDE); Erfassung von Bestell- und Warendaten am Entstehungsort (auf der Verladerampe, im Lager, im Regal) mittels mobiler Datenerfassungsgeräte (MDE-Geräte). So können z.B. Filialverantwortliche in Einzelhandelsunternehmen Bestellungen aufgeben, während sie direkt an den Artikelbeständen auf der Verkaufsfläche stehen.

Mobile Learning – 1. *Begriff*: Mobile Learning ist Lehren und Lernen, das „unterwegs" (etwa auf Reisen und beim Pendeln) stattfindet und mit mobilen Infrastrukturen, Anwendungen und Geräten unterstützt wird. Der Begriff kam um das Jahr 2000 auf, fast zeitgleich mit → E-Learning, womit das Lehren und Lernen über Computer bezeichnet wird. Mobile Learning kann diesem zugerechnet und im → Blended Learning eingesetzt werden. Es ist zudem, nicht nur bei kommerzieller Ausrichtung, eine Form des Mobile Business. – 2. *Mobilität*: Die Mobilität der Lernenden ist sozusagen die Ursache von Mobile Learning. Auch im Informationszeitalter ist man häufig physisch unterwegs. In manchen Situationen ergibt sich die Möglichkeit, mehrere Lerneinheiten am Stück zu bearbeiten; andere sind dergestalt, dass man akut Problemlösungswissen und passende Informationen benötigt.Beim Mobile Learning macht man sich (zumindest temporär) unabhängig von zugewiesenen oder eigenen stationären Geräten, von Arbeitsplatz und -zimmer, und bedient sich Kleinst- und Mikrorechner wie Notebooks, Netbooks, Handys, Smartphones und Tablets oder besucht ein Internetcafé.Der → Content für mobile Geräte, Mobile Content genannt, ist über SMS und MMS, Applikationen (Apps) und den → Browser, bspw. den Handybrowser, abrufbar. Beispiele für Mobile Content sind Wörterbücher und Lexika als Apps, Artikel von Fachzeitschriften als PDF-Files und Lehrbücher im EPUB-Format. Content auf Lernplattformen und in Lern- und Wissensportalen kann zu Mobile Content werden; entsprechende Schnittstellen werden im E-Learning immer wichtiger. Auch eigenständige Lernanwendungen haben zunehmend Verbreitung gefunden. – 3. *Anforderungen und Ausprägungen*: Content und Lehr-Lern-Methoden müssen den spezifischen Anforderungen des Mobile Learning gerecht werden, soll das Lernangebot einen Mehrwert für Lehrende und Lernende bieten. Geeignet sind Podcasts oder audio- und videobasierte Formen der E-Collaboration; durch die größeren Displays sind inzwischen auch komplexe textbasierte und multimediale Anwendungen nutzbar. Content aus Lernplattformen und Lern- und Wissensportalen wird direkt oder speziell aufbereitet auf mobile Geräte übertragen. Mithilfe von Touchscreens und der Einbindung der Außenwelt über die Kamera (im Sinne von Augmented Reality oder über → QR-Codes) werden neue, spielerische Formen erprobt; es entstehen mobile Varianten des Game-based Learning bzw. von Edutainment. Freie Lehr- und Lernmaterialien („Open Educational Resources") spielen im Mobile Learning genauso wie im E-Learning und Blended Learning generell eine Rolle, und Tools, die den Lernalltag besser bewältigen lassen, sind kostenlos zu haben. In bestimmten Kontexten kollidieren Interessen der Experten, Anbieter und Benutzer und Anforderungen von Institutionen. So könnten Kinder und Jugendliche in vielfältiger Weise mit Smartphones lernen; diese sind an Schulen jedoch häufig verboten. Studierende könnten ihre Notebooks und Tablets für Aufzeichnungen und Lerntagebücher einsetzen, sind aber oft in ihren virtuellen Gewohnheiten gefangen. Schwierig kann auch die Abgrenzung zwischen privatem und dienstlichem Gebrauch sein.

Mobile Tagging – 1. *Begriff*: Beim Mobile Tagging werden Gegenstände mithilfe von 2D-Codes wie QR- und DataMatrix-Codes mit Daten und Informationen angereichert, die über mobile Geräte wie Handys, Smartphones oder Tablets ausgelesen und angezeigt werden. Auf diese Weise verbindet man physische und virtuelle Welt miteinander; man spricht auch von der Physical World Connection (PWC). – 2. *Arten*: Eine verbreitete Einteilung ist diejenige in Commercial Tagging, Public Tagging und Private Tagging. Als Commercial Tagging bezeichnet man die Verwendung von Codes im Rahmen von kommerziellen Anwendungen (etwa des → Mobile Business) und speziell des Mobile Marketing. Bspw. verlinkt man eine gedruckte Anzeige oder einen gedruckten Artikel in einer Zeitung oder Zeitschrift bzw. einen Abschnitt in einem Buch mit einer weiterführenden → Website. Die Codes sind manchmal mit dem Logo des Unternehmens ausgestattet. Im Public Tagging werden nichtkommerzielle Inhalte weitergegeben. Als Medium fungieren öffentliche Informationsträger und Kommunikationsmittel, etwa Broschüren oder Plakate, ferner Gebäudefassaden. Beispiele für Inhalte sind kulturelle Informationen, Beschreibungen der Anfahrt zu öffentlichen Gebäuden und verlinkte Bilder von Sehenswürdigkeiten. Mobile Tagging im privaten Bereich nennt sich Private Tagging. Dabei werden persönliche Daten über einen Code an Dritte transferiert. Ein typischer Anwendungsfall sind Visitenkarten, die neben den normalen Angaben einen → QR-Code mit den Kontaktinformationen aufweisen. Dank des Einlesens über das mobile Gerät wird das aufwendige Abtippen unnötig. – 3. *Implikationen*: Durch das Mobile Tagging werden immer mehr Gegenstände mit Daten und Informationen und auch multimedial angereichert; man erfährt etwas über sie und über sie hinaus, kann sie erkennen, einordnen, verstehen und einschätzen. In inhaltlicher Hinsicht rückt der Gegenstand näher; zugleich rückt das mobile Gerät zwischen ihn und den Benutzer. RFID und andere Identifikationssysteme sowie Innovationen im Bereich der Augmented Reality tragen ebenfalls zu dieser Entwicklung bei. Auch in virtuellen Räumen ist Mobile Tagging möglich; so kann etwa ein Gegenstand in Second Life mit einem QR-Code versehen werden. Dadurch entstehen, wie durch das direkte Tagging mit Text oder mit Bildern, sogenannte Mashups.

Modellbank – eine computergestützte Sammlung von betriebswirtschaftlichen Modellen, in der Strukturen realer Probleme abgebildet werden. Mithilfe von Verfahren aus der → Methodenbank können die Modelle bearbeitet (z.B. Optimierungsrechnungen ausgeführt) werden. I.Allg. liegen eine gemeinsame Datenbasis (→ Datenbank) und eine einheitliche → Benutzeroberfläche vor.

Modem – Kunstwort aus „*Modulator*" und „*Demodulator*"; technisches Gerät, das zur Umwandlung von digitalen (→ digitale Darstellung) Signalen in analoge (Modulation) und umgekehrt (Demodulation) dient. Dadurch wird es möglich, digitale Daten über analoge Übertragungswege (v.a. über Fernsprechleitungen) zu übertragen (→ Datenübertragungseinrichtung (DÜE)).

Modul – 1. *Begriff:* im → Software Engineering ein Baustein eines → Softwaresystems, der bei der → Modularisierung entsteht, eine funktional geschlossene Einheit darstellt und einen bestimmten Dienst bereitstellt. – 2. *Typen* (je nach zugrunde liegenden → Modularisierungsprinzipien) bei Modularisierung nach Abstraktion: (1) datenorientiertes Modul; (2) funktionsorientiertes Modul. – 3. *Komponenten:* (1) *Modulspezifikation:* → Modulschnittstelle; (2) *Modulimplementierung:* → Modulrumpf (→ Implementierung). – 4. *Zusammenfassung* von Modulen zu größeren Komponenten im Rahmen von → Component Ware.

Modularisierung – I. Organisation: Bildung organisatorischer Einheiten als unternehmerische, sich wechselseitig ergänzende Grundbausteine, die in Abhängigkeit von der konkreten Situation und der zu bewältigenden Aufgabe jeweils unterschiedlich kombiniert werden können. Diese modularen Einheiten zeichnen sich durch eine relativ geringe Größe und gute Überschaubarkeit aus. Bei der organisatorischen Gestaltung werden sie oft mit umfassenden Kompetenzen und (Ergebnis-)Verantwortung ausgestattet (Profitcenter). Dies setzt i.d.R. eine hinreichende Qualifikation und Motivation der betroffenen Organisationsmitglieder voraus. Zur Verknüpfung der organisatorischen Einheiten ist die Nutzung moderner Informations- und Kommunikationstechnik notwendig. Das Prinzip der Modularisierung wird v.a. von neueren Organisationskonzepten, wie der virtuellen Organisation, propagiert.

II. Wirtschaftsinformatik: 1. *Begriff:* Im → Software Engineering die Zerlegung eines umfangreicheren Problems in kleinere Teilprobleme, die als → Module eines Softwaresystems realisiert werden. – 2. *Ziele:* a) *Reduktion der Problemkomplexität* durch Vereinfachung, dadurch Verbesserung der → Softwarequalität, v.a. der Zuverlässigkeit, → Verständlichkeit, → Wartungsfreundlichkeit und → Portabilität. – b) *Schaffung von Teilaufgaben,* die in einem Team arbeitsteilig und möglichst unabhängig voneinander gelöst werden können (Modul als Work Assignment). – 3. *Prinzipien zur Modularisierung:* → Modularisierungsprinzipien.

Modularisierungsprinzipien – im → Software Engineering Prinzipien, die bei der → Modularisierung eines Softwaresystems angewendet werden. – *Wichtige Modularisierungsprinzipien:* Abstraktion (→ Datenabstraktion), → funktionale Abstraktion); → Information Hiding; → Schnittstellenminimalität.

Modularität – Eigenschaft eines → Softwaresystems. Modular aufgebaut bedeutet, aus → Modulen zusammengesetzt zu sein.

Modulrumpf – Teil eines → Moduls, in dem die in der → Schnittstelle spezifizierten Leistungen implementiert (→ Implementierung) werden. – *Gegensatz:* → Modulschnittstelle.

Modulschnittstelle – 1. *Begriff:* der Teil eines → Moduls, in dem die Leistungen spezifiziert werden, die das Modul dem → Benutzer zur Verfügung stellt. – Vgl. auch → Spezifikation. – 2. *Inhalt:* a) *i.w.S.* zählen zur Modulschnittstelle alle Annahmen irgendwelcher Art, die außerhalb des Moduls – von einem Benutzer des Moduls – über das Modul gemacht werden. – b) *I.e.S.* besteht die Modulschnittstelle: (1) bei funktionsorientierten Modulen aus Modulname und Formalparametern, (2) bei datenorientierten Modulen aus Modulname und → Zugriffsoperationen mit Formalparametern (bei abstrakten → Datentypen auch Typname) sowie Angaben, wie die Zugriffsoperationen zu benutzen sind und welche Wirkungen sie haben. – *Gegensatz:* → Modulrumpf.

Modultest → Testen.

Modus Ponens – Grundregel der Logik: Wenn gilt „aus A folgt B" und „A ist wahr", dann gilt auch „B ist wahr". Modus Ponens findet sehr häufig bei → wissensbasierten Systemen Verwendung. – Vgl. auch → Modus Tollens.

Modus Tollens – Grundregel der Logik: Wenn gilt „aus A folgt B" und „B ist falsch", dann gilt auch „A ist falsch". Modus Tollens findet bei → wissensbasierten Systemen bisher kaum Verwendung. – Vgl. auch → Modus Ponens.

Monitor – 1. *Synonym* zu → Bildschirm. – 2. → TP-Monitor.

monotones Schließen – *Monotonic Reasoning;* in der → Künstlichen Intelligenz (KI) Methode des Ableitens neuer Fakten aus einer Menge von → Regeln und Fakten, bei der neue Fakten nicht im Widerspruch zu solchen aus der vorherigen Faktenmenge stehen können.

Monotonic Reasoning → monotones Schließen.

MOOC – 1. *Begriff:* Ein MOOC, ein Massive Open Online Course, ist ein internetbasierter Kurs, der sich an viele Teilnehmende richtet (engl. „massive": „riesig, enorm"), offen für alle (engl. „open") und meist kostenlos ist. Man unterscheidet zwischen xMOOCs („x" für „extension"; die Harvard University machte mit diesem Buchstaben in ihren Verzeichnissen auf virtuelle Kurse aufmerksam) und cMOOCs („c" für „connectivism"). – 2. *Ziele und Merkmale:* Vorläufer von MOOCs gab es bereits um die Jahrtausendwende. Auch im deutschsprachigen Raum experimentierten Hochschulen mit Formen, die Videos und Folien integrieren und den heutigen xMOOCs ähneln. Massive Open Online Courses erreichen Menschen mit unterschiedlichem Bildungshintergrund. In einigen Kursen sind zehntausende Teilnehmerinnen und Teilnehmer eingeschrieben. Ein xMOOC ist eher lehrerzentriert und formell, ein cMOOC eher lernerzentriert, informell und den sozialen Medien verpflichtet. – 3. *Anbieter und Plattformen:* Stanford University, Massachusetts Institute of Technology (MIT) und Harvard University gehören zu den Pionieren und Referenzen. Andere Hochschulen haben sich zu Verbünden zusammengeschlossen oder beliefern mit ihrem → Content professionelle Plattformen. Auf diesen kann man Kurse suchen und buchen und sich austauschen. Manche Anbieter tragen dem Bedürfnis nach → Mobile Learning Rechnung. – 4. *Kritik und Ausblick:* MOOCs sind leicht zugängliche und doch anspruchsvolle Lernumgebungen. In der Kritik stehen sie wegen didaktischer Schwächen und einer teils hohen Abbrecherquote. Unklar ist auch, was die Zertifikate wert sind, ob Marken wegen des massenhaften und kaum kontrollierbaren Geschäfts geschädigt werden und welche Geschäftsmodelle ein hochwertiges und nachhaltiges Angebot sicherstellen.

Moving Picture Experts Group – ISO Komitee, welches Dateiformate und Komprimierungsstandards für Videosequenzen im → World Wide Web festlegt.

MP3 – Abk. für *Moving Picture Experts Group Audio Layer 3* (s. hierzu allg. → Moving Picture Experts Group).

MPEG – Abk. für → Moving Picture Experts Group. Dateiformat und Komprimierungsstandard für Videosequenzen im → World Wide Web.

MRP – Abk. für *Manufacturing Resource Planning.* 1. *Begriff:* Klasse von → Softwaresystemen zur Produktionsplanung und -steuerung (→ PPS-System) sowie für die zugrunde liegende bedarfsgesteuerte Planungsphilosophie aus den USA. – 2. Nach dem Integrationsgrad betrieblicher Planungsbereiche zu unterscheidende *Stufen:* a) MRP als Material Requirements Planning geht von einem vorgegebenen Produktionsprogramm aus. Durch Stücklistenauflösung mit gleichzeitiger Berücksichtigung von Beständen werden die Nettobedarfe in der sog. Abgleichsrechnung periodengenau ermittelt und auf den zur Herstellung erforderlichen

Produktionsanlagen eingelastet. – b) MRP II erweitert MRP um ein Modul der Kapazitätsplanung. Für den Ausgleich zwischen Kapazitätsangebot und -bedarf werden dem Planer rechtzeitig Informationen bereitgestellt, mit denen Erweiterungen des Kapazitätsangebots oder Änderungen des Absatzprogramms in die Planung einbezogen werden können. MRP II beinhaltet außerdem die sog. Geschäftsplanung, mit der z.b. Umsatzziele oder Deckungsbeiträge in die Primärbedarfsplanung einbezogen werden können.

Multicomputer System → Mehrrechnersystem.

Multiprogramming (Mode) → Mehrprogrammbetrieb.

Multitasking – uneinheitlich verwendeter Begriff aus dem Bereich der → Betriebssysteme (BS). – 1. *Parallelverarbeitung innerhalb eines* → Programms: Mehrere aufgerufene Programmteile *(Tasks)* laufen parallel oder quasi-parallel, d.h. ineinander verzahnt, ab; an geeigneten Stellen muss der aufrufende Programmabschnitt auf die Beendigung der „Arbeit" des aufgerufenen Abschnitts warten. – 2. Synonym für → Mehrprogrammbetrieb, v.a. im Mikrorechnerbereich.

Nachhaltigkeit – I. Steuerrecht: 1. *Umsatzsteuerrecht:* Unternehmer. – 2. *Einkommensteuerrecht:* Gewerbebetrieb.

II. **Wirtschaft:** Das in der Forstwirtschaft seit Jahrhunderten angewandte Prinzip der Nachhaltigkeit ist unter dem Aspekt der Ökonomik als Art des Wirtschaftens zu bezeichnen, bei welcher derzeitige Bedürfnisse befriedigt werden, ohne zukünftigen Generationen die Lebensgrundlagen zu entziehen (Sustainable Development). Kennzeichnung durch langfristig orientiertes Denken und Handeln, um ein Fließgleichgewicht der natürlichen Ressourcen zu erreichen. – Vgl. auch nachhaltige Entwicklung.

III. **Ethik:** Nachhaltigkeit (auch: nachhaltige Entwicklung) ist ein normativer Schlüsselbegriff der modernen Gesellschaft. Seine gewachsene Bedeutung ist Resultat zunehmender gesellschaftlicher Problemlagen, angefangen von Armut über Umweltverschmutzungen bis hin zum Klimawandel. Als konsensfähig gilt die Interpretation von Nachhaltigkeit im Sinne der *triple bottom line*, welche die Dimensionen Ökologie, Ökonomie und Soziales umfasst. Gleichzeitig liegt dem Nachhaltigkeitsbegriff eine erweiterte Berücksichtigung der Zeitdimension zugrunde; bes. Fokus liegt dabei auf der Möglichkeit, durch heutige Handlungen zukünftige Handlungsbedingungen, insbesondere Potenziale und Restriktionen, positiv wie negativ beeinflussen zu können. Insgesamt wird damit die Idee der inter- und intragenerativen Gerechtigkeit transportiert. Da mit zunehmendem Konkretisierungsgrad die Unschärfe des Nachhaltigkeitsbegriffs zunimmt, ist Nachhaltigkeit aus ethischer Sicht nicht als operative Zielstellung zu verstehen, sondern eine regulative Idee. Die regulative Idee bezieht sich auf die Erhaltung einer offenen Zukunft, welche einen hinreichenden Kapitalstock an gesellschaftlichen Vermögenswerten (u.a. Natur-, Humankapital und Produktionskapital) voraussetzt. Aus Sicht der Wirtschaftsethik wird damit v.a. das Problem nach den Bedingungen angesprochen, unter denen Menschen langfristige Investitionen (i.w.S.) in grundlegende gesellschaftliche Kapitalgüter tätigen.

IV. **Prozessmanagement:** Vgl. auch → ökologische Nachhaltigkeit, → ökonomische Nachhaltigkeit, → soziale Nachhaltigkeit und Nachhaltige Geschäftsprozesse.

Nachricht – Menge aller von einem Absender ausgesendeten Daten. In der → Objektorientierung kommunizieren die einzelnen Objekte eines Systems über Nachrichten, die die Ausführung von einzelnen Aktionen anstoßen. – Vgl. auch → Information, → Redundanz.

Nassi-Shneiderman-Diagramm → Struktogramm.

natürlichsprachliche Systeme → Computersysteme, die in der Lage sind, einen eingeschränkten Ausschnitt der geschriebenen bzw. gesprochenen Sprache zu verstehen. Für die Entwicklung werden Prinzipien und Methoden der → Künstlichen Intelligenz (KI) genutzt, v.a. aus dem Bereich der → wissensbasierten Systeme.

NC-Anlage – 1. *Begriff:* numerisch gesteuerte (Numerical Control) Werkzeugmaschine, die automatisch die einzelnen Bearbeitungsschritte zur Erstellung eines Werkzeugstücks durchführt. Die Arbeitsfolge ist durch ein → NC-Programm festgelegt, das i.d.R. von einem → Datenträger eingelesen und von der Steuerung der NC-Anlage ausgewertet wird. – 2. *Typische Anwendungsbereiche:* Bohren, Fräsen, Schweißen bei komplexen Teilen und umfangreichen Aufgaben. – Vgl. auch → CNC-Anlage, → DNC-Anlagen.

NC-Programm – Programm zur Steuerung einer → NC-Anlage. Zur Erstellung von NC-Programmen werden spezielle → Programmiersprachen (z.B. Exapt, Apt) verwendet. Ein NC-Programm wird zur Ausführung mithilfe eines → Datenträgers in die NC-Anlage übertragen. – *Typische Aufgaben:* Ermittlung der Koordinatenwerte für gesteuerte Achsen der NC-Anlage, Überwachung der Maschinenzustände, Positionierung der Maschine, Abweichungsrechnungen (Soll-Ist-Vergleich, Toleranzen).

Near Video on Demand – TV-Konzept, bei dem das Angebot zeitlich versetzt wiederholt angeboten wird, sodass der Kunde den Nutzungszeitpunkt in engen Grenzen selbst bestimmen kann. – Vgl. auch → Video on Demand, → Pay per View, → digitales Fernsehen.

Nebenstellenanlage – *Private Branch Exchange (PBX);* private Vermittlungseinrichtung mit angeschlossenen Endeinrichtungen (v.a. Telefone), über die die Kommunikation der Teilnehmer untereinander erfolgt; Verbindung mit dem öffentlichen Fernsprechnetz über eine gemeinsame Zentralnummer.

Neighbourhood Office Center – *Nachbarschaftsbüro;* in unmittelbarer Nähe zu Wohnbereichen eingerichtete Büroräume, in denen Beschäftigte unterschiedlicher Organisationen ihre → Büroarbeit erledigen können; ermöglicht wird dies durch den Einsatz neuer Kommunikationstechnologie (v.a. vernetzte multifunktionale Bildschirme; vgl. → Netz, → Kommunikation), die die Kommunikationswege der räumlich integrierten Büros ersetzt. – Vgl. auch → Telearbeit.

Net-Change-Prinzip – *Änderungsrechnung;* 1. *Merkmale:* Prinzip bei der Planung, nach dem bei Erstellung eines Plans nur Datenänderungen berücksichtigt werden, die gegenüber einem früher erstellten Plan in der Zwischenzeit eingetreten sind. Der Plan wird fortgeschrieben. – 2. *Anwendung:* in der → betrieblichen Datenverarbeitung v.a. bei → ereignisorientierter Planung zugrunde gelegt. – *Gegensatz:* → Neuaufwurfsprinzip.

Netz – *Datennetz.* 1. *Begriff:* räumlich verteiltes Verbindungssystem zur technischen Unterstützung des Austauschs von Informationen zwischen Kommunikationspartnern. – 2. *Typen:* a) → In-House-Netz: (1) → lokales Netz, (2) → Nebenstellenanlage, (3) herstellerspezifisches Datenverarbeitungsnetz (i.Allg. ein Rechnernetz). – b) *Wide Area Network* (→ WAN): (1) öffentliches WAN, (2) nichtöffentliches WAN. – 3. *Arten:* (1) → geschlossenes Netz oder → offenes Netz; (2) → Verteilernetz oder → Vermittlungsnetz; (3) analoges Netz: Informationen werden in → analoger Darstellung übertragen oder digitales Netz: Informationen werden in → digitaler Darstellung übertragen; (4) Datennetz: Netz, das ausschließlich für die Übertragung von → Daten konzipiert ist; zu unterscheiden: Breitbandnetz (zur Übermittlung von Daten mit hoher, aber auch niedriger Bandbreite) und Schmalbandnetz (zur Übermittlung von Daten mit niedriger Bandbreite). (5) Rechnernetz. – Vgl. auch → Computerverbund(-system), → Netzwerktopologie, → Zugangsverfahren.

Netzwerk – 1. i.d.R. als Synonym für → Netz benutzt. – Vgl. auch Graph. – 2. System von miteinander in eine marktbezogene Beziehungen hinausgehend verbundenen Akteuren als Zwischenform von Markt und Hierarchie. Die Struktur eines Netzwerks wird durch das Verhalten, die Interdependenz, die Intensität der Kopplung und die Macht der Akteure bestimmt. Des weiteren kann man Netzwerke hinsichtlich der Zielsetzung und des Grades der Formalität sowie der räumlichen Anordnung unterscheiden (kreatives Milieu, Industriedistrikt).

Netzwerkmodell → Datenmodell, mit dem Netzwerkstrukturen zwischen Datensätzen beschrieben werden können; Grundlage vieler → Datenbanksysteme (z.B. IDMS, IDS II, MDBS III). Erstmals 1973 vorgeschlagen von der → CODASYL Data Base Task Group

(DTBG), heute zumeist durch Relationalmodelle ersetzt.

Netzwerktopologie – 1. *Begriff*: logische Anordnung und Art der Verbindung der Kommunikationspartner in einem → Netz. – 2. *Grundformen*: a) *Stern-Netz(-werk)*: Netz, bei dem sämtliche „Endteilnehmer" physikalisch mit einem zentralen Vermittlungsknoten verbunden sind, z.B. → Nebenstellenanlage. – b) *Ring-Netz(-werk)*: Netz, bei dem jeder Knoten mit einem rechten und einem linken Partner verbunden wird, bis sich der Kreis schließt. Die zu übertragenden → Daten werden in eine festliegende Richtung von Knoten zu Knoten übermittelt. Die → Information wird solange weitergegeben, bis sie den Empfänger erreicht, ohne dass ein bestimmter Weg durch das Netz gesucht werden muss. – c) *Bus-Netz(-werk)*: Netzwerk, das durch eine Linienstruktur, den → Bus, gebildet wird, der Daten vom Sender in beide Richtungen von Knoten zu Knoten weitertransportiert. Diese Grundform kann zu einer allg. Baumstruktur erweitert werden, indem an Knoten eines zentralen Verteilerbusses weitere Busse angeschlossen werden. – 3. *Mischformen*: Durch Verwendung mehrerer Grundtopologien lassen sich beliebige Mischformen erzeugen. Ein solches Netz nennt man vermascht, wenn ein Knoten mit mehreren oder allen anderen Knoten verbunden ist.

Neuaufwurfsprinzip – 1. *Begriff*: Prinzip bei der Planung, nach dem bei Erstellung eines Plans zu einem bestimmten Zeitpunkt alle Plangrößen von Grund auf neu ermittelt werden, unabhängig davon, ob bereits ein früherer Plan existiert, der sich auch noch auf zukünftige Zeiträume erstreckt. Frühere Planungen werden ignoriert. – *Gegensatz*: → Net-Change-Prinzip. – 2. *Anwendung*: Das Neuaufwurfsprinzip liegt sehr vielen → computergestützten Planungssystemen und computergestützten Dispositionssystemen (→ Dispositionssystem) in der betrieblichen Datenverarbeitung zugrunde; früher bei → Stapelbetrieb fast ausschließlich angewendet.

neuronale Netze – *neuronale Netzwerke*. 1. *Begriff*: Vertreter der subsymbolischen Methoden der → Künstlichen Intelligenz (KI). Die ursprüngliche Intention lag in der Simulation kognitiver Phänomene. – 2. *Aufbau*: Neuronale Netze bestehen aus einer Menge untereinander über Kommunikationskanäle verknüpfter Verarbeitungseinheiten, den Neuronen. – 3. *Arbeitsweise*: Eingabeinformationen werden innerhalb des Netzes von den Neuronen i.d.R. über nicht lineare Funktionen verarbeitet und das Ergebnis über die Kommunikationskanäle an andere Neuronen weiterpropagiert. Die Ausgabeinformationen stellen das Ergebnis der Verarbeitungsprozesse dar. Stärke der neuronalen Netze ist die hochparallele Verarbeitung der Eingabeinformationen, die durch die Verknüpfung der Neuronen und ihrer Verarbeitungsfunktionen ermöglicht wird. Dadurch können sehr komplexe, nicht lineare Abhängigkeiten in den Eingabeinformationen abgebildet werden. Neuronale Netze müssen diese Abhängigkeiten erlernen (→ Learning), was i.d.R. auf der Basis von Erfahrungsdaten geschieht. – 4. *Aufgabenbereiche*: Klassifikations-, Prognose- und Optimierungsaufgaben. Zunehmender Einsatz in betriebswirtschaftlichen Bereichen. Beliebtes Einsatzfeld ist die Finanzwirtschaft, z.B. im Rahmen von Aktienkursprognosen, aber

Normalform

Bimatrix 1 (Gefangenendilemma)

$s_1 \backslash s_2$	s_2^1	s_2^2
s_1^1	2, 2	0, 3
s_1^2	3, 0	1, 1

Bimatrix 2 (Kampf der Geschlechter)

$s_1 \backslash s_2$	s_2^1	s_2^2
s_1^1	2, 1	0, 0
s_1^2	0, 0	1, 2

auch z.B. für Absatz-, Umsatzprognosen oder Kreditwürdigkeitsprüfungen. In jüngster Zeit verstärkter Einsatz in der Produktionsplanung, aber auch in der Personalplanung.

neuronale Netzwerke → neuronale Netze.

Newsgroup – Sammlung von Diskussionsgruppen zu unterschiedlichen Themen im → World Wide Web. In gebündelter Form werden diese Themen den interessierten Nutzern zugänglich gemacht.

Newsletter – per → E-Mail periodisch versendete Nachrichten, die zielgruppenspezifische Informationen enthalten.

nicht monotones Schließen – *Nonmonotonic Reasoning*; in der → Künstlichen Intelligenz (KI) Methode des Ableitens neuer Fakten aus einer Menge von → Regeln und Fakten, bei der neue Fakten im Widerspruch zu solchen aus der vorherigen Faktenmenge stehen können. Dieser Widerspruch wird durch das Löschen der widersprüchlichen älteren oder neuen Fakten aufgelöst. – *Gegensatz:* → monotones Schließen.

Non-Impact-Drucker → Drucker, bei dem die Zeichendarstellung anschlagfrei erfolgt. – *Arten:* Thermodrucker, → Tintenstrahldrucker. – *Gegensatz:* → Impact-Drucker.

Normalform – I. Spieltheorie: Die Normalform $(S_1, ..., S_n; u_1, ..., u_n)$ eines n-Personen-Spiels mit den Spielern 1, ..., n beschreibt ein Spiel rein statisch. Für Spieler i = 1, ..., n bezeichnet $S_i = \{s_i^1, s_i^2, s_i^3, ...\}$ die Menge seiner Strategien s_i und u_i seine Auszahlungsfunktion. Allen Strategievektoren $= (s_1, ..., s_n)$ mit $s_i \in S_i$ für i = 1, ..., n ordnet die Auszahlungsfunktion u_i kardinale Nutzenwerte $u_i(s)$ zu, die angeben, wie Spieler i die durch s implizierten Ergebnisse bewertet. Bekannte Spiele mit zwei Spielern (n = 2), die über jeweils zwei Strategien verfügen, sind das Gefangenendilemma (vgl. Bimatrix 1 in der Abbildung „Normalform") sowie der Kampf der Geschlechter (vgl. Bimatrix 2 in der Abbildung „Normalform"). Sind Spiele wie die Bimatrixspiele 1 und 2 symmetrisch, so genügt es, wegen $u_i(s_i^k, s_j^l) = u_j(s_i^l, s_j^k)$ nur eine Nutzenbewertung anzugeben. Das Gleiche gilt für die sog. 2-Personen-Nullsummenspiele mit $u_1(s) + u_2(s) = 0$ für alle Strategievektoren $s = (s_1, s_2)$, da $u_2(s) = - u_1(s)$. – Vgl. auch Spieltheorie.

II. Wirtschaftsinformatik: 1. *Begriff:* In der → Datenorganisation ein Zustand einer → Relation (bzw. einer Datei), der i.Allg. durch → Normalisierung erzeugt wird. – 2. *Arten:* Man unterscheidet bis zur fünften Normalform. Die Normalformen bauen aufeinander auf; d.h. eine Relation in dritter Normalform ist automatisch auch in zweiter Normalform (und damit auch in erster Normalform) etc.; von praktischer Bedeutung sind v.a. die Normalformen bis hin zur dritten. Die erste Normalform fordert, dass in Attributen stets nur eine Information gespeichert wird. Die zweite Normalform postuliert die Minimalität des Primärschlüssels einer → Relation im Hinblick darauf, dass keine überflüssigen Attribute darin verwendet werden. Über die dritte Normalform werden sog. transitive Abhängigkeiten ausgeschlossen, die dadurch entstehen, dass eine abhängige Relation in eine andere integriert wurde.

Normalisierung – I. Kostenrechnung: Der Vollkostenrechnung zugrunde liegendes Bestreben, aperiodisch oder in ungewöhnlicher Höhe anfallende Kosten zu „glätten", d.h. auf die einzelnen Abrechnungsperioden in gleichmäßiger Form zu verteilen, um eine bessere zeitliche Vergleichbarkeit zu erreichen.

II. Wirtschaftsinformatik: In der → Datenorganisation ein Prozess, der bei der Erstellung des → Datenmodells durchlaufen wird. – *Ziel der Normalisierung:* Erzeugung von einfachen, möglichst redundanzarmen (→ Datenredundanz) → Relationen, sodass während des Betriebes kein anormales Verhalten beim Einfügen, Löschen oder Ändern eines Datensatzes eintreten kann. Wird z.B. eine Information gelöscht, darf das nicht zur Folge haben, dass automatisch eine weitere Information gelöscht wird, die noch Bestand haben soll. – *Vorgehensweise:* mehrere formale Schritte, mit denen Relationen in verschiedenen → Normalformen erzeugt werden.

Notebook – Synonym für Laptop, als Begriff eingeführt von Toshiba für bes. kleine und leichte, tragbare PCs, um diese besser vermarkten zu können. – Vgl. auch → Personal Computer (PC).

numerische Daten → Daten, die nur mit Ziffern und zusätzlichen Sonderzeichen dargestellt werden. – *Gegensatz:* → alphanumerische Daten.

Nummernschlüssel – Ordnungsmerkmal zur Identifizierung, Sortierung und Klassifizierung von → Daten. – *Arten:* (1) *Laufender Nummernschlüssel:* Vergabe einer laufenden Nummer an die zu nummerierenden Daten (z.B. die Artikel eines Lagers) ohne Rücksicht auf die sachliche Zusammengehörigkeit; (2) *systematischer Nummernschlüssel:* Zuordnung einer bestimmten Bedeutung der einzelnen Ziffern oder Stellen der Nummern; (3) *sprechender Nummernschlüssel:* Sämtliche Ziffern des Schlüssels befinden sich in Abhängigkeit von der Stelle, an der sie innerhalb der Nummer stehen.

Nummernsystem – 1. *Begriff:* System zur Ordnung und Benennung von Objekten eines Betriebs (z.B. Artikel, Teile, Kostenstellen) mithilfe von Nummern (häufiger: → Schlüssel genannt, da die „Nummern" nicht unbedingt nur aus Zahlen, sondern auch aus Buchstaben und Sonderzeichen bestehen können). – 2. *Zweck:* (1) Identifikation der Objekte; (2) Klassifikation der Objekte. – 3. *Anforderungen an Nummernsysteme:* (1) hinsichtlich Eindeutigkeit der Nummern, Beständigkeit über einen längeren Zeitraum, geringe Stellenzahl, konstante Stellenzahl; (2) hinsichtlich disjunkte Klassenbildung zur eindeutigen Einordnung der Objekte, Flexibilität bei Anpassungen und Erweiterungen des Nummernsystems – 4. *Beispiele:* (1) rein *identifizierendes Nummernsystem*, z.B. fortlaufende Nummern; (2) *klassifizierendes Nummernsystem:* Zusammensetzung des Schlüssels aus einzelnen Stellen (bzw. Gruppen), mit hierarchischen (z.B. Postleitzahl) oder auch gleichrangigen Beziehungen zwischen den Stellen (bzw. Gruppen); (3) *Parallel-Nummernsystem:* Zusammensetzung des Schlüssels aus einem identifizierenden und einem klassifizierenden Schlüssel.

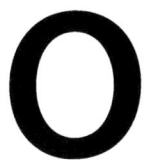

O-A-W-Tripel – Kurzbezeichnung für → Objekt-Attribut-Wert-Tripel.

Objekt – I. Allgemein: Gegenstand, mit dem etwas geschieht oder geschehen soll. Im wirtschaftlichen Sprachgebrauch Wert-, Vertrags- oder Geschäftsgegenstand.

II. Wirtschaftsinformatik: Einheit, die durch einen Bezeichner benannt werden kann. V.a. bei den objektorientierten → Programmiersprachen ist ein Objekt eine Informationsstruktur, die → Daten zusammenfasst (→ Datentypen und → Datenstrukturen), die einen Zustand besitzt und für die definiert ist, wie sie auf bestimmte Nachrichten (Messages) mittels vorgesehener Methoden zu regieren hat. Durch den Empfang von Nachrichten können Objekte ihren Zustand verändern oder Informationen über ihren Zustand an den Sender zurückgeben.

Objekt-Attribut-Wert-Tripel – Spezialfall der → Wissensrepräsentation durch ein → semantisches Netz; wird zur Darstellung des Informationsgehaltes von Fakten benutzt.

objektorientierte Analyse – auf den → objektorientierten Entwurf abgestimmte Phase der → Softwareentwicklung, bei der die Einheiten des Anwendungsbereichs identifiziert und änderungs- und wiederverwendungsfreundlich als Modell spezifiziert werden. Objektorientierte Modelle eignen sich bes. für das Konzept des „Rapid → Prototyping".

objektorientierte Datenbanken – Datenbankkonzept, das auf dem Prinzip der → Objektorientierung aufbaut. Im Gegensatz zu anderen → Datenbank-Konzepten wird ein Objektmodell definiert, in dem die Strukturmerkmale wie auch das jeweilige Objektverhalten festgelegt werden.

objektorientierte Programmiersprache – → Programmiersprache.

objektorientierte Programmierung – im Gegensatz zur prozeduralen → Programmierung, bei der → Daten, → Prozeduren und Funktionen getrennt betrachtet werden, fasst man sie bei der objektorientierten Programmierung zu einem → Objekt zusammen. Objekte sind nicht nur passive Strukturen, sondern aktive Elemente, die durch Nachrichten anderer Objekte aktiviert werden. Objektorientierte Programme werden als kooperierende Sammlungen von Objekten angesehen.

objektorientierter Entwurf – in der Entwurfsphase (→ Softwarelebenszyklus) eines → Softwaresystems müssen beim objektorientierten Entwurf die Besonderheiten des objektorientierten Paradigmas berücksichtigt werden: → Objekte mit ihren Eigenschaften und → Methoden, die Interaktionen zwischen den Objekten und deren Hierarchie.

Objektorientierung – durchgängiges Prinzip im Softwareentwicklungsprozess von der Analyse über die → Programmierung bis hin zur Wartung, das durch eine natürliche Modellierung der Realität, → Wiederverwendbarkeit und leichte Erweiterbarkeit die Komplexität von → Software beherrschbar machen soll. – Ein System besteht in der Objektorientierung ausschließlich aus Objekten, die miteinander über Nachrichten kommunizieren. Jedes → Objekt verfügt über Eigenschaften und Methoden. Die Eigenschaften beschreiben dabei über ihre Werte den Zustand eines Objektes, die Methoden die möglichen Handlungen eines Objektes. – Definiert werden Objekte über Klassen, die eine Art Schablone für Objekte darstellen. Sie definieren die Struktur der Objekte und deren Funktionalität. Ein Objekt ist dann die Instanz einer Klasse. Jedes Objekt einer → Klasse ist eindeutig unterscheidbar, auch wenn die Eigenschaftsausprägungen gleich sind.

Objektprogramm → Programm.

OCR – Abk. für *Optical Character Recognition;* → optische Zeichenerkennung mit genormten Zeichensätzen und Darstellungskriterien.

OCR-Schrift → optische Zeichenerkennung.

ODBC – Abk. für *Open DataBase Connectivity;* unter Windows bereitgestellte → Schnittstelle für Anwendungen, die Zugriffe auf → Datenbanken realisieren wollen. Der Vorteil von ODBC besteht in der Unabhängigkeit der Anwendungsprogrammierung von der zugrunde liegenden Datenbank, da auf diese über die einheitliche Schnittstelle zugegriffen wird.

offenes Netz → Netz, das die Einbindung von → Computern unterschiedlicher Hersteller erlaubt. Diese kommunizieren nach einheitlichen Regeln miteinander. – *Gegensatz:* → geschlossenes Netz. – Vgl. auch → OSI-Modell.

Offline(betrieb) – *Offlineverfahren.* Offline (bzw. im Offlinebetrieb) arbeiten Geräte, die nicht direkt über Steuereinheiten und/ oder Kanäle (→ Ein-/ Ausgabe-Kanal) an die → Zentraleinheit eines Computers angeschlossen sind. – *Gegensatz:* → Online(betrieb).

ökologische Nachhaltigkeit – 1. *Begriff*: Ökologische Nachhaltigkeit beschreibt den weitsichtigen und rücksichtsvollen Umgang mit natürlichen Ressourcen. – 2. *Merkmale*: Die ökologische Nachhaltigkeit bezieht sich allgemein auf das Überleben und den Gesundheitszustand von Ökosystemen. Der Gesundheitszustand kann dabei als umfassender, multiskalarer, dynamischer und hierarchischer Messwert der Vitalität, Organisation und Widerstandsfähigkeit eines ökologischen Systems verstanden werden. Eine Vernachlässigung der ökologischen Nachhaltigkeit führt dazu, dass bestimmte Ressourcen unwiderruflich zerstört oder unbrauchbar gemacht werden und damit die Chancen für jegliche weitere Entwicklungen vernichten werden. – Vgl. auch → ökonomische Nachhaltigkeit, → soziale Nachhaltigkeit, Nachhaltige Geschäftsprozesse.

ökonomische Nachhaltigkeit – 1. *Begriff*: Ökonomische Nachhaltigkeit beschreibt die Maximierung des ökonomischen Ertrags bei gleichzeitiger Aufrechterhaltung der benötigten Eingangsressourcen. – 2. *Merkmale*: Die ökonomische Nachhaltigkeit wird häufig als Bedingung einer nicht nachlassenden ökonomischen Wohlfahrt (vgl. Wohlfahrtsökonomik) interpretiert. Dies setzt voraus, dass die zur Erreichung einer bestimmten Wohlfahrt benötigten Ressourcen auch weiterhin und mindestens in gleichwertiger, vorzugsweise in besserer Güte verfügbar sind. Unter Ressourcen versteht man in diesem Zusammenhang die zu einem bestimmten Zeitpunkt verfügbaren Güter, Waren, Kapital oder Dienste. Die Güte dieser Ressourcen zielt auf deren Verfügbarkeit und Qualität ab, in welcher sie zur Verwendung bereitstehen. – Vgl. auch → ökologische Nachhaltigkeit, → soziale Nachhaltigkeit, Nachhaltige Geschäftsprozesse.

OLAP – Abk. für → Online Analytical Processing.

OLTP – Abk. für → Online Transaction Processing.

One-to-one Marketing – Marketingkonzept, bei dem im Gegensatz zum Massenmarketing die einzelne Kundenbeziehung im Mittelpunkt der Betrachtung steht. Im Rahmen des → E-Commerce ergeben sich dabei neue Potenziale für das One-to-one Marketing, da durch den Einsatz moderner Informations- und Kommunikationstechnologien (z.B. → E-Mail oder → Internet) eine individualisierte Kundenansprache und damit eine zielgenaue Gestaltung der angebotenen Produkte und Dienstleistungen mit relativ geringem Aufwand möglich ist.

Online(betrieb) – *Onlineverfahren.* Online (bzw. im Onlinebetrieb) arbeiten *Geräte,* die direkt über Steuereinheiten und/ oder Kanäle (→ Ein-/ Ausgabe-Kanal) an die → Zentraleinheit eines Computers angeschlossen sind. – *Gegensatz:* → Offline(betrieb).

Online Analytical Processing (OLAP) – Konzept für die im → Dialogbetrieb realisierte Verdichtung und Darstellung von managementrelevanten → Daten aus einem → Data Warehouse. Bei den Daten handelt es sich um Faktendaten, wie z.b. Umsatz- oder Kostenkennzahlen, denen eine Vielzahl von Dimensionsmerkmalen zugeordnet ist, wie z.b. Merkmale von Regionen, Produkten oder Zeiträumen, für die die Kennzahlen angefallen sind. Diese Dimensionen sind in Hierarchien angeordnet, d.h. es gibt über- und untergeordnete Regionen, Produktgruppen und Zeiträume. OLAP-Software unterstützt v.a. die Aggregation von Kennzahlen über bestimmte Dimensionen und Hierarchieebenen sowie die grafische Darstellung der Kennzahlen. – *Gegensatz:* → Online Transaction Processing (OLTP).

Online Community → E-Community.

Online Content – Medieninhalte, die auf → Websites dargestellt werden. Hierbei kann es sich um Text, Audiodaten oder audiovisuelle Inhalte handeln.

Onlinedienst → Internet Service Provider.

Onlinedokumentation – eine Form der → Dokumentation eines Softwareproduktes, die der → Benutzer unmittelbar bei der Arbeit am → Bildschirm abrufen kann, z.B. durch „Hilfe-Bildschirme".

Onlinemedien – auf dem → Internet basierende Medien, die drei wesentliche Merkmale aufweisen: (1) die Multimedialität (Verknüpfung von Text, Bild, Film und Ton), (2) die maschinelle Interaktivität (Beeinflussung der Informationsaufnahme durch den Nutzer) und (3) die personale Interaktivität (interaktive Kommunikation).

Onlineshop → Electronic Shop.

Onlineshopping → Electronic Shopping.

Online Transaction Processing (OLTP) – im → Dialogbetrieb ablaufende Massendatenverarbeitung in operativen DV-Systemen, bei der betriebswirtschaftliche → Transaktionen erfasst und verarbeitet werden. – *Gegensatz:* → Online Analytical Processing (OLAP).

Onlineverfahren → Online(betrieb).

Onlinewerbung – zielgerichtete Information über und Bekanntmachung von Gütern und Dienstleistungen durch den Anbieter mithilfe des → Internets als Massenmedium. Das Internet ermöglicht hierbei im Vergleich zu anderen Werbeträgern ein hohes Maß an Interaktion und Flexibilität bei relativ geringen Kosten.

Open Distance Learning → Telelearning.

Open Source – Konzept, nach dem → Programme mit ihrem Quellcode ausgeliefert werden. Jeder darf den Quellcode einsehen und verändern. Die Open Source Initiative (OSI) definiert Kriterien, die Open Source Software erfüllen soll.

Operateur → Operator.

Operating – Betrieb eines → Computersystems im → Rechenzentrum, v.a. Anlagenbedienung und Ablaufsteuerung. Das Bedienungspersonal (→ Operator) arbeitet die Aufträge (→ Job) aus der Arbeitsvorbereitung im Rechenzentrum ab, steuert und überwacht das → Computersystem und achtet auf Optimierung der Auslastung.

Operating System (OS) → Betriebssystem (BS).

Operator – *Operateur.* 1. *Begriff:* Berufsbild in der → betrieblichen Datenverarbeitung. – 2. *Aufgaben* (im → Rechenzentrum): vollständige oder teilweise Bedienung und Überwachung der → Hardware und Systemsoftware des → Computersystems, um für die Benutzer einen reibungslosen Arbeitsablauf und eine hohe Systemverfügbarkeit zu gewährleisten; Behandlung der Geräteanforderungen, Auswechseln von → Datenträgern, Starten von → Programmen; Datensicherungs- und Wartungsarbeiten u.a.

optische Speicherplatte – *Optical Disk, Bildplatte, Digital Optical Recording (DOR)*; externes Speichermedium (→ externer Speicher), auf dem Vorlagen (z.b. Schriftstücke, Zeichnungen) moderner → Massenspeicher in digitaler Form gespeichert werden und zum Abruf über ein → Computersystem bereitstehen. – Vgl. auch → CD-ROM.

optische Zeichenerkennung – *Optical Character Recognition (OCR)*; Verfahren der maschinellen Datenerfassung, bei der handschriftliche oder maschinengeschriebene Zeichen (Buchstaben, Ziffern, Sonderzeichen) oder Strichmarkierungen (→ Barcodes) mit hoher Geschwindigkeit gelesen werden. – *Formen:* (1) Erfassen und Interpretieren von *Markierungen* in vorgesehenen Feldern, z.B. auf Bestell- oder Lieferscheinen durch einen speziellen → Belegleser (in diesem Fall auch als Markierungsleser bezeichnet); (2) Erfassen von *Barcodes* durch → Scanner; (3) Einlesen von *Text* durch → Klarschriftleser. – Von den verschiedenen *Schriften,* deren gedruckte Zeichen von einem Klarschriftleser erkannt werden können, sind die genormten Schriften *OCR-A* (Font A for Optical Character Recognition, DIN 66 008) und *OCR-B* (Font B for Optical Character Recognition, DIN 66 009) am verbreitetsten.

Oracle – relationales → Datenbanksystem (→ Relationenmodell); von der Oracle Cooperation entwickelt und seit 1979 vertrieben. Verwendbar auf → Computern aller Rechnergruppen; die → Abfragesprache ist → SQL.

Ordnungsbegriff – Kriterium, nach dem ein Datenbestand (z.B. eine → Datei oder ein → Array) geordnet ist; häufig ein → Datenelement, das einen → Schlüssel darstellt (z.B. die Artikelnummer bei Artikeldatensätzen). Oft synonym für → Sortierbegriff.

Ordnungssysteme – Kennbegriff zur eindeutigen Identifizierung von → Informationen, → Daten und Karteien zur Unterscheidung von anderen Begriffen ähnlichen Inhalts. Häufig sind Ordnungssysteme nicht das einzige Merkmal, nach dem Informationen gleicher Kategorie geordnet und sortiert werden können, aber das Einzige, das jede Information unverwechselbar kennzeichnet.

Org/DV-Abteilung – Kurzbezeichnung für eine betriebliche Abteilung, die für Organisation und → Datenverarbeitung (Elektronische Datenverarbeitung) zuständig ist. Geleitet von einem → Org/DV-Leiter.

Org/DV-Leiter – 1. *Begriff*: Berufsbild in der → betrieblichen Datenverarbeitung; Leiter der → Org/DV-Abteilung. – 2. *Aufgaben*: Der Org/DV-Leiter hat die Verantwortung für Planung, Vorbereitung und Durchführung von Projekten, für die Abstimmung der → betrieblichen Informationssysteme mit der Organisation des Unternehmens, die Personalauswahl und -einsatz; er berät die Unternehmensführung in allen Fragen der Organisation und der Datenverarbeitung. – 3. *Anforderungen*: i.Allg. ein betriebswirtschaftliches Studium mit Schwerpunkten in Organisationslehre und Wirtschaftsinformatik oder ein Studium der Wirtschaftsinformatik.

Organisationssicht → Architektur integrierter Informationssysteme.

Orgware – 1. Oberbegriff für alle *organisatorischen, methodischen und personellen Maßnahmen und Konzepte* im Bereich Organisation und → Datenverarbeitung eines Unternehmens (→ Org/DV-Abteilung), z.B. Methoden der → Systemanalyse, Dokumentationsrichtlinien. – 2. Geschützter *Produktname* für ein umfassendes, teilweise computergestütztes Konzept zur Systemanalyse, Softwareentwicklung und Dokumentation der Sema Group.

OSI-Modell – Kurzbezeichnung für Open-Systems-Interconnection-Modell; von der ISO geschaffenes allgemeingültiges Schichtenmodell für Kommunikationsvorgänge bei → offenen Netzen. Es beinhaltet die Beschreibung von sieben Schichten, wobei die erste Schicht noch hardwarenah ist,

Outsourcing

während die siebte Schicht Schnittstellen der Anwendungssoftware beschreibt.

Outsourcing – 1. *Begriff/Charakterisierung:* Verlagerung von Wertschöpfungsaktivitäten des Unternehmens auf Zulieferer. Outsourcing stellt eine Verkürzung der Wertschöpfungskette bzw. der Leistungstiefe des Unternehmens dar. Durch die Inanspruchnahme qualifizierter, spezialisierter Vorlieferanten für Komponenten und Dienstleistungen werden die Produktions-, Entwicklungs-, aber auch Dienstleistungsgemeinkosten des Unternehmens häufig reduziert. Durch Konzentration auf die Kernaktivitäten werden Kostenvorteile realisiert und die eigene operative und eigene strategische Marktposition verbessert. Strategisch wichtig ist, dass im Rahmen des Outsourcings Schlüsseltechnologien und -kompetenzen nicht aufgegeben werden, weil auf diese Weise eine unerwünschte Abhängigkeit vom Vorlieferanten entstehen könnte. – 2. *Bedeutung:* Outsourcing von Dienstleistungen (z.B. → Datenverarbeitung), aber auch der Teileproduktion oder ganzer Komponenten in der Industrie und damit die kostenorientierte Verkürzung der Wertschöpfungstiefe, hat strategisch in den letzten Jahrzehnten an Bedeutung gewonnen. Erfolgreiches Outsourcing setzt den Einsatz moderner Produktions- und Logistikkonzepte (z.B. → Just in Time (JIT)) voraus, da die Zulieferer konzeptionell in die Wertschöpfungskette eingebunden werden (→ Supply Chain Management).

P

P2P – Abk. für → Peer-to-Peer (P2P).

Page Impression (PI) – *Seitenabruf*, Anzahl der Sichtkontakte von Internetnutzern mit einer potenziell werbeführenden → Website. Page Impressions sind neben → Visits die zentrale Maßzahl zur Bestimmung der Reichweite eines Internetangebotes und deshalb für die Mediaplanung von Bedeutung. Zur Ermittlung der Kennzahl wird in Deutschland das Verfahren der Informationsgemeinschaft zur Feststellung der Verbreitung von Werbeträgern e. V. (IVW) verwendet.

Page View → Page Impression (PI).

Paketvermittlung – Verfahren der → Datenübertragung, bei dem die Information in „Pakete" aufgeteilt wird und „paketweise" an den Empfänger gelangt. Beim Empfänger werden die „Paketinhalte" wieder zur Information zusammengefügt.

Paradigma – I. Wissenschaftstheorie: Zu Paradigmen zählen sowohl methodologische Konzepte als auch intuitive Grundeinstellungen zu Phänomenen. Ein Paradigma regelt, was als untersuchenswerter Gegenstand wissenschaftlicher Betrachtung zu gelten hat, die Art und Weise, wie dieser Gegenstand zu beobachten ist und was als befriedigende Lösung eines wissenschaftlichen Problems anzusehen ist. – Die *Wirtschaftswissenschaft* wurde bislang wesentlich durch das mechanistisch geprägte naturwissenschaftliche Paradigma des 19. Jh. beeinflusst. Seine Angemessenheit wird jedoch zunehmend in Frage gestellt, da moderne Volkswirtschaften als hochvernetzte, komplexe Systeme behandelt werden müssen (Systemmanagement). Vor diesem Hintergrund wird seit einiger Zeit eine Diskussion über einen erforderlichen bzw. bevorstehenden Paradigmawechsel in der Wirtschaftswissenschaft geführt. – Vgl. auch evolutorische Ökonomik.

II. Informatik: Fundamentales Konzept, das die Sprachstruktur einer → Programmiersprache oder eine Vorgehensweise zur Problemlösung entscheidend prägt; auch als *Muster* bezeichnet.

Parallelverarbeitung – simultane Bearbeitung mehrerer Befehlsteile, Befehle oder Programmteile durch eine → Zentraleinheit. Parallelverarbeitung kann durch mehrere, über einen → Bus gekoppelte → Prozessoren (Tandemprinzip) oder durch mehrere → Rechenwerke innerhalb des → Zentralprozessors (Feldrechnerprinzip) realisiert werden.

Parameter – I. Mathematik: Veränderliche, für gewisse Überlegungen konstant gehaltene Hilfsgrößen bei der Darstellung von Kurven oder Flächen; Koeffizienten in algebraischen Gleichungen, kennzeichnende Konstanten zur Unterscheidung von mathematischen Funktionen.

II. Statistik: Konstante zur Charakterisierung einer empirischen Verteilung in einer Grundgesamtheit oder einer theoretischen Verteilung. Bei realen Grundgesamtheiten interessieren v.a. die Parameter arithmetisches Mittel, Varianz oder Anteilswert, auf die die Schätzverfahren und statistischen Testverfahren der Inferenzstatistik gerichtet sind. Bei theoretischen Verteilungen unterscheidet man *Funktional-Parameter* (Kenngrößen), bes. Erwartungswert und Varianz, sowie *explizite Parameter*, also variable Größen, welche explizit in der Dichtefunktion bzw. Wahrscheinlichkeitsfunktion vorkommen.

III. Wirtschaftsinformatik: (v.a. im Rahmen der → Programmentwicklung): Wert, der als Eingangsgröße beim Aufruf eines → Unterprogramms von dem aufrufenden → Programm übergeben wird oder als Ergebnis (Ausgangsgröße) von dem Unterprogramm an das aufrufende Programm zurückgegeben wird.

Parity Bit – *Prüfbit;* zusätzliches → Bit, durch das jedes → Byte oder → Wort in der Weise ergänzt wird, dass die Anzahl aller dualen Einsen entweder immer ungerade *(Odd Parity)* oder immer gerade *(Even Parity)* ist. Auf diese Weise sollen einfache Übertragungsfehler oder Speicherdefekte erkannt werden.

Pascal – I. Wirtschaftsinformatik: 1. *Begriff:* prozedurale → Programmiersprache; 1968 an der ETH Zürich von N. Wirth entwickelt. Benannt nach dem franz. Mathematiker und Philosophen B. Pascal (1623–1662). Grundlage für die Entwicklung moderner Programmiersprachen (Modula, → Delphi u.a.). – 2. *Sprachstruktur:* relativ sauber strukturierte Sprache; auf wenigen, fundamentalen und klar definierten Konzepten basierend. → Datenstrukturen und → strukturierte Programmierung werden sehr gut unterstützt. – 3. *Einsatzgebiete/Verbreitung:* universell einsetzbar; gut geeignet für kleine und mittelgroße → Programme; adäquate Sprachelemente zur Entwicklung großer → Softwaresysteme (→ Modularisierung) und zur → Dateiorganisation fehlen, daher geringe Verbreitung im kommerziellen Bereich; als Ausbildungssprache sehr gut geeignet. – 4. In der Weiterentwicklung zur Programmiersprache Delphi zunehmend verbreitet.

Passwort – ein vom → Benutzer eines → Computers bei verschiedenen Gelegenheiten einsetzbarer Schutzmechanismus. Passwörter dienen u.a. dazu, die einem speziellen → Benutzer vom → Betriebssystem (BS) zur Verfügung gestellten Leistungen, eine bestimmte → Datei oder ein bestimmtes Datenelement in allen Datensätzen einer Datei o.Ä. vor unberechtigtem Zugriff zu schützen. Das Passwort wird i.Allg. vom Benutzer als bestimmte Zeichenfolge festgelegt. Die Inanspruchnahme der Leistungen bzw. der Zugriff auf geschützte Daten ist jeweils nur nach vorheriger Eingabe des Passwortes möglich. Je weiter die Entwicklung in der Computertechnik voranschreitet, desto länger müssen Passwörter sein, um nicht „geknackt" zu werden. Wörter des allgemeinen Wortschatzes, Kosewörter etc. sollten nicht als Passwörter verwendet werden, da diese sehr leicht erraten werden können. Für ein Passwort am besten geeignet ist eine Kombination aus Buchstaben in Groß- und Kleinschreibung, Zahlen und Sonderzeichen.

Pay per View – Programmkonzept, bei dem ein Fernsehsender sein Programm verschlüsselt ausstrahlt und die Nutzung einzelner Programmelemente individuell abgerechnet wird. – Vgl. auch → Near Video on Demand, → Video on Demand und → digitales Fernsehen.

PC – Abk. für → Personal Computer.

PDA – Abk. für → Personal Digital Assistent.

Peer-to-Peer (P2P) – Zusammenschluss von gleichberechtigten Arbeitsstationen in → Netzwerken, die den Einsatz von verteilten Anwendungen und den Austausch von → Dateien ermöglichen. Ein zentraler → Server ist hierfür nicht notwendig. Populär wurden P2P-Netzwerke durch den Austausch von Musik- und Videodateien über sog. Tauschbörsen.

Performance – I. Management: Maß für die Erfüllung einer vorgegebenen Leistung, z.B. das Verhältnis des erreichten Umsatzes zu einem angestrebten Umsatzziel für eine Periode.

II. Wertpapiergeschäft: *I.w.S.* der Anlageertrag eines Portfolios bzw. eines einzelnen Wertpapiers, wobei dieser Erfolg sich aus Kurserfolg und Dividende zusammensetzt; *i.e.S.* Vergleich des Anlageerfolges zu einer entsprechenden Benchmark (so gesehen lässt sich die Performance eines im Deutschen Aktienindex (DAX) enthaltenen Wertpapiers durch Gegenüberstellung mit dem Verlauf des DAX als Benchmark ermitteln). – In der *Kapitalmarkttheorie* bezeichnet die Performance die Zielgröße der Asset Allocation. Als mathematische Berechnungsvorschrift kann die Formel

$$Performance = \frac{Anlagenrendite - Benchmarkrendite}{Risikomaß}$$

Verwendung finden. Somit gehen sowohl Kurssteigerungen und Dividenden als auch Risiken in die Performance von Anlagetiteln ein.

III. **EDV:** 1. Verhalten eines Softwareprodukts bei der Ausführung; v.a. beurteilt anhand der *Laufzeiteffizienz* (→ Effizienz) und der → Antwortzeiten. – 2. Verarbeitungsleistung eines → Computers; wird üblicherweise in → MIPS gemessen.

Performance Marketing – Unter Performance Marketing versteht man im Online-Bereich Marketingmaßnahmen, die beim Kunden eine messbare Reaktion, also eine Handlung, hervorrufen. Diese Handlung kann z.B. der Klick auf ein → Werbebanner sein, der Kauf eines Produkts oder die Registrierung auf einer → Internetseite. Der Kunde soll dabei möglichst individuell angesprochen werden; die Mittel, mit denen das geschieht, sollten möglichst miteinander vernetzt sein. – Mögliche Instrumente des Performance Marketings sind z.B. Bannerwerbung, eMail-Marketing oder → Affiliate-Marketing. Mit Performance Marketing erreicht man zum einen eine Interaktion mit dem Kunden und zum anderen durch die Messbarkeit eine Transparenz bei den Kosten.

periphere Einheiten → Peripheriegeräte.

Peripherie – I. Wirtschaftsinformatik/Informatik: Zusammenfassende Bezeichnung für → Peripheriegeräte, allg. oder speziell die eines bestimmten → Computers.

II. **Wirtschaftsgeografie:** Region, die wirtschaftlich relativ passiv ist. Sowohl der Stand der Wirtschaft als auch die Entwicklung derselben bleiben hinter dem Standards des Zentrums zurück. Aufgrund seiner ökonomischen Rückständigkeit wird der periphere Raum vom Zentrum dominiert.

Peripheriegeräte – *periphere Einheiten, periphere Geräte, Peripherie, Anschlussgeräte*; in der elektronischen → Datenverarbeitung Sammelbezeichnung für alle Datenverarbeitungsgeräte oder Hardware-Elemente (→ Hardware), die an die → Zentraleinheit angeschlossen sind. – Nach ihren Funktionen lassen sich zwei *Gruppen von Peripheriegeräten* unterscheiden: (1) *Datenein- und Datenausgabegeräte*, z.B. → Bildschirm, → Tastatur, → Maus, Lesegeräte aus dem Bereich der → optischen Zeichenerkennung, → Drucker, → Plotter. – (2) *Speichereinheiten* (→ externe Speicher), z.B. → Magnetband, → Magnetplattenspeicher, CD, → Disketten etc.

Perl – imperative → Programmiersprache, die sehr mächtige und einfach zu handhabende Konstrukte zur Manipulation von Zeichenketten zur Verfügung stellt. Perl wird oft im Zusammenhang mit → CGI-Skripten verwendet.

Permalink – Abk. für *Permanent Link*, → Hyperlink, der im Gegensatz zu den vielfach üblichen, sich ändernden Links im → Internet dauerhaft und unveränderlich sein soll.

Persistenz – Fähigkeit, Objekte oder Daten auf nichtflüchtigen Medien speichern zu können.

Personal Computer (PC) – „persönlicher" Arbeitsplatzrechner (Einplatzsystem). Der Begriff leitet sich aus der historischen Entwicklung ab, → Computer vom Rechenzentrum unabhängig zu machen und alle persönlichen → Dokumente in direkter Interaktion zu bearbeiten.

Personal Computing – 1. *Begriff:* persönliche Datenverarbeitung durch den → Endbenutzer am individuellen Arbeitsplatz zur Lösung arbeitsplatzspezifischer Probleme (→ individuelle Datenverarbeitung (IDV)). Eng mit dem Einsatz von → Personal Computern (PC) verbunden, aber nicht zwangsläufig daran gekoppelt; die Computerleistung kann für den persönlichen Gebrauch auch von einem Zentral- oder Abteilungscomputer oder von einem externen → Service-Rechenzentrum zur Verfügung gestellt werden. – 2. *Werkzeuge:* Business-Grafik,

Tabellenkalkulation (→ Tabellenkalkulationssystem), → Textverarbeitung, → Datenbanksystem für Endbenutzer u.a. – 3. *Unterstützung der Endbenutzer* häufig durch eine zentrale Servicestelle (→ Information Center).

Personal Digital Assistent – *PDA*; mobiler → Rechner, der etwa die Größe eines Notizbuches hat. Die Vorderseite dieses Gerätes besteht fast ausschließlich aus einem Display, welches in den meisten Fällen druckempfindlich ist, um mit einem stiftähnlichen Stab Eingaben zu tätigen. Die Eingaben werden dabei entweder auf einer virtuellen → Tastatur oder per Handschriftenerkennung gemacht. Einige Modelle besitzen auch eine kleine Tastatur oder ermöglichen den Anschluss einer externen Tastatur. Statt PDAs werden heutzutage i.d.R. Smartphones verwendet.

Personal Firewall → Firewall.

Personalinformationssystem – 1. *Charakterisierung:* → Softwaresystem, das persönliche Daten der Mitarbeiter bearbeitet; dies umfasst die Verwaltung der → Stammdaten der Mitarbeiter, die Bearbeitung tatsächlicher (Fluktuation) und potenzieller (Personalplanung) Personalbewegungen, die Arbeitszeiterfassung, die Mitarbeiterbeurteilung, Aus- und Weiterbildungsmaßnahmen sowie die → computergestützte Lohn- und Gehaltsabrechnung. – 2. *Mitbestimmung:* Die Neueinführung oder qualitative Erweiterung eines Personalinformationssystem macht wegen der erhöhten gesellschaftlichen Sensibilität hinsichtlich personenbezogener Daten (→ Datenschutz) oft langwierige Abstimmungsprozesse erforderlich. – 3. *Arbeitsrechtliche Regelungen:* Personalakte. – 4. Personalinformationssystem als integrierter *Bestandteil eines Managementinformationssystems der internationalen Unternehmung* und damit Basis für ein computergestütztes internationales Personalmanagement. Relevante Personal- und Arbeitsplatzinformationen werden per Informations- und Kommunikationstechnologie für den Entscheidungsträger aufbereitet. Die Formen des IPIS erstrecken sich von verschiedenen Automatisierungs- und Zentralisierungsgraden bis hin zu unterschiedlichen Anwendungen wie Administration oder Personalplanung. Die Personal- und Arbeitsplatzdaten werden weltweit aufbereitet und betreffen im Prinzip alle Unternehmungseinheiten, wobei die Konzentration auf der Managementebene bzw. dem Führungsnachwuchs liegt. Der Vergleich von Anforderungsprofilen an Arbeitsplatz und Personal ermöglicht die Entwicklung gezielter internationaler Personalförderprogramme sowie Maßnahmen zur internationalen Förderung von Führungskräften. – Vgl. auch → betriebliches Informationssystem, Personalmanagement, internationales Personalmanagement.

Personalisierung – User-spezifische Anpassung der Inhalte einer → Website, die durch die Sammlung und Auswertung von Informationen über das Nutzungsverhalten und Präferenzen der Nutzer ermöglicht wird.

Personenjahr (-monat, -tag) → Mannjahr (-monat, -tag).

Pervasive Computing → Ubiquitous Computing.

Petri-Netze – 1. *Begriff:* formale Beschreibungsmethode für den Ablauf von Prozessen. Anfang der 1960er-Jahre von C.A. Petri entwickelt. – 2. *Aufbau:* Ein Petri-Netz ist ein markierter gerichteter Graph, wobei die Knoten die Prozesse darstellen und die Kanten ihre ablauftechnischen Beziehungen. Über sog. Token meldet ein Prozess (Knoten) gleichzeitig allen nachgelagerten Prozessen (Knoten) seine Beendigung. Dabei ist ein Prozess genau dann beendet, wenn er von allen vorgelagerten Prozessen jeweils ein Token geschickt bekommen hat; d.h. in dem Augenblick (Netzzustand), in dem ein Prozess ablaufen kann, gilt er in dem Modell gleichzeitig als beendet. – 3. *Bedeutung in der Wirtschaftsinformatik:* Petri-Netze können zur Beschreibung dynamischer Aspekte eines → betrieblichen Informationssystems eingesetzt werden.

Petri-Netze sind v.a. als → Softwareentwurfsmethoden im Fall parallel ablaufender Prozesse geeignet.

Pflichtenheft – 1. *Allgemein:* schriftliche Unterlage, die alle technischen, wirtschaftlichen und rechtlichen Einzelheiten einer Ausschreibung enthält. – 2. *Systementwicklung:* Beschreibung der Anforderungen an ein zukünftiges → Computersystem aus Anwendersicht als Ergebnis der Phase → Sollkonzept. Beschreibungsobjekt ist das EDV-Gesamtsystem oder ein bestimmter abgegrenzter Teil davon (z.B. computergestützte Finanzbuchhaltung). Dargestellt werden die Anforderungen in Form einer (schriftlichen) Spezifikation von Funktionen, → Daten und deren Strukturen sowie ggf. zu berücksichtigender organisatorischer, wirtschaftlicher und technischer Rahmenbedingungen. Entworfen werden nur die Inhalte („was") und keine detaillierten Abläufe („wie"). Klassifiziert werden die Anforderungen bes. nach unerlässlichen und wünschenswerten Eigenschaften. Angewendet wird das Pflichtenheft v.a. im Rahmen der → Systemauswahl zur Ausschreibung bei Hardware- und Software-Investitionen (→ Hardware, → Software) und als Vorgabe zum → Systementwurf.

PGP – Abk. für → Pretty Good Privacy.

Pharming – 1. *Begriff:* Pharming ist eine Methode zum Betrug im → Internet. Es ist der Versuch, durch manipulierte → Websites in Betrugsabsicht an persönliche Informationen, z.B. Kreditkartendaten, zu kommen. Sie basiert auf einer Manipulation der DNS-Anfragen von Webbrowsern (bspw. durch DNS-Spoofing, vgl. → Link-Spoofing), um den Benutzer auf gefälschte Webseiten umzuleiten. Diese gefälschten Seiten befinden sich auf den Servern der Betrüger, die zu diesem Zweck große Server-Farmen betreiben; daher der Begriff. Pharming ist eine Weiterentwicklung des klassischen → Phishings. Pharming hat sich als Oberbegriff für verschiedene Arten von DNS-Angriffen etabliert. – 2. *DNS:* Das → Domain-Name-System (DNS) ist einer der wichtigsten Dienste im Netzwerk. Es ist ein weltweiter Verzeichnisdienst, der die im Internet verwendeten Namen verwaltet. In Analogie zu einer Telefonauskunft soll das DNS bei Anfrage mit einem Hostnamen (d.h. dem für Menschen merkbaren Namen eines Rechners im Internet) die zugehörige → IP-Adresse (d.h. die „Anschlussnummer" im Internet) finden. – 3. *Funktionsweise:* Eine Methode dabei ist die lokale Manipulation der Host-Datei. Dabei wird unter Zuhilfenahme eines Trojanischen Pferds (→ Trojaner) oder eines → Virus eine gezielte Manipulation des Systems vorgenommen. Um eine alphanumerische → URL (Internetadresse) in eine IP-Adresse aufzulösen, kontaktiert das Betriebssystem normalerweise einen DNS-Server. Allerdings besitzt jedes Betriebssystem hierfür auch eine interne Liste, z.B. die Datei Hosts. Bevor ein DNS-Server kontaktiert wird, schaut das Betriebssystem zuerst in die Hosts-Datei, ob hier der Name (bzw. die Internetadresse) schon gelistet ist. Falls ja, erübrigt sich das Kontaktieren des DNS-Servers. Beim Pharming wird durch korrupierte DNS-Server, durch DNS-Flooding (d.h. einem Rechner wird „auf Verdacht" eine Adressauflösung suggeriert, noch bevor er diese beim echten DNS-Server abgefragt hat) oder am einfachsten durch → Malware manipulierte Adressen in der lokalen Hosts-Datei des Betriebssystems der Aufruf einer Webseite von Banken u.Ä. auf einen anderen Server umgeleitet. Benutzer können so z.B. auf täuschend echt wirkende, manipulierte Seiten eines Kreditinstituts geleitet werden. – 4. *Schutz:* Durch aktuell gehaltene und richtig konfigurierte Sicherheitssoftware (aktiver Hintergrundwächter, aktive → Firewall) sollten sich solche Manipulationen verhindern lassen.

Phasenmodelle – I. Betriebswirtschaftslehre: Lebenszyklus.

II. Wirtschaftsinformatik: 1. *Systemanalyse:* Ein Modell zur Entwicklung eines

→ betrieblichen Informationssystems in verschiedenen, aufeinander aufbauenden Phasen. – *Grundidee:* Vorgehensweise nach dem Top-Down-Prinzip. Unterteilung der Phasen nach den verschiedenen Entwicklungstätigkeiten und den jeweiligen Detaillierungsgraden. Rücksprünge in frühere Phasen sind möglich und üblich. In Praxis und Literatur werden mehrere unterschiedliche Phasenmodelle verwendet. – *Typische Einteilung:* → Istanalyse, → Sollkonzept, → Systementwurf, → Systemimplementierung, → Systemtest und → Systembetrieb, innerhalb der einzelnen Phasen weiter untergliedert. – 2. *Life-Cycle-Modell (Lebenszyklusmodell):* Im Software Engineering ein Schema für die Unterteilung der Lebensdauer eines Softwareprodukts in einzelne Phasen (Software Life Cycle). In Praxis und Literatur sind eine Reihe unterschiedlicher Phasenmodelle gebräuchlich. – *Typische Einteilung:* → Software Engineering.

III. Konjunkturpolitik/-theorie: Konjunkturphasen.

Phishing – 1. *Begriff:* Phishing bedeutet, dass Daten von Internetnutzern bspw. über gefälschte Internetadressen, → E-Mails oder SMS abgefangen werden. Die Absicht ist, persönliche Daten zu missbrauchen und Inhaber von Bankkonten zu schädigen. Der Begriff Phishing ist angelehnt an *fishing* (engl. für Angeln, Fischen) in Verbindung mit dem P aus Passwort, bildlich gesprochen das Angeln nach → Passwörtern mit Ködern. Begriffstypisch ist dabei die Nachahmung des Designs einer vertrauenswürdigen Website. – 2. *Inhalt:* Phishing meint meist kriminelle Handlungen, die Anwender sind die sog. Phisher; diese versuchen als Anbieter von persönlichen Dienstleistungen ein Vertrauensverhältnis zum Internetnutzer aufzubauen, um in weiterer Folge durch gefälschte elektronische Nachrichten sensible Daten wie Benutzername und Passwörter für Onlinebanking oder Informationen bez. Kreditkarten zu erhalten. Phishing-Nachrichten werden meist per E-Mail oder SMS versandt; darin wird der Empfänger aufgefordert, auf einer manipulierten Internetseite oder am Mobiltelefon persönliche Zugangsdaten offenzulegen. – 3. *Methode:* Es gelingt Phishern v.a. mithilfe von → Malware (Schadsoftware, wie u.a. → Trojaner), sich in dem Kommunikationsweg zwischen Bankkunde und Bank einzuschalten und Daten abzufangen. Der Umweg, den Bankkunden über das Versenden einer E-Mail zur Preisgabe seiner Zugangsdaten zu verleiten, ist damit nicht mehr notwendig. Eine weiterentwickelte Form des klassischen Phishings ist → Pharming, das auf einer Manipulation der DNS-Anfragen von Webbrowsern beruht. – 4. *Schäden:* Durch Phishing entstehen Vermögensschäden (z.B. Überweisung von Geldbeträgen fremder Konten), Rufschädigung (z.B. Versteigerung gestohlener Waren unter fremdem Namen bei Onlineauktionen) oder Schäden durch Aufwendungen für Aufklärung und Wiedergutmachung. – 5. *Schutz:* Kostenlosen Schutz gewährt zunächst ein gesundes Misstrauen und Risikobewusstsein gegenüber bislang unbekannten Absendern von E-Mails sowie das aufmerksame Lesen der Phishing-E-Mails. Kein seriöses Kreditinstitut wird bspw. von Kunden verlangen, „ein Formular auszufüllen" oder „eine TAN einzugeben". Fehlerhafte Rechtschreibung ist ein weiteres Verdachtsmoment. Andere Merkmale, die oft in Phishing-Mails anzutreffen sind, sind unpersönliche Anreden bzw. eine bes., aber in Bankangelegenheiten unübliche Dringlichkeit der erbetenen Antwort (z.B.: „Falls Sie nicht innerhalb von zwei Tagen bestätigen, wird ihre Kreditkarte gesperrt!").

PHP – Abk. für *PHP Hypertext Preprocessor* (ursprünglich: *Private Home Page*); freie Skriptsprache zur serverseitigen Erzeugung dynamischer Inhalte im → World Wide Web. – Vgl. auch → ASP, → Java Server Page (JSP).

Picopayment – Zahlung von Kleinstbeträgen (i.d.R. weniger als 1 Euro) im

→ E-Commerce. Aufgrund der geringen Beträge sind für die zugrunde liegenden Geschäfte Kreditkartenzahlungen wegen der hohen Transaktionskosten unwirtschaftlich. Daher wird der Zahlungsbetrag elektronisch übertragen (digitales Geld, E-Cash, Cybercash). – Vgl. auch → Micropayment.

PIN – Abk. für *Personal Identification Number;* nur einer oder wenigen Personen bekannter numerischer Code, mit dem diese sich gegenüber einer Maschine authentisieren kann/können. Mit einer PIN kann nur überprüft werden, ob der Teilnehmer den Code kennt, nicht aber, ob er zur Benutzung berechtigt ist. – *Häufige Anwendungen für PINs* sind: die Authentifizierung an einem Geldausgabeautomaten bzw. beim Internet Banking, die bargeldlose Bezahlung mit der Bankkarte und zugehöriger PIN und der Schutz von Mobiltelefonen vor unberechtigter Nutzung. – Vgl. auch → Homebanking.

PIN-TAN-Verfahren – 1. *Begriff:* PIN-TAN-Verfahren ist ein Verfahren des → Homebanking, – genauso wie das → Homebanking Computer Interface (HBCI)-Verfahren – zur Berechtigungsprüfung von Nutzern. Eine Persönliche Identifikationsnummer (*personal identification number*, PIN, Geheimzahl) ist eine nur einer oder wenigen Personen bekannte Zahl, mit der sich diese gegenüber einer Maschine authentifizieren können. In der Umgangssprache sind auch der redundante Begriff „PIN-Nummer" oder die Tautologie „PIN-Code" in Verwendung. Eine PIN besteht grundsätzlich nur aus Ziffern, mittlerweile gibt es aber Banken, die beim Onlinebanking PINs aus Ziffern und Buchstaben vorschreiben. Eine Transaktionsnummer (TAN) ist ein Einmalpasswort, das i.d.R. aus sechs Dezimalziffern besteht und vorwiegend im Onlinebanking verwendet wird. Ein PIN/TAN-Verfahren nutzt daher sowohl PIN als auch TAN. – 2. *Merkmale einer PIN:* Eine häufige Anwendung für PINs ist die Authentifizierung des Karteninhabers an einem Geldautomaten. Dazu bedarf es der Eingabe einer mind. vierstelligen Zahl um einen Kontozugriff durch Unbefugte zu verhindern oder zumindest zu erschweren. Mit der EC-Karte und der zugehörigen PIN kann in vielen Geschäften bargeldlos gezahlt werden. Auch für das Onlinebanking ist meist eine PIN nötig. Mit dieser PIN und den Kontodaten kann man sich Kontostand und einzelne Buchungen ansehen. Mit einer TAN können Überweisungen oder andere Bankgeschäfte abgewickelt werden. Eine PIN ist nicht auf dem Datenträger gespeichert, der beim Authentifizieren verwendet wird. Dadurch ist es nicht möglich, durch Auslesen solcher Datenträger in einem Kartenleser die PIN zu rauben. Es wird mit dem Datenträger ein → Code generiert, der in Verbindung mit der eingegebenen PIN durch ein Prüfprogramm verarbeitet wird. Bei einer Karte ohne Chip erfolgt diese Verarbeitung nach dem Lesen der Daten von der Karte ausschließlich in einer geschützten Umgebung, bei Karten mit Chip leistet diese zusätzlich einen durch die Verbindung zum Leser geschützten Beitrag. – 3. *Verfahren zur Entwicklung einer TAN:* Es gibt bes. zwei Ansätze, um TANs zu erzeugen, zu prüfen und zum Nutzer zu übertragen: a) *TAN-Liste* (klassisches TAN-Verfahren): Beim klassischen TAN-Verfahren erhält der Teilnehmer beim → Electronic Banking, meist per Post, eine TAN-Liste. Bei jedem Buchungsvorgang muss – in Ergänzung zur PIN – eine beliebige TAN aus der Liste eingegeben werden. Erhält die Bank nach Eingabe der korrekten PIN einen Buchungsauftrag mit korrekter TAN, geht sie davon aus, dass der Auftrag vom Kunden abgesendet wurde. Die TAN wird von der Bank als Quasi-Unterschrift interpretiert. Sie verfällt nach einmaligem Gebrauch. Aufgrund der stark wachsenden Zahl der Phishing-Fälle wird diese Art der TAN-Liste heute kaum noch verwendet. Die meisten Banken setzen nun die Form der sog. indizierten TAN ein: b) *Indizierte TAN-Liste* (iTAN): Der Kunde kann hier seinen Auftrag nicht mehr mit einer beliebigen TAN aus einer Liste legitimieren, sondern wird von der Bank aufgefordert, eine bestimmte, durch eine Nummer bezeichnete TAN aus seiner zu diesem Zweck nun durchnummerierten Liste einzugeben. Der TAN-Aufforderung muss der Kunde innerhalb weniger Minuten folgen.

Pipelining – *Fließbandverarbeitung;* in der → Datenverarbeitung überlappte und dadurch effiziente Abarbeitung von → Befehlen.

Pixel – Kurzbezeichnung für *Picture Element;* Bildpunkt eines → Bildschirms.

Pl/1 – prozedurale → Programmiersprache, ca. 1965 von der Firma IBM mit dem Anspruch entwickelt, Computeranwendungen im kommerziellen und technisch-wissenschaftlichen Bereich zu unterstützen.

Planungssprache → Programmiersprache oder → Endbenutzerwerkzeug, die speziell auf den Einsatz in der Unternehmensplanung ausgerichtet sind (→ computergestützte Unternehmensplanung). Im Gegensatz zu universellen Programmiersprachen wird an Planungssprachen die Anforderung gerichtet, Planungs- und Berichtsprobleme durch geeignete Ausdrucksmittel gezielt zu unterstützen, z.B. durch Vorrat an finanzmathematischen Funktionen (Zinsrechnung u.a.), einfache Erstellung und Modifikation von Planungsmodellen, einfache Datenmanipulation, komfortable Auswertungshilfsmittel (→ Reportgenerator, grafische Darstellung u.a.).

Platform as a Service (PaaS) – Bedarfsorientiere Bereitstellung von Plattform-IT-Ressourcen nach dem Konzept von → Everything as a Service (EaaS). Diese Ressourcen ermöglichen den Betrieb von Anwendungen, die von Kunden selbst entwickelt werden. In diesem Zusammenhang bieten Plattform-IT-Ressourcen oft auch Anwendungsfunktionalität an, die Kunden in ihren Anwendungen wiederverwenden können.

Plotter → Ausgabegerät eines → Computers; ein Zeichengerät für die grafische Darstellung digitaler → Daten (→ digitale Darstellung) in Form von Kurven, Diagrammen u.Ä.

Plug-in – Zusatzprogramm, welches über eine vordefinierte Schnittstelle in ein Basisprogramm eingebunden wird und dessen Funktionsumfang erweitert. Im Gegensatz zu einem → Add-on kann ein Plug-in i.d.R. auch ohne das Basisprogramm verwendet werden.

POI – Abk. für → Point of Information.

Point of Information (POI) – Ort, an dem sich Interessenten über Produkte eines oder mehrerer Anbieter informieren, z.B. Handel, Messen, öffentliche Orte (über ein → Kiosksystem), zu Hause (z.B. über das → Internet). Die Informationsvermittlung übernimmt häufig ein Multimedia-System. Durch zunehmende Verbreitung des Electronic Business und die Integration von Bestellmöglichkeiten ist der POI immer häufiger mit dem → Point of Sale (POS) identisch.

Point of Sale (POS) – *Point of Purchase (POP);* Ort des Einkaufs (aus Sicht des Konsumenten) bzw. Ort des Verkaufs (aus Sicht des Händlers). Der POS ist also der Ort des Warenangebots (meist Laden bzw. innerbetrieblicher Standort einer Ware im Regal, in einer Verkaufsgondel), an dem die Kunden unmittelbaren Kontakt mit der Ware haben und die deshalb, zur Förderung von Impulskäufen, gezielt mittels Maßnahmen der Verkaufsförderung, angesprochen werden können. Durch zunehmende Verbreitung des Electronic Business wird der POS immer häufiger nach Hause (im privaten Bereich) bzw. an den Arbeitsplatz (im geschäftlichen Bereich) verlagert.

Point of Sale Banking – *POS-Banking, bargeldlose Kassensysteme;* im Rahmen der Bankautomation und des bargeldlosen Zahlungsverkehrs im Einzelhandel eingesetztes kartengesteuertes Zahlungssystem zur beleglosen und bargeldlosen Erfassung von Zahlungsvorgängen an den Kassen von Nichtbanken und Weiterleitung zur Verarbeitung in den Bankenbereich. Der Kunde zahlt an der Kasse (Point of Sale) bargeldlos mit einer maschinell (elektronisch) lesbaren Karte (→ Magnetstreifenkarte oder → Chipkarte). Die in das POS-Terminal eingelesenen oder eingegebenen Daten (Kontendaten und Rechnungsbetrag) werden online (→ Datenfernübertragung, → Online(betrieb)) oder offline (DTA (Datenträgeraustauschverfahren), → Offline(betrieb)) zum Rechenzentrum des kontoführenden Instituts geleitet. Der Rechnungsbetrag wird dem Kundenkonto belastet und dem Händlerkonto gutgeschrieben. Zur Kostenreduzierung kann der Händler nach zuvor getroffener Vereinbarung mit dem abwickelnden Kreditinstitut oder dem Kreditkartenemittenten auf Onlineautorisierung verzichten. Hierbei entfällt die Zahlungsgarantie (Point of Sale ohne Zahlungsgarantie (POZ)). – Vgl. auch → Electronic Cash, → Electronic Banking.

Port – hat in der → Datenverarbeitung mehrere Bedeutungen: (1) in Mikroprozessorsystemen der Umsetzer zwischen dem Bussystem und externen → Schnittstellen. (2) ein → Programm, das → Daten für eine bestimmte Schnittstelle aufbereitet. Bei Netzwerkprotokollen sind Ports Nummern, die es ermöglichen, dass Datenpakete den richtigen Anwendungen zugeordnet werden können.

Portabilität – Merkmal der → Softwarequalität: Übertragbarkeit eines Softwareprodukts. Die Portabilität eines Softwareprodukts ist hoch, wenn der Anpassungsaufwand bei Übertragung in eine andere Umgebung (anderer → Computer oder anderes → Betriebssystem (BS)) gering ist. Wichtiges Qualitätsmerkmal bei langlebigen Softwareprodukten, aber meist sehr schlecht erfüllt.

Portal → Website, die als Einstiegsseite ins → Internet von möglichst vielen Nutzern bzw. → Benutzern besucht werden soll. Ein Portal bietet i.d.R. ein breites Spektrum an Diensten (z.B. Kategorisierung und Systematisierung von Webinhalten, → Suchmaschine, → E-Mail, → Chat etc.) an. Portale sind häufig themenspezifisch abgegrenzt und versuchen dadurch, bestimmte Zielgruppen anzuziehen.

PPS-System – I. Einordnung: 1. *Begriff:* → Softwaresystem, welches zur operativen Planung und Steuerung des Produktionsgeschehens in einem Industriebetrieb eingesetzt wird. – 2. *Planungskonzept:* Das PPS-System folgt einem Konzept der stufenweisen Sukzessivplanung mit zunehmendem zeitlichem Detaillierungsgrad: Ergebnisse einer vorgelagerten Stufe gehen i.d.R. als Vorgabe in die nächste Stufe ein. Dabei findet keine oder nur eine sehr schwache Rückkopplung von nachgelagerten zu früheren Stufen statt. – 3. *Zielgruppen:* V.a. Industriebetriebe mit überwiegend mechanischer Fertigung (u.a. Montagevorgänge), die Stücklisten führen. Typische Branchen sind etwa der Maschinenbau oder die Elektroindustrie, aber nicht ausschließlich; z.B. werden PPS-Systeme auch in der Chemischen Industrie eingesetzt. – 4. *Verbreitung:* Der PPS-Bereich war einer der ersten betrieblichen Funktionsbereiche, der mit elektronischer Datenverarbeitung unterstützt wurde. Die Systeme sind heute recht ausgefeilt. In größeren Betrieben erfolgt die Produktionsplanung und -steuerung fast ausschließlich mithilfe von PPS-Systemen; in Klein- und Mittelbetrieben ist die Verbreitung dagegen noch relativ gering.

II. Bestandteile/Aufbau (der meisten gängigen PPS-Systeme): 1. *Grunddatenverwaltung:* Diese ist der zentrale Kern eines PPS-Systems, da im PPS-Bereich äußerst umfangreiche und komplexe Datenbestände mit zahlreichen Wechselbeziehungen zu führen sind. Die wichtigsten *Daten* sind: (1) *Teilestammdaten:* → Stammdaten aller → Teile des Betriebs, bestehend jeweils aus Teilenummer (→ Nummernsystem), Bezeichnung, Maßeinheit, technischen Daten, Dispositions-, Bestands-, Kostendaten u.a. (2) *Erzeugnisstrukturdaten:* Daten über die konstruktive Zusammensetzung der Teile, aus denen u.a. Stücklisten erzeugt werden. (3) *Arbeitsplandaten:* Angaben zu Arbeitsgängen, Stückbearbeitungszeiten u.a., die z.B. zur Erzeugung der Arbeitspläne für die Teile benötigt werden. (4) *Betriebsmitteldaten:* Kapazitäts-, Rechnungswesen-, Instandhaltungsdaten, technische Daten der Fertigungsanlagen.

PPS-System – Ablauf

2. *Primärbedarfsplanung:* Hauptaufgabe ist die Ermittlung der Mengen an Primärbedarf, die im Planungszeitraum hergestellt werden sollen. Für diese Aufgabe bieten PPS-Systeme zwei *Formen* der Unterstützung: (1) *Absatzprognosen* werden dahingehend unterstützt, dass die zu erwartenden Primärbedarfsmengen aufgrund der in der Vergangenheit beobachteten Bedarfe mithilfe einfacher Vorhersagemethoden (z.B. gleitende Mittelwerte, exponentielle Glättung) prognostiziert werden. (2) Mithilfe der *Kundenauftragsverwaltung* können bekannte oder erwartete Kundenaufträge verwaltet und als Primärbedarf erfasst werden. – 3. *Bedarfsplanung:* In diesem Teilbereich erfolgt die Disposition der Mengen untergeordneter Teile (Sekundärbedarf), die zur Herstellung des Primärbedarfs erforderlich sind und die anschließend als → Fertigungsaufträge in die Durchlaufterminierung oder als Bestellaufträge in die Beschaffung gehen. – Zu unterscheiden sind folgende *Vorgehensweisen:* (1) Deterministische *Disposition* (auch *bedarfsgesteuerte* oder *programmgesteuerte Disposition*):Die Sekundärbedarfsmengen werden aufgrund der gespeicherten Erzeugnisstrukturdaten exakt berechnet. Dabei wird zunächst eine Nettobedarfsermittlung (u.a. Abgleich mit Lagerbeständen) vorgenommen, u.U. auch eine

PPS-System – Erzeugnisstrukturdarstellung nach Fertigungsstufen

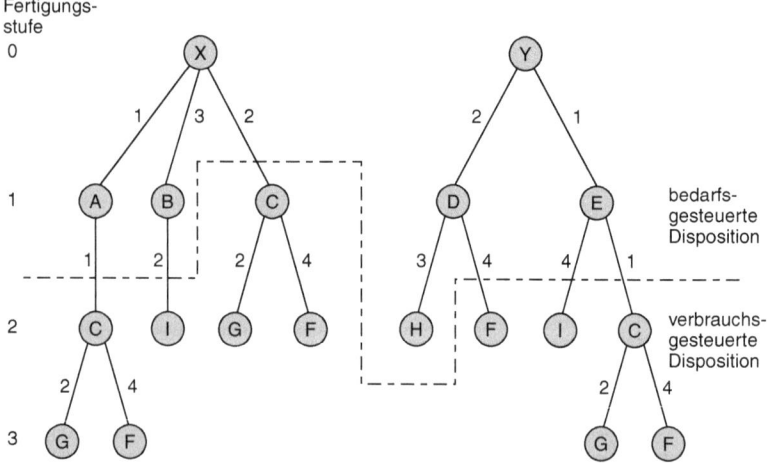

Losgrößenrechnung, bei der aber meist nur sehr einfache Verfahren zum Einsatz kommen (z.B. Gleichsetzung der Losgröße mit dem Bedarf einer oder mehrerer Perioden, Andler-Formel, → gleitende wirtschaftliche Losgröße, → Stück-Perioden-Ausgleich). Die eigentliche Ableitung der Mengen untergeordneter Teile wird Sekundärbedarfsrechnung genannt. Zur groben zeitlichen Strukturierung erfolgt u.U. eine → Vorlaufverschiebung, indem die Sekundärbedarfe um eine gewisse Zeitspanne in Richtung Gegenwart verschoben werden. (2) *Stochastische Disposition* (auch *verbrauchsgesteuerte Disposition*): Die erwarteten Bedarfe werden aufgrund des Verbrauchs in der Vergangenheit mit einfachen Vorhersageverfahren (z.B. gleitende Mittelwerte, exponenzielle Glättung) prognostiziert. (3) *Vor- und Nachteile:* Die stochastische Bedarfsermittlung ist sehr einfach durchzuführen, aber ungenau. Als Folge sind größere Sicherheitsbestände erforderlich, die eine stärkere Kapitalbindung und höhere Lagerhaltungskosten verursachen. Die deterministische Disposition ist genau, aber sehr rechenaufwändig; sie wird deshalb oft nur in periodischen Abständen (z.B. wöchentlich, monatlich) durchgeführt. Als Kompromiss disponiert man höherwertige Teile i.d.R. deterministisch, geringerwertige dagegen stochastisch. Zur Klassifikation der Teile kann z.B. die ABC-Analyse verwendet werden. – 4. *Lagerbestandsführung:* Die Lagerbestandsführung erstreckt sich auf (1) die Erfassung der *physischen* Lagerbewegungen (Zugänge, Abgänge) und (2) die *dispositive* Bestandsführung, bei der auch Sicherheits-, Reservierungs-, Melde-, Bestell-, Werkstattbestände u.a. berücksichtigt werden. – 5. *Bestellwesen:* Das Bestellwesen umfasst die Planung und Abwicklung der Beschaffung fremdbezogener Teile (Bestellpunkte und -termine, Bestellmengenrechnung, Lieferantenauswahl, Bestellüberwachung). – 6. *Durchlaufterminierung:* Es wird eine zeitliche Struktur des Fertigungsgeschehens erzeugt durch Aneinanderreihung der Arbeitsgänge für die einzelnen Fertigungsaufträge. Die Vorgehensweise kann retrograd sein, d.h. vom Endprodukt ausgehend zu den tieferen Fertigungsstufen hin *(Rückwärtsterminierung)*, oder progressiv, d.h. vom Einzelteil ausgehend in Richtung Endprodukt *(Vorwärtsterminierung)*, oder kombiniert. Bei Terminüberschreitungen erfolgt eine Reduktion der Durchlaufzeiten durch Übergangszeitenreduktion, Splitting-Verfahren oder Überlappung von Aufträgen. – 7. *Kapazitätsplanung:* Da die vorgelagerten Planungsschritte weitgehend losgelöst von Kapazitätsüberlegungen sind, muss die Realisierbarkeit des Terminplans sichergestellt werden. Dazu werden die terminierten Fertigungsaufträge den Kapazitätseinheiten (Fertigungsanlagen, Arbeitsplätze o.Ä.) zugeordnet und der Zeitbedarf der verfügbaren Kapazität gegenübergestellt. Bei stärkeren Schwankungen erfolgt eine Glättung der Kapazitätsgebirge durch Verlagerung von Fertigungsaufträgen in andere Perioden *(Kapazitätsabgleich)*. – 8. *Verfügbarkeitsprüfung* und *Auftragsfreigabe:* Nach einer Überprüfung, ob Materialien, Werkzeuge, untergeordnete Teile etc. für die anstehenden Aufträge verfügbar sind, werden die in den Freigabehorizont (z.B. ein bis zwei Wochen) fallenden Aufträge zur Fertigung freigegeben, indem u.a. Auftragspapiere ausgedruckt werden. – 9. *Feinterminierung* (auch *Maschinenbelegungsplanung* und *Ablaufplanung*): Diese legt die Bearbeitungsreihenfolgen der freigegebenen Aufträge auf den Betriebsmitteln fest. Zur adäquaten Berücksichtigung mehrfacher, z.T. konkurrierender Zielsetzungen kommen oft Prioritätsregeln zur Anwendung. – 10. *Auftragsfortschrittskontrolle:* Während des Fertigungsgeschehens müssen Informationen über den Stand und den Fortschritt der Fertigungsaufträge (bes. bez. Mengen- und Termineinhaltung) aufgrund von Rückmeldungen aus der Produktion bereitgestellt werden (ggf. von einem Betriebsdatenerfassungssystem). – 11. *Struktur:* Die Bestandteile sind in PPS-Systemen z.T. wie in der Abbildung „PPS-System – Ablauf" dargestellt, evtl. unter anderen Bezeichnungen, z.T. auch zusammengefasst zu größeren Funktionskreisen, enthalten. – *Beispiel einer gängigen Struktur:* Grunddatenverwaltung; Produktionsprogrammplanung: Absatzprognosen und/oder Kundenauftragsverwaltung; Materialwirtschaft: Bedarfsplanung, Lagerführung, Bestellwesen; Zeit- und Kapazitätswirtschaft: Durchlaufterminierung, Kapazitätsplanung; Werkstattsteuerung: Verfügbarkeitsprüfung und Auftragsfreigabe, Feinterminierung, Auftragsfortschrittskontrolle. – Häufig sind ergänzende Funktionen (z.B. Lieferantenverwaltung, Vorkalkulation) und Schnittstellen zu anderen betrieblichen Planungs- und Informationssystemen, bes. zum Rechnungswesen, vorgesehen.

Prädikatenlogik – an logische Grundkonzepte angelehnte Form der → Wissensrepräsentation. Die am häufigsten verwendete Prädikatenlogik erster Ordnung umfasst: Variablen, Konstanten, Funktionen, Prädikate und Ausdrücke mit Verknüpfungsapparaturen und Quantoren. Ein Prädikat ist eine Aussage mit einer Menge von → Parametern, der aufgrund vorhandener Datenobjekte (Faktenwissen) ein Wahrheitswert zugeordnet werden kann. So wäre z.B. das Prädikat „Student" für alle Personen „wahr", die als Student eingeschrieben sind. Die Prädikatenlogik wird häufig in → Expertensystemen und im Data Mining eingesetzt.

praktische Informatik → Informatik.

Präsentationsgrafik – grafische Darstellung und Verdichtung numerischer Daten. – *Zweck* der Präsentationsgrafik ist es, die Kernaspekte, die in umfangreichem Zahlenmaterial implizit enthalten sind, anschaulich und „auf einen Blick" erfassbar darzustellen. – *Bekannteste Formen:* Linien-, Flächen-, Balken- und Tortendiagramme. – Vgl. auch grafische Darstellung.

Pretty Good Privacy – Methode zur Verschlüsselung von Nachrichten (→ E-Mail) im → Internet, die mit dem → Public-Key-Verfahren arbeitet.

Primärschlüssel → Schlüssel.

Prioritätsregeln – I. Produktionsplanung: Pragmatisches Hilfsmittel für die Reihenfolgeplanung im Rahmen der Feinterminierung (→ PPS-System). In Warteschlangensituationen ordnen Prioritätsregeln den einzelnen Aufträgen unterschiedliche Prioritäten zur Belegung von Betriebsmitteln zu und ermöglichen somit eine Ordnung der Aufträge nach ihrer jeweiligen Bedeutung. – *Beispiele:* Auswahl des Fertigungsauftrags mit der kürzesten Durchlaufzeit (SPT-Regel), mit der größten noch anstehenden Bearbeitungszeit, mit der höchsten Kapitalbindung, mit dem nächsten Fertigstellungstermin etc.

II. Informatik: Von einem → Betriebssystem (BS) verwendetes Kriterium, nach die Reihenfolge für die Erledigung bestimmter Aufgaben festgelegt wird. – *Beispiel:* Reihenfolge, in der bei Mehrprogrammbetrieb verschiedene Programme zur Ausführung gelangen, wird anhand der erwarteten Rechenzeit, der Inanspruchnahme von Hardwareressourcen, der Benutzung von Ein-/Ausgabegeräten o.Ä. bestimmt.

Private Cloud – unternehmenseigenes oder dediziert bereitgestelltes Rechenzentrum, das → IT-Ressourcen dynamisch bereitstellt (→ Elastizität), diese bedarfsorientiert abrechnet und durch den Einsatz von → Virtualisierung vereinheitlicht. – Vgl. auch Cloud Computing.

Problemanalyse – I. Marketing: Kreativitätstechnik in der Produktentwicklung, bei der bestehende Produkte analytisch daraufhin untersucht werden, inwieweit sie einen Bedarf nur unzureichend decken bzw. ein bestehendes Problem beim Kunden nur schlecht lösen. Aus diesen Erkenntnissen werden dann neue Produkte entwickelt, die das Problem besser zu lösen vermögen.

II. Software Engineering: 1. *Begriff:* Erste Phase im Software Life Cycle; uneinheitliche Begriffsverwendung, z.T. auch als Planungsphase bezeichnet. – 2. *Teilbereiche:* Der Problemanalyse werden unterschiedliche

Aufgaben zugeordnet, z.T. mit den Inhalten, die in der → Systemanalyse den Phasen Istanalyse und Sollkonzeption zuzurechnen sind. – 3. *Ausgangspunkt:* Anstoß zur Problemanalyse ist i.allg. der Wunsch, die Bearbeitung eines Aufgabenbereichs mit Computerunterstützung (→ Computersystem) entweder neu einzuführen oder eine als unbefriedigend empfundene Abwicklung zu verbessern. – 4. *Ergebnisse:* Rahmenvorschlag mit dem geplanten Funktionsumfang (Hauptfunktionen des → Softwaresystems) und Projektplan. – Vgl. auch Projektmanagement (PM).

Problemlösungskomponente → Inferenzmaschine.

problemorientierte Programmiersprache → Programmiersprache.

Process Engine – 1. *Begriff:* Eine Process Engine – auch: Workflow Engine (Workflow) – ist eine zentrale Software-Komponente in der Automatisierung von → Geschäftsprozessen. – 2. *Merkmale:* Vor der automatisierten Ausführung werden die Geschäftsprozesse in sog. Prozessmodellen definiert (Modellierung) und auf der Process Engine installiert (Deployment). Die wesentliche Funktion einer Process Engine ist die Koordination der Abläufe, die in den installierten Prozessmodellen definiert sind. Über einen Nachrichtenkanal kommuniziert die Process Engine mit den Anwendungen und Diensten (z.B. → Web Services) die sie koordiniert. – Vgl. auch Geschäftsprozesstechnologie.

Produktionsplanungs- und Steuerungssystem → PPS-System.

Produktionsregel – Begriff in der künstlichen Intelligenz für eine → Regel der Form „wenn Bedingung(en), dann Schlussfolgerung oder Aktion(en)", wobei sich die Bedingungen auf die Menge der in der → Wissensbasis gespeicherten bzw. bereits hergeleiteten (→ Inferenz) Fakten beziehen und die Schlussfolgerung neue Fakten erzeugen. – Vgl. auch → Produktionssystem.

Produktionssystem – I. Wirtschaftsinformatik: Ein → regelbasiertes System, in dem ausschließlich → Produktionsregeln verwendet werden.

II. Industriebetriebslehre: Produktionstypen, Produktionstechnik.

Programm – *Computerprogramm.* 1. *Allgemein:* in der → Informatik Darstellung eines Problemlösungsverfahrens in einer für den → Computer verständlichen Form. Programme werden in einer → Programmiersprache formuliert. – 2. *Speziell:* bei Verwendung einer prozeduralen Programmiersprache maschinenverständliche Darstellung des → Algorithmus und der → Daten, die dieser bearbeitet. – 3. *Arten:* (1) *Quellprogramm:* das in einer höheren oder maschinenorientierten Programmiersprache formulierte Programme; *Maschinenprogramm (Objektprogramm):* das von einem → Übersetzer aus dem Quellprogramm erzeugte, ablauffähige Programme. (2) → Hauptprogramm; → Unterprogramm. (3) → Anwendungsprogramm; Auswertungsprogramm.

Programmablaufplan – *Ablaufdiagramm, Blockdiagramm, Flussdiagramm, Flow Chart.* 1. *Begriff:* grafisches Hilfsmittel zur Darstellung eines → Algorithmus oder zur Darstellung des Ablaufs in einem → Programm. – 2. *Darstellungsform:* Symbole für verschiedene Arten von Operationen (z.B. Rechtecke, Rauten), durch Ablauflinien miteinander verbunden. Die Ablauflinien bestimmen die Reihenfolge, in der die Operationen ausgeführt werden sollen. – 3. *Nachteile:* Die Programmablaufplan-Technik behindert die → strukturierte Programmierung wegen der ungezügelten Verwendungsmöglichkeit von Ablauflinien; vorzuziehen: → Struktogramm. – 4. *Standardisierung:* Programmablaufplan-Symbole sind in der DIN-Norm 66 001 genormt.

Programmentwicklung – Begriff der → Informatik für den Vorgang der Erstellung eines → Programms durch den → Programmierer.

Bei Verwendung einer prozeduralen → Programmiersprache umfasst Programmentwicklung: (1) die Entwicklung des → Algorithmus und der → Datenvereinbarungen; (2) deren Umsetzung mit den Ausdrucksmitteln einer *Programmiersprache* (→ Codierung).

Programmgenerator → Generator für standardisierte Anwendungen, vorwiegend in der → betrieblichen Datenverarbeitung. Gesteuert durch die Eingabe bestimmter vorgegebener → Parameter generiert ein Programmgenerator → Programme in einer höheren → Programmiersprache.

Programmierer – 1. *Begriff*: Berufsbild in der → betrieblichen Datenverarbeitung. Person, die → Programme erstellt. – 2. *Aufgaben*: Programmierer werden je nach Arbeitsteilung und Aufgabenumfeld nur für die → Codierung, für die → Programmentwicklung oder, bei der Entwicklung von → Softwaresystemen, für die → Implementierung von → Modulen eingesetzt. – 3. *Arten* (nach Art der Programme): → Anwendungsprogrammierer; → Systemprogrammierer.

Programmierkonventionen – 1. *Begriff*: Vorgaben für → Programmierer über die Gestaltung von → Programmen. – 2. *Inhalt*: meist Richtlinien zum → Programmierstil, Vorgaben für die Benennung von Objekten eines Programms (→ Variable, → Unterprogramme, → Dateien etc.), maximal zulässige Modulgröße, zu verwendende → Softwareentwurfsmethode, → Softwarewerkzeuge u.a. – 3. *Bedeutung*: in der Praxis erhebliche Bedeutung für die → Softwarequalität (v.a. → Verständlichkeit, → Wartungsfreundlichkeit).

Programmiersprache – I. Begriff und Aufgabe: Eine Programmiersprache ist eine künstliche Sprache zur Verständigung zwischen Mensch und → Computer. Sie ist durch ihre Syntax (→ Syntax einer Programmiersprache) und Semantik (→ Semantik einer Programmiersprache) definiert. In einer Programmiersprache stellt man Verfahren zur Problemlösung in einer für den Computer „verständlichen" Form dar.

II. Kategorien: Eine einheitliche Untergliederung existiert nicht. Die Zuordnung einer Programmiersprache zu einer Kategorie erfolgt meist anhand von grundlegenden Sprachkonzepten. Oft vereinigt allerdings eine Programmiersprache in sich Merkmale verschiedener Konzepte, sodass die Zuordnung aufgrund des am stärksten ausgeprägten Konzepts erfolgt. – 1. In *prozeduralen (imperativen) Programmiersprachen* formuliert man → Algorithmen; der Programmierer gibt einen Ablauf von Operationen zur Lösung eines Problems an. – *Beispiele:* Basic, → C, → Cobol, → Fortran, → Pascal, → Delphi. – 2. In *nicht prozeduralen Programmiersprachen* steht das Problem selbst, nicht der Ablauf, im Vordergrund. – a) *Deklarative Programmiersprachen* gestatten eine Beschreibung des Problems in der Form, dass die relevanten Sachverhalte und die Beziehungen zwischen diesen angegeben werden. Die als Ergebnis gewünschten Sachverhalte werden aus der Problembeschreibung automatisch abgeleitet, sofern ein Lösungsweg gefunden werden kann. – *Beispiele:* Prolog, → Lisp. – b) *Applikative (funktionsorientierte) Programmiersprachen* sehen die Problemlösung durch wiederholten Aufruf von → Funktionen vor. – *Beispiele:* → Lisp, APL. – c) In *objektorientierten Programmiersprachen* definiert man Objekte (Daten und zugehörige Operationen), die durch Nachrichten miteinander kommunizieren. – *Beispiel:* → Smalltalk, → C++.

III. Standardisierung: → Programmiersprachenstandard.

Programmiersprachenstandard – 1. *Begriff*: von einer nationalen oder internationalen Standardisierungsorganisation festgelegte Definition einer → Programmiersprache. Programmiersprachenstandards existieren u.a. für → Basic, → C, → Cobol, → Fortran, → Pascal, → Pl/1. – 2. *Standardisierungsinstitutionen* u.a.: (1) international:

ISO; europäisch: ECMA; (2) national: DIN, → ANSI. – 3. *Bedeutung:* Programmiersprachenstandards sind für die → Portabilität von Softwareprodukten äußerst wichtig; jedoch akzeptieren die → Übersetzer für Programmiersprachen oft Modifikationen und Erweiterungen, sodass die Portabilität leidet.

Programmierstil – 1. *Begriff:* Gestaltung des Texts eines Quellprogramms (→ Programm) in einer Form, die für einen menschlichen Leser ansprechend und verständlich ist. – 2. *Wichtigste Aspekte:* (1) klare inhaltliche Strukturierung des Programmtexts; (2) optische Strukturierung (übersichtliches Text-Layout); (3) Verbalisierung: aussagefähige Bezeichnungen und Erläuterungen (Kommentare) im Programmtext. – 3. *Unterstützung:* Ein starker Einfluss auf den Programmierstil geht von der → Programmiersprache aus.

Programmierumgebung – Begriff aus dem → Software Engineering, uneinheitlich verwendet. – 1. Bei der *„Programmierung im Großen"* (→ Software Engineering): Programmierumgebung bezeichnet die Umgebung der → Softwareentwicklung und -wartung, d.h. alle → Hardware-Komponenten und → Software-Komponenten, die die direkte Kommunikation des Software-Entwicklers mit dem → Computer ermöglichen. – Vgl. auch → Softwareentwicklungsumgebung (SEU). – 2. Bei der *„Programmierung im Kleinen":* Eine Programmierumgebung stellt Softwarewerkzeuge in integrierter, aufeinander abgestimmter Form für die einzelnen Tätigkeiten bei der → Programmentwicklung zur Verfügung. Dazu gehören i.Allg. ein leistungsfähiger → Editor, ein schneller und einfach zu bedienender → Übersetzer sowie ein Binder und ein Lader.

Programmierung – Begriff aus der → Informatik mit unterschiedlichen Auslegungen: 1. Synonym für → Programmentwicklung. – 2. Synonym für → Codierung.

Programmsystem → Softwaresystem.

Programmverifikation – 1. *Begriff der* → *Informatik:* (1) formale Vorgehensweise mit dem Ziel, die Korrektheit eines → Programms bzw. → Moduls zu beweisen; (2) Forschungsgebiet, das sich mit Methoden des Korrektheitsbeweises beschäftigt. – 2. *Motivation:* Da mit dem gebräuchlichen → Testen eines Programms die Korrektheit nicht garantiert werden kann, wurde nach Möglichkeiten gesucht, als Ersatz oder in Ergänzung die Korrektheit durch theoretische Analyse des Programmtexts zu beweisen. – 3. *Voraussetzungen:* (1) eine → formale Spezifikation der Aufgabe des Programms bzw. Moduls; (2) eine formale Beschreibung der → Semantik einer Programmiersprache. – 4. *Vorteil:* Korrektheit wird bewiesen, nicht nur unterstellt wie beim Testen. – 5. *Nachteil:* Programmverifikation von Hand ist extrem aufwendig; lässt sich nur bei sehr kleinen Programmen anwenden, bei größeren Programmen nicht praktikabel. Intensive Forschungsbemühungen in der Informatik, die Programmverifikation so weit wie möglich zu automatisieren.

Prolog – *Programming in Logic;* deklarative → Programmiersprache. – *Zweck:* Mit Prolog sollte nicht algorithmische (→ Algorithmus), logische → Programmentwicklung ermöglicht werden. – *Sprachkonzept:* „Theorembeweiser", der auf einer Datenbasis arbeitet; diese besteht aus einer Menge im → Programm festgelegter Fakten und aus → Regeln, wie aus gegebenen Fakten Schlüsse gezogen werden können. Der Lösungsweg, den der Regelinterpreter bei der Programmausführung einschlägt, muss vom Programmierer nicht explizit angegeben werden; er wird automatisch (durch → Backtracking) ermittelt. – *Einsatz* in der → Künstlichen Intelligenz (KI).

Propagation → Viral Marketing.

Protokoll – 1. *Kommunikationsprotokoll:* Eine Übermittlungsvorschrift bei der → Datenübertragung, die die gesamten Festlegungen für Steuerung und Betrieb der Datenübermittlung in einem Übermittlungsabschnitt (z.B. benutzter → Code) umfasst. – *Standardisierung:* DIN 44 302. – 2. *Niederschrift* *über gerichtliche Verhandlung und Beweisaufnahme:* Das Protokoll ist eine öffentliche Urkunde. Die Beachtung der gesetzlichen Förmlichkeiten des Verfahrens kann nur durch das Protokoll bewiesen werden (§ 165 ZPO).

Prototyping – 1. *Begriff:* im → Software Engineering Vorgehensweise bei der → Softwareentwicklung, bei der nicht sofort ein endgültiges → Softwaresystem, sondern zunächst ein oder mehrere Prototypen erstellt werden. – 2. *Motivation:* Bei Softwareentwicklung nach einem klassischen → Phasenmodell werden die Phasen nacheinander durchlaufen; der Endbenutzer kann folglich erst zu einem sehr späten Zeitpunkt das resultierende Softwareprodukt betrachten und beurteilen; nachträgliche Anpassungen an Benutzerwünsche, die evtl. notwendig werden, verursachen erheblichen Änderungsaufwand. Dagegen ist beim Prototyping relativ früh eine erste Version verfügbar, an der Veränderungen und Verbesserungen vorgenommen werden können. – 3. *Klassifikation:* a) Nach dem *Ziel:* Der Prototyp kann (1) zur Erforschung einer bestimmten Anwendungsproblematik (→ Anwendung), (2) zum Experimentieren mit speziellen Lösungsmöglichkeiten oder (3) zur sukzessiven Entwicklung mehrerer Versionen eines Systems (Versioning; evolutionäres Prototyping) erstellt werden. – b) Nach der *Weiterverwendung:* Der Prototyp ist (1) Basis für die Weiterentwicklung des Systems, (2) wird zur Schulung der Benutzer eingesetzt oder (3) als „Wegwerfmodell", z.B. für Demonstrationszwecke *(Demo-Prototyping)* oder als Anforderungsmodell im Rahmen der → Anforderungsdefinition *(Requirements-Prototyping),* erstellt. – c) Nach dem *Umfang:* In den Prototyp werden (1) alle Eigenschaften des geplanten Systems einbezogen oder (2) nur bes. wichtige Ausschnitte (z.B. die → Benutzerschnittstelle). – d) Nach der *Geschwindigkeit:* Bes. Interesse hat das *Rapid-Prototyping* gefunden, bei dem versucht wird, unter Verwendung moderner Softwarewerkzeuge und → Programmiersprachen der vierten Generation so schnell wie möglich ein ablauffähiges System zu erstellen. – 4. *Eignung:* Prototyping ist v.a. in schlecht strukturierten Problemsituationen und bei mangelnder Erfahrung der Softwareentwickler oder der Benutzer mit dem Anwendungsgebiet Erfolg versprechend.

Provider – Anbieter von Dienstleistungen im → Internet. Ein Provider ermöglicht dem Endkunden gegen eine Gebühr den Zugang zum → Internet. – Vgl. auch → Backbone.

Provisionierung – *engl.: Provisioning*; Bezeichnung für die automatisierte Bereitstellung von → IT-Ressourcen. Diese können danach durch → Deprovisionierung wieder freigegeben werden.

Prozedur – 1. Bei der → Programmentwicklung: ein → Unterprogramm i.e.S., das eine Teilaufgabe zu lösen hat und als Ergebnis null oder mehr Werte zur Verfügung stellt. Die zur Lösung der Teilaufgabe vorgegebenen Eingangsgrößen bzw. die Resultate (Ausgangsgrößen) werden als → Parameter an die bzw. von der Prozedur übergeben. – 2. Im Rahmen der → Datenübertragung in einem → Netz: Synonym für → Protokoll.

prozedurale Abstraktion → funktionale Abstraktion.

prozedurale Programmiersprache → Programmiersprache.

prozedurale Wissensrepräsentation – Form der → Wissensrepräsentation. – *Merkmal:* Wissen wird durch „aufrufbare" → Prozeduren beschrieben; diese stellen Verfahren dar, wie das Wissen angewendet werden kann. – *Gegensatz:* → deklarative Wissensrepräsentation.

Prozessdatenverarbeitung → Prozesssteuerung.

Prozessor – Funktionseinheit innerhalb eines digitalen Rechensystems, die nach DIN 44 300 mind. über ein Rechenwerk und eine Steuereinheit verfügt sowie mithilfe von → Programmen Steuerungs- und Verarbeitungsoperationen ausführen kann. – In modernen → Computern werden häufig neben dem → Zentralprozessor → Hilfsprozessoren eingesetzt.

Prozessorzykluszeit → Taktzeit.

Prozessrechner → Computer zur automatischen Überwachung, Steuerung und/oder Regelung von industriellen (→ Prozesssteuerung) oder anderen physikalischen Prozessen. Die bevorzugte Betriebsart ist der → Echtzeitbetrieb.

Prozesssteuerung – *Prozessdatenverarbeitung*; Steuerung und Regelung von technischen Prozessen mithilfe eines → Prozessrechners, sodass bestimmte Abläufe, Messwerte, Toleranzen etc. eingehalten werden.

Prüfbit → Parity Bit.

Pseudocode – Hilfsmittel bei der → Programmentwicklung zur verbalen Formulierung eines → Algorithmus oder der Rohform eines → Programms. Die Darstellungsform orientiert sich an der Schreibweise einer → Programmiersprache. V.a. die → Steuerkonstrukte werden mit festgelegten Schlüsselwörtern bezeichnet (z.B. *if ... then ... else ...* für eine *Selektion*); manchmal auch die anderen → Befehle und → Datenvereinbarungen, hier aber auch natürlich sprachliche Darstellung. – Vgl. auch → Struktogramm, → Programmablaufplan.

Public Cloud – öffentliches Rechenzentrum, das IT-Ressourcen dynamisch bereitstellt (→ Elastizität), diese bedarfsorientiert abrechnet und durch den Einsatz von Virtualisierung vereinheitlicht. – Vgl. auch Cloud Computing.

Public-Key-Verfahren – asymmetrisches Verfahren zur Verschlüsselung von → Daten mithilfe eines geheimen und eines öffentlichen Zifferncodes (Key). Die übertragenen Daten werden mit dem öffentlichen Key verschlüsselt und können nur von dem rechtmäßigen Empfänger, der den geheimen Key besitzt, entschlüsselt werden. Siehe auch → Kryptographie.

Pufferspeicher → Cache.

Push-Konzept – Onlinecontent wie z.B. Nachrichten oder andere ausgewählte Informationen (auch Werbung) werden ohne Aufforderungen selbstständig vom Content-Anbieter an den Rezipienten versandt. Hierbei können periodisch ausgelieferte Inhalte (Abonnement) und event-gesteuerte Informationen (z.B. neuer Kundenstatus) unterschieden werden.

QR-Code – 1. *Begriff, Entstehung und Merkmale:* Der QR-Code – die Abkürzung steht für „quick response" („schnelle Antwort" oder „schnelle Reaktion") – wurde im Jahre 1994 von der japanischen Firma Denso Wave, einer Tochter von Toyota, entwickelt. Man hatte nach einer einfachen und günstigen Möglichkeit gesucht, die Autoteile in den Produktionsstätten zu markieren und automatisch ihre Position und ihre Art zu ermitteln. Der QR-Code war also ursprünglich zur Verbesserung der Logistik eines Autoherstellers gedacht. Er ist ein Hauptvertreter der 2D-Codes und besteht aus mindestens 21 mal 21 und höchstens 177 mal 177 quadratischen Elementen. Die maximale Speicherkapazität beträgt 2953 Byte, was 7089 Ziffern und 4296 ASCII-Zeichen entspricht. In QR-Codes können u.a. Webadressen, Telefonnummern, SMS und freier Text enthalten sein. Es besteht die Möglichkeit, ein Logo oder ein anderes Bild einzubauen, wobei eine gute Kenntnis des Aufbaus der in sich strukturierten Quadrate erforderlich ist und sich die Fehleranfälligkeit erhöhen kann. So wie jede Person den QR-Code mithilfe von Handys, Smartphones oder Tablets (und deren Kamera und Reader) einscannen und auslesen kann, kann sie auch ihren eigenen produzieren. Voraussetzung hierfür ist ein Generator, der als Webanwendung und lokal installierbare Anwendung für den Computer, das Handy und das Smartphone verfügbar ist. Man kann den Code, sobald er erstellt bzw. das Aussehen bekannt ist, ausdrucken und kopieren; auch wenn man ihn mit Farbe auf eine Leinwand überträgt oder in ein Getreidefeld fräst, ist er maschinenlesbar. – 2. *Einsatzgebiete:* Ein wichtiges Anwendungsgebiet von QR-Codes ist das → Mobile Tagging. Tagging bedeutet im vorliegenden Zusammenhang i.d.R., dass Objekte der physischen Welt mit zusätzlichen Informationen angereichert werden. Bspw. wird ein Plakat mit einem QR-Code versehen, in dem ein Link zu einer → Website mit weiterführendem Material enthalten ist, oder auf ein Gebäude wird ein Code aufgebracht, der Informationen zu Baujahr, Höhe oder Architekt speichert. In Artikeln und Büchern verweisen QR-Codes auf ergänzende Texte, Bilder, Videos und Websites. Auch virtuelle Objekte können getaggt werden, wie eine Litfaßsäule in der virtuellen Welt von Second Life. Eine verbreitete Einteilung ist diejenige in Commercial Tagging, Public Tagging und Private Tagging, also in Bezug auf kommerzielle, nichtkommerzielle bzw. öffentliche und private Anwendungen. Des Weiteren kann man nach Einsatzgebieten im engeren Sinne (Tracking, Ticketing, Frankierung) differenzieren. – 3. *Risiken:* QR-Codes weisen verschiedene Sicherheitsrisiken auf. Das grundsätzliche Problem ist, dass man ihnen nicht ansieht, was sie enthalten. Ein Mensch vermag kaum zwischen einem originären und einem manipulierten oder gefälschten Code zu unterscheiden. Reader und Generatoren können dazu missbraucht werden, Daten von Anwendern einzusammeln. Weiterhin ist es möglich, auf Gegenstände aufgebrachte QR-Codes zu überkleben und auszutauschen. Auf diese Weise kann ein Benutzer auf Websites mit fragwürdigen Informationen oder mit → Malware gelockt und dem Anbieter auf unterschiedliche Weise geschadet werden. – 4. *Weiterentwicklungen:* Es gibt mehrere Weiterentwicklungen von Denso Wave. Ein Beispiel ist der Micro-QR-Code, der kleiner ist und weniger speichern kann. Weiterhin sind der Secure-QR-Code, der die Verschlüsselung von Daten erlaubt, und der iQR-Code in rechteckiger Form zu nennen. Mit den 3D- und 4D-Codes (die auf QR-Codes aufsetzen können) werden weitere (Offline-)Anwendungen möglich. So kann man dank der höheren Speicherkapazität

Lieder, Bilder und Videos direkt im Code unterbringen. Voraussetzung sind geeignete Generatoren und Reader.

Quantencomputer – ein auf der Quantenmechanik basierender Rechner, der trotz enormer Erfolge in den letzten Jahren zur Zeit noch eher als theoretisches Konzept bezeichnet werden kann. Spezielle, quantenmechanische Eigenschaften erlauben Quantencomputern parallele Rechnungen statt einer wie bei klassischen Computern. Wenn Quantencomputer realisiert werden können, werden heutzutage noch extrem rechenaufwändige Verfahren wie die Primzahlzerlegung großer Zahlen voraussichtlich deutlich schneller gelöst werden können, sodass die zur Zeit verwendeten Verschlüsselungstechniken (siehe → Kryptographie) unbrauchbar werden.

Quellprogramm → Programm.

Query → Datenbankabfrage.

Query Language → Abfragesprache.

Queue – *Schlange;* bei der → Programmentwicklung benutzte → abstrakte Datenstruktur. Eine Queue ist eine spezielle Form der → linearen Liste, die Elemente nach dem Prinzip „First-in-first-out" (Fifo) aufnimmt und abgibt. Auf ihr sind die beiden → Funktionen enqueue(Datenelement) und dequeue() definiert. Die Funktion enqueue(Datenelement) stellt das neue, ihr übergebene Datenelement an das Ende der Schlange ein. Die Funktion dequeue() nimmt das erste Element aus der Schlange und gibt es als Rückgabewert zurück. – *Gegensatz:* → Stack.

R

Rabattmarken – Sparmarken, die vom Einzelhandel für Einkäufe des Letztverbrauchers ausgegeben werden können. – Keine Rabattmarken sind die oft als Webmiles bezeichneten Treuepunkte, die man für Einkäufe bei bestimmten E-Commerce-Anbietern erhält, sammeln und gegen Prämien eintauschen kann.

RAM – Abk. für *Random Access Memory, Direktzugriffsspeicher;* Schreib-/Lese- → Speicher, auf dessen → Daten der → Prozessor direkt, d.h. unabhängig von der Reihenfolge der Speicherung der Daten zugreifen kann (wahlfreier Zugriff, auch als Random Access bezeichnet).

Rastergrafik – *Flächengrafik;* grafische Darstellung, bei der sich das Bild aus einem Raster von Bildpunkten (→ Pixel) auf einem → Bildschirm zusammensetzt.

Rational Unified Process – auf Grady Booch, Ivar Jacobson und James Rumbaugh (auch „Die drei Amigos" genannt) zurückgehendes Vorgehensmodell in der → Softwareentwicklung. Von diesen wurde für den Entwurf objektorientierter Software (siehe auch → Objektorientierung) die Unified Modelling Language entwickelt, die von der Object Management Group standardisiert wurde. Darauf aufbauend wurde dann der Unified Process als Metamodell entwickelt und 1999 der Rational Unified Process als konkrete Implementierung vorgestellt. Heute ist der Rational Unified Process ein Produkt von IBM, das sowohl das Vorgehensmodell wie auch die dafür notwendigen Tools umfasst.

Raubkopie – 1. *Begriff:* Raubkopie ist ein populär-juristischer Ausdruck und bezeichnet eine urheberrechtswidrig hergestellte Kopie, insbesondere von digitalen Datenträgern. Dieser Begriff wird gerne verwendet, um das Unrechtsbewusstsein zu fördern. Ein alternativer Ausdruck ist Schwarzkopie i.S. einer unrechtmäßig erstellten Kopie. Er orientiert sich an ähnlichen Phänomenen wie Schwarzhandel oder Schwarzmarkt, in denen „schwarz" ein verstecktes Verhalten ausdrückt. Bei Datenmedien kann es sich z.b. um Filme, Bücher oder Computerprogramme oder anderes urheberrechtlich geschütztes Material handeln. Urheberrechtsverletzungen sind z.b. auch eine Änderung eines Werkes oder seines Titels, eine unberechtigte Bearbeitung oder Umgestaltung des Werks. Jedenfalls unterbleibt eine Vergütung an die Urheber oder Rechteinhaber, die beim Kauf einer legalen Kopie erfolgt. Während das Anfertigen von Kopien für den privaten Gebrauch in Deutschland (§ 53 UrhG) und Österreich (§ 42 UrhG) unter bestimmten Voraussetzungen erlaubt ist, ist das Verbreiten von Kopien in fast allen Staaten verboten. – 2. *Kopieren:* Problematisch für die Hersteller kommerzieller Software dabei ist, dass es keinen wirksamen Kopierschutz gibt. Nicht erlaubt sind Kopien des Inhalts von kopiergeschützten Datenträgern. Sobald eine Kopiersperre gilt, darf diese nicht umgangen werden. Die direkte Umgehung des Kopierschutzes zur Erstellung einer Privatkopie ist zwar verboten, aber nicht strafbar. In solchen Fällen kann der Rechteinhaber Forderungen auf Schadenersatz gegen den Ersteller der Kopien geltend machen. – 3. *Illegale Software:* Sie gelangt auf verschiedenen Wegen auf den Markt und schließlich auf private Rechner. Dabei ist es den Anwendern illegaler Software oft nicht bewusst, dass sie damit geltendes Recht verletzen. Fälle von sog. Endanwender-Piraterie liegen z.B. in folgenden Fällen vor: a) ein Angestellter kopiert im Unternehmen Programme oder eine Installations-CD wird gemeinsam von mehreren Kollegen verwendet, ohne dass dafür eine zusätzliche Lizenz erworben wurde. Der Endanwender verstößt damit gegen das Urheberrecht; die Nutzung von Software ohne entsprechende Lizenzierung kann zivil- und strafrechtlich verfolgt werden; – b) Installation von einer Adobe-Software durch einen Privatanwender, der diese von einem Bekannten kopiert oder per Filesharing heruntergeladen hat. – c) Anfertigung einer Kopie des Originaldatenträgers zum Zweck von Mehrfachinstallation. – d) Unberechtigte private oder gewerbliche Softwarenutzung, die lizenzrechtlich beschränkt ist.

Real Time Processing → Echtzeitbetrieb.

Realzeitbetrieb → Echtzeitbetrieb.

Realzeitverfahren → Echtzeitbetrieb.

Rechenanlage → Computer.

Rechensystem → Computersystem.

Rechenwerk – *Arithmetical Logical Unit (ALU);* Funktionseinheit eines → Prozessors. Im Rechenwerk werden arithmetische und logische Operationen ausgeführt.

Rechenzentrum – I. Charakterisierung: organisatorische Einheit, die Rechen- und Serviceleistungen zentralisiert anbietet und über leistungsfähige → Computersysteme und → Softwaresysteme verfügt.

II. Arten: 1. *Unternehmenseigene Rechenzentren:* Eine Unternehmung kann ein oder mehrere Rechenzentren besitzen. – 2. *Gemeinschaftsrechenzentrum:* von mehreren Unternehmen gemeinsam errichtetes, betriebenes und genutztes Rechenzentrum; z.T. rechtlich selbstständige Firma (→ Outsourcing). Vielfach werden → Programme gemeinsam erstellt und eingesetzt. → Programmierer der Rechenzentren, u.U. auch Organisatoren, leisten den Benutzerfirmen Programmierungs- und Organisationsdienste. Gemeinschafts-Rechenzentren werden auch von Fach- und Prüfungsverbänden für die Mitgliedsfirmen unterhalten (z.B. → DATEV). – 3. *Lohnarbeitsrechenzentren bzw. Servicerechenzentren:* selbstständige Unternehmen, die ihre (oft speziellen) Leistungen (z.B. zur Lohn- und Gehaltsabrechnung, Fakturierung etc.) Unternehmen und Organisationen anbieten. Die → Daten werden (überwiegend) über Datenübertragungswege an das Rechenzentrum übertragen oder noch beim Rechenzentrum auf → Datenträger angeliefert.

Rechner – Übersetzung der engl. Bezeichnung *Computer.* Beide Begriffe werden in der DIN-Norm 44.300 als Synonym für → Datenverarbeitungssystem aufgeführt. – Vgl. auch → elektronische Datenverarbeitungsanlage (EDVA), → Computersystem.

Rechnernetz – *Computer Network;* räumlich verteiltes System von → Rechner(n), Steuereinheit(en), und → Peripheriegeräten, die durch Datenübertragungseinrichtungen und -wege miteinander verbunden sind. – Vgl. auch → Computerverbund(-system), → Netz.

Rechnerorganisation → Informatik.

Record – 1. *Begriff:* → Datenstruktur, in der → Datenelemente mit beliebigem → Datentyp unter einem gemeinsamen Namen zusammengefasst sind (heterogene Struktur). – 2. *Verwendung:* Strukturierung von → Daten, die in einem hierarchischen Zusammenhang stehen. Einen Record, der in einer → Datei gespeichert wird, nennt man i.Allg. → Datensatz. – 3. *Terminologie:* in den → Programmiersprachen und in der Literatur äußerst uneinheitlich, z.B. Datengruppe, Datensatz, Segment, Struktur, Verbund, Verband, kartesisches Produkt.

Recovery – bei → Datenbanksystemen die Wiederherstellung eines definierten konsistenten Zustands der Datenbasis (→ Datenbank) nach einem → Hardware- oder → Software-Fehler.

Redundanz → Datenredundanz.

Reengineering – Analyse und Überarbeitung eines vorhandenen → Softwaresystems mit dem Ziel, dessen → Softwarequalität zu verbessern. Dabei kann es z.B. um die Restrukturierung von Programmcodes, die Gestaltung von → Benutzeroberflächen unter softwareergonomischen Gesichtspunkten oder die Integration bisher isoliert geführter Anwendungen unter Beibehaltung der Funktionalität gehen. – *Anders:* Business Process Reengineering.

Refinement → schrittweise Verfeinerung.

Regel – I. Allgemein: 1. Gleichförmigkeit von Erscheinungen oder Vorgängen. – 2. Vorschrift: Regelung.

II. Informatik: in der → Künstlichen Intelligenz (KI), bes. bei → wissensbasierten Systemen, weit verbreitete Form für die Darstellung von Wissen. Eine Regel besteht aus zwei Teilen: (1) der *Prämisse* und (2) der *Konklusion* („if ... then ..."). Ist die Prämisse erfüllt, kann die Konklusion ausgeführt werden. – Vgl. auch → regelbasiertes System.

regelbasiertes System – *Rule Based System, Regelsystem;* älteste und verbreitetste Art von → wissensbasierten Systemen (→ Expertensysteme). – *Bestandteile:* (1) eine *Regelbasis* (Menge der → Regeln); (2) ein *Inferenzmechanismus* (→ Inferenzmaschine), der jeweils festlegt, welche Regeln anzuwenden sind; mögliche Strategien sind dabei die → Vorwärtsverkettung und die → Rückwärtsverkettung von Regeln.

Regelsystem → regelbasiertes System.

Rekursion – formales Prinzip, demzufolge bei der Beschreibung eines Sachverhalts auf den zu beschreibenden Sachverhalt selbst Bezug genommen wird. – *Beispiel* (mathematische Definition der Fakultät einer Zahl n): n! = (n – 1)! n. Häufig in der Mathematik und in der → Informatik (v.a. bei der → Programmentwicklung; → rekursive Programmierung) angewendetes Prinzip.

rekursive Programmierung – 1. *Begriff:* bei der → Programmentwicklung eine Vorgehensweise, bei der → rekursive Unterprogramme eingesetzt werden. – 2. *Verwendung:* Manche → Algorithmen können mithilfe der → Rekursion wesentlich kompakter und übersichtlicher dargestellt werden, v.a. beim → Sortieren, → Suchen sowie bei der Benutzung von → Bäumen. – *Beispiele:* Türme von Hanoi, Quicksort, Baumtraversierung. – 3. *Voraussetzung* für rekursive Programmierung ist, dass die → Programmiersprache rekursive Unterprogramme zulässt.

rekursives Unterprogramm – ein → Unterprogramm, das sich direkt oder indirekt selbst wieder aufruft (→ Rekursion). – Vgl. auch → rekursive Programmierung.

Relation – I. Informatik: 1. *Begriff:* in der → Datenorganisation eine Tabelle, in der (1) Eigenschaften (Attribute) der Objekte eines Typs beschrieben werden oder (2) Beziehungen zwischen Objekten aufgeführt werden. – 2. *Beispiele:* (1) eine Tabelle mit den Attributen Artikelnummer, Artikelname, Preis, Lagerbestand des Objekttyps Artikel (die Zeilen der Tabelle enthalten die jeweiligen Attributwerte eines bestimmten Artikels); (2) eine Tabelle, die zu jeder Artikelnummer die Nummer des Lieferanten enthält, von dem der Artikel bezogen wird. – 3. *Mathematischer Hintergrund:* Eine Relation ist eine Teilmenge des kartesischen Produkts über den Wertemengen der Attribute. – Vgl. auch → Relationenmodell.

II. Verkehrswesen: Verkehrsverbindung zwischen zwei Orten, Regionen; im Schiffsverkehr zwischen zwei Küstenabschnitten (Fahrtgebiet, Range) mit mehreren Häfen.

relationales Datenmodell → Relationenmodell.

Relationenmodell – *relationales Datenmodell.* 1. *Begriff:* Auf den Arbeiten von E.F. Codd von 1970 basierendes → Datenmodell, mit dem Beziehungen zwischen → Daten in Form von → Relationen bzw. in tabellenform beschrieben werden. Grundlage fast aller neueren → Datenbanksysteme (z.B. → DB2, → Oracle, Ingres, Sybase). – 2. *Vorteile:* hohe Flexibilität, leichte Handhabung, einfache → Datenbankabfragen. – 3. *Nachteil:* Effizienzprobleme bei großen Datenvolumen.

Remote Job Entry (RJE) – möglicher Dienst in einem → Rechnernetz bzw. einem

→ Computerverbund(-system). Der → Benutzer kann einen → Job auf jedem beliebigen → Rechner des Netzes bzw. Verbunds ausführen lassen.

Repetition → Steuerkonstrukt.

Reportgenerator → Generator, mit dessen Hilfe Berichte, Listen etc. erzeugt werden können.

Repository – 1. *Begriff*: Ein Repository ist eine spezielle → Datenbank zur systematischen Ablage von Modellen und deren Bestandteilen. – 2. *Merkmale*: Die grundlegenden Funktionen eines Repository bestehen in der Speicherung, Versionskontrolle und Unterstützung beim Abrufen der gespeicherten Modelle und deren Bestandteilen. Die Versionskontrolle dient dazu verschiedene Versionen verwalten zu können. Der grundlegende Unterschied zu Datenbanksystemen besteht darin, dass ein Repository langlaufende (Tage, Monate bis Jahre) Entwicklungsprozesse unterstützt. Zu diesem Zwecke können Benutzer Modelle oder einzelne Bestandteile dem Repository entnehmen und für die gleichzeitige Änderung durch andere Anwender sperren. Beim Wiedereinstellen der geänderten Artefakte werden die Sperren aufgehoben und es kann ggf. eine neue Version des gesamten Modells erstellt werden.

Requirements Engineering – 1. *Begriff*: das ingenieurmäßige Festlegen der *Anforderungen* an ein System; in der → Systemanalyse auf computergestützte (→ Computersystem) betriebliche → Informationssysteme bezogen, im → Software Engineering auf Softwareprodukte. – Vgl. auch → Softwaresysteme. – 2. *Aufgaben/Ziele*: Ermittlung, Beschreibung, Analyse und Gewichtung der Anforderungen in einer möglichst exakten und operationalen Form, um eine qualitative Verbesserung der Anforderungsdefinition und eine Reduktion der Fehler zu erreichen. Das Requirements Engineering stellt auf den Leistungsumfang eines Systems ab („was"), nicht jedoch auf seine Realisierung („wie"). – 3. *Einsatz*: a) Bei der → Systemanalyse im Rahmen der → Istanalyse; das Ergebnis, die Anforderungs- oder Produktdefinition, dient als Basis für das → Sollkonzept. – b) im *Software Engineering* in der Phase → Anforderungsdefinition im → Softwarelebenszyklus. – 4. *Methoden/Werkzeuge*: Das Requirements Engineering wird derzeit nur in geringerem Umfang als andere Phasen unterstützt. V.a. fehlen meist exakte Beschreibungsmittel zur Definition von Produktanforderungen sowie → Softwarewerkzeuge zur automatischen Analyse der Anforderungen auf Widerspruchsfreiheit und Vollständigkeit.

Resolution – logische Beweistechnik, die sich bes. gut für das computergestützte Beweisen von Theoremen eignet. Resolution bildet eine wesentliche Grundlage der → Programmiersprache → Prolog.

Reverse Auction – Form der Auktion im → Internet, bei der ein Kunde verschiedene Anbieter zur Abgabe eines Angebots auffordert. Der Bieter mit dem niedrigsten Angebot erhält den Zuschlag. – Vgl. auch eBay-Auktion.

Review – 1. *Begriff*: Vorgehensweise zum → Testen und zur Prüfung von Systementwicklungen, bes. bei der → Softwareentwicklung; Hilfsmittel für das Projektmanagement (PM). – 2. *Gegenstand*: Feststellung von Mängeln, Fehlern und Inkonsistenzen des erstellten Produkts sowie formale Abnahme nach Abschluss eines Arbeitsabschnitts. – 3. *Durchführung*: Reviews erfolgen auf Basis der vorhandenen Arbeitsergebnisse und → Dokumentationen in Gruppensitzungen, an denen das Projektteam und der Auftraggeber teilnimmt.

Ring-Netz(-werk) → Netzwerktopologie.

RISC – Abk. für *Reduced Instruction Set Computer;* → Rechner mit verringertem und vereinfachtem Befehlsrepertoire (→ Maschinenbefehl). Komplizierte Befehle werden durch eine Folge einfacher RISC-Befehle emuliert. – RISC hat seinen Ursprung in Untersuchungen am Thomas J. Watson-Forschungsinstitut der IBM Anfang der 1970er-Jahre.

Man stellte fest, dass bei typischen Computeranwendungen 80 Prozent der Befehle weniger als 20 Prozess des Maschineninstruktionsvorrats verwenden. Anlass zur Untersuchung war die fortschreitende Komplexität des Instruktionssatzes bisheriger Computer. Ziel war die Verbesserung des Leistungsverhaltens der Computer durch eine Architektur (Computerstruktur), die mit geringerem Instruktionsvorrat auskommt (RISC-Architektur). Heute ist RISC-Architektur v.a. im Bereich der → Workstations verbreitet.

Roboter – *Crawler, Spider*; selbstständig das → World Wide Web durchsuchendes → Programm, das → HTML-Seiten nach Suchkriterien klassifiziert und die Links auf diese Seiten gemäß der gefundenen Klassifizierung in eine → Datenbank einsortiert, die die Grundlage einer → Suchmaschine bildet.

Roboterethik – *Robot Ethics, Robo Ethics*. 1. *Begriff:* Die Roboterethik ist eine Keimzelle und ein Spezialgebiet der Maschinenethik. Gefragt wird danach, ob ein → Roboter ein Subjekt der Moral sein und wie man diese implementieren kann. Im Fokus sind auch mimische, gestische und natürlichsprachliche Fähigkeiten, sofern diese in einem moralischen Kontext stehen. Man kann nicht nur nach den Pflichten, sondern ebenso nach den Rechten der Roboter fragen. Allerdings werden ihnen – im Gegensatz zu Tieren – solche üblicherweise nicht zugestanden. Nicht zuletzt kann man die Disziplin in einem ganz anderen Sinne verstehen, nämlich in Bezug auf Entwicklung und Herstellung und die Folgen des Einsatzes von Robotern. In dieser Ausrichtung kann man sie in Technik- und Informationsethik verorten. – 2. *Perspektive der Robotik:* Die Robotik oder Robotertechnik beschäftigt sich mit dem Entwurf, der Gestaltung, der Steuerung, der Produktion und dem Betrieb von Robotern. Sie muss, was die Wirkung von Emotionen und die Glaubwürdigkeit von Aussagen, Handlungen und Bewegungen angeht, eng mit der Psychologie und der Künstlichen Intelligenz (KI) zusammenarbeiten. Je mehr ein Roboter durch sein Aussehen verspricht, desto perfekter muss er umgesetzt sein, damit er nicht unheimlich wirkt (Uncanny-Valley-Effekt). Das betrifft auch Fragen der Moral; von einem humanoiden Roboter erwartet man adäquate Aussagen und Entscheidungen. Bei hohen Ambitionen in diesem Kontext muss sich die Robotik mit Roboter- und Maschinenethik zusammentun, nicht ohne kritische Fragen von Technik- und Informationsethik zuzulassen. – 3. *Robotergesetze:* Über moralische Maschinen haben nicht nur Wissenschaftler, sondern auch Schriftsteller nachgedacht. Robotiker, KI-Experten und Philosophen beziehen sich gerne auf den Science-Fiction-Autor Isaac Asimov und seine drei Robotergesetze („Three Laws of Robotics"), die in einer Kurzgeschichte aus dem Jahre 1942 enthalten sind. Der Katalog ist hierarchisch aufgebaut und gibt so eine Priorisierung vor. Nach dem ersten Gesetz darf kein Roboter einen Menschen verletzen oder durch Untätigkeit erlauben, dass ein menschliches Wesen zu Schaden kommt. Nach dem zweiten muss ein Roboter den ihm von Menschen erteilten Befehlen gehorchen, es sei denn, einer der Befehle würde mit dem ersten Gesetz kollidieren. Nach dem dritten muss ein Roboter seine Existenz beschützen, solange er dabei nicht mit dem ersten oder zweiten Gesetz in Konflikt kommt. Asimov hat in einem späteren Werk den Katalog erweitert und modifiziert. Aus wissenschaftlicher Sicht sind die Robotergesetze, so durchdacht und visionär sie sein mögen, nicht befriedigend. – 4. *Ausblick:* Wenn es um die Moral von (und gegenüber) Maschinen ging, war man lange Zeit auf Roboter fokussiert. Zum einen erfüllten sie die Anforderung, mehr oder weniger autonome Systeme zu sein, zum anderen erweckten sie – gerade wenn es sich um humanoide Roboter handelte – den Eindruck, als müssten sie in sittlicher und sozialer Hinsicht mehr leisten können als normale Maschinen. Als sich zu den Robotern weitere (teil-)autonome Maschinen wie Agenten, Chatbots, Drohnen, Computer im automatisierten Handel und selbstständig fahrende Autos gesellten, war es vorbei mit der Einzigartigkeit. Der Vielfalt von Systemen mit ihren unterschiedlichen Möglichkeiten widmet sich die Maschinenethik, wobei sich diese auf Maschinen als Subjekte der Moral konzentriert. Der Begriff der Roboterethik wird sicherlich nicht verschwinden, allenfalls verstärkt auf Roboter als Objekte der Moral und als Verursacher von Problemen und Herausforderungen angewandt.

Robotics – Anwendungsfeld der → Künstlichen Intelligenz (KI), das sich mit der Anwendung von KI-Methoden bei der Entwicklung von Steuerungsprogrammen bei → Robotern beschäftigt.

Robustheit – *Unempfindlichkeit.*

I. Statistik: Eigenschaft von Verfahren (Punktschätzung, Intervallschätzung, statistische Testverfahren), auch dann gewisse Gütekriterien aufzuweisen, wenn die diesen Verfahren zugrunde zu legenden Voraussetzungen nicht oder nicht vollkommen gegeben sind oder wenn fehlerhafte Daten oder Ausreißer vorliegen. Je nach den diskutierten Voraussetzungen sind verschiedene Arten von Robustheit (z.B. Robustheit gegen die Annahme der Normalverteilung) zu unterscheiden. Robustheit kann auf verschiedene Arten gemessen werden.

II. Wirtschaftsinformatik: Merkmal der → Softwarequalität; die Fähigkeit eines Softwareprodukts, fehlerhaftes Verhalten seiner Umwelt (häufigster Fall: unzulässige Eingabedaten) zu erkennen, z.B. durch Plausibilitätsprüfungen, und in einer definierten Weise zu behandeln, sodass keine unvorhersehbaren Programmreaktionen entstehen. Bes. wichtig bei Dialogsystemen, mit denen ungeübte → Endbenutzer in Kontakt kommen. Voraussetzung für → Benutzerfreundlichkeit.

Router – Element der Netz-Technologie. Ein Router hat die Funktion, zwei räumlich getrennte Netzwerke über eine Telekommunikations-Leitung miteinander zu verbinden. Dazu verwendet er nicht physikalische Adressen wie eine → Bridge, sondern bereits logische Adressen. – Vgl. auch → Netz.

RPG – Abk. für *Report Program Generator;* ältere, in den Versionen RPG II und RPG III auf mittleren und kleinen → Rechnern für kommerzielle Anwendungen relativ weit verbreitete → Programmiersprache.

RS232C → V. 24-Schnittstelle.

RSS – Abk. mit je nach Version verschiedenen Interpretationen: RSS 0.9x: Rich Site Summary; RSS0.9 und 1.0: RDF Site Summary; RSS 2.0: Really Simple Syndication. Dienst, der in regelmäßigen Abständen einen → Blog auf Aktualisierungen überprüft und den Abonnenten des RSS-Feeds die neuen Einträge anzeigt.

Rückwärtsverkettung – *Backward Chaining, zielgesteuerte Inferenz;* rekursive Vorgehensweise (→ Rekursion), bei der man mit dem Endziel beginnt (d.h. mit dem Sachverhalt, den man aufgrund der Problemstellung erreichen möchte); dieses Ziel wird in Unterziele aufgeteilt, diese werden ebenfalls wieder aufgeteilt etc., bis die Ziele elementare Fakten sind, von denen man weiß, ob sie zutreffen oder nicht. Rückwärtsverkettung ist eine mögliche Inferenzstrategie eines → regelbasierten Systems. – *Gegensatz:* → Vorwärtsverkettung.

S

SADT – Abk. für *Structured Analysis and Design Technique*. 1. *Begriff*: i.e.S. → Softwareentwurfsmethode; i.w.S. eine Analyse-, Entwurfs- und Darstellungsmethode. – 2. *Hauptbestandteile*: a) *Diagrammtechnik*: (1) *Tätigkeitsdiagramme* beschreiben in grafischer Form primär die Verarbeitungsschritte und ihre logischen Beziehungen; mehrere Verfeinerungsstufen (→ schrittweise Verfeinerung); (2) *Datendiagramme* beschreiben primär den Datenfluss und die Bearbeitung der → Daten durch die Verarbeitungsschritte. – b) *Regeln* über die Vorgehensweise beim Entwurf und die Erstellung der Diagramme. – c) formalisiertes *Kontrollverfahren* zur Überwachung aller Entwurfsergebnisse. – 3. *Eignung*: SADT gilt als leicht erlernbar; auf einfachen, durchgängigen angewendeten Konzepten aufbauend, aber neuerdings sind → Softwarewerkzeuge verfügbar.

Satz – I. Kaufmännischer Sprachgebrauch: 1. Eine *Anzahl* sachlich zusammengehöriger, der effektiven Zahl nach aber unbestimmter Teile, die zumeist als Einheit gehandelt werden und deren einzelne Teile unverbunden einen geringeren Gebrauchswert haben. – 2. Synonym für *Quote*.

II. Informatik: Kurzbezeichnung für → Datensatz.

Scanner – *Abtastgerät*. 1. *Abfragevorrichtung* (Lesegerät) für optische Zeichencodes (z.B. → Barcode). Scanner werden bes. im Handel, v.a. Einzelhandel verwendet; dient zur Identifizierung der auf Waren oder Etiketten angebrachten Artikelnummern. – Vgl. auch → EAN, → Warenwirtschaftssystem (WWS). – 2. *Eingabegerät zur Bildeingabe* in einen → Computer; erfasst alle Informationen von einer Vorlage, indem es für jeden Bildpunkt den entsprechenden Helligkeits- oder Farbwert sowie die Lageinformationen in digitale (→ digitale Darstellung) elektrische Signale umwandelt.

Schaltwerktheorie → Informatik.

Schema – I. Allgemein: Struktur des Wissens, das wichtige Merkmale eines Gegenstandsbereichs enthält. Die Merkmale sind mehr oder weniger abstrakt dargestellt und hierarchisch organisiert. Schemata können auf die eigene Person, andere Personen, Sachverhalte oder Ereignisse bezogen sein. Sie steuern die Wahrnehmung, das Denken und wirken bei der Organisation der Informationsspeicherung mit.

II. Informatik: 1. *Begriff*: in der → Datenorganisation eine Repräsentation des → Datenmodells in einer → Datenbeschreibungssprache. – 2. *Verwendungsformen*: (1) → internes Schema; (2) → konzeptionelles Schema; (3) → externes Schema.

Schlange → Queue.

Schlüssel – I. Kostenrechnung: Gemeinkostenschlüsselung.

II. Informatik: 1. *Begriff*: in der → Datenorganisation ein Element eines → Datensatzes, das zur Identifikation des Satzes dient. – 2. *Inhalt*: Als Schlüssel dienen in der → betrieblichen Datenverarbeitung häufig Nummern (z.B. Artikel-, Personal-, Lieferantennummern). – 3. *Arten*: (1) *Primär-Schlüssel*: Schlüssel, der einen Datensatz eindeutig identifiziert. (2) *Sekundär-Schlüssel*: zusätzliche Schlüssel, die ebenfalls zum Auffinden von Datensätzen herangezogen werden können, aber nicht eindeutig zu sein brauchen (z.B. Artikelname, Personalname, Wohnort des Lieferanten). – Vgl. auch → Nummernsystem.

Schnittstelle – *Interface*. 1. *Allgemein*: Berührungspunkt zwischen verschiedenen Sachverhalten oder Objekten. – 2. Im → *Software Engineering* verschiedene Verwendungen: (1)

im Sinn von → Modulschnittstelle; (2) im Sinn von → Benutzerschnittstelle (Berührungspunkt zwischen → Endbenutzer und Softwareprodukt); (3) im Sinn von *Hardwareschnittstelle* (Berührungspunkt zwischen → Betriebssystem (BS) und → Hardware). – 3. Im *Hardwarebereich*: der Teil eines Geräts, über den dieses mit anderen Geräten verbunden werden kann (z.B. Verbindung zwischen → Computer und Drucker).

Schnittstellenminimalität – 1. *Begriff*: im → Software Engineering ein → Modularisierungsprinzip, das besagt, dass die → Schnittstelle eines → Moduls möglichst klein sein soll (z.B. geringe Anzahl von Parametern). – 2. *Ziel*: Schnittstellenminimalität fördert die Unabhängigkeit der Module, damit auch die arbeitsteilige Entwicklung und die Austauschbarkeit bei Änderungen oder Fehlerkorrektur (→ Softwarewartung, → Wartungsfreundlichkeit).

Schreibmarke → Cursor.

Schreibtischtest – *Code Inspection;* einfachste, aber oft wirkungsvolle Möglichkeit des → Testens eines Programms; der Text des Quellprogramms (→ Programm) wird von dem → Programmierer oder von jemandem, der zumindest die → Spezifikation und die Anforderungen an das Programm kennt, sehr gründlich gelesen und überprüft.

schrittweise Verfeinerung – 1. *Begriff*: bei der → Programmentwicklung angewendetes Prinzip zur Erzeugung und zur Darstellung eines → Algorithmus bzw. eines → Programms auf der Grundlage des Top-Down-Prinzips. – 2. *Vorgehensweise*: a) Ausgehend von der Problemstellung wird zunächst ein Grobalgorithmus entwickelt, der die wesentlichen Problemlösungsschritte (ohne weitere Detaillierung) enthält. – b) Die groben Schritte werden anschließend verfeinert, d.h. durch detaillierte Schritte beschrieben. Die Verfeinerung setzt sich solange fort, bis die entstandenen Teilalgorithmen unmittelbar in eine → Programmiersprache überführt werden können. Dies ist spätestens der Fall, wenn jeder Schritt durch einen → Befehl der verwendeten Programmiersprache ausgedrückt werden kann. – 3. *Darstellungsform:* a) Die schrittweise Verfeinerung ist nicht nur ein Prinzip beim Vorgang des Entwickelns eines Algorithmus, sondern auch der Beschreibung; d.h. die Verfeinerungsstufen in dem entstandenen Algorithmus bzw. dem Programm müssen auch für den Leser (z.B. einen anderen Programmierer) transparent werden. – b) *Hilfsmittel:* Die Programmiersprache muss dazu Verfeinerungskonstrukte (Refinements) bereitstellen oder zumindest ihre Nachbildung erlauben, z.T. können → Prozeduren verwendet werden.

Schwarzes Brett – I. Arbeitsrecht: Anschlagtafel innerhalb der Betriebsräume an allg. sichtbarer Stelle zur Bekanntmachung von Mitteilungen an alle Betriebsangehörigen. Jeder Anschlag am Schwarzen Brett ist von einem dafür Verantwortlichen zu genehmigen, um wildes Plakatieren zu unterbinden und dafür zu sorgen, dass die Anschläge nach der vorgesehenen Aushängefrist wieder entfernt werden.

II. **Informatik:** *Bulletin Board;* Kommunikationsbereich in einem Netz (z.B. einem → Intranet), auf dem Informationen von einer Instanz abgelegt und von mehreren Benutzern gelesen werden können. Diese Art der Kommunikation kann den kostenintensiven Druck von Firmenzeitungen, Mitarbeiter-Infos, Adress- und Telefonverzeichnissen, Handbüchern, Jahresberichten, Pressemitteilungen u.Ä. ersetzen. Erweitert man die Zugriffsrechte auch auf das Schreiben von → Informationen, so bezeichnet man das Schwarze Brett auch als „*gemeinsame Wissensbasis*" oder „*Newsgroup*". Anwendungsbeispiele hierfür sind: Sammlungen von Frequently Asked Questions (→ FAQs) und deren Antworten, zeitversetzte Diskussion von kreativen Problemen, wie z.B. Marketing-Programmen, Produktgestaltungen u.Ä.

SCM – Abk. für → Supply Chain Management.

Scrum – Vorgehensmodell der → agilen Softwareentwicklung, das davon ausgeht, dass Softwareprojekte aufgrund ihrer Komplexität nicht im Voraus detailliert planbar sind. Aus diesem Grund erfolgt die Planung nach dem Prinzip der schrittweisen Verfeinerung, wobei die Entwicklung des Systems durch das Team nahezu gleichberechtigt erfolgt. – Das zu entwickelnde System wird über Produkteigenschaften (Features) definiert, die im Product Backlog in einer priorisierten Reihenfolge festgelegt sind. Das Product Backlog ist anfangs nicht vollständig und wird mit der Zeit um weitere Eigenschaften erweitert bzw. um Eigenschaften reduziert. Die eigentliche Entwicklung des Systems ist in sogenannte Sprints unterteilt, die zwischen einer Woche und einem Monat dauern. In einem Sprint werden alle Eigenschaften umgesetzt, die zuvor aus dem Product Backlog ausgewählt und in das Sprint Backlog eingetragen worden sind. Das Ergebnis eines Sprints ist ein lauffähiges (Teil-)System. An einen Sprint schließt sich die Retrospektive an, in der der soeben abgeschlossene Projektabschnitt bewertet wird, um Erfahrungen zu verarbeiten und in Verbesserungen einfließen zu lassen. – In Scrum sind drei interne und drei externe Rollen vorgesehen. Die internen Rollen sind (1) der Product Owner, (2) das Entwicklungsteam und (3) der Scrum Master. – Zu den externen Rollen zählen (1) der Kunde, (2) der Anwender und (3) das Management. – Der Product Owner ist mit dem Projektleiter zu vergleichen, der die Verbindung zum Kunden hält und mit diesem in regelmäßigem Kontakt steht. Er hat die Verantwortung hinsichtlich der Konzeption, der Projektkosten, der Terminierung und der Systemfunktionalität, weshalb er die Richtung bezüglich der Produkteigenschaften vorgibt. Der Product Owner nimmt die vom Team gelieferte Leistung hinsichtlich der Funktionalität ab. Er verwaltet die Produkteigenschaften im Product Backlog und priorisiert diese. – Das Entwicklungsteam ist für die Realisierung der Eigenschaften verantwortlich. Es entscheidet, wie viele Eigenschaften in das Sprint Backlog übernommen und somit in einem Sprint umgesetzt werden. Das Team ist eigenverantwortlich in seiner Arbeit und verteilt die anfallenden Aufgaben untereinander. Das Team ist interdisziplinär zusammengesetzt, wobei jedes Teammitglied selbst aber auch interdisziplinär arbeiten muss. Das Team trifft sich zu Beginn eines jeden Tages für maximal 15 Minuten im Daily Scrum, in dem innerhalb des Teams jedes Mitglied über seinen Fortschritt und das nächste Ziel mithilfe von Burndown Charts berichtet. Alle Treffen werden vom Scrum Master moderiert, der dafür sorgt, dass das Team ungestört seiner Arbeit nachgehen kann und es von Anfragen von außen abschottet. Er ist nicht Mitglied des Teams und diesem nicht weisungsbefugt. Der Scrum Master kümmert sich um Probleme innerhalb des Teams und um mögliche Probleme, die das Team an der Entwicklung hindern. – Anwender sind die Personen, die mit dem fertigen Produkt arbeiten müssen. Nur die Anwender können den Entwicklern Feedback darüber geben, ob das Produkt in jeglicher Hinsicht korrekt arbeitet und hinreichend gut benutzbar ist (Usability). – Das Management ist in letzter Instanz verantwortlich dafür, dass das Scrum gelingt. Zu diesem Zweck muss es dafür sorgen, dass die Rahmenbedingungen wie Räumlichkeiten, Ressourcen, verfügbare Technik, personelle Ausstattung gegeben sind.

SD/CD-Methode – *Structured Design/Composite Design Method.* 1. *Begriff:* → Softwareentwurfsmethode; nach dem Entwickler auch *Constantine-Methode* genannt. – 2. *Grundidee:* SD/CD-Methode soll → Modularisierung unterstützen. – 3. *Vorgehensweise:* grobe Gliederung eines Problems in Eingabeteil (Afferent Data), Verarbeitungsteil (Transformation) und Ausgabeteil (Efferent Data); davon ausgehend weitere Zerlegung nach dem Top-Down-Prinzip.

Secure Electronic Transaction (SET) – Abk. *SET;* hochsichere

Zahlungsverkehrstechnologie der Kreditkartenanbieter Visa und MasterCard mit Zahlungsgarantie. Die bereits durch → Secure Socket Layer (SSL) bekannte Sicherheit in Bezug auf Dateneinsicht und Datenmanipulation während des Datenübertrags in offenen Netzen wurde durch das Merkmal einer Authentifikation ergänzt. Digitale Zertifikate legitimieren Karteninhaber und Händler gegenseitig und kommen dem Charakter einer Face-to-Face-Zahlung am → Point of Sale (POS) gleich. Während bei der POS-Zahlung die positive Prüfung der Authorisierungszentrale die Zahlungsgarantie entstehen lässt, begründen bei SET die digitalen Zertifikate die Zahlungssicherheit. – *Komponenten und Verfahren:* Sowohl Karteninhaber als auch Händler benötigen ein SET-Zertifikat. Der Karteninhaber erhält durch die kartenherausgebende Bank in Form einer Software eine sog. → Wallet (elektronische Brieftasche), deren Inhalt aus zertifizierten elektronischen Kreditkarten besteht. Der Händler installiert einen SET-fähigen Server, der SET-Transaktionen aufnimmt, um diese an die Händlerbank weiterzugeben. Die Händlerbank gibt die SET-Transaktion über einen Payment Gateway an die betroffene Kreditkartenorganisation weiter. Die Transaktion zwischen Händlerbank und der Kreditkartenorganisation verläuft im Gegensatz zur Transaktion zwischen Kunde und Händler in hochsicheren internen Netzwerken (geschlossene Netze). Derzeit bestehen Überlegungen, auch noch nicht erfasste Zahlungsmedien, z.B. Wertkarten für → Micropayments, in das SET-Verfahren zu integrieren. Nahezu alle namhaften Kreditkartengesellschaften beabsichtigen, SET als Standardanwendung zu etablieren. – Vgl. auch → E-Commerce.

Secure Socket Layer (SSL) – durch die Firma Netscape entwickeltes Verschlüsselungsverfahren für → offene Netze wie das → Internet. Das SSL-Protokoll gewährleistet, dass Daten während der Übertragung im offenen Netz nicht gelesen oder manipuliert werden können. – Vgl. auch → Secure Electronic Transaction (SET).

SEES – Abk. für *Software Engineering Environment System,* → Softwareentwicklungsumgebung (SEU).

Segment → Record.

Selektion – 1. *Allgemein:* Auswahl von → Daten bzw. deren Verknüpfungen, die aufgrund eigener Beobachtungen als relevant definiert werden. Sie spielt bes. bei der Wirklichkeitskonstruktion eine große Rolle. – 2. *Informatik:* Mengenoperation der relationalen Algebra, auch Restriktion genannt, mit deren Hilfe Datensätze aus der Datenbasis extrahiert werden können, die bestimmte Eigenschaften erfüllen. – Vgl. auch → Steuerkonstrukt.

Semantik einer Programmiersprache – Aussagen über die Bedeutung der Sprachelemente und der zulässigen Kombinationen von Elementen einer → Programmiersprache in einem → Programm. – Vgl. auch → Syntax einer Programmiersprache.

semantisches Netz – *assoziatives Netz;* in der → Künstlichen Intelligenz (KI) eine Form der → Wissensrepräsentation.

Sequel → SQL.

Sequenz → Steuerkonstrukt.

SERM – Abk. für *Strukturiertes-Entity-Relationship-Modell;* Meta-Modell zur Modellierung der Datenbasis einer → Datenbank. Das SERM stellt eine Erweiterung des → Entity Relationship Modells (ERM) dar, das durch eine gezielte Strukturierung der Objekttypen, die während der → Datenmodellierung als Teil des Datenschemas entstehen, Existenzabhängigkeiten direkt sichtbar erscheinen lässt, sodass die Analyse des Datenschemas über explizite Einstiegsknoten erleichtert wird. Weiterhin vermeidet bzw. erschwert die Verwendung des SERM die Bildung von unnötigen Objekten in der Datenbank und die Modellierung von Inkonsistenzen.

Server – aus dem Englischen übernommene Bezeichnung für einen → Computer in einem → Netz, der den im Netz verbundenen Arbeitsstationen bestimmte Dienste (z.b. Datenverwaltung) zur Verfügung stellt. – Vgl. auch → Client/Server-Architektur.

Service Level – siehe → Service Level Agreement.

Service Level Agreement – *engl. für Dienstgütevereinbarung*, kurz SLA; Vereinbarung zwischen Dienstleistungserbringer und -nachfrager, in welcher Qualität eine bestellte Dienstleistung ebracht werden muss. Sowohl bei physischen Gütern wie auch bei Dienstleistungen ist die Qualität nicht allgemeingültig zu bestimmen, da es i.d.R. unterschiedliche Auffassungen über die Qualität gibt. Während bei physischen Gütern die Funktionsfähigkeit als Gütemaß vorausgesetzt werden kann, besteht hinsichtlich Dienstleistungen vielfach ein Dissenz zwischen Leistungserbringer und Leistungsempfänger. Während Leistungserbringer oftmals nur ein Minimum leisten, um einen Vertrag zu erfüllen, erwarten Leistungsnachfrager vielfach eine optimale Qualität. Um die Güte einer Leistung zu objektivieren, wird die Dienstleistung hinsichtlich verschiedener Eigenschaften in verschiedene Stufen eingeteilt, die vom Leistungsersteller angeboten werden. Diese sog. Service Level spezifizieren dann, in welcher Form eine Dienstleistung erbracht werden kann. Der Auftraggeber fragt eine Dienstleistung dann nicht mehr allgemein, sondern in einer bestimmten Stufe ab. Oftmals sind die Stufen zwischen Anbieter und Nachfrager auch frei verhandelbar. Das SLA ist dann die Vereinbarung zwischen Leistungsersteller und Leistungsnachfrager, auf welcher Stufe eine Dienstleistung erbracht werden muss. Ursprünglich kommen SLAs aus dem Bereich der IT-Dienstleistungen, werden heutzutage aber für alle möglichen Dienstleistungen verwendet. Ein SLA umfasst i.d.R. Angaben zum Leistungsspektrum (z.B. Zeit, Umfang), zur Verfügbarkeit, zur Reaktionszeit des Anbieters etc. Typisches Beispiel ist der Betrieb von Servern, der 24 Stunden am Tag, 7 Tage die Woche mit einer Ausfallrate von z.B. maximal 0,1% im Jahr und einer Reaktionszeit von 30 Minuten nach Schadensmeldung von einem externen Dienstleister gewährleistet sein soll.

Serviceorientierte Architektur → SOA.

Service-Rechenzentrum – 1. *Begriff:* selbstständiges → Rechenzentrum, das Datenverarbeitungsaufgaben für andere Betriebe durchführt. – Vgl. auch → Outsourcing. – 2. *Aufgaben* sind u.a. Abwicklung des Massengeschäfts (z.B. → computergestützte Lohn- und Gehaltsabrechnung) oder Zurverfügungstellen bestimmter Leistungen (z.B. Time Sharing zur Finanzplanung). Typischer Anbieter solcher Leistungen ist z.B. die → DATEV e.G. – 3. *Vorteile* der Nutzung von Service-Rechenzentren: Verlagerung des Betriebsrisikos, kostengünstige Nutzung komfortabler Lösungen, weniger Overhead im eigenen Unternehmen. Nachteile sind die Abhängigkeit von externen Institutionen sowie eingeschränkte Einflussmöglichkeiten.

Servlet – aus den Begriffen → Server und → Applet zusammengesetztes Wort für ein kleines, in → Java geschriebenes Programm, das im Gegensatz zum Applet auf dem Server und nicht auf dem Client ausgeführt wird. – Vgl. auch → Enterprise JavaBeans.

Session Length – Verweildauer eines Besuchers auf einer → Website. Die durchschnittliche Session Length ist ein Maß für die Erfolgsmöglichkeiten von Werbung mit → Bannern.

SET – Abk. für → Secure Electronic Transaction.

Set-Top-Box – Zusatzgerät für den Fernseher, welches Daten dekomprimiert oder entschlüsselt, um → digitales Fernsehen, WebTV, oder Pay-TV zu ermöglichen.

SEU – Abk. für → Softwareentwicklungsumgebung.

SGML – Abk. für *Standard Generalized Markup Language;* umfassender Standard für Auszeichnungssprachen für digitale Dokumente. Eine Auszeichnungssprache besteht aus → Tags, mit denen bestimmte Elemente der Struktur des Dokuments, z.B. Formatierungen, eindeutig definiert werden können. SGML strukturiert und kennzeichnet Inhaltselemente von Dokumenten in Form von Text. Dieser Text kann dann unabhängig vom eingesetzten Rechner und der eingesetzten Software von einem SGML-Interpreter dargestellt werden. – Vgl. auch → HTML, → XML.

Shell – *Schale.* 1. *I.w.S.:* Begriff aus dem → Software Engineering, der v.a. im Zusammenhang mit dem → Betriebssystem (BS) → Unix bekannt geworden ist. Um einen Kern (die zugrunde liegende Hardware oder hardwarenahe Funktionen) herum wird das Programmsystem in mehreren Schalen, für die jeweils → Schnittstellen nach innen und außen definiert sind, aufgebaut. Die Vorteile liegen v.a. darin, dass einzelne Schalen und der Kern des Programmsystems mit relativ geringem Aufwand verändert bzw. ganz ausgetauscht werden können. – 2. *I.e.S.:* die äußerste Schale eines → Softwaresystems bzw. die Schale, die dem Benutzer als → Benutzeroberfläche zur Verfügung gestellt wird. – 3. Im Bereich der → Expertensysteme: → Expert System Shell.

Shopping Bot – *Shopbot;* virtueller → Agent, der im → World Wide Web analog zu einer → Suchmaschine gezielt die Onlineshops nach bestimmten Produkten und nach preisgünstigen Angeboten durchsucht. Shopping Bots führen zu verbesserter Preistransparenz und damit zu größerem Preisdruck.

Shopping Mall → Electronic Mall.

Sicht → Architektur integrierter Informationssysteme.

Sichtgerät → Bildschirm.

Signaturgesetz (SigG) – Signaturgesetz vom 16.5.2001 (BGBl. I 876) m.spät.Änd. bezweckt, Rahmenbedingungen für digitale Signaturen zu schaffen, unter denen diese als sicher gelten und Fälschungen digitaler Signaturen oder Verfälschungen von signierten Daten zuverlässig festgestellt werden können. Als weltweit erstes Gesetz für den gesamten Rechtsraum eines Staates enthält das Signaturgesetz grundsätzliche technische und organisatorische Anforderungen für die Sicherungsinfrastruktur digitaler Signaturen. Es dient dem Verbraucherschutz und der Vertrauensbildung bei der Nutzung elektronischer Medien. Einzelheiten regelt die Verordnung zur digitalen Signatur (SigV) vom 16.11.2001 (BGBl. I 3074) m.spät.Änd.

Simplex – Art der → Datenübertragung, bei der → Daten nur in eine Richtung über das Medium übertragen werden können. – *Gegensatz:* (Voll) → Duplex.

Simulation – 1. *Begriff:* ein möglichst realitätsnahes Nachbilden von Geschehen der Wirklichkeit. Aus Sicherheits- und Kostengründen ist es für fast alle konkreten Problemkreise notwendig, sie aus der Realität zu lösen und abstrakt zu behandeln; d.h. durch Abstraktion wird ein Modell geschaffen, an dem zielgerichtet experimentiert wird. Die daraus resultierenden Ergebnisse werden anschließend wieder auf das reale Problem übertragen. Simulation ist nicht auf analytische Verfahren (effektiver Algorithmus) in geschlossener Form zurückzuführen; bei der Konzipierung des Modells sind deshalb viel Geschick und Erfahrung einzubringen, um die wesentlichen Einflussgrößen zu erfassen und keine unzulässige Vergrößerung vorzunehmen. – 2. *Klassifizierung:* (1) *Physikalische Modelle* (Windkanal) oder *abstrakte Modelle* (Planspiel); (2) *Modelle mit menschlicher Entscheidung* (militärische Sandkastenspiele) oder *ohne menschliche Entscheidung* (Automatensteuerung); (3) *deterministische Modelle* (Wärmeflussgleichungen) oder *stochastische Modelle* (Nachbildung der Molekularbewegung). – Unter Simulation *i.e.S.* versteht man die Behandlung mathematischer Probleme, die Modelle von technischen oder ökonomischen Vorgängen sind. I.d.R. werden zeitabhängige Phänomene behandelt, deren Änderung in Zeitschritten (zeitorientiert) oder Ereignisschritten (ereignisorientiert) nachvollzogen werden kann. – 3. *Stochastische Simulation:* Bei der stochastischen Simulation sind die zu betrachtenden Einflussgrößen durch den Zufall bestimmt, daher wird der Simulation-Ablauf durch die Regeln der Wahrscheinlichkeitsrechnung bestimmt. Eingangsdaten sowie Ergebnisse sind Statistiken und somit nicht reproduzierbar. Bei dem Modellaufbau müssen die Beziehungen der Wahrscheinlichkeitsverteilungen untereinander und die Veränderung der Systemzustände beschrieben werden. In Form von Ablaufdiagrammen und daraus resultierenden Computerprogrammen wird die Logik des Systemablaufes nachgebildet. Notwendige Daten zur Ermittlung eines Simulationsergebnisses werden aus Zufallsgeneratoren gewonnen, die jede vorgegebene Verteilung synthetisch erzeugen. Zur Steuerung von Systemänderungen werden zeitorientierte Ereignislisten geführt. Spezielle Simulationssprachen (SIMULA, GPSS) erleichtern den EDV-technischen Aufbau und Ablauf von Simulationsmodellen. Simulationssoftware bietet interaktive grafische Entwicklung und Animation von Simulation. – 4. *Anwendung:* Simulation wird angewandt, wenn ein Problem sich nicht durch ein mathematisches Modell beschreiben lässt, also keine analytische Lösung existiert oder eine exakte Lösung einen unverhältnismäßig hohen Rechenaufwand verursacht. Oft können Wartesysteme nicht mit der Warteschlangentheorie behandelt werden (Verteilungsprämissen), sodass die aufwendigere aber flexible Simulation zum Einsatz kommt.

Simulationsmodelle → Simulation, Modell.

Simulationssprache – eine → Programmiersprache, die durch ihren Aufbau und spezielle Sprachelemente bes. die Durchführung von → Simulationen unterstützt. – Bekannte *Simulationssprachen:* Dynamo, GPSS, Simscript, Simula.

Simultaneous-Peripheral-Operations-Online-Betrieb → Spool-Betrieb.

Site → Website.

skalares Element → Datenelement.

Skimming – 1. *Begriff:* Skimming (engl. „Abschöpfen") ist ein Begriff für einen sog. Man-in-the-middle-Angriff. Dabei handelt es sich um eine Angriffsform in Computernetzen. Der Angreifer steht dabei i.d.R. virtuell zwischen (meist zwei) Kommunikationspartnern, hat aber mit seinem System Kontrolle über deren Datenverkehr und kann die Informationen nach Belieben einsehen und sogar manipulieren. Bei Skimming sollen illegal Daten von Kreditkarten oder Bankautomaten ausgespäht werden. Die durch Betrüger vom Magnetstreifen gelesenen Daten werden auf gefälschte EC-Karten bzw. Blankokarten gespielt (kopiert), um damit Geld abzuheben. Bei Kreditkarten wird die Karte der betroffenen Person beim Bezahlen, z.B. in einem Restaurant, neben dem regulären bezahlen versteckt noch durch ein zweites Kartenlesegerät gezogen. – 2. *Vorgehensmuster:* a) Ein typisches Vorgehensmuster von Betrügern ist das gleichzeitige Ausspähen von Magnetstreifeninhalt der Kredit- oder EC-Karte zusammen mit der → PIN an einem Geldautomaten. Die Daten der EC-Karte werden dann typischerweise auf einen leeren Kartenrohling aufgebracht, mit dem die Betrüger dann – zusammen mit der PIN – Bargeld abheben können. Da die Karte im Besitz des Kontoeigentümers bleibt, bemerkt dieser den Angriff i.d.R. erst bei Prüfung der Kontobewegungen, oder wenn die Bank nach Überziehung des Kreditrahmens aktiv wird. – b) Die laufende Miniaturisierung der Lesegeräte erleichtert die Manipulation von Bankautomaten. Eine Variante ist es, direkt auf den Einschiebeschlitz am Geldautomaten ein Lesegerät in Form eines kleinen Kunststoffrahmens aufzubringen. Die Karte wird durch das zusätzliche Lesegerät hindurch in den Automaten gezogen;

dabei wird der Inhalt des Magnetstreifens ausgelesen. – c) Es wird ein zusätzliches Lesegerät in den Türöffner der Filiale eingebaut (häufig erfordert der Zutritt zum Vorraum der Bank, in dem sich der Geldautomat befindet, den Einsatz der Karte). – d) Die Eingabe der PIN wird meist mit einer Minikamera gefilmt, die oberhalb der Tastatur in einer angeklebten Kunststoffleiste („Kameraleiste") versteckt ist. – e) Es werden Tastenfeld-Attrappen eingesetzt, die über das eigentliche Tastenfeld geklebt werden und einfach die Tastendrucke aufzeichnen. – 3. *Schadensausmaß*: Skimming nimmt in Deutschland stark zu: Das Bundeskriminalamt (BKA) schätzt den Schaden durch den Einsatz gefälschter Karten 2010 auf rund 60 Mio. Euro, nach rund 40 Mio. in 2009 und nur rund 7 Mio. Euro in 2005.

SLA – Abk. für → Service Level Agreement.

Slot → Frame.

Smalltalk – von der Firma Rank Xerox im Palo Alto Research Center (USA) Ende der 1980er-Jahre entwickelte → Programmiersprache. Smalltalk ist die erste objektorientierte Sprache, in der das Klassenkonzept der Programmiersprache Simula in weiterentwickelter Form integriert ist.

Smart Devices – informationstechnisch aufgerüstete Alltagsgegenstände, die einen Mehrwert durch sensorgestützte Informationsverarbeitung und Kommunikation erhalten.

Smart Grid → intelligentes Stromnetz.

Smurfing – 1. *Begriff*: Smurfing (engl. für „Schlumpfen") bezeichnet im Zusammenhang mit dem Tatbestand der Geldwäsche die Einzahlung einer durch Straftaten erlangten großen Bargeldmenge in kleineren Teilbeträgen auf ein Konto, um das wahre Ausmaß der Transaktion zu verschleiern. Der Begriff leitet sich vom engl. Namen der Comicfigur der Schlümpfe ab. Die Schlümpfe bilden eine Gruppe aus vielen kleinen Figuren. In diesem Sinne wird beim Smurfing aus kleinen Einzelbeträgen eine große Geldsumme zusammengetragen. Dies geschieht mit dem Ziel, möglichst wenig Aufmerksamkeit dabei zu erregen, das Geld in den offiziellen Wirtschaftskreislauf zu bringen. Das erfolgt bspw. über Spielbanken, Sportwetten, überteuerte Übernachtungen, Wechselstuben, die Einzahlung (hoher Beträge) auf Nummernkonten bzw. Konten mit Decknamen, das Akzeptieren schlechter Bankkonditionen oder den Erwerb von Wertpapieren oder Luxusgütern. – 2. *Anwendung*: Anwendung findet Smurfing v.a. bei Summen über 15.000 Euro, da ab Einzahlungsbeträgen von 15.000 Euro zwingend eine Identifikation des Einzahlers und eine Speicherung der Daten über fünf Jahre vorgeschrieben ist (§ 3 GwG, in Österreich § 40 I BWG). Allerdings gilt diese Bestimmung nicht ausschließlich für Summen über 15.000 Euro, sondern auch für kleinere, in Summe 15.000 Euro übersteigende Beträge. Eine Verbindung zwischen kleineren Teilbeträgen ist anzunehmen, wenn die Transaktionen auch in einem einzigen Vorgang durchgeführt hätten werden können. Stellt sich ein derartiger Zusammenhang erst später heraus, ist die Identifikation des Einzahlers nachzuholen. – 3. *Regelung in Nordamerika*: In den USA bestimmt der Bank Secrecy Act eine Meldepflicht durch das Kreditinstitut bei Beträgen über 10.000 US-Dollar. In Kanada gilt eine Grenze von 10.000 CAN-Dollar.

SNA – I. Volkswirtschaftliche Gesamtrechnung: Abk. für *System of National Accounts*.

II. Informatik: 1. Abk. für *Systems Network Architecture*; von IBM entwickeltes geschlossenes Rechnernetz (→ geschlossenes Netz, → lokales Netz). – 2. Abk. für *Social Network Analysis*; Analysemethode, mit deren Hife die (sozialen) Beziehungen in einem Kommunikationsnetzwerk untersucht werden (→ Kommunikation).

Sniffer – 1. *Begriff*: Sniffer (engl. *to sniff*: riechen, schnüffeln) bezeichnet → Software, die den Datenverkehr in einem → Netzwerk erfassen, aufzeichnen und ggf. auswerten kann. Es handelt sich um ein Werkzeug zur Netzwerkanalyse und um eine Hacking-Technik. Bspw. kann ein Netzwerk-Sniffer verwendet werden, um → Passwörter auszuspionieren oder übertragene Daten zu sichten. Ein LAN-Sniffer ist ein Produkt zur LAN-Analyse (Local Area Network), ein WLAN-Sniffer (Wireless Local Area Network) ein Programm, das zum Auffinden und Abhören von WLANs dient. Da der Zusammenhang zwischen der etymologischen Bedeutung des Worts und der Funktion des Produkts klar ist, wurde Sniffer zum Gattungsbegriff und hat sich für verschiedene Produkte der Netzwerkanalyse durchgesetzt. – 2. *Funktionsweise*: Ein Sniffer kennt den sog. Non-Promiscuous Mode und den sog. Promiscuous Mode, zwei Empfangsmodi für netzwerktechnische Geräte:a) Im Non-Promiscuous Mode wird der ankommende und abgehende Datenverkehr des eigenen → Computers „gesnifft". – b) Im Promiscuous Mode liest das Gerät den gesamten ankommenden Datenverkehr an die in diesen Modus geschaltete Netzwerkschnittstelle mit und gibt die Daten zur Verarbeitung an das Betriebssystem weiter. Es werden also nicht nur die an ihn adressierten → Frames (d.h. Teilbereiche einer HTML-Seite, in dem eine andere HTML-Seite dargestellt werden kann; das einzelne Segment wird als Frame – dt. Rahmen – bezeichnet) empfangen, sondern auch die nicht an ihn adressierten. – 3. *Erfasste Daten*: Es ist von der Netzwerkstruktur abhängig, welche Daten mittels Sniffer erfasst werden können. Werden die Computer mit Hubs verbunden, kann der gesamte Datenverkehr von den anderen → Hosts (engl. für Wirt, Gastgeber, Veranstalter; so wird ein in einem Netz eingebundenes Rechnersystem samt dazugehörendem Betriebssystem bezeichnet, das Clients bedient oder Server beherbergt) mitgeschnitten werden. Wird ein Switch (ein Kopplungselement, das Netzwerksegmente miteinander verbindet) verwendet, ist nur wenig oder gar kein Datenverkehr zu sehen, der nicht für das sniffende System selbst bestimmt ist. – 4. *Einsatzzwecke*: Ein Sniffer kann für mehrere Zwecke zum Einsatz kommen: a) zur Diagnose von Netzwerkproblemen, b) um Eindringungsversuche entdecken, c) zur Netzwerkdatenverkehrs-Analyse und zur Filterung nach z.B. nach verdächtigen Inhalten, und d) zwecks krimineller Handlungen, wie z.B. für Datenspionage.

SOA – Abk. für *serviceorientierte Architektur* bzw. *service-oriented architecture*. Konzept, bei dem die direkten und festen Abhängigkeiten von Elementen in einem → Softwaresystem dadurch minimiert werden, dass diese so weit wie möglich als eigenständige Dienste, sog. Services, definiert und umgesetzt werden. Ein Dienst bietet dabei verschiedene Fähigkeiten an, die er leistet, und stellt bestimmt Anforderungen hinsichtlich seiner Nutzung. Durch dieses Konzept lassen sich einzelne Dienste leicht kombinieren und zu neuen Systemen zusammensetzen.

Social Media → Soziales Netzwerk.

Social Network Analysis → SNA.

Social Software – Sammelbegriff für Softwaretools, die der Unterstützung von Personen in den Bereichen Kommunikation und Zusammenarbeit, allgemein der Pflege sozialer Beziehungen dient. Der Begriff Social Software ist v.a. im Zusammenhang mit dem Begriff Web 2.0 aufgekommen, bezeichnet aber nicht nur Anwendungen wie → Wikis oder → Blogs, sondern ebenso → Chats, → Foren o.ä.

Soft Computing – Sammelbegriff für Techniken der → Künstlichen Intelligenz (KI) zur numerischen Ermittlung von Näherungslösungen. Ausgeschlossen sind damit Techniken, bei denen es um harte Fakten und exaktes Schließen geht. Das Soft Computing umfasst v.a. die Bereiche der → Fuzzy Logic, der → neuronalen Netze, des probabilistischen Schließens, der → Evolutionsstrategien und der → genetischen Algorithmen.

Software – 1. *Begriff:* (1) *I.e.S.:* zusammenfassende Bezeichnung für die Programme, die auf einem → Computer ausgeführt werden können. Ohne Software ist die → Hardware nicht betriebsfähig. Unterschieden wird zwischen → Anwendungsprogrammen und → Systemprogrammen. – (2) *I.w.S.:* auch organisatorische Richtlinien, Verfahrensregeln und bes. die zugehörige → Dokumentation. – 2. *Dienstleistungskomponente* im Angebot eines Herstellers. Sie ergänzt die → Hardware zu einer Problemlösung.

Software Agent → Agent.

Software as a Service (SaaS) – bedarfsorientiere Bereitstellung von → Anwendungen nach dem Konzept von → Everything as a Service (EaaS).

Softwareeinsatz – *Systembetrieb;* Phase im → Softwarelebenszyklus, in der das entwickelte → Softwaresystem seiner Zweckbestimmung entsprechend eingesetzt wird. In der → betrieblichen Datenverarbeitung z.T. eine sehr lange Phase. Die Lebensdauer großer → Softwaresysteme liegt häufig zwischen zehn und 15 Jahren.

Software Engineering – wissenschaftliche Disziplin, die sich mit der Entwicklung, dem Einsatz und der Wartung von → Software befasst. – 1. *Ziele:* Reduktion der Problemkomplexität durch Bereitstellung von Prinzipien (z.B. Abstraktion, → Modularisierung), Methoden (→ Softwareentwurfsmethoden) und Werkzeugen (→ Softwareentwicklungsumgebungen (SEU), → CASE). – 2. *Einordnung:* Software Engineering wird z.T. der Wirtschaftsinformatik und z.T. der Praktischen → Informatik zugeordnet, da einige Fragestellungen eher betriebswirtschaftlich (z.B. Softwarekosten, Projektmanagement, betrieblicher Einsatz), andere eher technisch sind (z.B. Softwaretechnologie, Softwarewerkzeuge). – 3. *Teilgebiete:* (1) *Softwareentwicklung:* Softwareprojekte durchlaufen i.d.R. typische Phasen (→ Softwarelebenszyklus): → Problemanalyse, → Anforderungsdefinition, → Spezifikation, → Entwurfsphase, → Implementierung, → Testen, → Softwareeinsatz und → Softwarewartung. (2) *Projektmanagement:* Softwareprojekte werden in bestimmten Formen der Projektorganisation durchgeführt. Zum Projektmanagement zählen auch die Anwendung von → Kostenschätzungsmodellen und die Definition von → Meilensteinen zur Planung und Kontrolle des Projektfortschritts. (3) *Softwarequalitätssicherung:* Sicherung der → Softwarequalität durch Definition von Qualitätsmerkmalen und Entwicklung und Anwendung von Maßnahmen zur Erfüllung der Qualitätsmerkmale. (4) *Softwaretechnologie:* Bereitstellung von Prinzipien, Methoden und Werkzeugen für die Entwicklung von → Softwaresystemen („Programmieren im Großen") und die → Programmentwicklung („Programmieren im Kleinen"). – 4. *Praxis:* Das praktische Software Engineering konzentriert sich auf das Projektmanagement und auf den Einsatz von → Softwarewerkzeugen.

Software Engineering Environment System (SEES) → Softwareentwicklungsumgebung (SEU).

Softwareentwicklung – Entwicklung eines → Softwaresystems oder eines einzelnen → Programms (→ Programmentwicklung); u.a. Gegenstand des → Software Engineering.

Softwareentwicklungsumgebung (SEU) – integriertes Bündel aufeinander abgestimmter Methoden (mit ähnlicher Philosophie) einschließlich zugehöriger → Softwarewerkzeuge mit denen der Prozess der → Softwareentwicklung oder auch der gesamte → Softwarelebenszyklus begleitet und unterstützt werden soll.

Softwareentwurfsmethoden – 1. *Begriff* aus dem → Software Engineering: (1) *i.w.S.:* alle Methoden, die in der → Entwurfsphase für den Entwurf eines → Softwaresystems angewendet werden; (2) *i.e.S.:* Methoden, die meist nicht nur die Entwurfsphase, sondern auch weitere Phasen des → Softwarelebenszyklus erfassen; diese werden z.T. durch → Softwarewerkzeuge unterstützt. – 2.

Beispiele: → HIPO-Methode, → Jackson System Development (JSD), → Petri-Netze, → SADT, → SD/CD-Methode. – Vgl. auch → Softwareentwurfsprinzipien.

Softwareentwurfsprinzipien – 1. *Begriff:* im → Software Engineering Prinzipien, die dem Entwurf eines → Softwaresystems zugrunde gelegt werden (→ Entwurfsphase). – 2. *Arten:* (1) *Softwareentwurfsprinzipien zur Systemstrukturierung:* Abstraktionsebenen (Abstraktion), → virtuelle Maschinen; (2) *Softwareentwurfsprinzipien zur Systemzerlegung:* → Modularisierungsprinzipien; (3) *weitere Softwareentwurfsprinzipien:* getrennte Übersetzbarkeit, beschränkte Modulgröße, → Lokalität. – Vgl. auch → Softwareentwurfsmethoden.

Software-Ergonomie – 1. *Begriff:* die Eigenschaft eines Softwareprodukts, ergonomisch (Ergonomie) gestaltet zu sein. – 2. *Ziel* der Software-Ergonomie ist es, Softwareprodukte entsprechend den Bedürfnissen der mit ihnen arbeitenden Menschen zu gestalten. – 3. *Inhalte:* Fragen der Dialoggestaltung, Arbeitsinhalte, Bewahrung und Gestaltung von Entscheidungsspielräumen, → Robustheit der Kommunikation, → Benutzeroberflächen u.a. – Vgl. auch → Benutzerfreundlichkeit.

Softwarehaus – Unternehmen, das vorrangig Softwareprodukte für externe Auftraggeber (→ Individualsoftware) oder → Standardsoftware herstellt; außerdem häufig Beratungs- und Schulungsleistungen.

Softwarekosten – 1. *I.e.S.:* die durch Entwicklung von Softwareprodukten und durch → Softwarewartung verursachten Kosten (überwiegender Anteil). – 2. *I.w.S.* werden auch Kosten des → Softwareeinsatzes hinzugerechnet.

Softwarelebenszyklus – *Software Life Cycle:* im → Software Engineering Bezugsbasis für die Phasen, die ein Softwareprodukt bei seiner Herstellung und dem späteren Einsatz durchläuft; Grundlage für → Phasenmodelle.

Software Life Cycle → Softwarelebenszyklus.

Softwarepaket → *Programmpaket.* 1. Synonym für → Softwaresystem. – 2. Synonym für → Standardsoftware.

Softwarepflege → Softwarewartung.

Softwarequalität – 1. *Begriff:* Ein Softwareprodukt weist wie andere Produkte bestimmte Qualitätseigenschaften auf. Die Qualität wird hauptsächlich von der Vorgehensweise bei der Herstellung beeinflusst. – 2. *Merkmale der Softwarequalität:* In der Literatur werden unterschiedliche Aufschlüsselungen der Merkmale genannt, z.B. → Verständlichkeit, Korrektheit, → Zuverlässigkeit, → Benutzerfreundlichkeit, → Wartungsfreundlichkeit, → Portabilität, → Universalität, Robustheit, → Effizienz eines Softwareprodukts. – 3. *Zielkonflikte:* Die gleichzeitige Optimierung aller Qualitätseigenschaften ist i.d.R. nicht möglich wegen zahlreicher Zielkonflikte, bes. konkurriert das Effizienzstreben mit allen anderen Zielen. – 4. *Konsequenzen:* Die Merkmale der Softwarequalität bildeten den Ausgangspunkt für die Entwicklung von Prinzipien, Methoden und Werkzeugen des → Software Engineering, v.a. für → Softwareentwurfsprinzipien, → Softwareentwurfsmethoden, → Softwarequalitätssicherung.

Softwarequalitätssicherung – 1. *Begriff:* alle Prinzipien, Methoden und Werkzeuge, die der Herstellung und Aufrechterhaltung der → Softwarequalität dienen. – 2. *Arten:* a) *Analytische Softwarequalitätssicherung* erfolgt anhand des bereits entwickelten Softwareprodukts. Die Qualität wird primär diagnostiziert und ggf. verbessert, aber nicht von Grund auf hergestellt. (1) Statischen Analysen liegen die Quellprogramme zugrunde. *Methoden:* Structured → Walk-through, Code Inspection, → Programmverifikation. (2) *Dynamische* Analysen werden bei Ausführung der *Maschinenprogramme* durchgeführt (→ Testen). – b) *Konstruktive Softwarequalitätssicherung* wird bereits bei der

→ Softwareentwicklung betrieben mit dem Ziel, von vornherein ein Softwareprodukt hoher Qualität zu erzeugen. – Vgl. auch → Softwareentwurfsprinzipien, → Softwareentwurfsmethoden.

Softwaresystem → Software, die aus mehreren Bausteinen besteht; die Bausteine bezeichnet man je nach Betrachtungsebene als → Programme oder als → Module. – 1. *Programmiertechnisch* (→ Programmierung) gesehen besteht ein Softwaresystem aus Programmen (→ Hauptprogrammen, → Unterprogrammen), aus deren Zusammenwirken sich die Lösung eines Problems ergibt. – 2. *Konzeptionell* betrachtet besteht ein Softwaresystem aus Modulen, die bei einer Zerlegung nach Abstraktionsprinzipien (Abstraktion) entstehen.

Software Tool → Softwarewerkzeug.

Softwarewartung – 1. *Begriff* aus dem → Software Engineering mit unterschiedlichen Bedeutungen: a) *Nachträgliche Fehlerbehebung:* Softwarewartung ist eine beschönigende, dennoch gebräuchliche Umschreibung des Sachverhalts, dass Softwareprodukte aufgrund ihrer Unzuverlässigkeit und Fehlerhaftigkeit nach der Entwicklung noch während der gesamten Lebensdauer korrigiert und modifiziert werden müssen. – b) *Nachträgliche Änderungen:* Z.T. wird unter Softwarewartung zusätzlich die nachträgliche Anpassung eines Softwareprodukts an geänderte Anforderungen und Umgebungsbedingungen subsumiert, auch als *Softwarepflege* bezeichnet. – 2. *Phase im* → Softwarelebenszyklus, die sich weitgehend mit der Phase des → Softwareeinsatzes überlappt.

Softwarewerkzeug – *Software Tool;* im → Software Engineering ein → Programm zur Unterstützung der → Softwareentwicklung, das die computergestützte Anwendung einer Methode im → Dialogbetrieb ermöglicht. – *Beispiel:* PSL/PSA.

Solid State Drive – *SSD;* Massenspeicher, der anders als → Festplatten über keine beweglichen Teile verfügt („solid state" engl. für „Festkörper"). Weil wegen der Verwendung von Halbleiterspeicherbausteinen für Lese- und Schreiboperationen keine mechanischen Teile bewegt werden müssen und wegen der Speicherbausteine sind SSDs deutlich schneller als herkömmliche Festplatten. SSDs verfügen aus Kompabilitätsgründen i.d.R. über die gleichen Schnittstellen und die gleiche Bauform wie herkömmliche Laufwerke.

Sollkonzept – 1. *Begriff:* im → Phasenmodell der Systemanalyse die Phase, die aufbauend auf der → Istanalyse den Grobentwurf eines → betrieblichen Informationssystems zum Gegenstand hat. – 2. *Bestandteile:* a) *Modellentwurf:* Entsprechend den Unternehmenszielen wird ein u.U. mehrere Alternativen umfassendes Modell des Informationssystems entworfen. – b) *Systemrechtfertigung:* Es wird die logische, technische und wirtschaftliche Durchführbarkeit geprüft (Durchführbarkeitsstudie) und über die Weiterverfolgung einer Alternative entschieden, auch über Eigenerstellung des → Softwaresystems oder Kauf von → Standardsoftware (Make or Buy). – 3. *Ergebnis:* Die gewählte Alternative geht als Vorgabe in die nächste Phase (→ Systementwurf) ein. In einem Realisierungsplan werden die personellen und finanziellen Ressourcen sowie ein Zeitplan festgelegt.

Sortierbegriff – das Kriterium, nach dem beim → Sortieren ein Datenbestand geordnet wird; häufig (aber nicht zwingend) ein → Datenelement (evtl. auch eine → Datenstruktur), das einen → Schlüssel darstellt (z.B. die Artikelnummer bei Artikeldatensätzen). Für den → Datentyp dieses Datenelements muss eine aufsteigende oder absteigende Reihenfolge definiert sein; eindeutig und vordefiniert, z.B. bei Zahlen und bei Zeichenketten (alphabetische Reihenfolge).

Sortieren – 1. *Begriff:* in der elektronischen → Datenverarbeitung ein Vorgang, bei dem die Komponenten eines Datenbestands in eine nach einem oder mehreren → Sortierbegriffen geordnete Reihenfolge gebracht werden. – 2. *Arten:* (1) *internes Sortieren:*

Sortieren eines → Arrays im internen → Arbeitsspeicher des → Computers; (2) *externes Sortieren:* Sortieren einer → Datei, die sich auf einem externen → Datenträger befindet. – 3. *Verwendung:* das externe Sortieren ist einer der häufigsten Arbeitsschritte in der betrieblichen Datenverarbeitung; bei großen Dateien sehr aufwendiger Vorgang. – 4. *Sortieralgorithmen:* für das Sortieren existiert ein breites Repertoire wohl bekannter → Algorithmen.

soziale Nachhaltigkeit – 1. *Begriff:* Soziale Nachhaltigkeit beschreibt die bewusste Organisation von sozialen und kulturellen Systemen. – 2. *Merkmale:* Die soziale Nachhaltigkeit bezieht sich auf den Gesundheitszustand von Sozialsystemen. Das Aufrechterhalten des Gesundheitszustands (Vitalität, Organisation und Widerstandsfähigkeit) ist von bes. Bedeutung. Dies kann durch die Verbesserung des Humankapitals, bspw. durch Bildung, und der Stärkung sozialer Werte und Einrichtungen erreicht werden und verbessert damit die Widerstandsfähigkeit eines sozialen Systems entscheidend. Innerhalb von Unternehmen betrifft dies bspw. die Auswirkungen sozialen Handelns im Umgang mit Mitarbeitern, den Beziehungen zu Interessensgruppen oder der allgemeinen Verantwortung des Unternehmens gegenüber der Gesellschaft. – Vgl. auch → ökonomische Nachhaltigkeit, → ökologische Nachhaltigkeit.

Soziales Netzwerk – im Zuge des Web 2.0 entstandene, virtuelle Gemeinschaft, über die soziale Beziehungen via → Internet gepflegt werden können. Soziale Netzwerke können themenorientiert sein, wie sog. Business Netzwerke, oder rein sozialer Kommunikation dienen wie z.B. Schüler- und Studierendennetzwerke.

Spam – *Spam-Mail;* → E-Mail mit werblichem Inhalt, die dem Empfänger unaufgefordert zugesandt wird. Spamming ist nach dem inoffiziellen Verhaltenscodex der Internetgemeinde verpönt. – Vgl. auch → Spamfilter.

Spamfilter – 1. *Begriff:* Als → Spam (engl. Abfall) werden unerwünschte, i.d.R. auf elektronischem Weg übertragene Nachrichten bezeichnet, die dem Empfänger unverlangt zugestellt werden und häufig Werbung zum Inhalt haben. Dieser Vorgang wird Spamming oder Spammen und der Verursacher Spammer genannt. Ein Spamfilter (Werbefilter) ist ein Computerprogramm bzw. Modul eines Programms zum Filtern von unerwünschter elektronischer Werbung. – 2. *Verwendung:* Klassischer Einsatzbereich ist das Filtern unerwünschter E-Mails als Modul eines E-Mail-Programms oder auch eines Mail-Servers. Neuere Anwendungen von Bedeutung sind das Filtern von Seiten im Webbrowser auf Werbebanner, für → Blogs (Blogspam) oder für → Wikis. – 3. *Methoden von Spamfiltern:* a) *Blacklist-Methode:* Diese Methode überprüft den Inhalt der E-Mail nach bestimmten Ausdrücken bzw. Stichworten oder den Absender auf Einträge aus einer schwarzen Liste (Blacklist). Ist der Ausdruck in der E-Mail enthalten, wird die E-Mail aussortiert. Viele Spamfilter enthalten bereits voreingestellte Blacklists. Es kommt vor, dass Spam als „gute E-Mail" und „gute E-Mails" als Spam einsortiert werden können. – b) *Bayes-Filter-Methode:* Hier wird ein selbstlernender Bayesscher Filter aufgrund der Bayesschen Wahrscheinlichkeitstheorie verwendet. Der Benutzer muss etwa die ersten 1.000 E-Mails manuell als Spam oder Nichtspam klassifizieren. Danach erkennt das System fast selbstständig mit einer Trefferquote von i.d.R. über 95 Prozent die Spam-E-Mail. Vom System fehlerhaft einsortierte E-Mails muss der Anwender manuell nachsortieren. Diese Methode ist der Blacklist-Methode meistens deutlich überlegen. – c) *Datenbankbasierte Lösungen:* Sie versuchen, Spam aufgrund der in der Mail beworbenen → URLs (und ggf. Telefonnummern) zu erkennen. Zwar können die Spammer Nachrichten beliebig modifizieren und personalisieren, aber da der/ die Täter den Benutzer zu einer Kontaktaufnahme verleiten will/ wollen, und der mögliche Adressraum nicht unbegrenzt variabel ist, ermöglicht dieser Ansatz eine theoretisch sehr gute Erkennung.

Speicher – 1. *Begriff:* Funktionseinheit innerhalb eines → Computers, die → Daten aufnimmt, aufbewahrt und abgibt. – 2. *Zugriffsarten:* → Datenorganisation.

Speicherchip – Hardwarebaustein (→ Hardware) zur Speicherung von → Bits. Speicherchips können in flüchtige (z.B. Random Access Memory (→ RAM)) und nicht flüchtige (z.B. Electrically Eraseable Programmable Read Only Memory (EEPROM)) Bausteine unterteilt werden, wobei der Zugriff auf flüchtige Speicherchips wesentlich schneller erfolgen kann als auf nicht flüchtige.

Speicherhierarchie – 1. *Begriff:* funktionale Zusammenfassung von Datenspeichern (→ Daten, → Speicher) mit unterschiedlichen → Zugriffszeiten. Die Speicherhierarchie stellt sich als ein einheitlicher → Arbeitsspeicher dar, obgleich sie aus verschiedenen Speichern unterschiedlichen Typs und Größe gebildet wird. – 2. *Zweck:* das Konzept der Speicherhierarchie ist die Beschleunigung des Datendurchsatzes mit wirtschaftlich vertretbarem Aufwand durch Anpassung der Zugriffszeit zu den gespeicherten Daten an die Operationsgeschwindigkeit des → Zentralprozessors. – 3. *Funktionsweise:* Zwischen das schnelle Rechenwerk des → Zentralprozessors und den (im Vergleich dazu) langsamen → Arbeitsspeicher wird ein Pufferspeicher (→ Cache) geschaltet, dessen Zugriffszeit etwa der Ausführungszeit eines elementaren Verarbeitungsschrittes im Rechenwerk entspricht. Der Pufferspeicher hält nur die unmittelbar zur Verarbeitung anstehenden Daten für den schnellen Zugriff durch das Rechenwerk bereit. Das Rechenwerk verkehrt fast ausschließlich mit dem Pufferspeicher. Moderne → Computer arbeiten mit dieser zweistufigen Speicherhierarchie oder unter Einbeziehung des → virtuellen Speichers mit dreistufiger Speicherhierarchie. Die Daten sind der erwarteten Zugriffshäufigkeit entsprechend auf die unterschiedlichen Speicher verteilt.

Speicherkapazität – Fassungsvermögen eines → Speichers in Bits (z.B. Halbleiterspeicher), Bytes (z.B. Haupt-Arbeitsspeicher) oder → Zeichen (z.B. Textsystemen).

Speichersystem → Speicherhierarchie.

Speicherungsdichte → Aufzeichnungsdichte.

Spezialisierung – I. Industriebetriebslehre: Arbeitsteilung.

II. Organisation: 1. *Begriff:* die im Rahmen der Arbeitsteilung erfolgende inhaltliche Ausrichtung der Kompetenzen organisatorischer Einheiten auf jeweils spezielle Handlungen. – 2. *Gestaltungsalternativen:* Die Zentralisation kann dabei nach dem Verrichtungsprinzip (Funktionalprinzip) oder nach dem Objektprinzip erfolgen. – 3. *Beurteilung:* Die organisatorische Effizienz hängt u.a. von der Art und der hierarchischen Positionierung der spezialisierten Einheit ab. Bei der Spezialisierung einer Stelle auf Verrichtungen z.B. können sich v.a. auf tiefer gelegenen Hierarchieebenen Vorteile besserer Auslastung maschineller Anlagen und höherer Geschicklichkeit der Handlungsträger bei gleichartigen Tätigkeiten einstellen; als Nachteil kann u.a. Monotonie mit ihren Ermüdungs- und Frustrationsfolgen auftreten.

III. Wettbewerbsrecht: Spezialisierungskartell.

IV. Außenwirtschaft: Spezialisierung im Außenhandel impliziert, dass sich die Länder auf die Rohstoffförderung oder Produktion von Waren und auf den Export in Länder konzentrieren, bei denen sie über *komparative Kostenvorteile*, das sind geringere Opportunitätskosten im internationalen Vergleich, verfügen.

V. Informatik: Konzept der Modellierung, bei dem ein allgemeiner Typ von → Objekten zur besseren Unterscheidung in verschiedene, andere Subtypen unterteilt wird. – *Gegensatz:* → Generalisierung.

Spezifikation – I. Informatik: Begriff aus dem → Software Engineering; zahlreiche unterschiedliche Bedeutungen. – 1. *Phase im* → *Softwarelebenszyklus*: (1) Synonym für → Anforderungsdefinition; (2) Synonym für *Entwurf*; (3) je nach → Phasenmodell auch eine Phase mit Aufgaben aus (1) und (2). – 2. *Dokument*: (1) Beschreibung des Leistungsumfangs eines Softwareprodukts; auch als *Systemspezifikation* bezeichnet; (2) Synonym für → Pflichtenheft; (3) Definition der Aufgabe eines → Moduls. – 3. *Konzept bei der* → *Softwareentwicklung*: Für ein Modul wird durch die Spezifikation zunächst seine Aufgabe detailliert festgelegt (das „Was"); auf Grundlage der Spezifikation erfolgt dann die → Implementierung des Moduls (das „Wie"). Ein Grundprinzip des Software Engineering fordert, dass Spezifikation und → Implementierung strikt getrennt werden. – 4. *Methode* zur Entwicklung und Darstellung einer Spezifikation. – *Arten*: → informale Spezifikation, → halbformale Spezifikation und → formale Spezifikation.

II. Ökonometrie: Phase der ökonometrischen Modellentwicklung, in der ein wirtschaftstheoretisch begründetes und statistisch schätzbares Modell (Schätzmodell) festgelegt wird. Es werden die abhängigen Variablen (Variable, endogene) und die erklärenden Variablen (Variable, exogene) sowie deren funktionaler Zusammenhang durch die Funktionalform des Schätzungsmodells bestimmt. Die Box-Cox-Transformation ermöglicht es, die Wahl der Funktionalformen aus der Phase der Spezifikation herauszunehmen und durch die Schätzung der Funktionsformparameter zu ersetzen. Problemekönnen bei der Wahl der geeigneten exogenen Variablen, bei der empirischen Operationalisierung der Variablen sowie bei der Aggregation des Modells (→ Aggregation) auftreten. – Die Spezifikation eines ökonometrischen Modells basiert immer auf einem ökonomischen Modell und kann daher stets nur so gut sein wie das zugrunde liegende ökonomische Modell. Die Spezifikation des stochastischen Teils des Modellsgeht davon aus, dass der systematische Teil des Modells korrekt spezifiziert ist. Für die Beobachtungs- und Messfehler bzw. im Regelfall für die Störvariablen werden stochastische Spezifikationen gewählt, die die Ableitung von Schätz- und Testfunktionen mit wünschenswerten Eigenschaften ermöglichen und die mit den Annahmen bez. des systematischen Teils des Modells kompatibel sind. Nicht alle diese stochastischen Annahmen sind jedoch einer Überprüfung zugänglich (Spezifikationsfehlertest). Für eine Reihe von Fällen gibt es robuste Verfahren, die nur in geringem Maße auf eine Verletzung gewisser Verteilungsannahmen reagieren. Die Spezifikation eines ökonometrischen Modells wird i.d.R. in einem aufwendigen Trial-and-Error-Prozess gefunden.

Spider → Roboter.

Spiralmodell – von Barry W. Boehm im Jahr 1986 entwickeltes, generisches Vorgehensmodell der → Softwareentwicklung, das die vier Phasen Festlegen der ZieleRisikoanalyseEntwicklung und TestPlanung des nächsten Zyklus zyklisch durchläuft und so über verschiedene Prototypen zum Endprodukt gelangt.

Spoofing – unerlaubtes Vortäuschen einer → IP-Adresse, um an private Daten von Dritten (z.B. Kreditkartennummer, PIN, etc.) zu gelangen. – Vgl. auch → Link-Spoofing.

Spool-Betrieb – *Spooling, Simultaneous-Peripheral-Operations-Online-Betrieb.* 1. *Begriff*: Technik des → Betriebssystems (BS) für die Abwicklung von Ein-/ Ausgabevorgängen bei → Mehrplatzrechnern oder einem → Rechnernetz. – 2. *Ablauf*: Da die Geschwindigkeit der → Peripheriegeräte es i.d.R. nicht erlaubt, die Ein-/Ausgabewünsche aller → Programme sofort bzw. gleichzeitig abzudecken, werden die Ein- und Ausgabedaten zunächst auf temporären → Dateien zwischengespeichert. Das Betriebssystem des → Rechners, an den das benötigte Gerät angeschlossen ist, übernimmt es, diese Dateien zu verwalten und abzurufen, wenn sie zur Verarbeitung bzw. für die Ausgabe benötigt werden. Durch den Spool-Betrieb werden auf der einen Seite Wartezeiten der → Zentraleinheit wegen langsamer Peripheriegeräte vermieden, auf der anderen Seite ermöglicht er eine optimale Auslastung der Peripheriegeräte. – 3. *Anwendung*: v.a. bei Datenausgabe über → Drucker.

Spooling → Spool-Betrieb.

Spreadsheet – 1. engl. Kurzbezeichnung für → Arbeitsblatt. – 2. Kurzbezeichnung für → Tabellenkalkulationssystem (Spreadsheet-System).

SQL – relationale Datenbanksprache, die sich grob in zwei Teile gliedern lässt: Mit der → Datenbeschreibungssprache werden Tabellen, in denen die Daten in der → Datenbank abgelegt werden, angelegt und gewartet; mit der → Datenmanipulationssprache werden die → Datensätze angelegt, gelöscht, verändert oder über → Datenbankabfragen ausgewertet. Zur Auswertung wird entgegen der allg. üblichen → Programmierung nicht der Weg zum Erhalt des Ergebnisses beschrieben, sondern die Struktur der → Daten definiert (deklarative Programmierung), indem zunächst die im Ergebnis gewünschten Attribute der Datensätze, dann die anzusprechenden Tabellen und zum Schluss die gewünschten Einschränkungen, denen alle Ergebnisdatensätze unterliegen müssen, deklariert werden. Weiterhin stellt SQL Mechanismen für den Entwurf, die Einrichtung und die Zugriffssicherung von kompletten → Datenbanksystemen zur Verfügung.

SSD – Abk. für → Solid State Drive.

SSL – Abk. für → Secure Socket Layer.

SSL-Zertifikat – 1. *Begriff*: Bei SSL (→ Secure Socket Layer) handelt es sich um ein Verschlüsselungsprotokoll zur Datenübertragung im → Internet bzw. um eine verschlüsselte Netzverbindung zwischen → Server und Client, über die auch unverschlüsselte Anwendungsprotokolle (z.B. → HTTP, POP3, IMAP, SMTP, NNTP, SIP, ...) sicher transportiert werden können. SSL sorgt dafür, dass die Daten verschlüsselt über das Netz geschickt werden und vor unerwünschten Zugriffen und Manipulationen geschützt sind. Es sichert jedoch nur den Übertragungsweg zwischen Server und Client. Ein digitales Zertifikat ist ein digitaler Datensatz, der bestimmte Eigenschaften von Personen oder Objekten bestätigt und dessen Authentizität und Integrität durch kryptografische Verfahren geprüft werden kann. Das digitale Zertifikat enthält insbesondere die zu seiner Prüfung erforderlichen Daten. Das SSL-Zertifikat enthält nähere Angaben über den Server, mit dem man Verbindung aufgenommen hat und soll v.a. sicherstellen, dass der Eigentümer einer Webseite auch wirklich der ist, der er zu sein vorgibt. – 2. *Funktionsweise*: Bei SSL kommen verschiedene kryptographische Methoden zum Einsatz. → Kryptographie, ursprünglich die Wissenschaft der Verschlüsselung von Informationen, befasst sich heute mit Konzeption, Definition und Konstruktion von Informationssystemen, die unbefugtes Lesen und Verändern verhindern können. – a) *Symmetrische Verschlüsselung*: Hierbei wird für die Ver- und Entschlüsselung der Daten derselbe Schlüssel (Key) verwendet. – b) *Asymmetrische Verschlüsselung*: Asymmetrische Verfahren benutzen zwei verschiedene Schlüssel zum Ver- und Entschlüsseln – einen öffentlichen (Public Key) und einen geheimen (Private Key). – c) *Hash-Funktion*: Damit wird ein „digitaler Fingerabdruck" erstellt, anhand dessen kontrolliert werden kann, ob die übermittelten Daten auf dem Weg zum Empfänger verändert wurden.

Stack – *Keller, Stapel*; bei der → Programmentwicklung benutzte → abstrakte Datenstruktur. Ein Stack ist eine spezielle Form der → linearen Liste, die Elemente nach dem Prinzip „Last-in-first-out" (Lifo) aufnimmt und abgibt. Auf der Datenstruktur sind (mindestens) zwei → Funktionen definiert: push(Datenelement) und pop(). Die Funktion push(Datenelement) speichert das neue Datenelement, das ihr als Parameter übergeben wird, an der obersten Stelle des Stapels. Die

Funktion pop() nimmt das oberste Element vom Stapel und gibt dieses als Rückgabewert der Funktion zurück. Verwendung häufig im Zusammenhang mit → Bäumen. – *Gegensatz*: → Queue.

Stammdatei – in der → betrieblichen Datenverarbeitung eine → Datei, die → Stammdaten eines Betriebs enthält.

Stammdaten – in der → betrieblichen Datenverarbeitung wichtige Grunddaten (→ Daten) eines Betriebs, die über einen gewissen Zeitraum nicht verändert werden; z.B. Artikel-Stammdaten, Kunden-Stammdaten, Lieferanten-Stammdaten, Erzeugnisstrukturen (Stücklisten) u.a. Stammdaten werden oft nicht permanent, sondern periodisch aktualisiert (Dateifortschreibung). – Vgl. auch → Stammdatei.

Standarddatenstruktur → Datenstruktur.

Standarddatentyp – 1. *Begriff*: ein → Datentyp, der in den gängigen → Programmiersprachen vordefiniert zur Verfügung steht. – 2. *Arten* (v.a. in → Pascal und darauf aufbauenden Sprachen): (1) numerisch ganzzahlig, (2) numerisch reell, (3) logisch, (4) Zeichen bzw. Zeichenketten (alphanumerisch).

Standard Generalized Mark-up Language → SGML.

Standardsoftware → Software, die zu einem Anwendungsgebiet für den anonymen Markt erstellt wird. Standardsoftware muss an die speziellen Anforderungen der → Benutzer angepasst oder sogar auf die gesamte betriebliche Ablauforganisation ausgerichtet werden (→ Customizing). – *Vorteile gegenüber einer Eigenentwicklung*: (1) geringere Entwicklungs- und Wartungskosten; (2) schnellere Verfügbarkeit im Unternehmen; (3) kein Risiko von Fehlentwicklungen; (4) es lassen sich auch Anwendungen realisieren, bei denen im Unternehmen keine oder nur unzureichende Qualifikationen für eine Realisierung vorhanden sind; (5) Standardsoftware ist besser dokumentiert als → Individualsoftware und verringert damit die Abhängigkeit von den Softwareentwicklern.

Standleitung – eine ständig bestehende (Telefon-)Leitung zwischen zwei → Computern an verschiedenen Orten mit oft hoher → Bandbreite. Standleitungen werden z.B. bei größeren Unternehmen für den Anschluss an das → Internet verwendet.

Stapel → Stack, → Stapelbetrieb.

Stapelbetrieb – *Stapelverarbeitung, Batch-Verarbeitung, Batch Processing*; Betriebsart eines → Computersystems, bei der die → Jobs der → Benutzer jeweils als Ganzes abgearbeitet werden, ohne dass der Benutzer während der Bearbeitung Eingriffsmöglichkeiten hat.

Stapelverarbeitung → Stapelbetrieb.

Stern-Netzwerk → Netzwerktopologie.

Steuerkonstrukt – *Kontrollstruktur*. 1. *Begriff*: eine Konstruktion zur Steuerung des Ablaufs in einem → Algorithmus oder → Programm. Begriff wird v.a. in der → strukturierten Programmierung verwendet; mit einem Steuerkonstrukt wird die Reihenfolge festgelegt, in der die → Strukturblöcke zur Ausführung gelangen. – 2. *Arten*: a) *Sequenz*: Strukturblöcke werden hintereinander ausgeführt. – b) *Selektion*: In Abhängigkeit von einer Bedingung wird ein Strukturblock ausgewählt, der ausgeführt werden soll. – c) *Repetition*: Ein Strukturblock wird in Abhängigkeit von einer Bedingung wiederholt ausgeführt.

Steuerungssicht → Architektur integrierter Informationssysteme.

Steuerwerk – Funktionseinheit eines → Prozessors, die für die Durchführung der einzelnen → Befehle eines Programms sorgt. Das (bzw. die) Steuerwerk(e) der → Zentraleinheit eines → Computers z.B. übernimmt (übernehmen) aus dem → Arbeitsspeicher bzw. Pufferspeicher (Puffer) die → Maschinenbefehle, entschlüsselt (entschlüsseln), interpretiert (interpretieren) und (ggf.) modifiziert (modifizieren) sie, veranlasst (veranlassen) die Ausführung der Befehle und übernimmt (übernehmen) dabei erforderliche Steuerungsaufgaben.

Streamer – *Tape-Streamer;* Magnetbandkassettenspeicher (→ Magnetband) für die Datensicherung (→ Back-up System) mit sehr schneller Datenübertragung.

Strichcode → Barcode.

Structured Walk-through → Walk-through.

Struktogramm – *Nassi-Shneiderman-Diagramm*. 1. *Begriff:* grafisches Hilfsmittel bei der → Programmentwicklung zur Darstellung eines → Algorithmus. – 2. *Darstellungsform:* Ein Struktogramm wird aus → Strukturblöcken zusammengesetzt, die entweder hintereinander geschaltet oder geschachtelt sind. Zur Darstellung des Ablaufs werden Symbole verwendet, die die → Steuerkonstrukte der strukturierten Programmierung beschreiben. – 3. *Vorteile:* Struktogramme zwingen den → Programmierer zu disziplinierter Gestaltung des Programmablaufs. – 4. *Bedeutung:* Mit zunehmender Verwendung der strukturierten → Programmierung drängen Struktogramme die früher üblichen → Programmablaufpläne immer mehr zurück.

Strukturblock – 1. *Begriff:* bei der → strukturierten Programmierung ein Baustein eines → Algorithmus bzw. eines → Programms. – 2. *Definition (rekursiv):* Ein Strukturblock ist entweder ein Elementarblock (ein Strukturblock, der nur aus einem → Befehl besteht) oder er enthält selbst wieder mehrere Strukturblöcke. – 3. *Verwendung:* als → Struktogramm.

strukturierte Programmierung – 1. *Begriff:* Methode, die bei der → Programmentwicklung angewendet wird. – 2. *Zweck:* Unterstützung des → Programmierers bei der Gestaltung eines → Algorithmus dahingehend, dass der Algorithmus und das daraus resultierende → Programm transparent, verständlich und leicht zu ändern sind. – 3. *Definitionsansatz:* Strukturierte Programmierung ist eine Methode, bei der ein Algorithmus bzw. ein Programm aus → Strukturblöcken zusammengesetzt wird und bei der zur Steuerung des Ablaufs ausschließlich die → Steuerkonstrukte Sequenz, Selektion und Repetition benutzt werden.

strukturierter Datentyp – 1. *Begriff:* → Datentyp, dessen Wertemenge nicht aus → Datenelementen, sondern aus → Datenstrukturen besteht; d.h. die Werte sind strukturiert. Auch abstrakte Datentypen sind i.d.R. strukturiert. – 2. *Gebräuchlichste Arten:* → Array und → Record.

Strukturiertes Entity Relationship Modell → SERM.

Stücklistenprozessor – in der Produktionsplanung und -steuerung ein → Programm, das aus den gespeicherten Erzeugnisstrukturdaten Stücklisten erzeugt oder entsprechende Erzeugnisstrukturinformationen für andere Programme (z.B. deterministische Bedarfsplanung) zur Verfügung stellt. – Stücklistenprozessoren waren die ersten Programme für die Produktionsplanung und -steuerung; sie bilden auch heute noch den Kern vieler → PPS-Systeme.

Stück-Perioden-Ausgleich – in → PPS-Systemen verwendetes heuristisches Verfahren zur Berechnung von Losgrößen bei diskretem Bedarfsverlauf.

Subroutine → Unterprogramm.

Subschema → externes Schema.

Suchbegriff – das Kriterium, auf das beim → Suchen die Komponenten eines Datenbestands (→ Daten) hin überprüft werden. Häufig ein → Datenelement (evtl. auch eine → Datenstruktur), das einen → Schlüssel darstellt (z.B. die Artikelnummer bei Artikelansätzen).

Suchen – 1. *Begriff:* in der Informationsverarbeitung ein Vorgang, bei dem in einem Datenbestand (→ Daten) eine Komponente nach einem → Suchbegriff gesucht wird. – 2. *Arten:* a) *Internes Suchen:* Suchen einer Komponente eines → Arrays im internen → Arbeitsspeicher des → Computers. – b) *Externes*

Suchen: Suchen eines → Datensatzes in einer Datei auf einem externen → Datenträger. – 3. *Beispiele für Suchalgorithmen:* → binäre Suche, → Depth-First-Suche, → Breadth-First-Suche, → heuristische Suche.

Suchmaschine – Aufgrund der dezentralen Struktur des → World Wide Web (WWW) sind Suchdienste bzw. Suchmaschinen erforderlich, die den Internetnutzern Informationen über relevante Inhalte zur Verfügung stellen. Im Unterschied zu Katalogen, die als Vorgänger der Suchmaschinen sich im einfachsten Fall als vorher von Menschen nach alphabetischen oder thematischen Kriterien geordnete Listen erweisen, läuft die Suche automatisiert ab. Die Sortierung und Kategorisierung der Adressinformation kann dabei automatisiert über elektronische Agenten oder manuell durch eine Redaktion erfolgen. Suchmaschinen sind attraktiv für Werbetreibende, da sie über hohe Zugriffsraten verfügen und die Möglichkeit kontextsensitiver Werbung bieten. Die mit Abstand meistgenutzte Suchmaschine weltweit ist Google. Weitere Anbieter von Suchdiensten sind etwa Yahoo! oder Microsoft. Neben der heutzutage wichtigsten Gruppe der indexbasierten Suchmaschinen, existieren auch Metasuchmaschinen, die Anfragen gleichzeitig an mehrere Suchmaschinen senden. – Vgl. auch → Internet.

Supercomputer – die schnellsten Rechner, die zu einem Zeitpunkt existieren. Supercomputer bestehen heutzutage aus mehreren tausend Prozessoren. Sie werden i.d.R. für aufwendige Simulationen in der Forschung und für militärische Zwecke verwendet. Typische Einsatzgebiete sind in der Klimaforschung oder der Physik.

Supply Chain Management (SCM) – 1. *Begriff:* Supply Chain Management bezeichnet den Aufbau und die Verwaltung integrierter Logistikketten (Material- und Informationsflüsse) über den gesamten Wertschöpfungsprozess, ausgehend von der Rohstoffgewinnung über die Veredelungsstufen bis hin zum Endverbraucher. Supply Chain Management beschreibt somit die aktive Gestaltung aller Prozesse, um Kunden oder Märkte wirtschaftlich mit Produkten, Gütern und Dienstleistungen zu versorgen. Im Unterschied zum Begriff Logistik beinhaltet Supply Chain Management neben den physischen Aktivitäten auch die begleitenden Auftragsabwicklungs- und Geldflussprozesse. Durch den papierlosen Austausch von planungsrelevanten → Daten können die Beschaffungs-, Produktions- und Vertriebsplanungen auf den verschiedenen Stufen aufeinander abgestimmt werden, und die Unternehmen können auf Störungen unmittelbar mit Planänderungen reagieren. – 2. *Ziele:* Optimierung der Leistungen und Services der Supply Chain in Bezug zu den eingesetzten Kosten. – 3. *Voraussetzungen:* a) Supply Chain Management setzt v.a. die Integration der Informationsverarbeitung zwischen den Partnern der Supply Chain voraus. Dazu sind geeignete → Schnittstellen oder Services zum Informationsaustausch zwischen den Stufen der Supply Chain zu schaffen. – b) Die Notwendigkeit für ein Unternehmen, seine Zulieferer und Abnehmer über Störungen in der eigenen Logistikkette zu informieren, setzt ein hohes Maß an Vertrauen zwischen den Partnern der Supply Chain voraus.

Surfen – Navigieren eines Nutzers im → World Wide Web, indem verschiedene → HTML-Dokumente abgerufen werden.

symbolische Programmierung – 1. *Ursprünglich:* Bezeichnung für → Programmierung unter Verwendung von Namen für → Daten und Befehle (→ Programmiersprachen). – 2. Im Zusammenhang mit der → *Künstlichen Intelligenz (KI)* geprägter Begriff, der den bes. Ansatz bei der Programmierung in diesem Bereich gegenüber der „konventionellen Programmierung" abheben soll: Nicht die Manipulation von Zahlen oder Buchstaben, sondern von Symbolen, die Dinge der „realen" Welt repräsentieren, steht im Mittelpunkt.

synchrone Datenübertragung – Form der → Datenübertragung, bei der eine Nachricht als Ganzes übertragen wird. Sende- und Empfangsgerät müssen nur am Anfang der Übertragung durch eine vereinbarte Bitfolge (→ Bit) synchronisiert werden; dadurch lassen sich höhere Übertragungsgeschwindigkeiten realisieren als bei der → asynchronen Datenübertragung.

Syntaxdiagramm – grafische Darstellungsform für die → Syntax einer Programmiersprache; wird z.B. in Beschreibungen der Programmiersprache → Pascal verwendet. – *Alternative Darstellungsform:* → Backus-Naur-Form.

Syntax einer Programmiersprache – formale Regeln über die zulässigen Sprachelemente einer → Programmiersprache und über zulässige Möglichkeiten ihrer Verwendung in einem → Programm. – Vgl. auch → Semantik einer Programmiersprache.

Systemanalyse – *Systementwicklung.* 1. *Begriff:* Die Systemanalyse befasst sich mit der Analyse, dem Entwurf, der Realisierung und Einführung computergestützter → betrieblicher Informationssysteme. Der Begriff Systemanalyse umfasst nicht nur analytische Tätigkeiten, sodass der Begriff *Systementwicklung* korrekter ist. Enge Beziehungen bestehen zum → Software Engineering, das sich als verselbständigte Disziplin mit der Entwicklung von → Softwaresystemen beschäftigt, während die Systemanalyse alle Aspekte eines computergestützten Systems (→ Software, → Hardware, Personal, organisatorische Maßnahmen etc.) umfasst. – 2. *Ziel:* Mithilfe einer Systemanalyse soll für einen vorgegebenen komplexen Aufgabenzusammenhang und unter finanziellen, personellen und zeitlichen Restriktionen ein funktionsfähiges Anwendungssystem erstellt werden. – 3. *Untersuchungsgegenstände* sind die verschiedenen Sichten eines → Informationssystems (→ Architektur integrierter Informationssysteme).

Systemanalytiker – 1. *Begriff:* Berufsbild in der → betrieblichen Datenverarbeitung. – 2. *Aufgaben:* Der Systemanalytiker ist bei der → Systemanalyse zuständig für die Bedarfsermittlung (bez. Neuentwicklungen bzw. Änderungen bestehender Systeme) sowie die für Entwicklung der Sollkonzeptionen (→ Sollkonzept). Weitere Aufgaben sind Durchführung der → Systemauswahl (Auswahl von → Standardsoftware), ökonomische und technische Begründung der Sollkonzeption, Entwurf der Ein-(Aus)gabedaten, → Benutzerschnittstellen, → Dateien und → Algorithmen sowie die Einführung der neuen Systeme.

Systemarchitektur – im → Software Engineering die innere Struktur eines → Softwaresystems (→ Module und ihre Beziehungen zueinander).

Systemauswahl – 1. *Begriff:* in der → Systemanalyse die Auswahl von → Hardware und → Software des → Computersystems auf der Grundlage des → Sollkonzepts. – 2. *Vorgehen:* Entwicklung eines *Konfigurationsprofils* (→ Konfiguration) entsprechend den Anforderungen sowie den betrieblichen Gegebenheiten (z.B. vorhandene Konfiguration, organisatorische Rahmenbedingungen), das als Basis für eine Ausschreibung dient. Nach Bewertung der Alternativen wird eine Sensitivitätsanalyse durchgeführt; dann Entscheidung zugunsten eines Computersystems bzw. Softwareprodukts. – 3. *Verfahren:* a) *eindimensional:* Leistungsmessungsverfahren (z.B. → Benchmark-Test), Investitionsrechnungsverfahren. – b) *mehrdimensional:* Nutzwertanalyse u.a.

Systembetrieb – im Phasenmodell der → Systemanalyse (→ Phasenmodelle) die letzte Phase, die die Steuerung und Überwachung des Rechnerbetriebs zum Gegenstand hat.

Systementwicklung → Systemanalyse.

Systementwurf – im Phasenmodell der → Systemanalyse (→ Phasenmodelle) die Phase in der, aufbauend auf dem

→ Sollkonzept, die Erarbeitung einer detaillierten → Spezifikation der Funktionen und → Daten für ein neues betriebliches → Softwaresystem erfolgt. – Bei *Eigenentwicklung* weitgehend deckungsgleich mit der → Entwurfsphase im → Software Engineering; bei *Fremdbezug* steht die Anpassung der → Standardsoftware an die individuellen betrieblichen Merkmale im Vordergrund.

Systemhaus – Unternehmen, das nicht nur Softwareprodukte (→ Softwarehaus), sondern auch → Hardware anbietet; bes. „Komplettlösungen", d.h. Softwaresysteme zusammen mit der erforderlichen Hardwarebasis.

Systemimplementierung – 1. *Systemimplementierung i.e.S.:* a) *Begriff:* im Phasenmodell der → Systemanalyse (→ Phasenmodelle) die Phase, die auf der → Spezifikation aus dem → Systementwurf aufbaut. – b) *Inhalt:* bei *Eigenentwicklung* weitgehend deckungsgleich mit der Phase → Implementierung im → Software Engineering; bei *Fremdbezug* steht die Anpassung der → Standardsoftware an die individuellen betrieblichen Gegebenheiten im Vordergrund. – 2. *Systemimplementierung i.w.S.:* → Systemtest, Enddokumentation (→ Dokumentation), Erfassung von Datenbeständen, organisatorische Anpassungen und Schulung des Personals werden ebenfalls zur Systemimplementierung gerechnet.

Systemprogramm – Bestandteil des → Betriebssystems (BS) eines → Computers; → Programm, das eine Aufgabe aus dem Bereich der computerinternen Abwicklung von Anwendungsprogrammen und der Datenverwaltung zu lösen hat (z.B. Übersetzen eines Programms, Kopieren einer → Datei, Zuteilung von Rechenzeit bei Timesharing-Betrieb). – *Gegensatz:* → Anwendungsprogramm.

Systemprogrammierer – 1. *Begriff:* Berufsbild in der → betrieblichen Datenverarbeitung. – 2. *Aufgaben:* Entwicklung, Betreuung und Wartung von Systemsoftware (→ Systemprogramm, → Software, → Betriebssystem (BS) und systemnaher Software (z.B. Datenbanksystem, Datenfernverarbeitungsprogramme); Unterstützung und Beratung der → Anwendungsprogrammierer bei der Benutzung von Software.

Systems Network Architecture → SNA.

Systemspezifikation → Spezifikation.

Systemtest – im Phasenmodell der → Systemanalyse (→ Phasenmodelle) die Phase, die der Überprüfung des → Softwaresystems auf Funktionsfähigkeit dient. – Vgl. auch → Testen.

T

Tabelle → Relation.

Tabellenkalkulationssystem – *Spreadsheet-System*. 1. *Begriff:* → Endbenutzerwerkzeug zur einfachen Bearbeitung beliebiger Probleme, die in Tabellenform dargestellt werden können, v.a. auf Personal → Computern verfügbar. – 2. *Grundprinzip:* Auf dem → Bildschirm wird ein → Arbeitsblatt (spreadsheet) mit Zeilen und Spalten dargestellt, in dem der Benutzer Eintragungen und Rechenoperationen wie auf einem Blatt Papier durchführen kann. – 3. *Einsatzgebiete:* aufgrund der Analogie zum Arbeitsblatt äußerst weit gefasst, z.B. Kalkulation, Finanzplanung, Budgetkontrolle, Simulation („What-if"-Analysen), Investitionsrechnung. – 4. *Beispiel:* Microsoft-EXCEL.

Tablet-Computer – tragbarer Computer, der anders als → Notebooks über keine → Hardware-Tastatur verfügt, sondern lediglich über einen berührungsempfindlichen Bildschirm, über den die gesamte Steuerung des Computers inklusive einer → softwareseitigen Emulation einer Tastatur erfolgt.

Tag – Bezeichnung für ein Markierungselement in einer Seitenbezeichnungssprache, z.B. in → SGML, → HTML, → XML. In HTML z.B. werden Tags durch das Zeichen < eingeleitet und durch das Zeichen > beendet. Dazwischen steht die Anweisung, z.B. < b> für „das Folgende fett darstellen". Ein → Browser interpretiert diese Tags und führt sie aus.

Tag Cloud – Web 2.0.

Taktzeit – I. Industriebetriebslehre: Zeit, die ein einzelner Arbeitsgang bei Taktproduktion benötigt. Die Taktzeiten müssen aufeinander abgestimmt sein.

II. Informatik: stets gleich lange, zyklisch aufeinander folgende Zeitspanne zwischen den Impulsen des Taktgebers, durch die die internen Abläufe eines Computersystems synchronisiert werden. In einem System existieren i.d.R. Taktzeiten verschiedener Länge, abhängig von der Arbeitsgeschwindigkeit der an den Übertragungskanal angeschlossenen Geräte. Je weiter ein Gerät dabei physisch wie auch logisch von der CPU (Central Processing Unit, → Zentraleinheit) entfernt ist, desto größer muss i.d.R. die Taktzeit sein, mit der der Übertragungskanal arbeitet. Die kürzeste Taktzeit ist deshalb stets innerhalb der CPU anzutreffen.

Tastatur → Eingabegerät für einen → Computer.

Tauschbörse – Computernetzwerk, das auf der Peer-to-Peer-Technologie basiert und den Austausch von Dateien zwischen den angemeldeten Arbeitsstationen ermöglicht. V.a. Musik- und Videodateien können auf Tauschbörsen wie z.B. Gnutella angeboten und heruntergeladen werden. – Vgl. auch → Peer-to-Peer (P2P).

Taxonomie – Struktur (Hierarchie) über den Fachbegriffen eines Fachgebiets.

TCP/IP – Abk. für *Transmission Control Protocol/Internet Protocol*. Protokoll, das die Basis des Datenaustausches im → Internet darstellt. Die wesentlichen Dienstleistungen, die TCP/IP für die Anwendungsprozesse bereitstellt, sind Verbindungsorientierung, Reihenfolgegarantie, Verlustsicherung und Zeitüberwachung einer Verbindung sowie transparenter Datentransport.

Technische Informatik → Informatik.

Teil – in der Terminologie der → PPS-Systeme Oberbegriff für alle Fertigungsobjekte: Endprodukte, Zwischenprodukte, Baugruppen, Einzelteile, Ersatzteile, Materialien, Roh-, Hilfs- und Betriebsstoffe.

Teileverwendungsnachweis – 1. *Begriff:* in der Produktionsplanung und -steuerung eine Aufstellung, in der angegeben ist, in welche anderen → Teile ein Teil eingeht; Aufbau und Inhalt analog zur Stückliste, aber in umgekehrter Betrachtungsrichtung. – 2. *Arten:* Baukasten-Teileverwendungsnachweis (einstufiger Teileverwendungsnachweis), Struktur-Teileverwendungsnachweis (mehrstufiger Teileverwendungsnachweis) und Mengenübersichts-Teileverwendungsnachweis.

Teilhaberbetrieb – mögliche Form des → Dialogbetriebs bei einem → Mehrplatzrechner. Mehrere → Benutzer arbeiten gleichzeitig über Terminals gemeinsam mit einem in der Zentraleinheit befindlichen → Anwendungsprogramm. Dieses muss für die gleichzeitige Nutzung durch mehrere Benutzer geeignet (d.h. parallel nutzbar) sein. Das → Betriebssystem (BS) bzw. der → TP-Monitor des Rechners muss dafür sorgen, dass Benutzer, die gleichzeitig auf dieselben → Daten zugreifen wollen, sich nicht gegenseitig blockieren. – *Alternative zum Teilhaberbetrieb:* → Teilnehmerbetrieb.

Teilnehmerbetrieb – mögliche Form des → Dialogbetriebs bei einem → Mehrplatzrechner. Von den → Benutzern an den angeschlossenen Terminals werden gleichzeitig voneinander völlig unabhängige → Anwendungsprogramme und/oder → Daten eingegeben. Realisiert wird der Teilnehmerbetrieb i.Allg. durch das Timesharing-Verfahren (→ Timesharing). – *Alternative zum Teilnehmerbetrieb:* → Teilhaberbetrieb.

Telearbeit – dezentralisierte Bürotätigkeiten mithilfe von Informations- und Kommunikationstechniken. – 1. *Formen:* Tele-Heimarbeit, mobile Telearbeit, Telearbeit im Satellitenbüro, Telearbeit in einem Nachbarschaftsbüro (Zweigstelle oder selbstständiges Servicebüro). – 2. *Voraussetzungen an die Technik:* → Computer, → Modem, Telekommunikationssoftware. – 3. *Voraussetzungen an die Tätigkeit:* informationsverarbeitende Tätigkeit, Tätigkeit relativ unabhängig von persönlichen Kontakten und sonstigem betrieblichen Geschehen, Aufgabe eindeutig definierbar, Ergebnis bewertbar. – 4. *Arbeitsrechtliche Beurteilung:* Die Einführung von Telearbeit ist sozialpolitisch umstritten. Der Telearbeiter kann entsprechend der Ausgestaltung des Vertragsverhältnisses Selbstständiger, Arbeitnehmer, Heimarbeiter oder arbeitnehmerähnliche Person sein. Arbeitnehmereigenschaft kommt v.a. in Betracht, wenn der ausgelagerte Arbeitsplatz mit dem Zentralrechner im Onlinebetrieb (direkte Verbindung zur Zentrale) verbunden ist. Vielfach werden Telearbeiter Arbeit auf Abruf leisten. In Bezug auf Arbeitnehmer und Heimarbeiter stehen dem Betriebsrat dieselben Rechte zu wie in Bezug auf die übrigen Arbeitnehmer (vgl. § 5 I BetrVG); der ausgelagerte Arbeitsplatz gehört zum Betrieb. Viele arbeitsrechtliche Fragen sind im Einzelnen noch umstritten.

Teledienste – Begriff des 2007 außer Kraft getretenen → Teledienstegesetzes (TDG), v.a. Angebote (1) im Bereich der Individualkommunikation (Telebanking, Datenaustausch); (2) zur Information oder Kommunikation, soweit nicht die redaktionelle Gestaltung zur Meinungsbildung im Vordergrund steht (Datendienste z.B. Verkehrs-, Wetter- oder Börsendaten); (3) zur Nutzung des Internets oder weiterer Netze; (4) zur Nutzung von Telespielen und (5) von Waren und Dienstleistungen in elektronisch abrufbaren Datenbanken mit interaktivem Zugriff und unmittelbarer Bestellmöglichkeiten (§ 2 TDG).

Teledienstedatenschutzgesetz – Teil des Informations- und Kommunikationsdienste-Gesetzes. Abgelöst durch das Telemediengesetz vom 26.2.2007 (BGBl. I 179 m.Änd.). Es galt für den Schutz personenbezogener Daten bei → Telediensten im Sinn des → Teledienstegesetzes (TDG) und enthielt Grundsätze für die Verarbeitung solcher Daten, datenschutzrechtliche Pflichten des Diensteanbieters, Regelungen über die Zulässigkeit der Erhebung, Verarbeitung und Nutzung von Bestands-, Nutzungs- und

Abrechnungsdaten sowie ein Auskunftsrecht des Nutzers.

Teledienstegesetz (TDG) – Teil des Informations- und Kommunikationsdienste-Gesetz. Abgelöst durch das am 1.3.2007 in Kraft getretene Telemediengesetz vom 26.2.2007 (BGBl. I 179 m.Änd.). Zweck des Teledienstegesetzes war es, einheitliche Rahmenbedingungen für die verschiedenen Nutzungsmöglichkeiten der elektronischen Informations- und Kommunikationsdienste zu schaffen. Es galt für alle derartigen Dienste, die für eine individuelle Nutzung von kombinierbaren Daten wie Zeichen, Bilder oder Töne bestimmt waren und denen eine Übermittlung mittels Telekommunikation zugrunde lag (→ Teledienste). – Vgl. auch → Mediendienste-Staatsvertrag (MDStV).

Telefonkonferenz → Telekonferenzsystem.

Telekommunikation → Kommunikation zwischen Kommunikationspartnern, die → Informationen außerhalb ihrer Hör- bzw. Sichtweite übermitteln bzw. austauschen. Wird v.a. als Bezeichnung für alle Formen der Kommunikation mithilfe technischer Übertragungsverfahren verwandt und umfasst die verschiedenen Varianten der → Individualkommunikation und Massenkommunikation (Überschneidungen und Mischformen). Die generelle Unterscheidung in Individual- und Massenkommunikation ist problematisch geworden, da die Entwicklung dahin geht, einerseits Individualkommunikation zu technisieren und damit teilweise auch Rückkopplungsmöglichkeiten zu reduzieren, andererseits bei der Massenkommunikation die Publika zu diversifizieren und einzugrenzen, und damit die Möglichkeit der Rückkopplung und einer individualisierten Nutzung zu schaffen. – Telekommunikation unterstützende Techniken gibt es bereits seit Menschengedenken (z.B. Rauchzeichen, Kuriere). Mit der Entwicklung des Transportwesens und noch viel gravierender durch die der Nachrichtentechnik wurde die Geschwindigkeit und Vielfalt der Übertragungsmöglichkeiten in enormem Ausmaß gesteigert (Massenmedien), was sich gerade im Bereich der geschäftlichen Kommunikation erheblich auswirkte. – Zu *unterscheiden* sind: a) *Telekommunikationsnetze:* Infrastruktur, die die raumüberbrückende Kommunikation ermöglicht. – b) *Telekommunikationsdienste* (einschließlich der Endeinrichtungen, über die Nachrichten jeweils versendet und empfangen werden können), z.B. Telefax, Telekonferenzsysteme etc. – Vgl. auch → Telematik.

Telekommunikationsdienste → Telekommunikation.

Telekommunikationsgesetz (TKG) – Gesetz vom 22.6.2004 (BGBl. I 1190) m.spät.Änd.; legt die ordnungspolitischen Rahmenbedingungen für den liberalisierten Telekommunikationsmarkt fest. Zweck des Gesetzes ist es, durch technologieneutrale Regulierung den Wettbewerb im Bereich der Telekommunikation und leistungsfähige Telekommunikationsinfrastrukturen zu fördern und flächendeckend angemessene und ausreichende Dienstleistungen zu gewährleisten (§ 1 TKG). Die Ziele der Regulierung definiert § 2 TKG, u.a. Wahrung der Nutzerinteressen, Sicherstellung einer flächendeckenden Grundversorgung, effiziente Nutzung von Nummerierungsressourcen. Wer gewerbliche öffentliche Telekommunikationsnetze betreibt oder Telekommunikationsdienstleistungen für die Öffentlichkeit erbringt, hat die Aufnahme, Änderung und Beendigung der Bundesnetzagentur zu melden.

Telekommunikationsnetze → Telekommunikation.

Telekonferenzsystem – 1. *Begriff:* Form der Geschäftskonferenz, bei der durch elektronische Medien ein Ersatz für die physische Anwesenheit aller Konferenzteilnehmer an einem Ort geschaffen wird. – 2. *Formen:* a) *Audiokonferenzen* umfassen in einfacherer Form die Zusammenschaltung der Telefone der Teilnehmer im Fernsprechnetz

(Telefonkonferenz). Auf höherer Ebene werden zusätzlich Text- und Festbildkommunikation realisiert. – b) *Videokonferenzen (Fernsehkonferenzen)* ermöglichen zusätzlich die Übertragung von Bewegtbildern. – c) Bei *Computerkonferenzen* werden die über die → Tastatur eingegebenen Beiträge eines Teilnehmers den übrigen Teilnehmern per → Bildschirm zur Verfügung gestellt. Als Sonderform können unter Einschaltung einer Konferenzdatei (→ Datei) auch Konferenzen mit zeitlich versetzten Beiträgen abgehalten werden. – Vgl. auch → Groupware.

Telelearning – *Telelernen;* 1. *Begriff:* Bezeichnung für eine Lernsituation, in der sich der bzw. die Lehrende(n) und der bzw. die Lernende(n) an voneinander getrennten Orten befinden. – 2. *Erklärung:* Im Gegensatz zum → Teleteaching verläuft das Telelearning asynchron, d.h. Lehren und Lernen findet nicht zeitgleich statt. Es kann differenziert werden zwischen offenem und kooperativem E-Learning. Beim offenen E-Learning fungiert das Internet in erster Linie als Informations- und Verteilungsplattform. Beim kooperativen E-Learning findet zudem auch ein wechselseitiger Austausch von Informationen, i.d.R in Form von Kommunikation statt. – Weitere, ähnliche Formen des virtuellen Lernens: Fernlernen, Open Distance Learning.

Telelernen → Telelearning.

Telematik – Mischbegriff, der für die Integration von → Telekommunikation und → Informatik steht. Technische Einrichtungen zur Ermittlung, Speicherung und/oder Verarbeitung von → Daten und → Informationen arbeiten heute nicht mehr isoliert, sondern sind mithilfe von Telekommunikationssystemen miteinander vernetzt. Der Begriff Telematik hat in den letzten Jahren schwerpunktmäßig Verwendung im Verkehrsbereich gefunden. Die dort eingesetzten Telematik-Systeme lassen sich wie folgt unterteilen: (1) nach den Verkehrsträgern, wie Wasser, Schiene, Luft und Straße; (2) nach der Differenzierung zwischen individuellen und kollektiven Systemen; (3) nach der Zielgruppe: Verkehrsanbieter, Nachfrager und der Verknüpfung beider unter Einbeziehung von Verkehrsmittlern; (4) nach dem Ziel einer Kapazitätserhöhung der vorhandenen Verkehrsinfrastruktur, einer Produktivitätsverbesserung im Transport oder einer Rationalisierung der administrativen Prozesse in Verkehrsbetrieben. – Vgl. auch Maut, Tracking, Bordcomputer.

Teleshopping – *Homeshopping;* Verkaufsform des Einzelhandels unter Nutzung des Mediums Fernsehen um Einkäufe von zu Hause aus zu tätigen; Form des Distanzhandels. Der Konsument wählt das Produkt seiner Wahl im Fernsehen aus und kann dieses per Telefon, Fax, Onlineshop oder → E-Mail bei einem Händler bestellen. Dieser stellt die Waren zusammen, hält sie zur Abholung bereit oder übernimmt die Zustellung (Lieferservice). Zahlung erfolgt bar, mit Rechnung und Überweisung, per Bankeinzug oder mittels Kreditkarte (→ Point of Sale Banking). Teleshopping hat für die Anbieter den Nachteil hoher Retouren und eines schlechten Vertriebsimages. – Nach § 2 Nr. 8 RfStV ist Teleshopping die Sendung direkter Angebote an die Öffentlichkeit für den Absatz von Waren oder die Erbringung von Dienstleistungen, einschließlich unbeweglicher Sachen, Rechte und Verpflichtungen gegen Entgelt. Die Regelungen über Fernsehwerbung gelten für Teleshopping, Teleshopping-Spots und Teleshopping-Fenster entsprechend (vgl. §§ 7, 15, 45 RfStV).

Teleteaching – 1. *Begriff:* Bezeichnung für eine Lernsituation, in der sich der, bzw. die Lehrende(n) und der, bzw. die Lernende(n) an voneinander getrennten Orten befinden. – 2. *Erklärung:* Im Gegensatz zum → Telelearning erfolgt das Teleteaching synchron, d.h. Lehren und Lernen findet zur selben Zeit statt. Verwendet werden hierfür z.B. moderne, mediale Kommunikationsformen wie Videokonferenzen mit integrierten Shared Workspaces. – Weitere, ähnliche Formen des virtuellen Lernens: Fernlernen und Open Distance Learning.

Terminalemulation → Emulation.

Test → Testen, statistische Testverfahren, → Testverfahren.

Testdaten → Daten aus dem Definitionsbereich eines Moduls, → Programms oder Softwaresystems, die zum → Testen herangezogen werden. – Die Auswahl geeigneter Testdaten ist die schwierigste Aufgabe beim → Testen.

Testen – I. Marketing: Markttest, Produkttest, Preistest, → Testverfahren.

II. Software Engineering: 1. *Begriff:* Überprüfung eines → Programms oder eines → Softwaresystems auf Funktionsfähigkeit. – 2. *Zweck:* Aufspüren und Beseitigen von Fehlern, nicht aber der Nachweis der Korrektheit. Letzteres ist durch Testen nicht möglich (→ Programmverifikation). – Vgl. auch → Testdaten, → Testhilfe. – 3. *Stufen:* Im → Softwarelebenszyklus steht das Testen für eine Phase, in der verschiedene Stufen durchlaufen werden: a) *Modultest:* Überprüfung des Verhaltens eines einzelnen → Moduls; der Modultest erfolgt in engstem Zusammenhang mit der → Implementierung des Moduls, wird z.T. auch der Implementierungsphase zugerechnet. – b) *Integrationstest:* i.Allg. schrittweises Zusammenführen und Überprüfen mehrerer Module, bis alle Module eines → Softwaresystems integriert sind. – c) *Systemtest:* Überprüfung eines Softwaresystems auf Vollständigkeit und Funktionstüchtigkeit auf der Grundlage des → Pflichtenhefts bzw. der → Anforderungsdefinition durch den/die Entwickler. – d) *Abnahmetest (Akzeptanztest):* Überprüfung des Softwareprodukts durch den Auftraggeber, i.Allg. auf Basis des Pflichtenheftes. – 4. *Formen:* a) *Black-Box-Test:* Beim Modultest angewendet; Modul wird als „Black Box" betrachtet. Testen erfolgt gegen die → Spezifikation: Überprüfung, ob die Implementierung mit Spezifikation übereinstimmt, d.h. ob das Modul das leistet, was als Aufgabe spezifiziert wurde (Liefert das Modul bei bestimmten Eingangswerten die erwarteten Ergebniswerte?). – b) *White-Box-Test:* Ausgangspunkt ist die interne Struktur eines Programms bzw. Programmsystems; überprüft wird die Programmlogik, v.a. die Steuerung des Programmablaufs.

Testhilfe → Softwarewerkzeug zur Unterstützung des → Testen eines → Programms bzw. Programmsystems, dies kann z.B. ein → Generator für → Testdaten oder ein → Debugger sein.

Testverfahren – *Prüfungsverfahren.*

I. Statistik: statistische Testverfahren.

II. Psychologie: psychologische Testverfahren.

III. Marktforschung: Neben den statistischen Testverfahren und psychologischen Testverfahren werden bes. nach dem Erkenntnisobjekt Anzeigentest, Markttest, Store-Test, Namenstest, Preistest, Verpackungstest, Konzepttest, Produkttest und Markentest (Recalltest) unterschieden.

IV. Informatik: → Testen (Testen der → Software), → Benchmark-Test (Testen der Leistungsfähigkeit der → Hardware).

Texteditor → Editor.

Textur – kleines Bild, das, ähnlich wie eine Fliese, ein wiederkehrendes Muster enthält. Texturen werden in der Computergrafik verwendet, um größere 3D-Modelle zu bedecken, damit diese realistisch aussehen. Der Vorteil einer Textur besteht darin, dass diese nur einmal gespeichert werden muss und mehrfach in einer Computergrafik verwendet werden kann. Mit Texturen lassen sich nahezu alle Materialbeschaffenheiten, die in der Realität vorkommen, auf computerberechnete 3D-Modelle übertragen.

Textverarbeitung – Softwareprogramm zur Erstellung von Textdokumenten. Viele Textverarbeitungsprogramme bieten neben der komfortablen Erstellung und Korrektur von

Texten noch Zusatzfunktionen wie Rechtschreibhilfe, Silbentrennung, Einbeziehung von Tabellenkalkulation (→ Tabellenkalkulationssystem), Layout etc.

Textverarbeitungssysteme → Textverarbeitung.

theoretische Informatik → Informatik.

Thread – Thema in einem → Forum.

Tiefensuche → Depth-First-Suche.

Timesharing – I. Immobilien: Kauf von Immobilien, meist Ferienwohnungen (Ferienhaus), zusammen mit anderen Käufern in der Form, dass sich der Besitz nur auf eine zeitanteilige Nutzung bezieht. Somit kann jede Einheit viele Einzeleigentümer haben, die sich darüber einigen, wann die Immobilie vom einzelnen Eigentümer genutzt werden kann. – *Rechtsgrundlage:* §§ 481–487 BGB zu Teilzeit-Wohnrechten.

II. Informatik: Meistgenutztes Verfahren zur Realisierung des → Mehrprogrammbetriebs. Das → Betriebssystem (BS) des → Rechners zerlegt die Laufzeit der → Zentraleinheit in gleich große Zeitscheiben (Größenordnung: Millisekunden) und teilt diese den → Benutzern in regelmäßigem Zyklus zu. In einem solchen Zeitintervall bearbeitet das System jeweils Befehle aus dem → Programm des Benutzers, dem dieses Intervall zugeordnet ist. Wegen der hohen Verarbeitungsgeschwindigkeit des Rechners und weil häufig die Zeitintervalle, in denen die Abarbeitung seines Programms von der Zentraleinheit unterbrochen ist, von Ein- und Ausgabeoperationen überlagert werden, hat ein Benutzer oft den Eindruck, ihm stünde die gesamte Anlage allein zur Verfügung.

Tintenstrahldrucker – nicht mechanischer Zeichendrucker (→ Drucker), bei dem die Zeichen durch eine Matrix von Tintentröpfchen gebildet werden; diese werden aus parallelen Düsenkanälen ausgestoßen. – Verschiedene Geräte ermöglichen die Darstellung farbiger Grafik in hoher → Auflösung.

Token → Token Passing.

Token Passing – *Tokenverfahren;* für Ringe (→ Netzwerktopologie) konzipiertes Verfahren zur Datenübertragung, aber auch bei Busnetzen verwendet. – Eine bestimmte Kontrollinformation *(Token)* wird von Netzknoten zu Netzknoten weitergereicht. Das Token beinhaltet eine Art „schriftliche Sendeerlaubnis", d.h. ein Knoten kann nur dann senden, wenn ihn das Token erreicht hat. Nachdem die Übertragung seiner Daten beendet ist (bzw. nach einer festgelegten Zeitspanne) reicht er das Token wieder weiter. – Vgl. auch → Token Ring.

Token Ring – von IBM verwendete und im Projekt → IEEE-802 entsprechend genormte Netzwerkstruktur (→ Netz) mit einer Ringtopologie (→ Netzwerktopologie) und → Token Passing als → Zugangsverfahren.

Tokenverfahren → Token Passing.

Tool → Softwarewerkzeug.

Top-Down-Entwurf – Entwurfsreihenfolge bei der → Systemanalyse und dem → Software Engineering nach dem Top-Down-Prinzip.

Touch Screen – *berührungssensitiver Bildschirm;* → Bildschirm eines → Personal Computers (PC), der die Auswahl von Kommandos aus einem Menü (→ Menütechnik) oder anderen angezeigten → Daten durch Berührung der entsprechenden Bildschirmposition mit dem Finger oder einem spitzen Gegenstand erlaubt.

TP-Monitor – *Teleprocessing Monitor.* 1. → Systemprogramm, das von mehreren → Benutzern gleichzeitig verwendete → Programme (Transaktionsprogramme) oder Teile von diesen steuert und koordiniert. – Vgl. auch → Transaktion. – 2. Ein gesamtes, im → Teilhaberbetrieb ablaufendes → Betriebssystem (BS).

Trackback – Funktion im → Internet, die es erlaubt zu überwachen, wer Beiträge bzw. Kommentare eines → Blogs verlinkt.

Traffic – Intensität, mit der die User eine Webseite nutzen; Traffic wird mithilfe der transferierten Datenmenge oder der Anzahl der → Page Impressions (PI) gemessen.

Transaktion – I. Theorie der Unternehmung: Eine Transaktion findet dann statt, wenn ein Gut oder eine Dienstleistung über eine technologisch separierbare Schnittstelle transferiert wird. Transaktionen laufen in der Realität nicht ohne Reibungsverluste ab, die als Transaktionskosten bezeichnet werden. Im Rahmen der Transaktionskostenökonomik wird die effiziente institutionelle Einbettung von Transaktionen unter Berücksichtigung der jeweiligen Transaktionskosten analysiert. Eine andere Definition versteht unter einer Transaktion den vertraglich vereinbarten Austausch von Verfügungsrechten. Diese Definition ist jedoch sehr eng, da Transaktionen auch unfreiwillig erfolgen können (z.B. in Form von Diebstahl).

II. Wirtschaftsinformatik: 1. *Begriff* im Rahmen der *Datenbankorganisation* (→ Datenorganisation): Ein Auftrag des Benutzers (d.h. eines → Programms oder eines → Endbenutzers), der als Ganzes auf Daten eines → Datenbanksystems ausgeführt wird, aber aus einer Folge von Teilschritten bestehen kann. Die Transaktion ist ein abgeschlossener Vorgang, der die → Datenbank von einem konsistenten Zustand in einen neuen konsistenten Zustand überführt (→ Datenintegrität). – *Beispiel*: In einem datenbankgestützten Finanzbuchhaltungssystem Umbuchung von einem Konto auf ein anderes. – 2. *Steuerung einer Transaktion* erfolgt durch einen speziellen → TP-Monitor oder einen entsprechenden Mechanismus des Datenbankmanagementsystems. Der Transaktions-Steuerungsmechanismus veranlasst, dass die Transaktion nur dann als Ganzes abgeschlossen wird, wenn alle Einzelschritte erfolgreich durchgeführt wurden, andernfalls wird die Transaktion vollständig zurückgenommen, auch wenn einzelne Schritte bereits durchgeführt wurden. Dies gewährleistet im → Teilhaberbetrieb die → Datenintegrität.

Transmission Control Protocol/Internet Protocol → TCP/IP.

Triggerkonzept – 1. *Begriff*: in der → betrieblichen Datenverarbeitung, v.a. beim Betrieb von Dialogsystemen benutztes Konzept zur Steuerung der Verarbeitung im → Computer. – 2. *Prinzip*: Eine durch Eingabe des → Endbenutzers veranlasste Aktion wird grundsätzlich sofort ausgeführt *(Primärverarbeitung)*. Stellt das verarbeitende → Programm fest, dass aufgrund der Aktion noch Folgeaktionen veranlasst werden müssen, stellt es eine Nachricht in einen Pufferspeicher ein. Durch ein spezielles Programm (Triggereinrichtung) wird zu einem späteren Zeitpunkt die Ausführung der Folgeaktionen *(Sekundärverarbeitung)* initiiert. – 3. *Verwendung des Triggerkonzepts:* (1) Auslagerung rechenzeitintensiver Verarbeitungsschritte zur Vermeidung extremer → Antwortzeiten; (2) Integration der Verarbeitung durch Programme aus unterschiedlichen Anwendungsgebieten (z.B. PPS-System, Finanzbuchhaltung).

Trojaner – 1. *Begriff*: Als Trojanisches Pferd (engl. *Trojan Horse*, kurz Trojaner), bezeichnet man ein Computerprogramm, das gezielt auf fremde Computer eingeschleust wird oder zufällig dorthin gelangt und nicht genannte Funktionen ausführt. Es ist als nützliches Programm getarnt, indem es bspw. den Dateinamen einer nützlichen Datei aufweist oder neben der versteckten Funktion tatsächlich eine nützliche Funktionalität aufweist, wie z.B. „lustiger_Bildschirmschoner.exe". – 2. *Begriffsherkunft*: Der Name ist vom Trojanischen Pferd der griech. Sagenwelt abgeleitet. Dort war es während der Belagerung Trojas ein hölzernes Pferd, in dessen Bauch griechische Soldaten versteckt waren. Die Soldaten öffneten nachts die Stadtmauern Trojas von innen und ließen das Heer der Griechen ein. Mit dieser List gewannen die Griechen in der Antike den Trojanischen Krieg. – 3. *Malware*: Trojaner sind eine Hacking-Technik; ein Trojanisches Pferd zählt zur Familie unerwünschter bzw. schädlicher Programme, der sog. → Malware. Es wird umgangssprachlich häufig mit Computerviren (→ Virus) synonym verwendet. – 4. *Arten von Trojanern*: Folgende Arten von Trojanern sind zu unterscheiden: a) Viele Trojaner installieren während ihrer Ausführung auf dem Computer heimlich ein Schadprogramm, das eigenständig auf dem Computer läuft und sich nicht deaktivieren lässt. So können u.a. Spionageprogramme auf den Rechner gelangen (z.B. → Sniffer oder Komponenten, die Tastatureingaben aufzeichnen, sog. → Keylogger). Auch die heimliche Installation eines sog. Backdoor-Programms (→ Backdoor) ist möglich, damit wird der Computer unbemerkt über ein Netzwerk (z.B. das → Internet) ferngesteuert. – b) Viele Trojaner entstehen durch den Verbund zweier eigenständiger Programme zu einer Programmdatei. Dabei heftet ein sog. Linker (Binder) das zweite Programm an eine beliebige ausführbare Wirtsdatei, ohne dass die Funktionalität der beiden Programme beeinträchtigt wird. Mit dem Start des ersten Programms wird auch das versteckte zweite Programm unbemerkt gestartet. – c) Trojaner, die heimlich eine Installationsroutine starten, werden eingesetzt, um unbemerkt Malware auf ein System zu installieren sobald der Trojaner ausgeführt wird (sog. Dropper, vom engl. *to drop* – etwas im System „ablegen"). Ein Autostartmechanismus sorgt i.d.R. dafür, dass die Malware auch nach einem Neustart des Rechners automatisch geladen wird. – d) Es gibt auch Trojaner, die geheimen Funktionen in sich selbst bergen. Wird der Trojaner beendet oder gelöscht, stehen auch die verborgenen Funktionen nicht mehr zur Verfügung. Ein Beispiel dafür sind Plugins, eine Art Erweiterungsbaustein für ein bestimmtes Programm, mit dem weitere Funktionen hinzugefügt werden können. So kann ein als nützliches Browser-Plugin getarnter Trojaner auf einem Internetbrowser laufen, um z.B. über den → Browser mit dem Internet zu kommunizieren, womit eine → Firewall umgangen werden kann. – e) Es ist auch möglich, dass sich ein Trojaner eine externe Kontaktstelle eines Programms zunutze macht. Ähnlich wie ein Plugin-Trojaner benötigt ein solcher Trojaner ein bereits vorhandenes Programm des Users. Der Trojaner kann den Browser starten und ein unsichtbares Fenster öffnen, darüber eine Internetverbindung aufbauen und Daten an den Angreifer schicken. Eine Firewall kann auch hier den heimlichen Verbindungsaufbau nicht verhindern, wenn die Verbindung zum Internet für den Browser erlaubt wurde. – 5. *Verbreitung*: 2006 waren 55,6 Prozent der in Deutschland vom Informationsverbund des Bundes registrierten Schadprogramme Trojanische Pferde, nur knapp 10 Prozent hingegen Viren. Schwachstellen in Browsern und Büroanwendungen werden oft schon am Tag des Bekanntwerdens ausgenutzt. Moderne Trojaner sind von Virenscannern i.d.R. nur schwer erkennbar.

Trustcenter – behördlich autorisierte und überwachte Einrichtungen, die die Sicherheit beim Electronic Business gewährleisten soll. Aufgrund des → Signaturgesetzes (SigG) können rechtsverbindliche Geschäfte mittels verschlüsselter Signaturen über Datenleitungen abgeschlossen werden, ohne dass eine reale Unterschrift notwendig ist. Trustcenter stellen Zertifikate („digitale Personalausweise") aus, die im elektronischen Geschäftsverkehr die eindeutige Identifikation der Geschäftspartner ermöglichen.

Turn-Key-System → Computersystem, das dem Anwender vom Verkäufer betriebsbereit („schlüsselfertig") mit allen Komponenten (→ Hardware, Systemsoftware, Anwendungssoftware) übergeben wird. Dabei werden alle Schritte der Systementwicklung (→ Systemanalyse) von Betriebsexternen durchgeführt.

Tutorial → Dokumentation für → Endbenutzer eines → Softwaresystems, in der im Sinn einer Einführung die wichtigsten Systemfunktionen erläutert werden.

U

überlappte Produktion → Überlappung.

Übersetzer → Systemprogramm, das ein Quellprogramm i.d.R. in ein Maschinenprogramm übersetzt. – *Formen:* → Compiler, → Interpreter und → Assembler.

Ubiquitous Computing – die Allgegenwärtigkeit von → Smart Devices, kleinster, drahtlos miteinander vernetzter → Computer, die in beliebige Alltagsgegenstände eingebaut werden können. Mit dem Begriff des Ubiquitous Computing geht ein Paradigmenwechsel, weg vom Computer als Werkzeug hin zu einer impliziten Informationsverarbeitung, einher.

UML – Abk. für *Unified Modeling Language*; von der Firma Rational entwickelte Entwurfsmethodik für die objektorientierte Programmierung, deren Werkzeuge den Entwickler in der Analyse und dem Design objektorientierter Anwendungen unterstützen soll. – Vgl. auch → Objektorientierung.

Unified Messaging – Dienst, der den Abgleich von Nachrichten mehrerer Kanäle (z.B. E-Mail, Fax oder Telefon) ermöglicht, und somit eine übergeordnete und konsolidierte Informationsschnittstelle für den Nutzer bietet. So können Fax-oder Voicemail-Nachrichten über ein zentrales (→ E-Mail-)Account empfangen werden.

Unique User – Anzahl unterschiedlicher Besucher einer → Website innerhalb einer bestimmten Periode. Mehrere Besuche desselben Nutzers werden dabei nur einmalig berücksichtigt.

Universalität – *Allgemeinheit;* Merkmal der → Softwarequalität. – *Inhalt:* Der Einsatzbereich eines Softwareprodukts sollte von vornherein nicht auf eine einzige, ganz spezielle Aufgabe beschränkt werden, sondern auch ähnliche Aufgaben umfassen *(Mehrfachverwendbarkeit).*

Universalrechenmaschine → von Neumann-Architektur.

Universal Serial Bus → USB.

Unix – verbreitetes → Betriebssystem (BS) für → Mehrplatzrechner im Mini- und Mikrocomputerbereich; wird oft als → Industriestandard für diese Rechnergruppen bezeichnet. Unix ist in der → Programmiersprache C geschrieben und aufgrund seiner Schichtenstruktur weitgehend hardwareunabhängig, sodass für Unix geschriebene Programme zwischen den verschiedenen existierenden Unix-Varianten sehr leicht portiert werden können.

unscharfe Logik → Fuzzy Logic.

Untergruppe → Gruppe.

Unternehmensvernetzung – technische Integration des elektronischen Austauschs von → Daten, Sprache und Bildern zwischen rechtlich und wirtschaftlich selbstständigen Unternehmen. *Technische Integration* als Element der Unternehmensvernetzung zielt auf die Kompatibilität der → Hardware, die Datenstandardisierung und auf die Verständigungsmöglichkeit zwischen der zu integrierenden → Software. Hiervon ist immer dann die *organisatorische Integration* zu unterscheiden, wenn die technische Integration sich nicht auf Abläufe in einem homogenen Organisationsumfeld beschränkt.

Unterprogramm – *Subroutine.* 1. *Begriff:* → Programm, das einen Teil einer größeren Gesamtaufgabe löst. Ein Unterprogramm wird durch einen → Befehl in einem anderen Programm aufgerufen, wenn es ausgeführt werden soll. – 2. *Auftreten:* Unterprogramme werden bei der → Codierung gebildet aufgrund a) der → Modularisierung eines → Softwaresystems oder b) der → schrittweisen Verfeinerung eines → Algorithmus. – 3. *Arten:*

a) Funktionsunterprogramm (→ Funktion); b) → Prozedur.

Update – 1. erweiterte und/oder verbesserte Version eines *Softwareprodukts*. – 2. *Anpassung des Inhalts von gespeicherten* → Daten (z.B. eines → Datenbanksystems) an stattgefundene Veränderungen.

Upgrade – 1. *Informatik:* Aufrüstung von → Hardware oder → Software zu höherer Leistungsfähigkeit, ohne dass ein neues Modell erworben werden muss. – 2. *Marketing:* Ausweitung des Leistungsangebots durch den Verkäufer im persönlichen Verkauf, nachdem sich der Kunde bereits für den Kauf entschieden hat. Dies geschieht etwa durch das Angebot komplementärer Leistungen (Cross Selling) oder durch Aufwertung.

Upload – engl. für *heraufladen*. 1. *Datenverarbeitung:* Übertragung von Daten (→ Datenübertragung) oder → Programmen von einem → Rechner zu einem übergeordneten, z.B. von einem Mikrorechner zu einem → Mainframe. – 2. *Bürokommunikation:* Übertragung von Informationen von einer Datenstation zu einer → Mailbox (→ Schwarzes Brett) und die Übernahme dieser Informationen in die von der Mailbox abrufbaren Meldungen. – *Gegensatz:* → Download.

URL – *Uniform Resource Locator;* eindeutige Identifikation bzw. Adresse eines → HTML-Dokuments im → Internet. Die URL setzt sich aus der Domäne und der Angabe des Ortes des Dokuments auf dem → Server zusammen.

Usability → Benutzerfreundlichkeit.

USB – Abk. für *Universal Serial Bus*, serielles Bussystem, das den Anschluss externer Geräte an → Computer im laufenden Betrieb ermöglicht.

Utility Computing – Während beim Cloud Computing Dienste ohne Wissen über die technische Infrastruktur genutzt werden und diese somit auch nicht administriert werden kann, stellt das Utility Computing skalierbar administrierbare Infrastruktur zur Verfügung, über die der Nachfrager die komplette Kontrolle erhält.

V

V.24-Schnittstelle – von der CCITT innerhalb der V-Serie (Datenübertragung über das Fernsprechnetz) genormte, weit verbreitete serielle → Schnittstelle. Seriell heißt in diesem Zusammenhang, dass die → Daten → Bit für Bit nacheinander übertragen werden. – Entspricht der Schnittstellendefinition RS232C der Electronic Industries Association (EIA).

Variable – Größe, die unterschiedliche Werte annehmen kann. – *Gegensatz:* → Konstante.

I. Statistik: Variable wird synonym für *Merkmal* verwendet. Die Werte der Variable heißen Ausprägungen oder bei Zufallsvariablen Realisationen.

II. Informatik: In der Programmentwicklung ein → Datenelement oder eine → Datenstruktur, die bei der Ausführung des → Programms verschiedene Werte annehmen kann (analog zum mathematischen Begriff der Variable). Eine Variable besitzt einen → Datentyp.

Vektorrechner – *Arrayrechner;* Rechner, der auf der Basis von → Daten in Form von Vektoren operiert. Er besitzt mehrere → Rechenwerke, sodass gleichzeitig eine größere Zahl von Operationen parallel (→ Parallelverarbeitung) ausgeführt werden kann. – *Einsatzgebiete* liegen v.a. im technisch-naturwissenschaftlichen Bereich, da dort häufig große Vektoren verarbeitet werden müssen.

verbale Spezifikation → informale Spezifikation.

verbrauchsgesteuerte Disposition → PPS-System.

Verbundsystem – I. Finanzwissenschaft: Regelungsform der Steuerertragshoheit zwischen öffentlichen Aufgabenträgern im aktiven Finanzausgleich; Form des Mischsystems. Beim Verbundsystem werden die Gesamteinnahmen einer Einnahmequelle *(Einzelverbund)* oder mehrerer Einnahmequellen *(Gesamtverbund)* als Anteilsätze (Quoten) zwischen mehreren Aufgabenträgern aufgeteilt. – In der *Bundesrepublik Deutschland* werden nach diesem Prinzip die Gemeinschaftsteuern wie folgt verteilt: Einkommensteuer und Lohnsteuer jeweils 42,5 Prozent für Bund und Länder und 15 Prozent für die Gemeinden; Körperschaftssteuer jeweils 50 Prozent für Bund und Länder; Umsatzsteuer mit 51,4 Prozent für den Bund, 46,5 Prozent für die Länder sowie 2,1 Prozent für die Gemeinden; Zinsabschlag jeweils 44 Prozent für den Bund und die Länder sowie 12 Prozent für die Gemeinden. – Vgl. auch Steuerverbund.

II. Wirtschaftsinformatik: Gesamtheit von jeweils autonom funktionsfähigen Datenverarbeitungssystemen zur permanenten oder fallweisen Übertragung gemeinsam zu bearbeitender Aufgaben (→ Computerverbund(-system)).

Vererbung – im objektorientierten → Paradigma gibt es Hierarchien von Objekten, deren → Daten und Methoden auf die Objekte niedrigerer Hierarchiestufen übertragen werden. So lassen sich auf einfache und elegante Weise neue Klassen bilden, indem sie aus bereits existierenden Klassen abgeleitet werden. Die Unterklasse kann geerbte Methoden neu definieren oder neue hinzufügen, um so spezielles Verhalten zu erzeugen. Man unterscheidet grundsätzlich einfache (hierarchische) und mehrfache Vererbung. Die einfache Vererbung ermöglicht den Aufbau einer streng hierarchischen Ordnung von Klassen. Die Mehrfachvererbung erlaubt komplexere Strukturen; hier kann eine Unterklasse von mehreren Oberklassen erben. – Vgl. auch → Objektorientierung.

Verfeinerungskonstrukt → schrittweise Verfeinerung.

Verklemmung → Deadlock.

Vermittlungsnetz → Netz, das den gezielten Verbindungsaufbau zwischen zwei oder mehr Teilnehmern unter Ausschluss aller anderen potenziellen Teilnehmer ermöglicht. Vermittlungsnetze werden eingesetzt für die → Individualkommunikation. – *Beispiele:* Fernsprechnetz. – *Gegensatz:* → Verteilnetz.

Verständlichkeit – 1. *Begriff:* Merkmal der → Softwarequalität, das sich auf die strukturellen Zusammenhänge eines → Softwaresystems und auf die Lesbarkeit der Programmtexte (Quellprogramm) bezieht. – 2. *Aspekte:* konzeptionell klare Kriterien für die Systemstrukturierung und → Modularisierung, beschränkte Größe der → Module, selbstdokumentierende, gut lesbare Programmtexte (→ Programmierstil). – 3. *Bedeutung:* sehr wichtiges Merkmal, da Voraussetzung für viele andere Softwarequalitätsmerkmale.

Verteilnetz → Netz, das als Grundlage für die Massenkommunikation dient. Bei einem Verteilnetz werden die Signale nur in eine Richtung, von einer Zentrale ausgehend, an viele Endpunkte verteilt. – *Beispiele:* Rundfunknetz, Fernsehnetz. – *Gegensatz:* → Vermittlungsnetz.

verteilte Datenbank → Datenbanksystem, dessen zugehörige Datenbasis koordiniert auf mehrere → Computersysteme (Netzknoten) aufteilbar ist. Bei verteilten Datenbanken werden Ausschnitte des zugrunde liegenden Datenschemas auf verschiedene Rechnerknoten verteilt, die mit den anderen Rechnerknoten kommunizieren. Der Vorteil von verteilten Datenbanken liegt in einer höheren Verfügbarkeit des Gesamtsystems, einer höheren Aktualität, geringeren Kosten und einer erhöhten Flexibilität.

verteilte Datenverarbeitung → Distributed Data Processing (DDP).

verteiltes Datenbanksystem – 1. *Begriff:* → Datenbanksystem, bei dem die zugehörige → Datenbank koordiniert auf mind. zwei über ein → Netz verbundene → Rechner verteilt ist. – 2. *Vorteile:* → Daten, die auf verschiedenen Netzknoten gespeichert sind, können in anwendungsunabhängigen einheitlichen Formaten in der Form „transparent" gespeichert werden, dass die physische Lokalität der Daten vor dem → Benutzer verborgen bleibt; große Datenmengen können auch mit mehreren verhältnismäßig kleinen Rechnern durch Parallelarbeit verwaltet werden; Datensicherheit kann durch replizierte Datenbestände erhöht werden. – 3. *Probleme:* die Ermittlung einer optimalen → Datenverarbeitung, die Handhabung verteilter → Transaktionen und die Sicherstellung der Widerspruchsfreiheit (Konsistenz) zwischen verteilten Datenbeständen.

Verwaltungsautomation – Einsatz moderner Informations- und Kommunikationstechnologie zur Automatisierung bestimmter Verwaltungstätigkeiten. – *Ziele:* Produktivitätssteigerung, Kundennähe, Anhebung der Qualität des Arbeitslebens, Stärkung der Steuerbarkeit der Organisation.

Verwaltungsinformatik – Wissenschaft der informationstechnikgestützten Gestaltung von Verwaltungshandeln. Die Verwaltungsinformatik befasst sich mit Lösungen zur → Verwaltungsautomation. Zur Wahrnehmung ihrer Gestaltungsaufgaben verwendet die Verwaltungsinformatik Informatikkonzepte, Organisationsverfahren sowie Verwaltungsprinzipien und -strukturen.

Videokonferenz → Telekonferenzsystem.

Video on Demand – Programm-Konzept, bei dem der Kunde Zeitpunkt und Inhalt seiner TV-Nutzung frei bestimmen kann, sofern der Inhalt vom Sender überhaupt angeboten wird. – Vgl. auch → Near Video on Demand, → Pay per View und → digitales Fernsehen.

View → Datensicht.

Viewtime – Dauer, während der das jeweilige Werbeelement einer → Website (z.B. → Banner) wahrgenommen wird. – *Anders:* → Session Length.

Viral Marketing – *Propagation, Aggregation Marketing, Organic Marketing, V-Marketing, Virus Marketing*; 1. *Begriff*: Konzept der Kommunikations- bzw. Vertriebspolitik im Marketing, das eine Vielzahl von Techniken und Methoden beinhaltet, die die Kunden animieren sollen, Werbekommunikation über Produkte und Dienstleistungen in elektronischer Form aus eigenen Stücken weiter zu verbreiten. – 2. *Merkmale*: Viral Marketing basiert auf dem Grundprinzip der Mundpropaganda (Word-of-Mouth), das sich primär auf die persönliche Weitergabe der Informationen von Konsumenten untereinander über Leistungen und Produkte eines Unternehmens bezieht. Die digitalen Botschaften sollen sich effizient und rasant wie ein „Virus" über moderne Kommunikationsnetze verbreiten. Eine große Bedeutung kommt dem Inhalt der Botschaft zu, welche sowohl für Sender und Empfänger emotional ansprechend oder nutzenstiftend sein muss. – 3. *Ziel*: ist eine exponentielle Verbreitung von Werbeinformationen zwischen den Kunden. – 4. *Übertragungskanäle*: → E-Mails, Webseiten, → Blogs, Foren, Chat-Rooms oder Short Message Service (SMS). – Vgl. auch virale Markenkommunikation.

Virtual Community – *virtuelle Gemeinschaft*. 1. *Begriff*: Virtual Communities verbinden Teilnehmer gemeinsamer Interessen (Zielgruppenorientierung), ohne dass ein räumliches Zusammentreffen stattfindet. – 2. *Merkmale*: Mithilfe von Kommunikationsplattformen, v.a. dem → Internet, ist eine von räumlichen und zeitlichen Beschränkungen getrennte Kooperation der Teilnehmer möglich. Der Initiator der Virtual Community stellt die notwendige informationstechnologische Plattform zur Verfügung, überwacht deren Betrieb sowie die Einhaltung von selbst auferlegten (Netiquette) und juristisch bedingten Regeln. Zum Leistungsangebot der Plattform gehören v.a. Dialog- und Kommunikations- (z.B. Mailinglisten, Diskussionsforen, Chat-Räume (→ Chat)) und Informationsfunktionen (z.B. → Newsletter, Archive). – Vgl. auch → E-Community.

Virtualisierung – allg. Abstraktion von → IT-Ressourcen mit dem Ziel, diese zu vereinheitlichen und zwischen mehreren Nutzern teilen zu können. – Vgl. → Hardware-Virtualisierung.

Virtual Private Cloud – Spezialform einer → Private Cloud, die als Teil einer → Public Cloud betrieben wird. Im Gegensatz zur Private Cloud werden benötigte hardwarenahe IT-Ressourcen oft mit anderen Nutzern der Public Cloud geteilt. Die Abgrenzung erfolgt durch Zugriffsbeschränkungen. – Vgl. auch Cloud Computing.

Virtual Reality – computergenerierte, dreidimensionale Welt, die versucht, der Realität möglichst nahe zu kommen. Virtual Reality bildet die Grundlage eines → Cyberspace. – *Beispiele*: In Architekturbüros erstellte dreidimensionale Ansichten von geplanten Bauvorhaben, die Kunden am → Bildschirm oder über spezielle → Hardware virtuell betreten können.

virtuelle Adresse → Adresse in einem → virtuellen Speicher.

virtuelle Community → E-Community.

virtuelle Maschine – 1. *Begriff* aus dem → Software Engineering: Struktur eines → Softwaresystems nach Abstraktionsebenen ausgehend von dem Grundgedanken, dass die „reale" Maschine die → Hardware ist: Diese wird erst grundsätzlich funktionsfähig durch das → Betriebssystem (BS) (*erste virtuelle Maschine*). Zur Problemlösung ist eine nächsthöhere Abstraktionsebene erforderlich, die → Programmiersprache (*zweite virtuelle Maschine*). Mit dieser virtuellen Maschine können nun spezielle Anwendungsprobleme bearbeitet werden, wobei der Abstraktionsgedanke weitergeführt wird. Z.B. könnte die nächsthöhere virtuelle Maschine (*dritte virtuelle Maschine*) alle → Dateien des Softwaresystems verwalten. Die Module höherer Abstraktionsebenen, die ebenfalls zu virtuellen Maschinen gehören, benutzen dann die zweite und dritte virtuelle Maschine. – 2. *Begriff* aus dem *Betriebssystembereich*: Bei Mehrbenutzerbetrieb, v.a. bei Teilnehmerbetrieb, wird durch das Betriebssystem für jeden einzelnen Teilnehmer eine eigene Hardware-Umgebung simuliert, eine „virtuelle Maschine". Diese enthält z.B. einen eigenen → Arbeitsspeicher, → Magnetplattenspeicher und → Drucker, individuell für den Teilnehmer. Prinzipiell kann jede virtuelle Maschine mit einem anderen Betriebssystem betrieben werden. Die interne Realisierung der virtuellen Maschine durch das Betriebssystem erfolgt natürlich auf den realen Geräten; z.B. wird der virtuelle Drucker eines Teilnehmers auf einem realen Drucker der Datenverarbeitungsanlage abgebildet. – 3. *Abkürzung VM*: Name eines weit verbreiteten Betriebssystems für Universalrechner, das wie unter Punkt 2 arbeitet. – 4. *Anwendungsbereich für Java*: Software, die Befehle übergeordneter Programme interpretiert und in Maschinenbefehle der zugrunde liegenden Hardware übersetzt. Zum Ausführen von → Java-Programmen wird für jedes System, auf dem Java-Programme laufen sollen, eine virtuelle Maschine für die Interpretation des von Java erzeugten Bytecodes benötigt.

virtueller Adressraum – Menge der → virtuellen Adressen eines (virtuellen) Speichers (→ virtueller Speicher).

virtueller Marktplatz → E-Marketplace.

virtueller Speicher – in der elektronischen → Datenverarbeitung Technik zur Vergrößerung des nutzbaren → Adressraums über die Größe des → Arbeitsspeichers (in diesem Fall auch Realspeicher genannt) hinaus, indem der vorhandene Arbeitsspeicher mit peripheren (Peripheriegeräte) Direktzugriffsspeichern (z.B. → Festplatten) zu einem homogenen → Speicher zusammengefasst wird. Aktuell zur Programmausführung benötigte → Daten werden vom → Betriebssystem (BS) in den schnellen → Hauptspeicher geladen, während bei Platzmangel nicht dringend benötigte Daten auf den peripheren Speicher ausgelagert werden. – *Vorteil des Konzepts*: weit gehende Beseitigung von Speicherbeschränkungen, wodurch wesentliche Einschränkungen bei der → Programmierung entfallen.

virtuelles Kaufhaus → Electronic Shop.

virtuelles Klassenzimmer → Telelearning.

Virus – 1. *Begriff*: Ein Computervirus (lat. *virus*: Gift) ist ein sich selbst verbreitendes Computerstörprogramm, das sich unkontrolliert in andere Programme einschleust, sich reproduziert, d.h. von sich selbst Kopien erzeugt, und diese dann in das bestehende Programm einpflanzt (infiziert) sobald es einmal ausgeführt wird. Dadurch gelangt der Virus auf andere Datenträger, wie Netzwerklaufwerke und Wechselmedien wie USB-Sticks. Der Ausdruck wird umgangssprachlich auch für → Würmer und → Trojaner genutzt, da es oft Mischformen gibt, und für Anwender der Unterschied kaum zu erkennen ist. Viren und Würmer verbreiten sich auf Rechnersystemen, jedoch basieren sie z.T. auf verschiedenen Konzepten und Techniken. Ein Virus ist eine Hacking-Technik und zählt zur → Malware. – 2. *Funktionsweise*: Wie sein biologisches Vorbild benutzt ein Virus die Ressourcen seines Wirtes. Auch vermehrt es sich meist unkontrolliert. Durch vom Virenautor eingebaute Schadfunktionen oder durch Fehler im Virus kann das Virus das Wirtssystem oder dessen Programme auf verschiedene Weise bis zum Verlust von Daten beeinträchtigen. Durch die Aktion des Benutzers, der ein infiziertes Wechselmedium an ein anderes System anschließt oder eine infizierte Datei startet, gelangt der Virencode auch dort zur Ausführung, wodurch weitere Systeme infiziert werden. Viren brauchen, im Gegensatz zu einem → Wurm, den Wirt, um ihren Maschinencode auszuführen. Ohne eigenständige Verbreitungsroutinen können Viren nur durch ein infiziertes Wirtsprogramm verbreitet werden. Wird dieses Wirtsprogramm aufgerufen, wird das Virus ausgeführt. Einmal gestartet, kann es vom Anwender nicht kontrollierbare Veränderungen am Status der → Hardware (z.b. Netzwerkverbindungen), am Betriebssystem oder an der → Software vornehmen. Computerviren können durch vom Erfinder gewünschte oder nicht gewünschte Funktionen die Sicherheit des Computers beeinträchtigen. – 3. „Altes Eisen": Heute sind Viren fast vollständig von Würmern verdrängt worden, da fast jeder Rechner ans Internet oder lokale Netze angeschlossen ist; die aktive Verbreitungsstrategie eines Wurms ermöglicht in kurzer Zeit eine große Verbreitung. – 4. *Schäden*: Der wirtschaftliche Schaden durch Viren ist geringer als der Schaden durch Computerwürmer. Grund dafür ist, dass sich Viren nur sehr langsam verbreiten können und dadurch oft nur lokal verbreitet sind. Ein weiterer Grund ist die Tatsache, dass sie den angegriffenen Computer oder die angegriffene Datei i.Allg. für einen längeren Zeitraum brauchen, um sich effektiv verbreiten zu können. Viren, die Daten sofort zerstören, sind sehr ineffektiv, da sie dadurch auch ihren eigenen Lebensraum zerstören.

Virus-Marketing → Viral Marketing.

Visit – zusammenhängender Nutzungsvorgang von mehreren einzelnen Seiten auf einer → Website. Ein Visit umfasst mehrere → Page Impressions (PI) und ist für Werbetreibende ein wichtiges Kriterium für die Reichweitenanalyse von Onlineangeboten.

Visual Basic (VB) – eine → Programmiersprache von Microsoft, basierend auf der Programmiersprache → BASIC, gekennzeichnet durch eine visuelle → Programmierumgebung.

VM → virtuelle Maschine.

V-Modell – Vorgehensmodell in der → Softwareentwicklung mit den Phasen
1. Anforderungsdefinition
2. Grobentwurf
3. Feinentwurf
4. Modulimplementierung
5. Modultest
6. Integrationstests
7. Systemtest
8. Abnahmetest

bei dem die Phasen 1-4 in umgekehrter Reihenfolge mit den Phasen 8 bis 4 verbunden sind. D.h., aus der Anforderungsdefinition ergeben sich Anwendungsszenarien, die im Abnahmetest überprüft werden. Aus Grob- und Feinentwurf sowie Modulimplementierung werden Testfälle entwickelt, die in Systemtest, Integrationstest sowie Modultest verwendet werden.

Voice Mail – System der → Mailbox, bei dem die → Benutzer ihre zu versendenden Nachrichten nicht in Form schriftlicher Texte eingeben müssen, sondern über ein Telefon oder ein am Terminal installiertes Mikrofon dem → Kommunikationsdienst übergeben können. Die gesprochene Nachricht wird von einem → Rechner in eine → digitale Darstellung überführt und gespeichert. Wenn der Empfänger die Nachricht abrufen will, wird ihm diese über sein Telefon oder einen Lautsprecher in sprachlicher Form übermittelt, wobei die Nachricht wieder in eine → analoge Darstellung überführt werden muss.

Voice over IP → Internet-Telefonie.

VoIP – Abk. für *Voice over IP*, siehe → Internet-Telefonie.

Vollduplex → Duplex.

von Neumann-Architektur – seit Jahrzehnten dominierendes Konstruktionsprinzip für → Personal Computer (PC). – *Komponenten*: (1) *Rechenwerk*: Das Rechenwerk führt arithmetische und vergleichende Operationen aus und sorgt für den Transport von Operanden in den und aus dem Hauptspeicher. (2) *Steuerwerk*: Das Steuerwerk ermittelt zur Laufzeit die auszuführende Befehlsfolge und sorgt für deren Ausführung. (3) *Hauptspeicher*: Der → Hauptspeicher besteht aus einer Folge von Speicherzellen gleicher Größe, die sowohl Befehle als auch Operanden aufnehmen können. Der Hauptspeicher dient der Speicherung des aktuellen Programms, der Übernahme von Eingabedaten, der Übernahme von Daten aus einem externen Speicher und der vorübergehenden Speicherung von Zwischen- oder Endergebnissen.

Vorgangskette – betrieblicher Ablauf als eine Folge von Einzelschritten zur Bearbeitung eines Vorgangs; bei einer arbeitsteiligen Aufbauorganisation nach dem Verrichtungsprinzip sind an einer Vorgangskette oft viele Stellen beteiligt, daher hohe Durchlaufzeiten der Vorgänge (z.B. Liege-, Transportzeiten, mehrfache Datenerfassung, u.U. → Bridge-Programme). – *Beispiel:* Auftragsabwicklung in einem Fertigungsbetrieb. Bei Einführung der Datenbankorganisation (→ Datenorganisation) und durch → Datenintegration können Vorgangsketten identifiziert und reorganisiert werden, sodass sich die Durchlaufzeiten von Vorgängen stark reduzieren lassen.

Vorlaufverschiebung – in der Produktionsplanung und -steuerung verwendete Maßnahme, um der deterministischen Bedarfsplanung, die primär eine Mengenplanung ist, ein grobes Mengen- und Zeitgerüst zu geben. Sekundärbedarfe werden um eine Zeitspanne, die der Durchlaufzeit des übergeordneten → Teils abzüglich der Vorlaufzeit des Sekundärbedarfs entspricht, in Richtung Gegenwart vorverschoben, um sicherzustellen, dass sie rechtzeitig für die Produktion des übergeordneten Teils zur Verfügung stehen.

Vorwärtsterminierung → PPS-System.

Vorwärtsverkettung – *Forward Chaining, datengesteuerte Inferenz;* Vorgehensweise, bei der man von einer Anfangssituation auf die Endsituation schließt. Vorwärtsverkettung ist eine mögliche Inferenzstrategie bei einem → regelbasierten System. – *Gegensatz:* → Rückwärtsverkettung.

VSAM → Dateiorganisation.

W

Walk-through – *Structured Walk-through;* Testmethoden im → Software Engineering zur regelmäßigen Überprüfung der geleisteten Arbeiten bei der → Softwareentwicklung; derjenige, der einen Arbeitsschritt durchgeführt hat, erläutert anderen Projektmitgliedern (oder Personen außerhalb des Projekts) seine Vorgehensweise und seine Ergebnisse.

Wallet – Hard- oder Software, die in der Lage ist, Geldbeträge eines Nutzers elektronisch zu speichern, anzurechnen oder zu transferieren. Ein Wallet kann sich auf der Festplatte eines PC befinden oder in Form einer Smartcard an Kunden ausgegeben werden. Ein Beispiel für ein Wallet ist der Chip auf einer EC-Karte, der an Ladeterminals (meist bei Banken) zulasten des Kontos aufgeladen und dann als Bezahlung in Geschäften entladen werden kann. – Vgl. auch → E-Commerce, Kartenzahlung.

WAN – Abk. für *Wide Area Network;* → Netz, das über einen geografisch größeren Raum verteilte Datenstationen (v.a. → Rechner) verbindet.

WAP – Abk. für → Wireless Application Protocol.

Warenwirtschaftssystem (WWS) – 1. *Begriffe:* Warenwirtschaft ist die Summe aller Tätigkeiten in einem Handelsbetrieb, die zur Steuerung des Warendurchflusses dienen, d.h. aller physischen Warenbewegungen nach Menge und Wert sowie aller auf die Durchführung dieser Warenbewegungen ausgerichteten personalen und finanziellen Prozesse, inkl. der dazu erforderlichen Sachmittel. Ein Warenwirtschaftssystem (WWS) ist die informationstechnische Abbildung der Warenprozesse und die zielorientierte Verarbeitung aller warenbegleitenden Daten. – 2. *Elemente des WWS:* Vgl. Abbildung „Warenwirtschaftssystem". – 3. *Aufgaben:* Steuerung des Warenflusses, Bereitstellung waren- und kundenbezogener Daten zur Realisierung von Konzepten des Handelsmarketing sowie zur Rechnungslegung, Inventur und Statistik. – 4. *Weiterentwicklungen:*

Warenwirtschaftssystem

Warenwirtschaftssystem

Einkaufssystem
- Angebotsverwaltung
- Bestellwesen
- Disposition
- Reklamation

Verkaufssystem
- Kundendatenmanagement
- Aktionsplanung/-überwachung
- Erfassung sonst. verkaufsrelevanter Daten
- Verkäuferdatenmanagement
- Retouren

Wareneingangssystem
- Rechnungsprüfung
- Warenannahme
- Warenkontrolle
- Antransport

Lagerwirtschaft
- Warenauszeichnung
- Lagerplatzverwaltung
- Lagebestandsführung
- Umlagerungen
- Inventurabwicklung

Warenausgangssystem
- Warenausgangskontrolle
- Auftragsbearbeitung
- Kommissionierung
- Versandabwicklung

Warenprozesssystem

a) Das Kundendatenmanagement wird mit → Data Warehouse zu einem umfassenden Management-Informations-System verknüpft, b) durch → Electronic Data Interchange (EDI), Vendor Managed Inventory (= lieferantengeführte Bestände) sowie über die Wertschöpfungsstufen hinweg integrierte Warenwirtschaftssysteme werden eine rationelle Datenerhebung und -übertragung in der Wertschöpfungskette angestrebt, um auch die überbetrieblichen Prozesse im gemeinsamen Interesse zu rationalisieren (Efficient Consumer Response (ECR)).

Warmstart – neuerlicher Systemstart eines → Computers während des Betriebs, z.B. nach einem Fehler, durch ein Betriebssystemkommando (→ Job Control Language (JCL)). – *Gegensatz:* → Kaltstart.

Wartungsfreundlichkeit – Merkmal der → Softwarequalität. Ein Softwareprodukt soll so aufgebaut sein, dass die → Softwarewartung möglichst einfach ist. Angesichts der durchschnittlichen Höhe der → Wartungskosten bes. wichtiges Merkmal; wesentliche Vorbedingung: → Verständlichkeit, da der Wartungsprogrammierer als Voraussetzung für Korrekturen oder Änderungen zunächst in der Lage sein muss, das Softwareprodukt zu verstehen.

Wartungskosten – Kosten der Reinigung, Pflege und laufenden Instandhaltung (kleinere Reparaturen) von Geräten, Maschinen und maschinellen Anlagen aller Art sowie von Software (→ Softwarewartung); Teil der Instandhaltungskosten.

Wasserfallmodell – lineares Vorgehensmodell in der → Softwareentwicklung, das sich in die sechs Phasen gliedert (jeweils mit Dokumentationsergebnis): Machbarkeitsstudie (Durchführbarkeitsstudie), Anforderungsanalyse (Pflichtenheft), Entwurf (Systemarchitektur), Codierung und Modultest (Programm), Integration und Systemtest (Testergebnisse), Installation und Wartung (Handbücher). Die einzelnen Phasen werden streng nacheinander ohne Iterationen durchlaufen. Erweiterungen ermöglichen Rücksprünge von einer Phase in die nächstliegende Vorphase.

Webpage – einzelne HTML-Seite (→ HTML), aus deren Gesamtheit eine → Website zusammengesetzt ist.

Web Services – 1. *Begriff:* Web Services sind eine Software-Technologie zur Unterstützung der Integration von → Anwendungen. – 2. *Merkmale:* Unternehmensinterne Anwendungsintegration (Enterprise Application Integration, EAI) ist ebenso wie die Integration der unternehmensinternen Software mit der Software von Geschäftspartnern ein zentrales Problem im IT-Management. Bestehende Software-Komponenten können durch die Verwendung von Web Service-Schnittstellen auf standardisierte Weise als Dienst (*engl.: service*) zur Verfügung gestellt werden. Dadurch können Anwendungen auf einheitliche Weise miteinander kommunizieren und einfacher in bestehende Systeme und automatisierte Geschäftsprozesse integriert werden. – Vgl. auch Geschäftsprozesstechnologie.

Website – *Site;* Gesamtheit aller HTML-Seiten (→ HTML), die eine Person oder ein Unternehmen im → Internet zur Verfügung stellt. Eine Website wird i.d.R. über die → Homepage des Betreibers erreicht. – Vgl. auch → World Wide Web.

Web 2.0 – Unter dem Begriff Web 2.0 wird keine grundlegend neue Art von Technologien oder Anwendungen verstanden, sondern der Begriff beschreibt eine in sozio-technischer Hinsicht veränderte Nutzung des Internets, bei der dessen Möglichkeiten konsequent genutzt und weiterentwickelt werden. Es stellt eine Evolutionsstufe hinsichtlich des Angebotes und der Nutzung des World Wide Web dar, bei der nicht mehr die reine Verbreitung von Informationen bzw. der Produktverkauf durch Websitebetreiber, sondern die Beteiligung der Nutzer am Web und die Generierung weiterer Zusatznutzens im Vordergrund stehen.

Wechselplatte – Magnetplatte (→ Magnetplattenspeicher), die nicht fest im Laufwerk eingebaut ist, sondern ausgewechselt werden kann. – *Gegensatz:* → Festplatte.

Werbebanner → Banner.

Werkstattsteuerung – Planungs- und Steuerungsaktivitäten in einem → PPS-System für einen kurzfristigen Zeitraum, z.B. ein oder zwei Wochen.

WfMC – Abk. für → Workflow Management Coalition.

Whaling – 1. *Begriff:* Der Ausdruck „Whaling" ist eine Anspielung auf die phonetische Ähnlichkeit mit (engl.) → Phishing und *Fishing* (fischen). Es ist eine Form der → Internetkriminalität und wird Whaling genannt, weil man damit „große Fische" (engl. *whale:* Wal), i.d.R. Führungskräfte angeln, d.h. betrügen will. Dadurch wollen die Betrüger ihre Opfer dazu verleiten, einen Link zu nutzen, der angeblich zu mehr Information, wie z.B. zur vollständigen Version eines Schreibens führt. In Wahrheit verbirgt sich dahinter jedoch ein Malware-Download (→ Malware). Beim Whaling kommen statt Massen-Spam-E-Mails an ein genaues Ziel angepasste Betrugs-E-Mails zum Einsatz. – 2. *Funktionsweise:* Die Angreifer verwenden die persönliche Anrede oder die präzise Funktionsbezeichnung des Adressaten. Das → Internet bietet dem Angreifer unzählige Möglichkeiten, zu solchen Kontaktdaten zu kommen. Ist der Kontakt hergestellt, wird der User i.d.R. zum Öffnen eines Attachments aufgefordert, das einen Code enthält, der es dem → Hacker erlaubt, Zugriff zum Computer zu bekommen und die Dateien zu durchsuchen (engl. *to browse*). Oft reicht auch schon das Öffnen der → E-Mail durch Doppelklick. Wird das Attachment oder die Mail geöffnet, ist der Computer mit einem Schadprogramm infiziert; in weiterer Folge werden z.B. Informationen gestohlen oder geheime Pläne veröffentlicht. Die Angreifer verwenden i.d.R. neuartige → Würmer, gegen die herkömmliche Sicherheitsprogramme (noch) nicht gerüstet sind. – 3. *Schutz:* Einfachste Sicherheitsmaßnahme: Öffne keine E-Mail Dir unbekannten Ursprungs!

White-Box-Test → Testen.

White Paper – 1. *Begriff:* Unter einem White Paper (dt. Weißbuch) wird eine Sammlung von Ratschlägen und Empfehlungen zu einem bestimmten Vorgehen verstanden. – 2. *Bedeutung:* a) *In der Politik*, etwa auf Ebene der EU, werden in regelmäßigen Abständen White Paper zu bestimmten Themen und Bereichen vorgestellt. – b) *Unternehmenskommunikation:* White Paper werden als Instrument der Public Relations (PR) eines Unternehmens eingesetzt. Sachverhalte werden objektiv formuliert, dem Leser kann ein White Paper somit als Entscheidungshilfe dienen oder eine Lösung oder Erklärung liefern. Mit dieser Werbeform lässt sich auch eine → Lead-Generierung erzeugen.

Wide Area Network → WAN.

Wiederverwendbarkeit – Prinzip der → Objektorientierung, das zum Ziel hat, funktionsfähige Programmteile bereits bestehender → Programme, sog. Module, in nachfolgenden Softwareprojekten wieder zu benutzen. Dieses Vorgehen hat zum einen den Vorteil, dass Entwicklungszeit eingespart wird. Zum anderen sind die bestehenden → Module bereits getestet und im Einsatz, sodass diese i.d.R. deutlich weniger Fehler aufweisen, als wenn sie neu programmiert würden.

Wiki – Kurzform für WikiWiki oder WikiWeb, ein offenes Autorensystem für Webseiten. Wiki sind im → World Wide Web (WWW) veröffentlichte Seiten, die von den Benutzern online geändert werden können. Im Gegensatz zu → HTML wird mit einer vereinfachten Syntax gearbeitet, die ein leichtes Ändern der Inhalte ermöglicht.

Window – *Fenster;* Element der → Fenstertechnik.

Window(-technik) → Fenstertechnik.

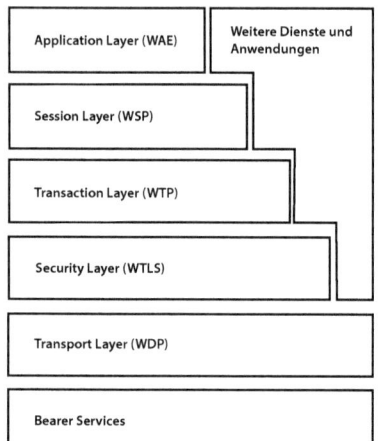

WAP-Architektur (Version 1.x)

Windows – das auf → Personal Computern (PC) am häufigsten verbreitete → Betriebssystem (BS), das auf der → Fenstertechnik basiert.

Wireless Application Protocol (WAP) – Abk. *WAP;* offener Industriestandard für die Datenübermittlung und -darstellung in Mobilfunksystemen, der von der mehr als 300 Unternehmen umfassenden Open Mobile Alliance unterstützt wird. Initiiert wurde WAP von den Unternehmen Ericsson, Motorola, Nokia und Unwired Planet (jetzt: Phone.Com), die im Juni 1997 das damalige WAP-Forum gründeten. WAP enthält Steuerungs- und Betriebsvorschriften, um eine einfache Nutzung von (multimedialen) Informationsdiensten mit einem eingeschränkten Funktionsumfang auch durch mobile Endgeräte, die sich von stationären Endgeräten für den Empfang von Text- und Bildinformationen u.a. durch eingeschränkte Darstellungs- und Prozessorleistungen unterscheiden, zu ermöglichen. Unter Verwendung des WAP können bspw. Informationsangebote des → Internets durch Handys abgerufen werden. Ein Zugriff ist aber nicht nur auf bereits bestehende, konventionelle Informationsdienste wie → E-Mail oder Börseninformationen möglich. Es ergeben sich vielmehr auch völlig neue Anwendungsfelder für den Einsatz mobiler Endgeräte. Realisierbar sind z.b. auf den aktuellen Aufenthaltsort des Teilnehmers bezogene Informationsangebote, wie Verkehrs- oder Veranstaltungshinweise (Location-based Services), oder Zahlungs- und Mobile-Banking-Funktionen. – Die WAP-Architektur ist als ein Schichtenmodell organisiert (siehe Abbildung). Trägerdienste (Bearer Services) bilden die Grundlage für die Datenübertragung. Unterstützt werden praktisch alle weltweit verfügbaren Mobilfunkübertragungstechniken. In Europa wird als Träger GSM mit seinen Diensten (z.b. SMS oder → GPRS) genutzt. Derzeit ist v.a. GPRS als Träger geeignet, weil in dieser Konfiguration eine größere Bandbreite und eine permanente (Always-on) Verknüpfung zwischen dem WAP-Nutzer und dem Mobilfunknetz ohne Verbindungsaufbauzeiten bereitgestellt werden kann (→ GSM 2,5G). – Innerhalb der Transportschicht (Transport Layer) sorgt das Wireless Datagram Protocol (WDP) dafür, dass unabhängig davon, welcher Trägerdienst eingesetzt wird, den darüber liegenden Schichten ein einheitlicher Übertragungsdienst zur Verfügung steht. – Die optionale Sicherungsschicht (Security Layer) unterstützt durch das → ProtokollWTLS (Wireless Transport Layer Security) die Bereitstellung sicherer Verbindungen. WTLS beruht auf dem aus dem Internet bekannten TLS (Transport Layer Security)-Protokoll und sorgt für die Vertraulichkeit und Integrität der Datenübertragung. Ferner ist auch eine Authentifizierung der beteiligten Parteien möglich. Die Transaktionsschicht (Transaction Layer) mit dem Wireless Transaction Protocol (WTP) ist verantwortlich für die Fehler- und Flusskontrolle und stellt Dienste für die Ausführung von als zuverlässig oder als unzuverlässig deklarierten Transaktionen zur Verfügung. – Das Wireless Session Protocol (WSP) der Sitzungsschicht (Session

Wireless Application Protocol (WAP)

Layer) verwaltet die Sitzungen zwischen einem Client und einem Server. Es kann entweder als zuverlässiger Dienst verbindungsorientiert auf WTP oder als unzuverlässiger Dienst verbindungslos auf WDP aufgesetzt werden. – Die Anwendungsschicht (Application Layer) bildet die oberste Schicht der WAP-Architektur. Das Wireless Application Environment (WAE) ist ein Rahmenwerk für die Integration von Internet- und Telefonieanwendungen und umfasst verschiedene Protokolle und Dienste. WAE unterstützt u.a. die Wireless Markup Language (WML). WML ist eine für den Gebrauch auf mobilen Geräten angepasste Seitenbeschreibungssprache, die der Hypertext Markup Language (→ HTML) ähnelt und auf → XML (eXtensible Markup Language), einer Metasprache zur Beschreibung strukturierter Daten, basiert. Ferner unterstützt WAE WML-Script, eine Sprache, die WML um Skript-Funktionen erweitert und Wireless Telephony Applications (WTA), das Funktionalitäten für die Realisierung von Telefondiensten bereitstellt. – Der Zugriff auf WAP-Informationsdienste erfolgt über im Endgerät implementierte Mikrobrowser, die eine grafische Benutzerschnittstelle zur Verfügung stellen. In WML geschriebene WAP-Dienste enthalten Steuerungsbefehle für den Informationszugriff durch den Benutzer und erlauben eine Darstellung der Informationsinhalte durch den Mikrobrowser. Neben dem Aufbau eigenständiger WAP-basierter Informationsdienste können auch → Gateways eingesetzt werden, an denen eine Umwandlung der Informationen zwischen den Protokollen des WWW- und WAP-Standards vorgenommen wird und die so einen Zugriff auf im Internet bereits vorhandene Inhalte möglich machen (siehe Abbildung). Das Gateway übersetzt die Anfrage des WAP-Clients in eine Hypertext Transport Protocol-(HTTP-)Anfrage und schickt diese an den Webserver. Die dort gespeicherten WML-Seiten werden mittels HTTP zurück zum WAP-Gateway

Einsatz von Access Points zur Kopplung von Funk- und Unternehmensnetzwerk

geschickt. Vom WAP-Gateway gelangen die WML-Seiten dann über das Mobilfunknetz zum WAP-Handy. – Die im Sommer 2001 veröffentlichte WAP Version 2.0 brachte eine Vielzahl von Neuerungen. Eines der zentralen Merkmale von WAP 2.0 ist die Unterstützung von IP-Verbindungen (Transmission Control Protocol/Internet Protocol, → TCP/IP). Hierzu wurden folgende, an die WAP-Rahmenbedingungen angepassten Versionen bestehender Internet-Protokolle definiert: Das Wireless Profiled Hypertext Transfer Protocol (WP-HTTP), das Wireless Profiled Transport Layer Security (WP-TLS) sowie das Wireless Profiled Transmission Control Protocol (WP-TCP). Bei WAP 2.0 ist zur Kommunikation mit dem Internet ein Gateway nicht mehr zwingend notwendig. Sie können aber zur Leistungssteigerung und Diensterweiterung sowie aus Kompatibilitätsgründen eingesetzt werden. WAP 2.0 unterstützt auch die von WAP 1.x bereitgestellten Protokolle. Durch die Definition eines sogenannten Dual-Stack, der beide Protokollstapel enthält, wird es Endgeräten möglich, mit allen WAP-Versionen zu arbeiten. Zur Inhalteentwicklung ist die an die Möglichkeiten mobiler Endgeräte angepasste Beschreibungssprache XHTML Mobile Profile vorgesehen. XHTML (eXtensible HyperText Markup Language) ist eine komplett auf XML basierende Weiterentwicklung von HTML. Aus Kundensicht zeichnet sich WAP 2.0 dadurch aus, dass es die Darstellung farbiger Stand- und Bewegtbilder sowie von Audiosignalen auf entsprechend leistungsfähigen mobilen Endgeräten unterstützt. – In Deutschland wurde WAP im August 1999 durch den Mobilfunknetzbetreiber D2 (heute: Vodafone D2) eingeführt. Seit Dezember des selben Jahres boten alle deutschen Netzbetreiber ihren Kunden WAP-Dienste an. Deren Verbreitung und Nutzung lag Ende 2002 allerdings weit unter den Prognosen, die noch Ende der 1990er-Jahre hohe WAP-Nutzeranteile in GSM-Netzen voraussagten. Als technische Ursachen hierfür gelten geringe GSM-Datenraten, zu kleine Handy-Displays sowie eine umständliche Einrichtung und Navigation. Akzeptanzhemmend war auch das Marketing der Anbieter, die versuchten, WAP als mobiles Internet darzustellen. Dadurch wurde bei den Kunden eine Erwartungshaltung geweckt, die der Dienst nicht erfüllen konnte. Aktuell hat WAP als Zugangsprotokoll zu Internetseiten nur noch eine geringe praktische Relevanz, da mittlerweile der Zugriff darauf über andere mobile Internetlösungen erfolgt.

Wireless Local Area Network (WLAN) – Abk. *WLAN*; *Drahtloses lokales Netzwerk*. 1. *Begriff*: Technik zur drahtlosen lokalen Vernetzung (→ lokales Netz), bei der die Kommunikation der Netzknoten über Funk realisiert wird. – 2. *Funktionsweise*: Ein Wireless LAN besteht aus Netzknoten, die jeweils mit einer Funk-Netzwerkkarte ausgerüstet sind. Jeder Netzwerkknoten bildet für sich eine Funkzelle. Die Kommunikation zwischen einzelnen Netzwerkknoten ist möglich, solange sich ihre Funkzellen überschneiden. Die Reichweite einer Funkzelle wird von der Umgebung und dadurch resultierenden Funkstörungen beeinflusst und variiert zwischen 300 m im Freien und 30 m in Gebäuden, im Standard 802.11y sogar bis 5 km im Freien. Die verwendete elektromagnetische Strahlung durchdringt in diesem Bereich geschlossene Fenster und Wände. Zur Ausdehnung eines bestehenden WLAN sind lediglich weitere Rechner mit entsprechenden Netzwerkkarten notwendig, deren Funkzellen den bereits durch Funkzellen abgedeckten Bereich schneiden. Darüber hinaus kann ein sog. Access Point eingesetzt werden, um die Reichweite zu erhöhen. Der Access Point bildet eine eigene Funkzelle, wodurch sich die Abstände einzelner Rechner vergrößern können, so lange ihre Funkzellen die des Access Points nicht verlassen. – Die zur Verfügung stehende theoretische Datenübertragungsrate ist vom verwendeten Standard abhängig und variiert zwischen 2 MBit/s und 600 MBit/s. In der Praxis ist diese Rate aufgrund auftretender Funkstörungen allerdings kaum zu erreichen und liegt netto zwischen 0,9 und 74 MBit/s.

Einfaches Netzwerk aus zwei Rechnern

3. *Standards*: Es existieren verschiedene Standards zum Aufbau von WLANs. Diese unterscheiden sich im verwendeten Frequenzband zur Signalübertragung und in der maximalen Datenübertragungsrate. Alle Standards nutzen öffentlich zugängliche Frequenzbereiche (Industrial, Science and Medical-Bänder, ISM-Bänder), die weltweit ähnlich angelegt sind. Der weit verbreitete Wireless LAN-Standard 802.11 (genau genommen eine Ansammlung und Fortschreibung technisch unterschiedlich akzentuierter Funkstandards) wird vom Institute of Electrical and Electronics Engineers (IEEE) spezifiziert und durch Ergänzungen weiterentwickelt. Der ursprüngliche Standard legt eine Datenübertragung mit 2 MBit/s im 2,4-GHz-Band fest. Die Ergänzung 802.11b definiert in demselben Frequenzband eine maximale Datenübertragungsrate von 11 MBit/s. Um höhere Datenübertragungsraten von bis zu 54 MBit/s zu realisieren, nutzen Wireless LANs nach der Erweiterung 802.11a ein anderes Modulationsverfahren und das höhere 5 GHz-Frequenzband. Die

Erweiterung 802.11g setzt dieses Modulationsverfahren im 2,4 GHz-Frequenzband ein und erzielt ebenfalls 54 MBit/s. Der Vorteil von 802.11g gegenüber 802.11a liegt darin, dass ein Wireless LAN nach 802.11g abwärtskompatibel mit bestehenden 802.11b-Infrastrukturen ist und diese nutzen kann. Im September 2009 wurde der bislang neueste Standard 802.11n von der IEEE ratifiziert, der mittels Multiple-Input-Multiple-Output-Technik (MIMO) wesentlich höhere Datenraten von bis zu brutto 600 MBit/s realisiert oder alternativ die Sendereichweite bei gleichbleibender Geschwindigkeit steigert. Die Kompatibilität zu 802.11b und 802.11g ermöglicht eine einfache Aufrüstung bestehender WLAN-Netze. Das European Telecommunications Standard Institute (ETSI) stellt einen alternativen Wireless LAN-Standard vor, der sich in der Praxis jedoch wenig durchsetzen konnte. Das HIPERLAN/1 (High Performance Radio Local Area Network Type 1) spezifiziert ein Wireless LAN, das im 5 GHz-Frequenzband eine Datenübertragungsrate von 20 MBit/s bietet. Die Weiterentwicklung HIPERLAN/2 erzielt im selben Frequenzband bis zu 54 MBit/s.

Überblick über Wireless LAN-Standards

Standard	Theoretische Datenübertragungsrate	Frequenzband
802.11	2 MBit/s	2,4 GHz
802.11a	54 MBit/s	5 GHz
802.11b	11 MBit/s	2,4 GHz
802.11g	54 MBit/s	2,4 GHz
802.11n	600 MBit/s	2,4 / 5 GHz
802.11y	54 MBit/s	3,7 GHz
HIPERLAN/1	20 MBit/s	5 GHz
HIPERLAN/2	54 MBit/s	5 GHz

4. *Anwendung:* Mittels Access Points können (mobile) Endgeräte oder ganze WLANs an ein kabelgebundenes LAN angebunden werden. Weit verbreitet ist diese Art der Vernetzung in Universitäten und Unternehmen. Studierende und Mitarbeiter erhalten so Zugriff auf Ressourcen des Universitäts- bzw. Unternehmensnetzwerks. Dazu werden die am LAN angeschlossenen Access Points so verteilt, dass das gesamte Gebäude mit sich überlappenden Funkzellen abgedeckt ist. Die Mitarbeiter können sich dann frei bewegen, ohne den Kontakt zum Netzwerk zu verlieren. Gängig ist der Einsatz von Funknetzen in Bahnhöfen, Flughäfen, Bars oder anderen öffentlichen Plätzen, die über einen Internetzugang, meist Digital Subscriber Line (→ DSL), verfügen. Die Betreiber stellen diese ihren Besuchern bzw. Kunden als öffentliche Internetzugänge, sogenannte Public Spots oder Hot Spots, gegen Gebühren oder auch kostenfrei zur Verfügung. – Eine weitere Einsatzmöglichkeit von Wireless LAN besteht in der Verbindung örtlich getrennter Netzwerke mittels einer Richtfunkstrecke. Es sind lediglich zwei Access Points und zwei gerichtete Antennen nötig, um einige Kilometer (lizenz-) gebührenfrei überbrücken zu können.

Kopplung zweier LANs über eine Richtfunkstrecke

Wirtschaftsinformatik – Die Wirtschaftsinformatik als Wissenschaft von der Konzeption, Entwicklung und Anwendung computergestützter Informations- und Kommunikationssysteme (IKS) nimmt eine interdisziplinäre Schnittstellenfunktion zwischen der Betriebswirtschaftslehre und der → Informatik ein. Jedoch bietet die Wirtschaftsinformatik auch zusätzliche Funktionen/Ergebnisse wie etwa Methoden und Modelle, anhand derer die Strategien der Unternehmung mit der Informationsverarbeitung abgestimmt werden können. Innerhalb von Informations- und Kommunikationssystemen werden Informationen verarbeitet und weitergegeben, damit diese den betrieblichen Ablauf verstärken können. Die Kommunikation der Informationen läuft über menschliche und maschinelle Komponenten. – Die Wirtschaftsinformatik wird in die Allgemeine und die Spezielle Wirtschaftsinformatik unterschieden. Zur Allgemeinen Wirtschaftsinformatik gehören bspw. das Informationsmanagement – unter welchem die taktische, strategische und operative Planung, Organisation und Kontrolle von Hard- und Software, Daten, Personal und Prozessen untersucht wird – und das Software Engineering. Hier beschäftigt sich die Wirtschaftsinformatik mit der Systemplanung, -analyse und -entwicklung. Die Untersuchung spezieller Informations- und Kommunikationssysteme wie z.B. von Bankinformationssystemen oder verkehrsbetrieblichen Informationssystemen fallen in den Bereich der Speziellen Wirtschaftsinformatik.

Wisdom of the Crowd → Web 2.0.

Wissensakquisition → Knowledge Engineering (KE), Wissensmanagement.

wissensbasiertes System – in der → Künstlichen Intelligenz (KI) ein → Programm oder ein → Softwaresystem, in dem das problemspezifische Wissen explizit und getrennt von problemunabhängigem Wissen repräsentiert wird. Der Begriff wird auch häufig als Synonym für → Expertensystem verwendet.

Wissensbasis – *Knowlegde Base;* Menge des in einem → wissensbasierten System gespeicherten problemspezifischen Wissens. Bes. häufig wird der Begriff im Zusammenhang mit wissensbasierten → Expertensystemen verwendet. – Vgl. auch → Wissensrepräsentation, → Expertenwissen.

Wissensdomäne – in der → Künstlichen Intelligenz (KI) ein abgegrenztes Wissensgebiet; das Fachgebiet, das auf ein → wissensbasiertes System (→ Expertensystem) abgebildet wird.

Wissensentdeckung in Datenbanken – deutscher Begriff für → Knowledge Discovery in Databases (KDD).

Wissenserwerbskomponente – *Akquisitionsmodul;* Bestandteil eines → Expertensystems, der es dem Domain Expert ermöglicht, die → Wissensbasis eigenständig im Dialog zu erweitern, ohne dass er Kenntnis über die spätere systeminterne Repräsentation des Wissens haben muss, auf die Hilfe des Wissensingenieurs (Knowledge Engineer) angewiesen ist oder selbst „programmieren" muss.

Wissensrepräsentation – *Knowledge Representation.* 1. *Forschungs- bzw. Methodenbereich* der → Künstlichen Intelligenz (KI), der sich mit der Darstellung von Wissen in einem → Computer beschäftigt. – 2. *Form der Darstellung von Wissen:* a) *Arten:* (1) → deklarative Wissensrepräsentation und (2) → prozedurale Wissensrepräsentation. – b) Gebräuchliche *Hilfsmittel:* Logikkalküle, → semantische Netze, → Frames, → Regeln und KR-Sprachen.

WLAN – Abk. für → Wireless Local Area Network.

Workflow Management – Die Analyse, Modellierung, Simulation, Steuerung und Protokollierung von → Geschäftsprozessen (Workflow) unter Einbeziehung von Prozessbeteiligten und (elektronischen) Systemen (→ Workflow Management System). Ziel des Workflow Managements ist die Koordination der meist großen Anzahl von Bearbeitern, die räumlich verteilt an der Lösung von Teilaufgaben des Prozesses arbeiten, sowie die Kontrolle des Workflow-Verlaufs, v.a. des Bearbeitungsstatus.

Workflow Management Coalition – 1993 gegründete gemeinnützige, international tätige Gesellschaft, in der sich Workflow-Anbieter, -Benutzer, -Analysten und Universitäts- bzw. Forschungsgruppen zusammengeschlossen haben. Ihre Hauptaufgabe besteht in der Schaffung von Standards für Workflow-Produkte bez. Terminologie und Kompatibilität. Mit mehr als 300 Mitgliedern weltweit ist die Gesellschaft mittlerweile das Gremium für Standards innerhalb dieses schnell wachsenden Softwaremarktes. – Vgl. auch Workflow.

Workflow Management System – 1. *Begriff*: → Softwaresystem zur Unterstützung der Ablaufsteuerung von Verwaltungsprozessen. – 2. *Ziele*: konsistente Vorgangsbearbeitung, kurze Durchlaufzeiten, Transparenz der Prozesse. – 3. *Komponenten*: (1) Komponenten zur Modellierung der → Geschäftsprozesse, der Organisation und der Daten (→ Architektur integrierter Informationssysteme); (2) die Workflow-Engine zur Steuerung des Dokumentenflusses; (3) eine Applikationskomponente zum Anstoß der Anwendungsprogramme, mit denen die Dokumente bearbeitet werden; (4) eine Monitoringkomponente, die Leistungskennzahlen zu den Geschäftsprozessen erfasst und deren Analyse erlaubt, sodass eine Verbesserung der ursprünglichen Geschäftsprozessmodellierung unterstützt wird.

Workgroup Computing → Computer Supported Cooperative Work.

Workstation – leistungsfähige → Arbeitsplatzrechner mit Multimedia- und Multitasking-Fähigkeiten (vgl. → Multitasking) sowie integrierter Kommunikationsfunktionalität. Workstationen basieren vorrangig auf RISC-Architekturen (→ RISC) und werden meist unter dem Betriebssystem → Unix betrieben.

World Wide Web (WWW) – Interaktives Informationssystem, das den weltweiten Austausch digitaler Dokumente ermöglicht. Es besteht aus sog. Hypertext-Systemen (→ Hypertext). Im WWW wird ein Hypertext-System → Website genannt. Eine Website umfasst i.d.R. mehrere zusammenhängende Webdokumente. Die → *Homepage* (Startseite) ist dabei der zentrale Einstiegspunkt einer Website, das WWW insgesamt ein gigantisches und in seinen Verzweigungen für den Nutzer nicht nachvollziehbares Hypertext-System. Alle Webdokumente befinden sich auf speziellen an das → Internet angebundenen Rechnern, von denen sie mithilfe von Web-Server-Diensten bereitgestellt werden. Um auf die Dokumente des WWW zuzugreifen, ist ein → Browser nötig. Die Adressierung eines Webdokuments, d.h. eines beliebigen Objektes im WWW, erfolgt durch die → URL (Uniform Resource Locator). Für die Hypertext-Dokumente im WWW wurde eine einfache und plattformunabhängige Sprache entwickelt: → HTML (Hypertext Markup Language). Um die Dokumente bzw. Objekte schnell via → Hyperlinks über das Netz aufzurufen, wurde für die Übertragung der Daten das Hypertext-Transferprotokoll (→ HTTP) entwickelt (Hypertext-System).

Wort – 1. Bezeichnung für eine festgelegte Anzahl von → Bits oder → Bytes, die von den → Maschinenbefehlen einer elektronischen Datenverarbeitungsanlage als eine Einheit aufgefasst wird. – 2. Bezeichnung für vier Byte.

Wurm – 1. *Begriff*: Ein Computerwurm (in der Folge kurz: Wurm) ist ein Computerprogramm bzw. Skript (bzw. Skriptdatei, enthält interpretierbare Befehle einer Skriptsprache) mit der Eigenschaft, sich selbst zu vervielfältigen, nachdem es ausgeführt wurde. Ein Wurm ist eine Hacking-Technik und zählt zur Gruppe der → Malware. – 2. *Inhalt*: Würmer sind vollständige Programme, deren Lebensraum → Rechnernetze sind. Sie verbreiten sich über Netzwerke oder über Wechselmedien wie USB-Sticks. Ein Wurm kann eine Kopie an andere Rechner verschicken. Zu diesem Zweck muss er das → Protokoll des jeweiligen Netzes kennen und in die Adressenliste, in denen die einzelnen Knotenrechner des Rechners verzeichnet sind, Einsicht nehmen können. – 3. *Funktionsweise*: Im Gegensatz zu einem → Virus wartet ein Wurm nicht passiv darauf, von einem Anwender auf einem neuen System verbreitet zu werden, sondern versucht, aktiv in neue Systeme einzudringen. Meistens wird er sich an einer unauffälligen Stelle im System mit einem unauffälligen Namen zu verbergen und verändert das Zielsystem so, dass beim Systemstart der Wurm aufgerufen wird. Würmer nutzen dazu Sicherheitsprobleme auf dem Zielsystem aus, wie z.B. a) *Netzwerkdienste*, die Standardpasswörter oder gar kein → Passwort benutzen, b) *Design- und Programmierfehler in Netzwerkdiensten*, c) *Design- und Programmierfehler in Anwenderprogrammen*, die Netzwerkdienste benutzen (z.B. E-Mail-Clients). Der Wurm könnte bspw. eine E-Mail-Anwendung fernsteuern, um sich an alle dort eingetragenen E-Mail-Adressen zu verteilen. Je nach Art des Hilfsprogramms kann sich der Wurmcode auf den Zielsystemen manchmal sogar selbst ausführen. In diesem Fall ist dann keine Interaktion mit dem Benutzer notwendig, um sich von dort aus weiter zu verbreiten. – 4. *Schäden*: Durch die Art, wie ein Wurm sich verbreitet, verbraucht er relativ hohe Netzwerkressourcen. Das kann zur Überlastung bzw. sogar zum Ausfall von Servern führen. Schwachstellen in → Browsern und Büroanwendungen werden mitunter schon am Tag des Bekanntwerdens ausgenutzt. Moderne Trojaner sind von Virenscannern nur noch schwer erkennbar. 2010 wurde der Stuxnet-Wurm entdeckt, der auf die Übernahme der Kontrolle über WinCC, eine Software von SIEMENS, abzielte. Diesen Wurm zeichnet eine bes. hohe Komplexität aus, die sich auch in der Dateigröße niederschlägt.–Der wirtschaftliche Schaden durch Würmer ist größer als der Schaden durch Computerviren. Das liegt daran, dass sich Viren nur sehr langsam verbreiten können und dadurch oft nur lokal verbreitet sind.

WWW – Abk. für → World Wide Web.

X – Z

XML – Abk. für *Extensible Mark-up Language*. XML ist eine vereinfachte Form von → SGML und quasi ein Standard zur Erstellung von strukturierten Dokumenten im → World Wide Web oder in → Intranets. XML ist erweiterbar (extensible), weil man hier nicht auf vorgegebene Markierungselemente (→ Tag) angewiesen ist (wie z.B. in → HTML), sondern eigene Auszeichnungsmöglichkeiten schaffen kann. Diese Tags definieren dann auch nicht nur die Darstellung des Inhalts, sondern können auch die Bedeutung des Inhalts erfassen (so könnte z.B. ein Tag <MAILADRESS> eine E-Mail-Adresse (→ E-Mail) einleiten).

Zeichen – I. Organisation: Aus geometrischen Elementen (z.B. Punkt, Linie, Fläche) zusammengesetzte Merkzeichen, Formensymbole. Sehr einprägsam als Ordnungsmerkmale, verwendet z.B. für die Kennzeichnung von Zusammenhängen zwischen Dingen, Tätigkeiten und Personen innerhalb der Betriebsorganisation, etwa bei Arbeitsablaufplänen.
II. Informatik: Elemente zur Darstellung oder Beschreibung von → Daten. Die Bedeutung der Zeichen wird durch Codes festgelegt. Aus informatischer Sicht unterscheidet man interne (→ ASCII, → EBCDIC) und externe Zeichen. Rechenintern gehen alle Zeichen auf Bitmuster zurück, wobei die Zahl der internen Zeichen bei den gängigen → Codes auf 2^8 = 256 beschränkt ist. Diese internen Zeichen können nicht alle auf einem Drucker dargestellt werden. Druckfähige Zeichen bezeichnet man als externe Zeichen.

Zentraleinheit – *Central Processing Unit (CPU)*; „Kern" eines → Computers; umfasst → Zentralprozessor(en) und → Zentralspeicher.

Zentralprozessor – *Verarbeitungsprozessor, Befehlsprozessor;* → Prozessor eines → Computers, der die → Befehle der Programme (System- und Anwendungsprogramme) interpretiert und ausführt; Bestandteil der → Zentraleinheit.

Zentralspeicher – *interner Speicher.* 1. *Begriff:* Der Zentralspeicher umfasst alle in der → Zentraleinheit befindlichen → Speicher, zu denen der (oder die) → Zentralprozessor(en) sowie evtl. vorhandene → Ein-/Ausgabe-Prozessoren unmittelbar Zugang haben. – 2. *Bestandteile:* → Arbeitsspeicher, Pufferspeicher (Puffer), Registerspeicher, der die prozessorientierten (→ Prozessor) Speicherstellen (Register) enthält, sowie der Mikroprogrammspeicher für das → Mikroprogramm. – *Gegensatz:* → Externer Speicher. – Vgl. auch → Peripheriegeräte.

Zertifizierungsdienste → elektronische Signatur.

Zugangsverfahren – die Art und Weise, wie die Teilnehmer eines → Netzes auf das Übertragungsmedium zugreifen sollen, wenn sie → Daten versenden wollen. Das Zugangsverfahren muss festgelegt werden, damit die störungsfreie Nutzung des Netzes bzw. die Vermeidung von Zugriffskonflikten gewährleistet werden kann. – *Bekannte Verfahren:* → Token Passing, → CSMA/CD.

Zugriffsoperation – im → Software Engineering eine Operation, die mit einer → abstrakten Datenstruktur oder einem abstrakten → Datentyp ausgeführt werden kann.

Zugriffszeit – Angabe des Zeitbedarfs für den Zugriff auf gespeicherte → Daten bzw. für das Auffinden einer Speicherposition („Lesen" und „Schreiben"). Die Zugriffszeit bezieht sich primär auf Direktzugriffsspeicher (→ Speicher).

Zuverlässigkeit – Merkmal der → Softwarequalität. Ein Softwareprodukt wird als zuverlässig betrachtet, wenn die

Wahrscheinlichkeit für das Auftreten eines Fehlers gering ist, z.B. die Wahrscheinlichkeit für fehlerfreies Funktionieren innerhalb einer gewissen Zeitspanne („mean time between failures") oder in einer gewissen Zahl von Anwendungsfällen.

2D-Code – ein optischer → Datenträger zur Kennzeichnung von Objekten. Nach einer standardisierten Codiervorschrift wird eine zweidimensionale Sequenz von dunklen und hellen Flächen innerhalb eines Rechtecks gedruckt, die von optischen Lesegeräten gelesen und anschließend dekodiert werden können. Der Vorteil gegenüber eindimensionalen Strichcodes besteht darin, dass in einem 2D-Code mehr Informationen auf gleicher Fläche gespeichert werden können.

Zykluszeit → Taktzeit.

MIX
Papier aus verantwortungsvollen Quellen
Paper from responsible sources
FSC® C105338

If you have any concerns about our products,
you can contact us on
ProductSafety@springernature.com

In case Publisher is established outside the EU,
the EU authorized representative is:
**Springer Nature Customer Service Center GmbH
Europaplatz 3, 69115 Heidelberg, Germany**

Printed by Libri Plureos GmbH
in Hamburg, Germany